当代中国人文大系

刘述先 著

朱子哲学思想的
发展与完成

中国人民大学出版社
·北京·

出版说明

改革开放以来,中国社会的变革波澜壮阔,学术研究的发展自成一景。对当代学术成就加以梳理,对已出版的学术著作做一番披沙拣金、择优再版的工作,出版界责无旁贷。很多著作或因出版时日已久,学界无从寻觅;或在今天看来也许在主题、范式或研究方法上略显陈旧,但在学术发展史上不可或缺;或历时既久,在学界赢得口碑,渐显经典之相。它们至今都闪烁着智慧的光芒,有再版的价值。因此,把有价值的学术著作作为一个大的学术系列集中再版,让几代学者凝聚心血的研究成果得以再现,无论对于学术、学者还是学生,都是很有意义的事。

披沙拣金,说起来容易做起来难。俗话说,"文无第一,武无第二"。人文学科的学术著作没有绝对的评价标准,我们只能根据专家推荐意见、引用率等因素综合考量。我们不敢说,入选的著作都堪称经典,未入选的著作就价值不大。因为,不仅书目的推荐者见仁见智,更主要的是,为数不少公认一流的学术著作因无法获得版权而无缘纳入本系列。

"当代中国人文大系"分文学、史学、哲学等子系列。每个系列所选著作不求数量上相等,在体例上则尽可能一致。由于所选著作都是"旧作",为全面呈现作者的研究成果和思想变化，我们一般要求作者提供若干篇后来发表过的相关论文为附录，或提供一篇概述学术历程的"学术自述"，以便读者比较全面地了解作者的相关研究成果。至于有的作者希望出版修订后的作品，自然为我们所期盼。

"当代中国人文大系"是一套开放性的丛书，殷切期望新出现的或可获得版权的佳作加入。弘扬学术是一项崇高而艰辛的事业。中国人民大学出版社在学术出版园地上辛勤耕耘，收获颇丰，不仅得到读者的认可和褒扬，也得到作者的肯定和信任。我们将坚守自己的文化理念和出版使命，为中国的学术进展和文明传承继续做出贡献。

中国人民大学出版社

目 录 | contents

增订三版序……1

增订版序……3

自　序……5

第一部 | **朱子哲学思想的发展**……11
　　第一章　朱子早年的教育环境与思想发展转变的痕迹……13
　　第二章　朱子从学延平的经过……37
　　第三章　朱子参悟中和问题所经历的曲折……75
　　第四章　朱子对于仁的理解与有关《仁说》的论辩……143

第二部 | **朱子哲学思想的完成**……199
　　第五章　朱子思想之心性情三分架局……201
　　第六章　朱子理气二元不离不杂的形上学……270

第三部 | **朱子的历史地位及其思想之现代意义**……349
　　第七章　朱子与现实政治以及功利态度之对立……351
　　第八章　道统之建立与朱子在中国思想史上地位之
　　　　　　衡定……390
　　第九章　王学与朱学：阳明心学之再阐释……477
　　第十章　朱子哲学思想的现代意义……514

附录一　朱子年谱要略……548

附录二　朱子的师承……555

附录三　朱子的学派及影响……556

附录四　论阳明哲学之朱子思想渊源……557

附录五　朱子的《仁说》、太极观念与道统问题的再省察
　　　　——参加国际朱子会议归来记感……589
附录六　由朱熹易说检讨其思想之特质、影响与局限……606
附录七　朱熹的思想究竟是一元论或是二元论……629

增订三版序

趁着朱子一书又可以再版的机会，我决定在附录之中再加两篇文章进去。

《论朱子易说》一文的加入是有必要的，因为写书时对这个题目没有研究，不敢动笔，无疑是留下了一个巨大的缺口。后来到新加坡做研究，专研与易相关的问题，返港以后即草此文，弥补了这一缺失。

同时对于朱子的哲学思想究竟是一元论或二元论的问题，学者聚讼不息。我乃提出论文，断定朱子思想是构造上的一元论，功能上的二元论，把书中隐涵而未明说的观点，更清楚地表述出来，适足以为全书的结论。故也把此文收入，对于朱子思想当可有一全盘性的不偏不倚的理解。

至于考据方面，我从不敢说有什么定论。大陆学者陈来对于朱子书信的考据煞有工夫，对于钱先生提出来的论点有所质疑，则朱子参悟中和究竟在哪一年，还可以作进一步的考察与辩论。我只是觉得，朱子所写《中和旧说序》是有其权威性的，无论哪一种说法都不能违背朱子本人对于这一个问题的回忆。我无意修改书中的说法，对于考据有兴趣的学者当可以参阅各说，作出比较切合于当时事实情况的判断。是为序。

1994年10月5日
于香港中文大学

增订版序

接到学生书局的通知，《朱子哲学思想的发展与完成》马上有再版的机会，这真是一份意外的惊喜。一部篇幅三十万字的学术性著作居然也有销路，这证明读者的水准和购买力都提高了。我趁机向书局提出，增印近作两篇作为附录，更充实本书的内容，很快就得到书局的同意，我十分感谢书局诸位执事先生对学术工作的热心支持以及办事认真的态度。

在增订版中，改正了初版的少数错字，章节标题的形式加以统一，同时遵从陈荣捷先生的建议，尽可能地把"语录"改为"语类"，以免令人产生错觉，以为在"语类"之外另有"语录"一书，其实"语录""语类"二名通用，在王懋竑的《朱子年谱》中就是如此，钱穆先生因袭了这个习惯，我为了避免行文的单调，也常二名互用，但为了读者的方便，还是作了适当的修正。

最重要的改变是在附录之内增加了两篇文章《论阳明哲学之朱子思想渊源》与《朱子的仁说、太极观念与道统问题的再省察——参加国际朱子会议归来记感》。在本书第九章中，我曾说："阳明提出问题的方式像朱子，而在精神上则接上象山。"但当时语焉未详，故又另撰两万字长文广征文献，就此论题作进一步的发挥，以澄清此一公案。1982年7月去夏威夷参加国际朱子会议，世界各国研究朱子的专家学者齐集檀岛，受到不少冲击，回来以后即撰一文记感，并对仁说、太极观念与道统问题有所讨论，希望能够激起对于这些问题的进一步的反省。唯一令人遗憾的是，去檀岛开会之前，曾托学生书局将拙著寄赠与会学者，惜因邮误未能及时抵达，后来虽有通信讨论，究不如面谈的亲切了。在今日，固然不能希望青年学子都来搅这方面的东西，只希望他们能够广泛浏览，多少接上一点这方面的精神，也就是意外的收获了。

刘述先
1984年1月23日于香港中文大学

自　序

　　任何人在今天写一部关于朱子的书，必须首先回答一个问题：为何在今日述朱、论朱的书已经汗牛充栋之际，还要在这个讨论得烂熟了的题目之下再加上一部书？记得在清初，已经有人讽刺说，鬼声啾啾，细听原来在讨论"朱陆异同"。意思似乎是说，谈这样的题目乃是既不合时宜，又难成定论。然而不合时宜，并不证明这个题目的讨论就完全没有意义。而难成定论，也不妨害人可以对这个题目表示他自己的意见。对于深于宋明儒学内部义理的人，有关这个题目所涉及的义理分梳，是一个无法逃避的大问题，必须加以正视；而所作的取舍，即影响到我们今日的态度，并不缺乏其现代意义。

　　近年来，关于朱子的研究有了突破性的成就。牟宗三先生出版三大卷的《心体与性体》，钱穆先生出版《朱子新学案》，都是卷帙浩繁的伟构。钱先生考证精详，牟先生义理精透，但两方面似平行而不相交，有的地方则又互相刺谬，有不可调停者。其实除钱、牟两位先生之外，唐君毅先生对这个题目也有深湛的研究。他虽未出专书论朱子，但在他的《中国哲学原论》之中，也有好多篇幅讨论这个问题。然而我取唐先生之说独少，其原因在，唐先生煞费苦心，企图证明在新儒家的宫室之美、庙堂之富的宏大规模之下，可以兼容并包程、朱、陆、王等不同形态的思路，彼此不必互相冲突，而可以相反相成。但这样的思路把锐角化成了钝角，对我的帮助不大。钱先生则显然比较同情朱子，故不时而致其倾慕赞叹之辞。牟先生则以朱子歧出于孔、孟、周、张、明道的思想，独继承伊川，加以发扬光大，而有所谓"别子为宗"的说法。这两个论点分别言之成理，持之有故，在今日研究朱子自不能不致意于钱先生的考据、牟先生的哲学思考，分析其短长，探讨其得失，则其不能够停止于二家之说，事至显然，然也不能轻为调停折中之论，必须取严格批评的态度，有一彻底融摄，然后可以对于朱子产生一全新的视野。本书之作，正是由这样的角度出发所得到的一个成果。

此书第一部前三章分论朱子早年的教育环境，从学延平的经过，以及参悟中和问题所历经的曲折。在考据方面，多取钱先生的说法，以订正王懋竑《朱子年谱》之失；在义理方面，则多取牟先生的说法，以廓清传统笼统解释之非是。但两方面绝非一勉强之牵合，各有所取，各有所弃，乃可以清楚看出朱子哲学思想发展的线索。第一章明白指出朱子从学延平之后"尽废所学"之确定意涵，似为前人所未及。此章已在1979年6月《幼狮学志》第十五卷第三期发表。第二、三章我相信必采取我这样解释的方式始得以曲尽朱子哲学思想发展的过程，而把握到他的思想的确定的指向。

第四章检查"仁说"成说的过程。奇怪的是王懋竑《朱子年谱》对于这一重要的文献在正文之中竟然未及一词，而钱先生《朱子新学案》钞摘朱子文献如此之详尽，竟也未录《仁说》全文。牟先生了解这一文献之重要性，而不确知有关仁说之论辩的确定年份。我本不擅考据而被逼得作一业余性的尝试。不意运气奇佳，就在朱子致吕子约诸函中找到相当强的证据指明此一辩论是在朱子四十三四岁两年之间。《仁说》写成，朱子思想之形态已然大定。鹅湖之会对于朱子思想之本质并无基本之变革。无怪乎有关这一集会的详细记录在今日仅见之于象山年谱、语录之中，而未收录于朱子文集、语类之内。

第二部五、六两章乃以类聚的方式阐明朱子成熟的思想：其心性情之三分架局，以及其理气二元不离不杂的形上学所关涉的理论效果。

第三部企图衡定朱子在中国思想史上的地位，并进一步讨论其思想的现代意义。这一部分个人特殊的见解较多。

第七章我首先把朱子的抽象哲学思想还原到当时具体现实的历史系络之内，戳破了传统解释的烟雾而直指朱子与现实政治之对立态度，这样明白地指出问题的症结，似为前贤所未及。

第八章由儒佛的分殊讨论到朱子建立道统的根据，由此而确定了宋儒与先秦儒的本质关联。再进一步由"朱陆异同"的分殊而可以确定朱子在整个儒家传统上的地位。基本上，我赞同牟先生以朱子为"别子为宗"的看法。但我对朱子有比较同情的了解：他在最中心的一点体会上虽有所虚歉，然不能不肯定朱子在内圣的修养过程以及教育程序上的贡献，始足以正陆王之学的末流之失。

第九章"王学与朱学：阳明心学之再阐释"大体是我在1972年《新亚书院学术年刊》第十四期发表过的一篇旧文章，把该文收在这里，加上引言前半的案语，乃可以清楚地看出两方面的特色与互相对比之处。

第十章讨论朱子思想的现代意义。一旦把握到朱子思想的本质，乃进一步直抒己见：他的哪一些思想必须加以修正或者扬弃，哪一些思想必须加以传承而发扬光大。这也是我自己在继承了传统儒家的理想，通过现代的挑战所蓄积的心得。这已不再是在说明朱子的思想，而是在展露我自己的心声。知我罪我，这自要存乎其人了。

写此书时，不避详细征引，主要是朱子的东西太多，必定要在文集、语录中选出一些比较基本的材料，用系统的眼光串连起来，才能给学者一个门径。同时由于各章独立写成，内容难免略有重复处，但讨论的角度不同，对于熟习朱子的思想来说，也似有其必要，故未将之加以删除。在本书内，"语录""语类"两名互用，未加分别，特此声明。

历年来，我写了不少泛论中国哲学文化的文章。我做学问的方法一贯是由博返约。如今写了这样一部专门性的论著，对我自己来说，也是一个突破。这表示说，在我做学问的过程中，又踏入另一个阶段了。我并没有放弃我那些一般性的看法，但是有深厚的学力，才能托得起凌空的议论。而在对一个问题有深入的研究之后，也就会修正一个人对于一般事物的看法。我很庆幸，我自己这一部书没有在几年以前动笔，那时我决写不出我现在这样的视野。当然在将来，我一定又会对这一部书不满意。但在目前，我把我能做的尽到自己的努力做了出来，心中所感到的愉悦是难言的。

儒家自五四以来一直在式微的状态之中，但打从熊十力先生起，每一个世代都有才智之士用心努力在这一方面，使得当代的新儒家在国际学术上成为一个不可完全忽视的思潮。

熊先生首先把握到了新儒家根本的慧识，是父亲静窗先生最先引导我去读熊先生的东西。但熊先生用改造唯识论的方式来建立儒家的形上学的方式是难以为人接受的。接着，唐君毅、牟宗三先生汲取西方哲学的泉源来重新阐述中国哲学的慧识，也有了卓越的成就。在我年轻时，我很受钱穆先生《国史大纲》以及唐君毅先生《中国文化的精神价值》的影响。五四以后对传统的谴责简直是不遗余力。这两部书却帮助我看到传统历史文化之中的正面价值。然而，这两部书也有它们的缺点，现在我觉得钱先生和唐先生把传统历史文化过分理想化了。其间主要是安云帮助我多看到人生的现实面。徐复观先生对传统政治的批评显然更为鞭辟入里，而他兼采义理考据的方法，以敏锐的眼光所作的一些论断，给予我很大的启发。牟宗三先生对传统中国哲学的慧识的掌握与分梳，吾无间然。但我喜欢在康德所提供的线索以外，更酌取解释学的方法来恢复中国哲学的意识。同时我对当前现实的了解与探索也因角度的转移而有了不同的视野。业师方东美先生讲中国原始儒家的理想，对于我有莫大的刺激和鼓舞的力量，但是我自己更留意于宋明儒的体证，而更接近于新亚的传统，但我同时也是台大的自由风气的产物。总之，每一个时代每一个个人都有自己的独特的心声，也有其普遍的意义，问题在能不能凝练到一种适当的方式下把自己的怀抱和体验表达出来。然而，成熟的过程是缓慢的，而且后之视今也犹今之视昔，生命的过程和历史文化的理想，也就是以这一种方式不断延续下去。温故而知新：不断地传承，不断地创新，这是由孔子以来一代代继承下来的民族的共命慧，不可加以轻弃。

这部书只有牟宗三先生曾经看过初稿，指出了一些错误和疏忽，但想必还有不少缺失之处，自应完全由我个人负责。此外读过部分章节，和我讨论过相关问题的师友、同人、学子，恕我不能在这里一一志明，但丝毫不减少我心中对他们的谢忱。安云这两年一个人留在异域，独力挑起了照顾孩子与家庭的重任，让我一个人到香港中文大学哲学系来服务，专心写我的著述，尤其是我要特别感谢的。此书开始属稿于前年 10 月，完成于今年 4 月，共历时一年半。

刘述先序于香江
1980 年 4 月 20 日

第一部　朱子哲学思想的发展

第一章

朱子早年的教育环境与思想发展转变的痕迹

一、前言

朱子（1130—1200）的思想规模宏大，发展的过程屡经曲折，如果不把这样的过程重新建构出来，只怕不容易清楚地把握到他的思想的实义。清王懋竑（白田）删订《朱子年谱》功不可没。但王谱考核虽精，而识断多差。近年来对于朱子的研究，钱穆先生出版《朱子新学案》①，牟宗三先生出版《心体与性体》②的伟构，有突破性的贡献。钱先生考证精详，好多地方得以匡正王谱之失；而牟先生思入深微，凸显出朱子思想的特殊形态。两位先生对于朱子思想的解释有互相补足之处，但也有彼此矛盾的地方，不可加以调停。③ 海外

---

① 钱穆：《朱子新学案》，五册，台北，三民书局，1971。
② 牟宗三：《心体与性体》，三册，台北，正中书局，1968—1969。尤以第三册为朱子哲学思想之专门论著。
③ 大体钱先生认为朱子在宋学是占有一集大成的地位，牟先生则以为朱子是别子为宗，陆王心学才是善继孟子思想的正统。此外唐君毅先生则以为朱王都是儒家义理规模之中可以发展出来的两个不同的形态，两方面可以互相补足。唐先生并无专书论朱子，其意见散见于其《中国哲学原论》，六大卷，香港新亚研究所，1966—1975。

学者现在也对朱子有日益重视的趋势。① 我所希望的是能够博采诸说，对朱子的哲学思想取一合理而有系统的解释。我将取一发展的观点追溯朱子思想演变的经过，最后才确定朱子成熟思想的形态而加以解析和评价。本章专述朱子早年的教育环境与思想发展转变的痕迹，大体断至绍兴二十八年戊寅朱子二十九岁第二次见李先生于延平为止②，下章才详述朱子从游延平的经过。

二、朱子的父亲对于朱子的影响

朱子生在一个世代书香的家庭之中，他日后的发展有很多可以从庭训之中找到一些端倪。

朱子的父亲名松，字乔年，号韦斋。本来世居（安徽）婺源，做过吏部员外郎，因为不附和秦桧的和议而外调，穷得父亲死了竟无法还乡。他曾做过南剑尤溪县尉。朱子是在高宗建炎四年庚戌韦斋馆于尤溪之郑氏生的。韦斋曾经师事罗豫章，与李延平为同门友，听到"杨龟山所传伊洛之学独得古先圣贤不传之遗意"，于是自己格外奋发，痛刮浮华，以趋本实。每天读《大学》《中庸》之书，用力于致知诚意之

---

① 譬如 *Journal of Chinese Philosophy* 在1978年6月出了朱熹哲学专号，有陈荣捷、黄秀玑、刘述先，以及两位西方学者的文章。又，请参看陈先生在《亚洲研究学报》一文：Wing-tsit Chan, "The Study of Chu His in the West", *Journal of Asian Studies*, Vol. 35 (August, 1976), 555–577。1982年7月于檀岛开国际朱子会议，有海内外知名学者四十人与青年学者二十余人参加，堪称盛事。

② 关于朱子早岁从学延平的经过，钱先生有很多敏锐的观察，并善用朱子早年诗文之材料，文中受益之处良多，见《朱子新学案》，第三册，1~47页。

地。他自己感觉到下急害道,所以取古人佩韦之义,叫自己的斋为韦斋,有一种警诫的意思。

大概朱子少时所受的是儒家式的教育。据陈荣捷先生的推测,他读的那些书可能是依据伊川学派的规格。① 看来韦斋只要有时间,就亲任教读之责。《年谱》谓朱子十一岁受学于家庭。《文续集》卷八《跋韦斋书昆阳赋》云:

> 绍兴庚申,熹年十一岁。先君罢官行朝,来寓建阳。登高丘氏之居,暇日手书此赋以授熹。为说古今成败兴亡大致,慨然久之。

《文集》卷七十五有《论语要义目录序》云:

> 熹十三四时,受其(二程先生)论语说于先君,未通大义,而先君弃诸孤。

可见朱子的思想渊源二程,好文学、好治史,都有他父亲的影响。照他的回忆说:

> 先人自少豪爽,出语惊人。逾冠中第,更折节读书,慕为贾谊陆贽之学。久之,又从龟山杨氏门人问道授业,践修愈笃。绍兴初,以馆职郎曹,与修神宗正史、哲徽两朝实录,而于哲录用力为多。其辩明诬谤,刊正乖谬之功,具见褒诏。后以上疏诋讲和之失,忤秦相去国。补郡不起,奉祠以终。(《文集》卷三十八《与陈君举书》)

由此可见朱子通达时务,好贾陆之学,又精熟北宋一朝史事,其生平力排和议,都有家风熏陶作为背景。

---

① Wing-tsit Chan, "Patterns for Neo-Confucianism: Why Chu His Differed from Ch'eng I", *Journal of Chinese Philosophy*, Vol. 5 (June, 1978), 101-126.

韦斋不只生时对朱子有相当影响，死后朱子受学于刘屏山、刘草堂、胡籍溪三家之门，也是禀受韦斋遗命。其后朱子正式拜师延平，无疑必与韦斋对于延平的极高评价有关。《文集》卷九十七《延平先生李公行状》有云：

> 熹先君子亦从罗公问学，与先生为同门友，雅敬重焉。尝与沙县邓迪天启语及先生，邓曰：愿中如冰壶秋月，莹澈无瑕，非吾曹所及。先君子深以为知言。亟称道之。

但韦斋基本上虽是儒家，却并不排斥二氏。《文集》卷八十四《书先吏部与净悟书后》有云：

> 先君子少日喜与物外高人往还。

韦斋的朋友中屏山好佛，籍溪也好佛老。① 则朱子提到自己出入释老，驰心空妙之域者十余年②，又绝非一完全偶然的现象。一直到后来受到延平的影响，这才在禅学与圣学之间划下一道鲜明的分界线。从上面的分析可以看出，朱子虽然在十四岁少年丧父，但他父亲对他一生的影响却不少，这是值得我们留意的一件事情。

三、朱子少年时代几位老师的影响

据《年谱》说：

---

① 参见《语类》卷一〇四。参下节引文。本章所引语录，有未标明卷数者，多转引王谱。

② 参见《文集》卷三十八《答薛士龙书》与《答江元适书》。又参见钱穆：《朱子新学案》，第三册，5页。

> 当韦斋疾革时，手自为书。以家事属少傅刘公子羽，而诀于籍溪胡宪原仲、白水刘勉之致中、少傅之弟屏山刘子翚彦冲。且顾谓先生曰：此三人者，吾友也。学有渊源，吾所敬畏。吾即死，汝往父事之，而唯其言之听。

韦斋既死，朱子乃遵遗训而禀学于三先生之门。三位先生抚教朱子如子侄，白水并把女儿嫁给他。但不数年，二刘公相继下世，所以追随籍溪最久。

《宋元学案》卷三十九有刘胡诸儒学案。全祖望说：

> 白水、籍溪、屏山三先生，晦翁所当师事也。白水师元城，兼师龟山。籍溪师武夷，又与白水同师谯天授。独屏山不知所师。三家之学略同，然似皆不能不杂于禅，故五峰所以规籍溪者甚详。

白水年轻时，正当伊洛之学有禁，心中大不以为然。乃阴访程氏书，藏在箱底，半夜潜钞默诵。籍溪和白水同乡，也一同偷着学。两个人都跟谯天授学过《易》。白水后来又请业于刘元城、杨龟山。籍溪则因是（胡）文定从父兄子的关系，自幼即从文定学。屏山师承不知，然少时喜佛，"归而读《易》，涣然有得"。三人皆澹然无求于世，日以讲论切磋为事。

大概这几个人都因厄于时，正值秦桧专柄国政，倡导和议，排斥异己，遂走上了归隐的道路。大体三人为伊洛之再传或三传，均好《易》，同时也好佛老；韦斋则与三人为同调。

据朱子本人的回忆：

> 初师屏山、籍溪。籍溪学于文定，又好佛老。以文

> 定之学为论治道则可，而道未至。然于佛老亦未有见。屏山少年能为举业。官莆田，接塔下一僧，能入定。数日后乃见了。老归家读儒书，以为与佛合，故作圣传论。其后屏山先亡，籍溪在。某自见于此道未有所得，乃见延平。(《语类》卷一〇四)

又说：

> 某少时未有知，亦曾学禅，只李先生极言其不是。后来考究，却是这边味长。才这边长得一寸，那边便缩了一寸。到今销铄无余矣。毕竟佛学无是处。(《语类》卷一〇四)

由此可见，朱子少年时期的几位先生和他的父亲都是不拘执于一家一派的人；他们的兴趣很广，但看来缺乏深度。他们不能够把握住儒佛之间基本的差别而缺少了一些必要的分梳。显然他们对于伊洛一系传下的义理并不见得有真正深刻的体认，而照朱熹的说法，乃至对于佛老也未必有真切相应的理解。故此朱子要求做更进一层的探究，就不能满足于少年时之所学；后来才逼得要转向延平，而延平是真正能把握儒佛间分殊的一个人。延平的学问的道路与朱子少年时所学自形成一鲜明的对比，故朱子先并不以为然，一直要迟到三十一岁第三次见延平时才正式拜师受学。然而延平虽有深度，却又缺乏广度。必有这两种传承的会合才能造就朱子的综合的大心灵。

实则朱子虽则对他少年所学不甚满意，但这一个时期对他的思想的潜在的影响是不可忽视的。他早年曾经好道，晚年注《参同契》，此乃是一例。朱子论《易》兼重义理象数，或者也可能是受到少年时代的影响。他十九岁时用禅家语入应试文，后来乃感觉到禅是弥近理而大乱真，因而形成诸多忌讳，这些都不能不说是对他少年时的体会的一种反激。

四、朱子本人的性格、志趣以及读书求进所下的工夫

朱子从小就显露他的好问、好思考的性格。《行状》云：

> 先生幼颖悟庄重。甫能言，韦斋指天示之曰，天也。问曰：天之上何物。韦斋异之。（《年谱》同）

《语类》曰：

> 某自五六岁时，心便烦恼天体是如何，外面是何物？

此条陈淳、黄义刚同有录。由此可见朱子格物的兴趣远在此时已露端倪。是他的中国式的教育把他的注意力集中在圣学之上，但他一生从未斩断对外在自然的兴趣。

《行状》云：

> 八岁就傅，授以《孝经》，一阅通之，题其上曰：不若是，非人也。尝从群儿戏沙上，独端坐，以指画沙，视之，八卦也。（《年谱》同）

朱子后来怀疑《孝经》，对《易经》的兴趣则终生不衰。

> 孔子曰：仁远乎哉，我欲仁，斯仁至矣。这个全要人自去做。孟子所谓弈秋，只是争这些子。一个进前要做，一个不把当事。某年八九岁时，读孟子到此，未尝不慨然奋发，以为为学当如此做工夫。当时便有这个意

思，如此只是未知得是如何做工夫。自后更不肯休，一向要去做工夫。

此条不知何人所录。又曰：

> 某十数岁时，读孟子言圣人与我同类者，喜不可言，以为圣人亦易做，而今方觉得难。（《语类》卷一〇四，包扬录）

又曰：

> 某自卯角读《论》《孟》。自后欲一本文字高似《论》《孟》者竟无之。（《语类》卷一〇四，郭友仁录）

> 某自十四五时，便觉这物事是好底物事，心便爱了。某不敢自昧，实以铢累寸积而得之。（《语类》卷一〇四，李方子录）

朱子的志趣在于圣学，早就确立，由此可见。

> 某年十五六时，读《中庸》"人一己百、人十己千"一章，因见吕与叔解得此段痛快，未尝不悚然警厉奋发。（《语类》卷一〇四，沈僴录）

> 某少时读四书，甚辛苦。（《语类》卷一〇四，游敬仲录）

《论》《孟》《学》《庸》乃是朱子为学的基础。

> 《周礼》一书，周公所以立下许多条贯，皆是广大心中流出。某自十五六时，闻人说这道理，知道如此好。但今日方识得。如前日见人说盐咸，今日食之，方知是咸。说糖甜，今日食之，方知是甜。（《语类》卷三三，万人杰录）

则朱子在四书之外又读《周礼》，直到晚年终不辨《周礼》一书之伪，弱冠前已受影响。

> 某年十五六时，亦当留心于此（禅）。一日在病翁所会一僧，与之语。（《语类》卷一〇四，辅广录）

此当为朱子留心禅学之始。大概由于朱子家庭师友的感染，他并没有感觉到禅学和圣学之间有什么本质性的差别。所以留心禅学并不妨害他去读圣贤书，有时或者甚至以禅的昭昭灵灵意思去附会儒学，直到后来延平才指出他非是。故他本人虽自承出入释老十余年，实无一日不读儒书。

> 某是自十六七时，下工夫读书，彼时四畔皆无津涯，只自恁地硬着力去做。至今日，虽不足道，但当时也是吃了多少辛苦读了书。（《语类》卷一〇四，杨道夫录）

朱子独对做举业一事拒绝下工夫。《语类》曰：

> 某少年时只做得十五六篇举业，后来只是如此发举及第。今人却要求为必得，岂有此理。（《语类》卷一〇四，曾祖道录）

读书追求义理则从来未曾放松过。《语类》曰：

> 某年十七八时，读《中庸》《大学》，每早起，须诵十遍。（《语类》卷一六，叶贺孙录）

又曰：

> 某从十七八岁读《孟子》，至二十岁，只逐句去理会，更不通透。二十岁已后，方知不可恁地读。元来许多长段都自首尾相照管，脉络相贯串。只恁地熟读，自

见得意思。从此看《孟子》，觉得意思极通快。(《语类》卷一六，叶贺孙录)

又曰：

某自二十时看道理，便要看那里面。当看《上蔡论语》，其初将红笔抹出，后又用青笔抹出，又用黄笔抹出，三四番后，又用墨笔抹出。是要寻那精底。看道理须是渐渐向里寻到那精英处方是。如射箭，其初方上垛，后来又要中帖。少间又要中第一晕，又要中第二晕。后又要到红心。(《语类》卷一二〇，黄义刚录)

朱子读书十分讲究次第方法。《语类》曰：

某旧日读书，方其读《论语》时，不知有《孟子》。方读学而第一，不知有为政第二。今日看此一段，明日更且看此一段。看来看去，直待无可看，方换一段看。如此看久，自然洞贯，方为浃洽。时下虽是钝滞，便一件了得一件，将来却有尽理会得时。若撩东劄西，徒然看多，事事不了。日暮途远，将来荒忙，不济事。旧见李先生，说理会文字，须令一件融释了后方更理会一件，融释二字下得极好。此亦伊川所谓今日格一件，明日又格一件，格得多后，自脱然有贯通处。(《语类》卷一〇四，余大雅录)

又曰：

某旧时亦要无所不学。禅、道、文章、楚辞、诗、兵法事事要学。出入时无数文字，事事有两册。一日忽思曰：且慢。我只一个浑身，如何兼得许多。自此逐时

去了。大凡人知个用心处，自无缘及得外事。(《语类》卷一〇四，包扬录)

以上我们由朱子四五岁开始一直看到他二十岁左右为止。他的性格喜好追问；勇猛精进，绝不稍懈；处理问题是采取分解的方式，最后才通贯起来；读书穷理最讲究次第方法，他的志趣也早就看得非常清楚，他对做举业、发举及第这一类的事不大措意。《行状》说他"少长厉志圣贤之学"，这是实情。读书的目的是体现书中的义理，此所以读书、做人、格物、穷理是分不开来的几件事。朱子读书极肯下死工夫，他先走分析的路子，最后才讲通贯融释，这打定了他一生做学问的底子。

五、青年时期出入老佛的阶段

《文集》卷三十八有《答江元适书》，王谱系之于甲申。但钱穆先生据夏炘之考据断定此书应在癸未（朱子年三十四岁）。① 是年十月延平卒，而此书当在其前。在这封信中，朱子自己说：

> 熹天资鲁钝，自幼记问言语不能及人。以先君子之余诲，颇知有意于为己之学而未得其处。盖出入于释老者十余年。近岁以来，获亲有道，始知所向之大方。

有道正是指的延平李先生。这封信可以令人注意的是，

---

① 参见《文集》卷三十八《答薛士龙书》与《答江元适书》。又参见钱穆：《朱子新学案》，第三册，5页。

朱子自承，在思想被延平转过来以前，曾出入于释老十余年。而之所以会这样，是因他受到父亲的影响，早就知道留意为己之学。但因未曾得到真正的门径，所以把佛老和儒学附会了起来。赵师夏《跋延平答问》记录朱子对他说的一段话正好证明了这一点：

> 文公先生尝谓师夏曰：余之始学，亦务为笼统宏阔之言，好同而恶异，喜大而耻于小。于延平之言，则以为何为多事若是，天下之理一而已，心疑而不服。同安官余，以延平之言，反复思之，始知其不我欺矣。盖延平之言曰：吾儒之学，所以异于异端者，理一分殊也。理不患其不一，所难者分殊耳。此其要也。

如上节所述，朱子从十几岁时起即留意于禅，但无一日不读儒书。由此可见他并没有经历一个阶段专崇佛老贬低儒学。他只是好同恶异，看不到两者之间的分殊罢了。而他用禅的意思去附会的结果还帮助他中了举。《语类》有云：

> 某年十五六时，亦尝留心于此。一日，在病翁所会一僧，与之语。其僧只相应和了说，也不说是不是。却与刘说，某也理会得个昭昭灵灵底禅。刘后说与某，某遂疑此僧更有妙处在，遂去叩问他，见他说得也煞好。及去赴试时，便用他意思去胡说。是时文字不似而今细密，由人粗说，试官为某说动了，遂得举。（原注：时年十九。）后赴同安任，时年二十四五矣。始见李先生，与他说，李先生只说不是。某倒疑李先生理会此未得。再三质问。李先生为人简重，却不甚会说，只教看圣贤言语。某遂将那禅来权倚阁起，意中道，禅亦自在，且将

圣人书来读。读来读去，一日复一日，觉得圣贤言语渐渐有味。却回头看释氏之说，渐渐破绽罅漏百出。（《语类》卷一〇四）

其实朱子在接受延平的劝告以前绝非不读圣贤书，只是禅学儒家一起来，后来受到延平的影响，才把禅搁下了。赵师夏《跋延平答问》云：

> 文公幼孤，从屏山刘公学问。及壮，以父执事延平而已。至于论学，盖未之契，而文公每诵其所闻，延平亦莫之许也。文公领簿同安，反复延平之言，若有所得，于是尽弃所学而师事焉。

这里的问题在朱子究竟弃的是什么呢？据他自己的说法，他从小就读儒书，而且从来没断过读儒书。《语类》曰：

> 学者难得，都不肯自去着力读书。某登科后要读书，被人横截直截，某只是不管，一面自读。（《语类》卷一〇四，陈文蔚录）

从《语录》另外的材料我们又知道他是在细读《孟子》《上蔡论语》一类的书。那么他的"尽弃所学"究竟何所指呢？原来屏山作《圣传论》，以为儒与佛合，看来朱子少年时大体也采取同样的看法。但延平坚决不许把儒佛附会在一起。朱子最初不以为然，但以他事事要追问下去的性格，分析力那么强的头脑，终不能满意于一些"笼统宏阔之言"，这才决意拜延平为师，完全放弃了以禅来解释儒书所含义理的想法，遂在学问上走上了一个新的阶段。

朱子在癸酉二十四岁时初见延平，到庚辰三十一岁时正式拜师，究竟他在何时思想才扭转过来，所幸早岁诗文犹存，可以在其中探得消息。①

《朱子文集》前十卷是诗集。第一卷《题谢少卿药园二首》题下小注说，由这一首诗到卷终，乃是朱子自己手编，谓之《牧斋净稿》。这部稿子由辛未起，迄于乙亥，前后五年，是朱子二十二岁到二十六岁的作品，正当朱子初见延平之前后。从早期的诗中就可以看出朱子二十几岁时所谓出入释老、驰心空妙之域的情调。朱子二十二岁时授同安县主簿，二十四岁夏始见延平，秋天乃至同安。在壬申二十三岁时他写了如下的诗：

宿武夷观妙堂二首

阴霭除已尽，山深夜还冷。独卧一斋空，不眠思耿耿。闲来生道心，妄遣慕真境。稽首仰高灵，尘缘誓当屏。

清晨叩高殿，缓步绕虚廊。斋心启真秘，焚香散十方。出门恋仙境，仰首雪峰苍。踌躇野水际，须将尘虑忘。

这两首诗用的好些道家的语言，主要是超尘的思想。而这决不是孤立的例子。

久雨斋居诵经

端居独无事，聊披释氏书。暂释尘累牵，超然与道俱。门掩竹林幽，禽鸣山雨余。了此无为法，身心同晏如。

---

① 参见钱穆：《朱子新学案》第三册之"朱子从游延平始末"。本章所引诗文颇有节略处，目的只是要看到朱子在当时的思想与心境的一般情调而已。

这是道释同参的意思。我们再看看下面两首：

杜门

杜门守贞操，养素安冲漠。寂寂冈林园，心空境无作。

晨登云际阁

暂释川涂念，憩此烟云巢。聊欲托僧宇，岁晏结蓬茅。

显然朱子是将道俗两分而以避世逃俗为高。又有一首：

宿筼筜铺

庭阴双树台，窗夕孤蝉吟。盘礴解烦郁，超摇生道心。

这天看到壁上题诗，有"煌煌灵芝，一年三秀，予独何为，有志不就"之语，朱子谓适与予意会。以后遂注意读《参同契》，四十年后终为之作注。详情见《文集》卷八十四《题袁机仲所校〈参同契〉后》。可见这首诗反映了当时的真实心境。

夏日二首

抱疴守穷庐，释志趣幽禅。即此穷日夕，宁为外务牵。

望山怀释侣，盥手阅仙经。谁怀出尘意，来此俱无营。

这些都是二氏的怀抱。他又有《读道书作六首》，其中两首有曰：

东华绿发翁，授我不死方。愿言勤修学，接景三玄乡。

不学飞仙术，日日成丑老。空瞻王子乔，吹笙碧天杪。

这六首诗都讲的读道书、修长生。

秋雨（节选）

归当息华念，超遥悟无生。

学道是修长生，学佛则悟无生。朱子在两方面也并没有作必要的分梳与简择。

月夜述怀（节选）

抗志绝尘氛，何不栖空山。

总之在这个阶段朱子是以山栖为高。癸酉赴同安任以前所作之诗情调大体相同：

诵经

坐厌尘累积，脱蹝味幽玄。静披笈中素，流味东华篇。朝昏一俯仰，岁月如奔川。世纷未云遣，仗此息诸缘。

题画

青鸾凌风翔，飞仙窈窕姿。高挹谢尘境，妙颜粲琼蕤。真凡路一分，冥运千年期。

过武夷作

眷言羽衣子，俯仰日婆娑。不学飞仙术，累累丘冢多。

怀了这样的心境去同安，当然会有形役的感受：

同安官舍夜作二首（此处只录一首）

> 窗户纳凉气，吏休散朱墨。无事一倏然，形神罢拘役。暂愒岂非闲，无论心与迹。

《年谱》谓廨有燕坐之室，更名曰高士轩。《文集》卷七十七有《高士轩记》，其文有曰：

> 予以为君子当无入而不自得，因更以为高士轩。客或难予曰：今子仆仆焉在尘埃之中，左右朱墨，蒙犯箠楚，以主县簿于此，而以高士名其居，不亦戾乎。予曰：夫士诚非有意于自高，然其所以超然独立乎万物之表者，亦岂有待于外而后高耶。知此则知主县簿者，虽甚卑，果不足以害其高。而此轩虽陋，高士者亦或有时而来也。

这篇文章仍以吏事为卑，只不过不足以害其高而已！人在尘埃之中还是可以超然，这岂是真正儒家君子无入而不自得之旨？这个时期又有下列的诗：

寄山中旧知七首（节选）

> 超世慕肥遁，炼形学飞仙。未谐物外期，已绝区中缘。

> 晨兴香火罢，入室披仙经。玄默岂非尚，素餐空自惊。

> 起与尘事俱，是非忽我萦。此道难坐进，要须悟无生。

物外之期未谐，而区中之缘已绝；虽尚玄默，而不得不与尘事相俱。欲进斯道，当然是不易。和高士轩比较，可以看出个中苦况。

述怀

夙尚本林壑,灌园无寸资。始怀经济策,复愧轩裳姿。效官刀笔间,朱墨手所持。谓言殚蹇劣,讵敢论居卑。

任少才亦短,抱念一无施。幸蒙大夫贤,加惠宽箠笞。抚己实已优,于道岂所期。终当反初服,高揖与世辞。

此述出仕之不得已,和一向的志趣相反,仍感吏事与道相违,故有终当高揖辞世之叹。

试院杂诗五首(此处只录二首)

长廊一游步,爱此方塘净。急雨散遥空,圆文满幽镜。阶空绿苔长,院僻寒飙劲。长啸不逢人,超摇得真性。

艺苑门禁肃,长廊似僧居。偶来一散步,暂与尘网疏。文字谢时辈,铨衡赖群儒。伊予独何者,逼仄心烦纡。

晓步

初日丽高阁,广步爱修廊。垂门掩秋气,高柳阴方塘。故园属佳辰,登览遍陵冈。

别来时已久,怀思宁暂忘。宦游何所娱,要使心怀伤。

在试院中的长廊方塘之间,朱子常常散步,但心里总觉得不舒服,常有故园之思。

将理西斋

欲理西斋居,厌兹尘境扰。发地得幽芳,劚石依寒篠。闲暇一题诗，怀冲独观眇。偶此惬高情，公门何日了。

公门之与高情终互相妨害，这些诗反映出朱子癸酉一年初见延平来同安后不宁的心境。下年甲戌为朱子来同安之第二年，诗风仍然一致，没有太大变化。

秋夜叹

秋风淅沥鸣清商，秋草未死啼寒螀。幽人幽人起晤叹，仰视河汉天中央。河汉西流去不息，人生辛苦何终极。苍山万叠云气深，去炼形魄生羽翼。

朱子此时仍抱炼形羽化之想。但值得注意的一件事是，在这一年和下年乙亥之间诗量锐减。此下进入诗集第二卷，诗风乃与第一卷中诗大异。大概就是在这两年间，朱子且将圣人书来读，觉得圣贤言语渐渐有味，逐渐归向儒学，释老的情调越来越减少，故诗吟特少。从这些迹象看来，甲戌、乙亥两年是朱子思想转变具有关键性的两年，值得我们作进一步的注意和考察。

六、由诗文中看朱子思想转变的痕迹

王谱于甲戌年没有什么记述，但在乙亥年朱子就有好多活动：春天时建经史阁，同一年又定释奠礼，申请严婚礼，立故丞相苏公祠于学宫。《文集》中收了好几篇文章纪事，可知乙亥一年是朱子一意归向儒学更为确定之一年。

《文集》卷七十七《泉州同安县官书后记》有曰：

> 绍兴二十有五年春正月，熹以檄书白事大都督府，言于连师方公，愿得抚府所有书以归，俾学者得肄习焉，公即日属工官抚以予县，凡九百八十五卷。

又《文集》卷七十五《泉州同安县学故书目序》有曰：

> 同安学故有官书一柜，绍兴二十五月乙亥，为之料简其可读者，得凡六种，一百九十一卷，又募民间，得故所藏弃者复二种三十六卷。

书籍放在新建的经史阁中，学者得以览观，朱子对于县学的积极的态度是不成疑问的。其实朱子对于县学的注意并非始于乙亥，前已有《同安县谕学者》与《谕诸生》二文。然王谱将之系于癸酉朱子初到同安时，只恐有误。钱穆先生指出，《谕诸生》文中有"仆以吏事得与诸君游今期年焉"，可证此二文应在后一年甲戌。① 而这些文章的味道和前引癸酉诸诗所表现的情调大不相同，不应在同一年。又《文集》卷七十七有《一经堂记》，谓"绍兴二十三年秋七月，予来同安。明年乃得柯君（名翰字国材）与之游。属予治学事，因得引君以自助"。这又是朱子注意学校事在甲戌之证。如此则《举柯翰状》也应在甲戌年，不在癸酉。自此以往，朱子学问大有转进。丙子攻《语》《孟》颇有所见。《语类》曰：

> 看文字却是索居独处好用功夫方精专，看得透彻，未须便与朋友商量。某往年在同安日，因差出体究公事处，夜寒不能寐，因看得子夏论学一段分明。后官满在郡中等批书，已遗行李，无文字看，于馆人处借得《孟

---

① 参见钱穆：《朱子新学案》，第三册，14页。

子》一册，熟读，方晓得养气一章语脉。当时亦不暇写出，只逐段以纸签签之，云：此是如此说，签了便看得更分明。后来其间虽有修改，不过是转换处，大意不出当时所见。(《语类》卷一○四，黄䓖录)

王谱谓：丙子秋七月秩满，冬奉檄走旁郡。但据钱穆先生考证①，奉檄走旁郡（漳州）是在秋天，然后到泉州候批书。大概白田是因袭旧谱而将此事漏去。丁丑春，还同安，候代不至，朱子是随时利用时间读书、思考。《语类》云：

旧为同安簿时，下乡宿僧寺中，衾薄不能寐。是时正思量子夏之门人小子章，闻子规声甚切。(《语类》卷四九)

又曰：

某旧年思量义理未透，直是不能睡。初看子夏先传后倦一章，凡三四夜，穷究到明，彻夜闻杜鹃声。(《语类》卷一○四)

《诗集》第二卷有一首诗：

之德化宿剧头铺夜闻杜宇

王事贤劳只自嗤，一官今是五年期。如何独宿荒山夜，更拥寒衾听子规。

所咏即此事。而第二卷诗在此诗前仅另有《送王季山赴龙溪》一绝而已。可见朱子在上半年很少作诗。但此下则有一首：

---

① 参见钱穆：《朱子新学案》，第三册，17~21页。

教思堂作示诸同志

吏局了无事,横舍终日闲。庭树秋风至,凉气满窗间。高阁富文史,诸生时往还。纵谈忽忘倦,时观非云悭。咏归同与点,坐忘庶希颜。尘累日以销,何必栖空山。

此诗也应在丙子秋,与点希颜,所谓"何必栖空山"正好和壬申《月夜述怀》诗谓"何不栖空山"的态度转了个一百八十度的弯,这样的转变可说是太清楚了。大约同时又有一诗:

示诸同志

端居亦何为,日夕掩柴荆。静有弦诵乐,而无尘虑并。良朋肯顾予,尚有夙心倾。

深惭未闻道,折中非所宁。眷焉抚流光,中夜叹以惊。高山徒仰止,远道何由征。

现在他不要再与二氏折中,高山仰止应指对儒学的向往。

在朱子奉檄走旁郡之后,他又因等批书到泉州。《语类》有一条说:

读书贪多最是大病,下梢都理会不得。若到闲时,无书读时,得一件书看,更仔细。某向为同安簿,满,到泉州候批书。在客邸借文字,只借得一册《孟子》,将来仔细读,方寻得本意见。看他初间如此问,又如此答。待再问,又怎地答。其文虽若不同,自有意脉,都相贯通。句句语意,都有下落。(《语类》卷一○四)

赵师夏跋记朱子自谓反复延平之言而若有所得,大概指的就是这几年而言。

丁丑春，辞家重返同安。有诗曰：

小盈道中

今朝行役是登临，极目郊原快赏心。却笑从前嫌俗事，一春牢落闭门深。

以前在同安时每嫌俗累，如今却心境开放，以行役为登临，快赏郊原。但他又有诗曰：

题囊山寺

晓发渔溪驿，夜宿囊山寺。云海近苍茫，层岚拥深翠。行役倦修途，投归聊一憩。不学塔中仙，名涂定何事。

由这首诗可以看到旧时意境偶然仍有流露。然不似壬申诗主调乃是脱尘逃世之想，他在丁丑春即另有一诗：

再至同安假民舍以居示诸生

端居托穷巷，廪食守微官。事少心虑怡，吏休庭守宽。晨兴吟诵余，体物随所安。杜门不复出，悠然得真欢。良朋夙所敦，精义时一殚。壶餐虽牢落，此亦非所难。

民舍即陈氏馆，朱子题之为畏垒庵者，诗中透露的心境显与壬申时的体验有本质性的差别。

到了秋天，朱子卧病，有诗曰：

秋怀二首（此处只录一首）

秋风吹庭户，客子怀故乡。矧此卧愁疾，徘徊守空房。伫想涧谷居，林深惨悲凉。鹍鸡感萧辰，拊翼号风霜。氛杂无留气，悄蒨有余芳。幸闻卫生要，招隐凤所藏。终期谢世虑，矫翮兹山冈。

又有一首：

中元雨中呈子晋

刀笔随事屏，尘嚣与心休。端居讽道言，焚香味真诹。子亦玩文史，及此同优游。

往年心习不免有时流露于不自觉者，但朱子决不可能再走回头路了。下年戊寅正月重往见李延平，《行状》谓归自同安，不远数百里徒步往从之游也。大概朱子对于仕进一事十分淡泊，但于求道则勇猛精进，绝无保留，无怪乎延平称之曰：乐善好义，鲜与伦比。究竟朱子在延平处所学实义为何，则另有专章阐述。

第二章

朱子从学延平的经过

一、延平之学术渊源与学风

延平姓李，名侗，字愿中，从学于豫章罗先生从彦（仲素）之门，出于龟山道南一脉。《朱子年谱》曰：

> 初，龟山先生倡道东南，从游甚众。语其潜思力行，任重诣极者，罗公仲素一人而已。李先生讳侗，字愿中，受学罗公，实得其传，同门皆以为不及。然乐道不仕，人罕知之。沙县邓迪天启尝曰：愿中如冰壶秋月，莹彻无瑕。韦斋深以为知言。先生少耳熟焉。至是将赴同安，特往见之。

《宋元学案》说：

> 豫章笃志好学，推研义理，必欲到圣人止宿处。遂从龟山游，抠衣侍席，二十余载。

又说：

先生严毅清苦，在杨门为独得其传。

《宋元学案》并引黄宗羲之言曰：

龟山三传得朱子，而其道益光。豫章在及门中最无气焰，而传道卒赖之。

而延平从学于罗豫章的经过，朱子作《延平行状》有如下的记述：

已而闻郡人罗仲素先生得河洛之学于龟山杨文靖公之门，遂往学焉。罗公清介绝俗，虽里人鲜克知之。见先生从游受业，或颇非笑先生，若不闻。从之累年，受《春秋》《中庸》《语》《孟》之说，从容潜玩，有会于心，尽得其所传之奥。罗公少然可，亟称许焉。于是退而屏居山田，结茅水竹之间，谢绝世故。余四十年，箪瓢屡空，怡然自适。

至于促使延平去从学于罗豫章的因由，则《宋元学案》保留了延平早岁给豫章的书信，可以见其端的：

先生服膺龟山之讲席有年矣。侗之愚鄙，徒以习举子业，不得服役于门下。而今日拳拳欲求教者，以谓所求有大于利禄也。抑侗闻之，道可以治心，犹食之充饥，衣之御寒也。人有迫于饥寒之患者，皇皇焉为衣食之谋，造次颠沛，未尝忘也。至于心之不治，有没世不知虑。岂爱心不若口体哉？弗思甚矣。

由此可见延平的初意是要学治心。他从豫章处得到的教诲是：

先生令侗静中看喜怒哀乐之谓中，未发时作何气象：

不惟于进学有方,亦是养心之要。

这样由"默坐澄心"开始,

> 久之而知天下之大本真有在乎是也。盖天下之理无不由是而出,既得其本,则凡出于此者,虽品节万殊,曲折万变,莫不该摄洞贯,以次融摄,各有条理,如川流脉络之不可乱。大而天地之所以高厚,细而品汇之所以化育,以至经训之微言,日用之小物,玩之于此,无一不得其衷焉。由是操存益固,涵养益熟,泛应曲酬,发必中节。其事亲从兄,有人所难能者。(《行状》)

朱子说:

> 李延平不著书,不作文,颓然若一田夫野老。(《语类》卷一〇三)

又说:

> 李先生为人简重,却不甚会说。(《语类》卷一〇四)

延平自己在辛巳年给朱子的信也说:

> 但素来拙讷,发脱道理不甚明亮。

延平不著书,不讲学,看来比豫章更古拙。有关延平言行,朱子说:

> 他却不曾著书,充养得极好。凡为学,也不过是恁地涵养将去,初无异义。只是先生睟面盎背,自然不可及。(《语类》卷一〇四)

由此可见延平纯是一重体验与践履之人,但在大关节处却把握得极牢。朱子作《延平行状》云：

> 先生既从之（罗豫章）学，讲诵之余，危坐终日，以验夫喜怒哀乐未发之前气象为如何，而求所谓中者。若是者盖久之而知天下大本真有在乎是者也。（中略）其接后学答问，穷昼夜不倦。随人深浅，诱之各不同，而要以反身自得，而可以入于圣贤之域。故其言曰，学问之道不在多言，但默坐澄心，体认天理。若见，虽一毫私欲之发亦退听矣。久久用力于此，庶几渐明，讲学始有力耳。又尝曰：学者之病，在于未有洒然冰解冻释处。纵有力持守，不过苟免显然尤悔而已。若此者，恐未足道也。（中略）盖尝曰：读书者知其所言莫非吾事，而即吾身以求之，则凡圣贤所至，而吾所未至者，皆可勉而进矣。若直以文字求之，悦其词义，以资诵说，其不为玩物丧志者几希。以故未尝为讲解文书。然其辨析精微，毫厘毕察。尝语问者曰：讲学切在深潜缜密，然后气味深长，蹊径不差。若概以理一而不审乎其分之殊，此学者所以流于疑似乱真之说而不自知也。其开端示人，大要类此。（《文集》卷九十七）

"理一分殊"正是延平用来分别儒学与异端的判准。

延平与屏山、籍溪之好佛老，学风迥然有异。无怪乎朱子少年时受家庭师友感染所信持的那一套，不为延平所印可。朱子后来自疑于此道未有所得，乃见延平，始造成了他思想上的大转向。

二、由父执而师事，朱子从游延平的经过

由于朱子的父亲韦斋与延平同门，又对延平推崇备至，所以终于造成朱子从学于延平的一段机缘。但朱子早年只把延平当父执看待，并未以师事之。

赵师夏《跋延平答问》曰：

> 始我文公朱先生之大人吏部公与延平先生俱事罗先生，为道义之交，故文公先生于延平为通家子。文公幼孤，从屏山刘公学问。及壮，以父执事延平而已。至于论学，盖未之契。而文公每诵其所闻，延平亦莫之许也。文公领簿同安，反复延平之言，若有所得者。于是尽弃所学而师事焉。

依王白田的考据，朱子于绍兴癸酉年（年二十四）初见延平，并未拜师。戊寅再往，到庚辰才正式受学，壬午重谒，至于隆兴癸未而延平作古，总共是四次，前后共历十一个年头之久。白田提出的证据是，朱子在戊寅年有信给范直阁云：

> 熹顷至延平见李愿中丈，问以一贯忠恕之说，与卑意不约而合。（《文集》卷三十七）

此时犹称丈，而不称先生，到庚辰始称先生并称朝夕受教，乃其确证。钱穆先生说："夏炘《述朱质疑》辨之云：朱子祭延平文：某也小生，卯角趋拜。谓十四岁以前，韦斋尚在时也。又云从游十年，诱掖谆至。谓自癸酉至壬午凡十年也。挽延平诗亦云：一言资善诱，十载笑徒劳。又《延平行

状》云：诸孤以某承事之久。又云：某蒙被教育，不为不久。若如师夏跋，则师事仅五年，如白田所考，则师事仅三年，可谓之久乎？"① 钱穆先生指出夏氏之辨失之于拘执，极是。因师夏为朱子孙婿，此跋作于嘉定甲戌，去朱子卒仅十四年，所言应有来历，而白田所提出的证据是不可驳斥的。大概从朱子本人的观点看，从游十年，乃泛指他因受延平的影响而在思想上有实得的年份而言，何必作始见、再见、师事、从学的细别。

癸酉年朱子赴同安任前始见延平并不是一次随意的礼貌上的拜访，朱子是怀抱着一些疑难和问题去见延平的。如上章所言，大概朱子于屏山籍溪所授已不能满意，自己从禅那里体证到的意思也不能自信，于是去见延平以求印证，哪知延平根本就否定了他少年时的进路。《语类》云：

> 初见李先生，说得无限道理。李先生云：汝恁地悬空理会得许多，面前事却理会不得。道亦无玄妙，只在日用间着实做工夫处理会，便自见得。后来方晓得他说。（《语类》卷一〇四，董铢录）

朱子当时所说的正是禅的昭昭灵灵的意思，但不为延平所首肯。朱子反倒怀疑延平理会此未得。由此可见朱子初见延平不只没有拜师之意，对他实抱着一种怀疑的态度，但延平这种坚执的态度对朱子是新鲜的，而他大约也感觉到自己所学的确太杂，"我只一个浑身，如何兼得许多"，所以姑且顺从延平的意思把禅搁下，专心儒学。

从朱子初到同安所作的诗所透露的情调看来，他内心的

---

① 钱穆：《朱子新学案》，第三册，4页。

转变过程是缓慢的,并不是一下子就转变过来的。他最初以吏事为形役,向往佛道高蹈避世的情调。但到次年甲戌,诗吟特少,乙亥亦如此。可见是在这两年间,朱子且将圣人书来读,觉得圣贤言语渐渐有味,逐渐归向儒学。约摸同时,朱子留心县学,态度转趋积极。丙子年则有奉檄走旁郡,在郡中等批书时读《论》《孟》的故事。朱子的学问在这几年之间大进。《语类》有云:

> 李先生说,令去圣经中求义。某后刻意经学,推见实理。始信前日诸人之误也。(《语类》卷一〇四,余大雅录)

朱子一心求道,一旦把心思集中在经学上,自然有得。《延平答问》保留了丁丑六月延平与朱子一函:

> 承喻涵养用力处,足见近来好学之笃也,甚慰,甚慰。但常存此心,勿为他事所胜,即欲虑非僻之念自不作矣。孟子有夜气之说,更熟味之,当见涵养用力处也。

朱子如今所做显然是儒家的涵养工夫。到次年戊寅春正月又见李先生于延平。这次即《行状》谓归自同安,不远数百里徒步往从之游也。有了朱子这方面的改变,二人讨论甚为相得,与五年前初见时情况大不相同。朱子与范直阁书提及问延平一贯忠恕之说,答复竟和他自己的意思不约而同。四月间,籍溪又回来,朱子给范直阁的又一封信说:

> 熹奉亲屏处,幸粗遣免。山间深僻,亦可观书。又得胡丈来归,朝夕有就正之所。穷约之中,此亦足乐矣。(《文集》卷三十七)

戊寅年间延平与朱子通信转密,《延平答问》之中就保留了三封。譬如冬至前二日书云:

> 承示问皆圣贤之至言,某何足以知之,而吾元晦好学之笃如此,又安敢默默也。辄以昔所闻者,各笺释于所问目之下,聊以塞命尔。它日若获款曲,须面质论难,又看合否如何。大率须见洒然处,然后为得。虽说得行,未敢以为然也。

十一月十三日书又云:

> 某自闻师友之训,赖天之灵,时常只在心目间。虽资质不美,世累妨夺处多,此心未尝敢忘也。于圣贤之言,亦时有会心处,亦问有识其所以然者。但觉见反为理道所缚,殊无进步处。今已老矣,日益恐惧,吾元晦乃不鄙孤陋寡闻,远有质问所疑,何愧如之。

这样的口气显然还不是老师对学生的口气。大抵《延平答问》前半所问多有关《论语》,《春秋》次之,间或及于《孟子》,朱子有时以二苏《语》《孟》之说质之于延平。同时朱子此时已有他自己的体验,戊寅九月有《存斋记》一文,谓:

> 人之所以位天地之中,而为万物之灵者,心而已矣。然心之为体,不可以闻见得,不可以思虑求。谓之有物,则不得于言。谓之无物,则日用之间,无适而非是也。君子于此,亦将何所用其力哉。必有事焉而勿正,心勿忘,勿助长,则存之之道也。如是而存,存而久,久而

熟，心之为体，必将了然有见乎参倚之间，而无一息之不存矣。(《文集》卷七十七)

由此可见此时朱子中心关注的是在把握心体，显然是因受到延平的影响，顺着孟子的思路前进而有这样的思想，此已非禅的一套，但也和延平所教由《中庸》入体验未发时气象的一套不很相同。明儒余子积谓《存斋记》言心之为体还是"少年学禅，见得昭昭灵灵的意思"（《明儒学案》卷三，《崇仁学案》三），其说非是。

翌年己卯春，校定《上蔡语录》。朱子删去五十余章，以其内容乃至"诋程氏以助佛学"，"特以理推知其决非先生语"。后考得这些文字果为江民表所著，并非谢氏语。可见朱子在此时已严辨儒释。

到了庚辰，又有一段小插曲可以注意。是年朱子有送寄胡籍溪诗共四首。

送籍溪胡丈赴馆供职二首

祖饯衣冠满道周，此行谁与话端由。
心知不作功名计，只为苍生未敢休。
执我仇仇讵我知，漫将行止验天机。
猿悲鹤怨因何事，只恐先生袖手归。

寄籍溪胡丈及刘恭父二首

先生去上芸香阁，阁老新峨豸角冠。
留取幽人卧空谷，一川风月要人看。
瓮牖前头翠作屏，晚来相对静仪刑。
浮云一任闲舒卷，万古青山只么青。

《文集》卷八十一有《跋胡五峰诗》云：

绍兴庚辰，熹卧病山间，亲友仕于朝者以书见招，熹戏以两诗代书报之。或传以语胡子，子谓其学者张钦夫曰：吾未识此人，然观此诗，知其庶几能有进矣。特其言有体而无用，故吾为是诗以箴警之，庶其闻之而有发也。（其诗曰：幽人偏爱青山好，为是青山青不老。山中出云雨太虚，一洗尘埃山更好。）明年胡子卒，又四年熹始见钦夫而后获闻之。

白田《年谱考异》卷一云：

是时籍溪家居，召为大理司直，未行。改秘书省正字，籍溪年已七十余矣。耳又重听。（原注：见《文集》与籍溪先生书。）门人子弟皆疑其行，朱子四诗皆有讽焉。（原注：《籍溪行状》叙此颇详。）……五峰诗……为籍溪解嘲。

由此可见朱子所咏"留取幽人卧空谷"，乃别有因由，并非旧时高蹈避世之意境。五峰对于这个素未谋面的青年人之进学有所关注与品评，对于日后南轩、朱子之论学与交谊未始不是一个机缘。学问的进境到了一个地步，不作进一步的追求是不可能的。这一年的冬天朱子见李延平，乃正式受学。洪本年谱是年载李延平与其友罗博文书有云：

元晦进学甚力，乐善畏义，吾党鲜有。

又云：

此人极颖悟，力行可畏，讲学极造其微处。渠所论难处，皆是操戈入室，从源头体认来，所以好说话。某

> 昔于罗先生得入处，后无朋友，几放倒了。得渠如此，极有益。渠初从谦开善处下工夫来，故皆就里面体认。今既论难，见儒者路脉，极能指其差误之处。自见罗先生来，未见有如此者。

又云：

> 此人别无他事，一味潜心于此。初讲学时，颇为道理所缚，今渐能融释，于日用处一意下工夫。若于此渐熟，则体用合矣。此道理全在日用处熟，若静处有而动处无，即非矣。

案谦开善即朱子在刘病翁处所会见的和尚。照朱子自述，先从他父亲那里"知有意于为己之学而未得其处"（《文集》卷三十八《答江元适书》），少年时学禅以为由此可得到一条门径，后自觉于道未见，乃质之于延平，延平始将他引归圣道。但奇怪的是，朱子的问题虽由心学入，但他对延平、豫章、道南一系所传的心学却不甚措意。《文集》卷四十答何叔京书有云：

> 李先生教人，大抵令于静中体认大本未发时气象分明，即处事应物自然中节，此乃龟山门下相传指诀。然当时亲炙之时，贪听讲论，又方窃好章句训诂之习，不得尽心于此。至今若存若亡，无一的实见处，辜负教育之意。每一念此，未尝不愧汗沾衣也。（《答何叔京三十二书》之第二书）

此书在丙戌，是朱子年三十七时对以前受学的回忆和感想。大概当时朱子注重于圣经中求义理，于日用间做工夫，此皆延平之教，而对于延平涵养未发一节，则因朱子对心自有一番体会，乃未有深入。关于此点我们在以后还会有比较详细的分析。然朱子确因受延平的影响而慢慢脱离释氏之说。《文集》卷三十答汪尚书书有云：

> 熹于释氏之说，盖尝师其人，尊其道，求之亦切至矣。然未能有得。其后以先生君子之教，校夫先后缓急之序，于是暂置其说，而从事于吾学。其始盖未尝一日不往来于心也。以为俟卒究吾说而后求之，未为甚晚耳，非敢遽绌绝之也。而一二年来，心独有所自安。虽未能即有诸己，然欲复求之外学，以遂其初心，不可得矣。（《答汪尚书十一书》之第二书）

此书在癸未，朱子年三十四。所述应是实情。庚辰冬朱子见延平正式受学，逗留数月之久，在仲冬有一诗云：

> 顷以多言害道，绝不作诗，两日读《大学》诚意章有感，至日之朝，起书此以自箴，盖不得已而有言云：
>
> 神心洞玄鉴，好恶审薰莸。云何反自诳，闷默还抱羞。今辰仲冬节，瘝叹得隐忧。心知一寸光，昱彼重泉幽。朋来自兹始，群阴邈难留。行迷亦已远，及此旋吾辀。

看来此诗乃在延平时所作。此年诗唯前引送胡籍溪及寄两题四首，以及挽范直阁一题两首而已。大概在庚辰以前的两年之中，朱子既不作诗，也不读佛书，只一心读圣贤书；延平所谓能就里面体认，于日用处一意下工夫，也可由此诗得到一些消息。

朱子既经一番苦学，到次年辛巳，乃又恢复大量作诗，以记述自己的进境以及心中的体会。

困学二首

旧喜安心苦觅心，捐书绝学费追寻。
困衡此日安无地，始觉从前枉寸阴。

困学工夫岂易成，斯名独恐是虚称。
傍人莫笑标题误，庸行庸言实未能。

前一首说的是舍弃禅学，为求安心苦觅心，指的是达摩与慧可的故事。后一首说在日用处下工夫，庸言庸行乃是《中庸》之教。

辛巳春朱子又有下列诸诗：

曾点

春服初成丽景迟，步随流水玩晴漪。
微吟缓节归来晚，一任轻风拂面吹。

春日

胜日寻芳泗水滨，无边光景一时新。
等闲识得东风面，万紫千红总是春。

春日偶作

闻道西园春色深，急穿芒屦去登临。
千葩万蕊争红紫，谁识乾坤造化心。

观书有感

半亩方塘一鉴开，天光云影共徘徊。

问渠那得清如许，为有源头活水来。

昨夜江边春水生，艨艟巨舰一毛轻。
向来枉费推移力，此日中流自在行。

朱子困学数年，至此乃有自由自得的感受。有趣的是朱子晚年不喜言曾点，此时则咏曾点之乐。可见由朱子成熟以后的体验来看，此时还是光景。但在进学的阶段之中，则显然是自觉在进入一新境界。

次年壬午春，迎谒李先生于建安，遂与俱归延平。这是朱子最后一次见延平，盖延平是在癸未十月中逝世。朱子这次与延平盘桓了好几个月，住在西林院，又有下列之诗：

题西林院壁二首

触目风光不易裁，此间何似舞雩台。病躯若得长无事，春服成时岁一来。

巾屦翛然一钵囊，何妨且住赞公房。却嫌宴坐观心处，不奈檐花抵死香。

此两诗是在壬午。接着又录有下列二首：

题西林可师达观轩

窈窕云房深复深，层轩俄此快登临。卷帘一目遥山碧，底是高人达观心。

再题

古寺重来感慨深，小轩仍是旧窥临。向来妙处今遗恨，万古长空一片心。

在"再题"一首之下朱子有语记述其事:

绍兴庚辰冬,予来谒陇西先生,退而寓于西林院惟可师之舍,以朝夕往来受教焉。阅数月而后去。可师始尝为一室于其居之左,轩其东南,以徙倚瞻眺。(中略)名之曰达观轩。(中略)予尝戏为之诗,以示可师。既去而遂忘之。壬午春,复拜先生于建安而从以来,又舍于此者几月,师不予厌也。且欲予书其本末置壁间,因取旧诗读之,则岁月逝矣,而予心之所至者,未尺寸进焉,为之三叹自废。顾师请之勤勤,不得辞,于是手书授之。(中略)予之往来师门,盖未愁也。异时复至,又将假馆于此。仰视屋壁,因旧题以寻岁月,而惕然乎其终未有闻也。然则是诗之不复,亦予所以自励者。(下略)三月九日熹书。

由此可见前一诗乃作于庚辰冬,当时并未录存,此番重来,才看到而一起存抄下来,庚辰冬天朱子正式拜师,对于心的体验,比前之附会禅道自大不相同。所谓"卷帘一目遥山碧",极目所望,莫非吾心,哪里还要到别处去求心。朱子所以"戏为之诗",是在讽作意寻求达观的思想。次年辛巳春所作诸诗,更是明显地宣泄了同样的体证。困学诗咏"旧喜安心苦觅心"的枉费工夫,而返归庸言庸行的结果,才慢慢有了"万紫千红总是春""此日中流自在行"的体会。到壬午年再回到西林院,数年来的感受并没有本质上的差别。至是他深知"宴坐观心"之非是;"触目风光",无非我心,而"檐花抵死香",何碍吾心;故高人达观,不外即在此遥山一碧间。"再题"说明自己这几年的见解并无改变;钱先生指出朱子所谓"向来妙处今遗恨",乃是他故作狡狯之谦辞,而"万古长空一片心"则指明岁月虽逝，但此心常然①，可见朱子对于心源已有他自己的一番体味。朱子这种入路自与延平之重默坐澄心观未发时气象极不相同。无怪乎日后朱子自己的回忆说：

> 旧闻李先生论此（未发已发）最详。后来所见不同，遂不复致思。今乃知其为人深切，然恨已不能尽记其曲折矣。（中略）但当时既不领略，后来又不深思，遂成蹉过，孤负此翁耳。（《文集》卷四十三《答林择之三十三书》之第二十书）

奇怪的是延平之学由心学入，朱子之学则因受他父亲的影响由为己之学入，但是他对延平所教却无会心处。牟宗三先生所谓"延平虽供给朱子一入路，一题目，而文章却是朱子自己作"②是也。

钱先生总结朱子之所获于延平者有三大纲：

> 一曰须于日用人生上融会。一曰须看古圣经义。又一曰理一分殊，所难不在理一处，乃在分殊处。③

这大概是不错的。总之朱子在进学时期由延平处所受多是建设性的影响。《行状》所谓"熹获从先生游，每一去而复来，则所闻必益超绝。盖其上达不已，日新如此"。故朱子晚年虽对默坐澄心不很以为然，但是他对延平的尊崇则始终不衰。壬午年孝宗即位，朱子应诏上封事。《行状》记其言之要点云：

> 陛下毓德之初，亲御简策，不过讽诵文辞，吟咏情

---

① 参见钱穆：《朱子新学案》，第三册，33~34页。
② 牟宗三：《心体与性体》，第三册，9页。
③ 钱穆：《朱子新学案》，第三册，35页。

性。比年以来，欲求大道之要，又颇留意于老子释氏之书。记诵词藻，非所以探渊源而出治道；虚无寂灭，非所以贯本末而立大中。夫帝王之学，必先格物致知，以极夫事物之变，使义理所存，纤悉毕照，则自然意诚心正，而可以应天下之务。

其次讨论到今日之计，则以为敌我有不共戴天之仇，不可和也。次年癸未，朱子三十四岁，冬十月，至行在，十一月六日奏事垂拱殿，入对。《行状》记述朱子当时的论点与前此所上封事几完全一致：

> 其一言《大学》之道，在乎格物以致其知。盖有是物，必有是理。然理无形而难知，物有迹而易睹，故因是物以求之，使是理了然于心目之间，而无毫发之差，则应乎事者，自无毫发之谬。陛下虽有生知之性，高世之行，而未尝随事以观理，故天下之理多所未察；未尝即理以应事，故天下之事多所未明；是以举措之间，动涉疑贰，听纳之际，未免蔽欺，平治之效所以未著，由不讲于《大学》之道，而溺心于浅近虚无之过。其二言君父之仇不共戴天，乃天之所覆，地之所载，凡有君臣父子之性者，发于至痛不能自已之同情，而非专出于一己之私。然则今日所当为者，非战无以复仇，非守无以制胜，是皆天理之同然，非人欲之私忿也。末言古先圣王制御夷狄之道，其本不在于威强，而在于德业；其备不在于边境，而在于朝廷；其具不在于号令，而在于纪纲。今日谏诤之涂尚壅，佞幸之势方张，爵赏易致，而威罚不行，民力已殚，而国用未节，则德业未可谓修，

朝廷未可谓正，纪纲未可谓立。凡古先圣王所以强大折冲，威制夷狄之道，皆未可谓备。

《行状》总结朱子的意思大体不外乎以为"制治之源莫急于讲学，经世之务莫大于复仇，至于德业成败，则决于君子小人之用舍"。我们看到朱子的学问以及思想的规模至此已大体确立，而《年谱》志其缘起有云：

先是先生将趋召命，问李先生所宜言。李先生以为今日三纲不立，义利不分，故中国之道衰而夷狄盛，人皆趋利不顾义而主势孤。先生用其说以对。

延平对于当时朱子的影响由此可见。这一年朱子写成《论语要义》一书。《文集》卷七十五有《论语要义目录序》有云：

熹年十三四时，受其（二程先生论语）说于先君，未通大义，而先君弃诸孤。中间历访师友，以为未足。于是遍求古今诸儒之说，合而编之。诵习既久，益以迷眩。晚亲有道，窃有所闻。（中略）慨然发愤，尽删诸说，独取二先生（此五字依白田年谱补入）及其朋友数家之说，补缉订正，以为一书，目之曰《论语要义》。

晚亲有道，即指延平而言。可惜的是延平就是在这一年的十月十五日逝世，朱子以十一月归，次年甲申正月往哭之。是年有答何叔京书有云：

熹少而鲁钝，百事不及人。独幸稍知有意于古人为己之学，而求之不得其要。晚亲有道，粗得其绪余之一二。方幸有所向而为之焉，则又未及卒业，而遽有山颓

梁坏之叹。怅怅然如瞽之无目,擿埴索途,终日而莫知所适。(《文集》卷第四十《答何叔京三十二书》之第一书)

延平之死对朱子打击很大。一直到壬辰朱子四十三岁,思想又已屡经曲折,著《中和旧说序》,说:

> 余蚤从延平李先生学,受《中庸》之书,求喜怒哀乐未发之旨,未达,而先生没。余窃自悼其不敏,若穷人之无归。(中略)暇日料检故书,得当时往还书稿一编,辄序其所以,而题之曰《中和旧说》。盖所以深惩前日之病,亦使有志于学者读之,因予之可戒而知所戒也。独恨不得奉而质诸李氏之门。然以先生之所已言者推之,知其所未言者,其或不远矣。(《文集》卷七十五)

其实朱子自己所悟与延平的一套并不相同,然延平所教却又成为一个诱因,几次逼使朱子对自己的思想不满,一直到他发展出自己的一套完成的思想为止。延平的思想对于朱子的思想确实有一种启蒙引导的作用,不可加以轻忽;则朱子一生推尊延平,又决不是一件偶然的事情。而两师弟思想之间的同异,还值得我们作进一步的省察。

三、延平思想的独特形态

牟宗三先生说:

> 朱子与延平实有距离也。普通多不注意延平之实蕴。延平好似只成为朱子之开蒙师,完全为朱子所掩盖,亦

完全被忽略。①

关于这一点我深具同感,故延平思想之独特形态应该特别表而出之,亦才能进一步看出朱子的取舍之实义。

我们回到本章第一节中所引《延平行状》,朱子所记延平开端示人,据牟先生的总结,大要不过以下四点②:

(1) 默坐澄心,体认天理。
(2) 洒然自得,冰解冻释。
(3) 即身以求,不事讲解。
(4) 理一分殊,始终条理。

就第一点来说,这正是根据其"危坐终日,以验夫喜怒哀乐未发之前气象为何如,而求所谓中者"而来。这是龟山、豫章一脉相传指诀。此处所谓默坐危坐,自决不只是"收敛在此,胜如奔驰"(朱子语,见《语类》卷一〇三,叶贺孙录)而已。走这条道路是要暂时隔离一下去体究中体。天理是与私欲相对,日常生活如不自觉,就不免顺着私欲习染一路滚下去。此处乃由滚滚混流暂时超拔出来,正是梨洲所谓"此是明道以来下及延平一条血路也"。而善静坐者决不会流于滞寂的毛病,静中自可体认天命流行之体,澄澈体用一源之理。否则岂不成为一种空头的静坐工夫,焉足为儒者所取法。

故第二点紧接着即讲洒然自得,冰解冻释。静中体认到的天理必须能践履到日常生活之中才行。一般人讲修养工夫只不过是苟免而已,但工夫做到纯熟才能体证到一种洒然自得、冰解冻释之境地。延平的书信几次三番都言洒落、洒然,

---

① 牟宗三:《心体与性体》,第三册,21页。
② 参见上书,4页。

可见他的重点是在践履，不能当作一种光景看待。

第三点，即身以求，不事讲解。做圣贤工夫主要既是践履之事，讲论解经自其余事。这当然不是说不要读书、讲解文义。圣经为义理之所寄托，当然应该讲求。但践履实理毕竟为重点所在，此间轻重本末，不容倒置。

最后一点言理一分殊，始终条理。宋儒往往以此为儒家与异端（如二氏墨家）分殊之判准。儒家所体察之理为实理，贯于人伦日用，则理一而分殊。在分殊处言之，则不能浑沦地说兼爱，也不能如佛说俗谛仅仅只是方便设施。天理流行，乃必然在不同的分际作具体的表现。如父子有亲、君臣有义等等。然义虽分殊而一切德行无非同一仁心之流露。昌言理一而分殊乃有体用，不似二氏之走上一偏枯之道路。

由此可见，延平自有其一贯之理路，但朱子由禅道翻出来，历经周折终于抛弃了以避世为高的思想，而体证到"万紫千红总是春"的境界；由他的观点来说，似无须隔离静坐，一下子就可以直接把握到天机活泼流行的体会。至此他根本忽视延平一脉的基本工夫。他转从圣经中求义，故重视讲解文义。当然朱子自决非为读书而读书之辈，从书中把握到义理也必要求践履到日常生活之中，而有一种融摄洒然的体会。对于理一分殊，延平并未作一分解式的解析，但朱子一上来即走上一条分解的道路，强探力索，延平所教给予他许多启发，但他自己所体悟实非延平所教之实义。此所以他后来不免自疑，反复几次，最后回到伊川的权威，顺伊川的思想发展完成一独立之形态，这才自信无疑。回过头来看延平之学，就不免有许多批评，但始终因感念师恩，语气比较保留，但程门自龟山、上蔡以下莫不受到朱子严厉的批评。朱子之不甘于笼统之言，打破砂锅问到底，这造成他业绩之大处。但他确发展出一特殊形态的思路，与明道所传由上蔡至五峰、龟山至延平的路道都不同。故道统之说虽由朱子立，而牟宗三先生却只许之以别子为宗，实在是有相当理据，不可以轻忽过去。

下面我们再详检朱子所编《延平答问》，乃可以进一步看到延平思想的规模，以及这两师弟从头来即表现出来的不同的心态。

戊寅（朱子是年廿九岁）十一月十三日延平一书有云：

> 来论以为"人心之既放，如木之既伐。心虽既放，然夜气所息，而平旦之气生焉，则其好恶犹与人相近。木虽既伐，然雨露所滋，而萌蘖生焉，则犹有木之性也"。恐不用如此说。大凡人礼义之心何尝无？惟持守之，即在尔。若于旦昼间不至梏亡，则夜气存矣。夜气存则平旦之气未与物接之时，湛然虚明，气象自可见。此孟子发此夜气之说，于学者极有力。若欲涵养，须于此持守可尔。恐不须说心既放，木既伐，恐又似隔截尔，如何如何？

> 又见谕云：伊川所谓"未有致知而不在敬者"。考《大学》之序则不然。如夫子言非礼勿视听言动，伊川以为制之于外以养其中，数处，盖皆各言其入道之序如此。要之，敬自在其中也。不必牵合贯穿为一说。又所谓"但敬而不明于理，则敬特出于勉强，而无洒落自得之功，意不诚矣"。洒落自得气象，其地位甚高。恐前数说方是言学者下工夫处。不如此，则失之矣。由此持守之久，渐渐融释，使之不见有制之于外，持敬之心，理与

心为一，庶几洒落尔。

延平在上年（丁丑）六月二十六日有书致朱子要他注意孟子的夜气之说，勉励他做涵养工夫。朱子果然在这方面努力，至此乃提出一些意见来求印证。朱子显为一分解型之心灵，故讲得似隔截尔。延平则直言存养，敬自在其中，实涵即本体便是工夫之义。到持守既久，渐渐融释，使之不见有制之于外，则后天之敬融释于先天之敬，浑然是一本心性体也即敬体之流行，此即为洒落之化境。朱子对于延平的体会，似乎始终凑泊不上，后来终于顺着伊川的思路，发展完成出他自己的独特的形态。

己卯长至后三日书云：

> 今学者之病所患在于未有洒然冰解冻释处，纵有力持守，不过只是苟免显然尤悔而已。似此，恐皆不足道也。

由此可见顺着延平的路数做工夫之不易，一般人不过勉强做到苟免的地步而已，真要称心而发，有洒然冰解冻释的体验，诚非易事。

庚辰五月八日书云：

> 某晚景别无他，唯求道之心甚切。虽间能窥测一二，竟未有洒落处。以此兀坐，殊愦愦不快。昔时朋友绝无人矣，无可告语，安得不至是耶？可叹可惧！
>
> 示论夜气说甚详，亦只是如此。切不可更生枝节寻求，恐即有差。大率吾辈立志已定，若看文字，心虑一，澄然之时，略绰一见，与心会处，便是正理。若更生疑，即恐滞碍。伊川语录中有记明道尝在一仓中坐，见廊柱

多，因默数之。疑以为未定，屡数愈差。遂至令一人敲柱数之，乃与初默数之数合，正谓此也。夜气之说所以于学者有力者，须是兼旦昼存养之功，不至梏亡，即夜气清。若旦昼间不能存养，即夜气何有。疑此便是日月至焉气象也。

某曩时从罗先生学问，终日相对静坐。只说文字，未尝及一杂语。先生极好静坐，某时未有知，退入室中，亦只静坐而已。先生令静中看喜怒哀乐未发之谓中，未发时作何气象。此意不唯于进学有力，兼亦是养心之要。元晦偶有心恙，不可思索。更于此一句内求之静坐看如何，往往不能无补也。

又云：

某尝以谓遇事若能无毫发固滞便是洒落。即此心廓然大公，无彼己之偏倚，庶几于理道一贯。若见事不澈，中心未免微有偏倚，即涉固滞，皆不可也。未审元晦以为如何？为此说者，非理道明，心与气合，未易可以言此。不然，只是说也。

延平所爱是明道的浑沦，灵光显处，便要当下把握住。此非知解事，过重知解，乃转生疑虑。夜气之存养，要做践履工夫。故戒朱子之强探力索。但朱子终不喜浑沦，虽因推尊二程而对明道未有微词，后来对于明道门下诸人，却深致不满之意。又，延平的心思单纯，故适合静坐，而在此得到许多益处，朱子却想要通贯动静，故虽承认静坐为一手段，但终嫌其太偏，对之采取相当保留之态度，并不以为延平式的暂时隔离是一必要或有效之步骤。

庚辰七月书云：

> 某自少时从罗先生学问。彼时全不涉世故，未有所入。闻先生之言，便能用心静处寻求。至今洟泗忧患，磨灭甚矣。四五十年间，每遇情意不可堪处，即猛省提掇，以故初心未尝忘废。非不用力，而迄于今更无进步处，常切静坐思之，疑于持守及日用，尽有未合处。或更有关键，未能融释也。向来尝与夏丈言语间稍无间，因得一次举此意质之。渠乃以释氏之语来相淘，终有纤奸打讹处，全不是吾儒气味，旨意大段各别。当俟他日相见剧论可知。

由此可见延平式的静坐根本与禅的静坐是两回事，后来朱子担心走这条路会差近禅氏去，显然是不相干的忌讳。

又云：

> 因看"必有事焉而勿正，心勿忘勿助长"数句，偶见全在日用间非着意，非不着意处。"才有毫发私意，便没交涉。"此意亦好，但未知用处却如何，须吃紧理会这里始得。

> 某曩时传得吕与叔《中庸解》甚详。当时陈几叟与罗先生门皆以此文字说得浸灌浃洽，比之龟山解却似枯燥。晚学未敢论此。今此本为相知借去，亡之已久。但尚记得一段云："谓之有物则不得于言，谓之无物则必有事焉。不得于言者，视之不见，听之不闻，无声形接乎耳目而可以道也。必有事焉者，莫见乎隐，莫显乎微，体物而不可遗者也。学者见乎此，则庶乎能择乎中庸，而执之隐微之间，不可求之于耳目，不可道之于言语，

> 然有所谓昭昭而不可欺，感之而能应者，正惟虚心以求之，则庶乎见之。"
>
> 又据孟子说必有事焉，至于助长不耘之意，皆似是言道体处。来谕乃体认出来。学者正要如此。但未知用时如何？吻合浑然，体用无间，乃是。不然，非着意，非不着意，溟溟涬涬，疑未然也。某尝谓进步不得者，仿佛多是如此类窒碍。更望思索，它日熟论。须见到心广体胖，遇事一一洒落处，方是道理。不尔，只是说也。

朱子之颖悟自无问题，对于延平所指点圣学之共法，亦自有领略。但按实下来说，究竟作何解释，则两边不必无距离。延平是一味作内圣修养工夫者，辨解则不足。朱子后来自己走出一条道路，乃极不喜言"吾与点也"的洒脱风光，对于延平之雅言洒落融摄，实无真切领受也。

又云：

> 承谕心与气合，及所注小字，意若逐一理会心与气，即不可。某鄙意止是形容到此。解会融释。不如此，不见所谓气，所谓心，浑然一体流浃也。到此田地，若更分别那个是心，那个是气，即劳攘尔。不知可以如此否？不然，即成语病无疑。若更非是，无惜劲论。吾侪正要如此。

朱子显由分解的方式去了解延平以前提到"心与气合"一语，延平此处复言即说明他这样的说法只是境界的点拨语，是由做践履工夫所得来的一种体验也。

延平又有答朱子有关太极之疑问如下：

问：太极动而生阳。先生尝曰：此只是理，做已发看不得。熹疑既言动而生阳，即与复卦一阳生而见天地之心何异？窃恐动而生阳即天地之喜怒哀乐发处，于此即见天地之心。二气交感，化生万物，即人物之喜怒哀乐发处，于此即见人物之心。如此做两节看，不知得否？

先生曰：太极动而生阳。至理之源只是动静阖辟。至于终万物，始万物，亦只是此理一贯也。到得二气交感化生万物时，又就人物上推，亦只是此理。《中庸》以喜怒哀乐未发已发言之，又就人身上推寻。至于见得大本达道处，又衮同只是此理。此理就人身上推寻，若不于未发已发处看，即何缘知之？盖就天地之本源与人物上推来，不得不异。此所以于动而生阳，难以为喜怒哀乐已发言之。在天地，只是理也。今欲作两节看，切恐差了。复卦见天地之心，先儒以为静见天地之心，伊川先生以为动乃见。此恐便是动而生阳之理。然于复卦发出此一段示人，又于初爻，以颜子不远复为之，此只要示人无间断之意。人与天理一也。就此理上皆收摄来，与天地合其德，与日月合其明，与四时合其序，与鬼神合其吉凶，皆其度内尔。妄测度如此，未知元晦以为如何？有疑更容他日得见剧论。语言既拙，又无文采，似发脱不出。元晦可意会消详之，看理道通否？

朱子问问题显由宇宙论的观点出发，延平在答复时却要将思想扭转过来，完全由本体论的观点着眼；通天下只是一理流行，这是很高的境界，但不必合于《太极图说》原义，只怕不足以满足朱子的追问的心灵。延平是发脱不出，但如朱子善学，真把握到延平的线索，未始不能将其中内含的义理分解展示出来。可惜延平不二年而逝世，终无缘令朱子把握到他的思绪。朱子乃终顺伊川的分解的线索而前进，日后他把握的理，乃是"但理"，净洁空阔，不会造作，并非延平此处所谓"此只是理"，意谓气机之化不外一理之流行，乃一富创生性之实理。

壬午六月十一日书云：

> 承谕仁一字，条陈所推测处，足见日来进学之力，甚慰。某尝以为仁字极难讲说。只看天理统体便是。更心字亦难指说，唯认取发用处是心。二字须要体认得极分明，方可下工夫。
>
> 仁字难说。《论语》一部只是说与门弟子求仁之方，知所以用心，庶几私欲沉，天理见，则知仁矣。如颜子仲弓之问，圣人所以答之之语，皆其要切用力处也。孟子曰："仁，人心也。"心体通有无，贯幽明，无不包括。与人指示，于发用处求之也。又曰："仁者人也。"人之一体便是天理，无所不备具。若合而言之，人与仁之名亡，则浑是道理也。
>
> 来谕以为"仁是心之正理，能发能用底一个端绪，如胎育包涵其中，生气无不纯备，而流动发生，自然之机，又无顷刻停息。愤盈发泄，触处贯过，体用相循，初无间断"。此说推扩得甚好。但又云："人之所以为人而异乎禽兽者如是而已。若犬之性，牛之性，则不得而与焉。"若如此说，恐有碍。盖天地中所生物，本源则一。虽禽兽草木，生理亦无顷刻停息间断者。但人得其秀而最灵，五常中和之气所聚，禽兽得其偏而已。此其所以异也。若谓流动发生，自然之机，与夫无顷刻停息

间断，即禽兽之体亦自如此。若以为此理唯人独得之，即恐推测体认处未精，于他处便有差也。

又云"须体认到此纯一不杂处，方见浑然与物同体气象"一段，语却无病。

又云"从此推出分殊合宜处便是义，以下数句莫不由此。而仁一以贯之。盖五常百行无往而非仁也"。此说大概是。然细推之，却似不曾体认得，伊川所谓"理一分殊"，龟山云"知其理一，所以为仁，知其分殊，所以为义"之意，盖全在知字上用着力也。

谢上蔡语录云："不仁便是死汉，不识痛痒了。"仁字只是有知觉了了之体段。若于此不下工夫，令透彻，即何缘见得本源毫发之分殊哉。若于此不了了，即体用不能兼举矣。此正是本源体用兼举处。人道之立正在于此。仁之一字正如四德之元。而仁义二字正如立天道之阴阳，立地道之柔刚，皆包摄在此二字尔。大抵学者多为私欲所分，故用力不精，不见其效。若欲于此进步，须把断诸路头，静坐默识，使之泥滓渐渐消去方可。不然，亦只是说也。更熟思之。

延平此处说仁，大体不背明道意思，对上蔡的了解也甚贴切。其所谓知，绝非见闻之知，而为德性本源之体认，乃可以言体用兼赅。朱子所论，除讲人禽之别流于隔截已经延平拨正而外，表面上似无问题。但他讲"流动发生，自然之机，又无顷刻停息"，并非真言天理流行之意，乃只落于气机之化之迹上说。两面实不过表面之相合，日后朱子澄澈清明自己的思想，乃由分解之路数构筑一静摄之系统。理气二元，理为但理，气才是实现原则，故有气强理弱之说。理气不离不杂,这种说法与延平之体认,自有极大距离。朱子此时思想自未定型,但日后仁说之规模多少已在。然此时尚虚心,顺着延平之点拨往前探索。但朱子的性格、思想之规模与延平实不是同一回事。故不时自疑,不时又疑及延平之所教,如是造成其思想发展之多番反复。朱子之求道之诚,此处无可疑。他自无法安于浑沦之见。不断鞭策日进,合下有一代大儒气象。但朱子所走的方向则与延平所教越离越远,这是宋代儒学发展之一极有趣之现象。

《延平答问》最后录有与刘平甫之二书:

其一曰:

> 学问之道不在于多言,但默坐澄心,体认天理,若见,虽一毫私欲之发亦退听矣。久久用力于此,庶几渐明,讲学始有力也。

其二曰:

> 大率有疑处,须静坐。体究人伦,必明天理,必察于日用处着力,可见端绪在。勉之耳。

此二书虽短,颇可见延平学之精神。朱子于所作《延平行状》曾引其前一书。然两书之言"默坐澄心",言"静坐",皆非朱子之所契者。由此可见,朱子从学于延平,乃实际机缘造成的结果。在朱子思想未成熟时,可以从延平学到许多节目。但延平只出了一些大题目,内容细节由朱子本人用心去做。待朱子思想成熟之后,乃发现延平虽有许多话头为朱子所袭取,也足以匡正不成熟时期的朱子的思绪,其根本精神则有相当差距。延平的思想自成一脉络,实未为朱子所继承,此处应加明辨,不能把延平仅当作朱子的启蒙师看待。

实则由明道而龟山而豫章而延平,这一条线索的发展已告一段落。朱子是由延平启蒙,却遥接上伊川的思想而发展成一独立之思想形态。朱子一生虽推尊延平,然到晚年对延平的入路也不能不有微词,乃其明证。

四、结语

由上节所论,可见朱子从学于延平之实际机缘,乃在朱子不满于少年时之笼统宏阔之言,将二氏和儒学混在一起讲。但朱子既受延平的教诲之后,不只将儒学与二氏作明白的分殊,也改正了在儒学的体会方面一些明显的错误与不圆熟的理解,却又不能就满意于延平的浑沦而必有以超越于延平所教的范围。事实上延平对自己晚年所收的高弟所采取的是一种十分特别的态度。延平与朱子共同探讨学问义理乃可溯至朱子拜师之前,而延平对朱子从来不采取一权威独断的态度,始终取一互相切磋琢磨的态度。当然闻道有先后,延平在体验上有许多可以教诲朱子处,但也有许多地方感觉到自己还未臻化境有不敢自信处。师弟间有一种教学相长的关系。尤其延平自知自己的限制,虽体证上有真切不可弃处,却不甚发脱得开,朱子却有这一方面的天赋。而延平重浑沦的体证,朱子重分解的领悟,两方面是可以造成一种互相刺激、互相补足的妙处,师弟之间有一种融洽相得的感受,如此则朱子一生感念他真正启蒙的老师,不亦宜乎。但朱子所得益于延平的乃程门以来相传的一般思想规模,其间还留下好多可以容许不同解释的余地。故可谓延平只出了个大题目,文章的内容细节留待朱子本人去做。然朱子不愧为一大儒，他不能满足于老师所教的一些东西，故历经辛苦，几经转折，终于遥继伊川发展完成了他自己的一套东西。回过头来和延平的思想比较，根本是两个完全不同的规模。到晚年朱子才对延平作有保留的批评。其实看朱子的性格，做学问的路数，早就可以预料他必定会作出一套和延平完全不同的东西，然因现实的机缘他既从学于延平，由于他对延平的推尊，故在本质上延平的思想与他本人的体会有许多抵牾处，他始终不敢将之加以轻弃，时常不免自疑。故延平的思想对他来说在本质上虽不相契，却变成了一个重要的触媒，逼着朱子不断修改自己的思想，一直到他发展完成自己的成熟的思想为止。而且他的思想，如昌言"先涵养而后察识"之类，在表面上是受到延平思想的影响，与延平的思想至少有表面上的契合处。宋儒必求内心之所安，不能徒尊重外在的权威，但却又尊重师辈的体验而虚心地不断加以学习参味，这是宋学的长处，尤其在朱子表现得十分透彻。但朱子所发展完成的思想毕竟是和延平不同的一套东西，两下里一比较，便应知是一无可争辩怀疑的事实。

我们现在试总括看朱子与延平的不同与互相对照处。

首先，就性格上来说，延平是拙讷，发脱不开，朱子却推拓得开，是善用文辞把自己的思想表达出来。另外，朱子从小就好奇，对什么都要学，后来警觉到我只一个浑身，这才收敛下来，专心儒学，然到晚年还注《参同契》《阴符经》，而兼通义理、考据、辞章，不能不谓为一博学鸿儒，而延平则重在持守，不著书，不作文，颓然若一田夫野老。基本上性格上之不同可见。

其次，延平显重在做践履工夫，故即身以求，不事讲解。但朱子则因延平之教，要他放下禅学，于圣经中求义。朱子自非不重践履，但他深信圣经为义理之所寄托，一生极重读书，致力于注经讲学。与延平的重点显有未合，二人进学的阶梯恰好颠倒过来。这虽是现实机缘造成的结果，但两方面兴趣之差异显而易见，不容忽视。

再次，延平重浑沦的体证。他对朱子的指示，是要归之于本体的证会。他既缺乏宇宙论的兴趣，也不重辩解。基本的线索把握到，就不可以再生枝节，转生疑虑。但朱子由不满自己少年时的好为笼统宏阔之言，好同而恶异，喜大而耻于小，后来乃一味反其道而行之。辩解的趣味极重，如此自决不能安于延平浑沦之体证，最后甚至以延平的入路也差近释氏去。延平所承乃明道以下直下把握天命流行之体的直贯形态，朱子不契于这样的线索，乃顺伊川的思路前进，用分解的方式成就一横摄的系统。这两方面的差距由朱子的严厉批评程门以下高弟可见。

最后，延平所要把握的是一天命流行之体，但要见体，最好的方法却要暂时隔离一下，故承龟山、豫章之教，先作默坐澄心的内圣之学的修养工夫，同时又重践履，久而至于洒落融摄之境。朱子在存有论上是理气二元。理是但理，气才是现实原则，理气二者之间是一种不离不杂的关系。然而在工夫论上，朱子却不喜隔离，总觉得偏于静便近禅学，于是形成一种忌讳。"万紫千红总是春"，表面上看来是一种天命流行的体会，但事实上并不如此。故随即起疑，感觉到自己为大化所驱，如在洪涛巨浪之中，不容少顷停泊，找不到安身立命之地。后来力主持敬，所作纯是后天的持敬工夫，故终只能说心与理合，不能说心即理。故朱子根本排斥本体论的进路，以之为太高，无可凑泊。结果是他不赞成隔离，以之为无必要，在工夫上反二元。但他所成就的形上学则理是理，气是气，不能直肯定一天命流行之实体。这两方面又形成一有趣的对比。

朱子依其分解的路数完成其独特之思想形态之后，乃不能不对延平式的入路有所批评，这乃是一种必然的趋势。《语类》之中乃多是这类的批评，选钞一些如下：

> 问：先生所作李先生行状云："终日危坐，以验夫喜怒哀乐未发之前气象为如何，而求所谓中者。"与伊川之说若不相似。
>
> 曰：这处是旧日下得语太重。今以伊川语格之，则其下工夫处亦是有些子偏。只是被李先生静得极了，便自见得是有个觉处，不似别人。今终日危坐，只是且收敛在此，胜如奔驰。若一向如此，又似坐禅入定。（《语类》卷一〇三，叶贺孙录）

> 问：延平欲于未发之前观其气象，此与杨氏体验于未发之前者，异同如何？
>
> 曰：这个亦有些病。那体验字是有个思量了，便是已发。若观时，恁着意看，便也是已发。
>
> 问：此体验是着意，观，只恁平常否？
>
> 曰：此亦是以不观观之。（《语类》卷一〇三，陈淳录）

> 或问：延平先生何故验于喜怒哀乐未发之前，而求

所谓中?

曰:只是要见气象。

陈后之曰:持守长久,亦可见未发气象。

曰:延平即是此意,若一向这里,又差从释氏去。(《语类》卷一〇三,陈淳录)

或问:近见廖子晦言:"今年见先生,问延平先生静坐之说,先生颇不以为然。"不知如何?

曰:这事难说。静坐理会道理,自不妨。只是讨要静坐,则不可。理会得道理明透,自然是静。今人都是讨静坐以省事,则不可。(《语类》卷一〇三,沈僩录)

问:前承先生书云:"李先生云,赖天之灵常在目前,如此安得不进?"盖李先生为默坐澄心之学,持守得固。后来南轩深以默坐澄心为非,自此学者工夫愈见散漫,反不如默坐澄心之专。

先生曰:只为李先生不出仕,做得此工夫。若是仕宦,须出来理会事。向见吴公济为此学时,方授徒,终日在里默坐。诸生在外,都不成模样。盖一向如此不得。

问:龟山之学,云以身体之,以心验之,从容自得于燕闲静一之中。李先生学于龟山,其源流是如此。

曰:龟山只是要闲散,然却读书。尹和靖便不读书。(《语类》卷一一三,训廖德明)

《文集》卷五十六答方宾王书有云:

延平行状中语,乃是当时所闻其用功之次第。今以

> 圣贤之言，进修之实验之，恐亦自是其一时入处，未免更有商量也。(《答方宾王十五书》之第一书)

延平做内圣工夫，默坐澄心是梨洲所谓明道以来下及延平一条血路，朱子则以之为一时入处，两边差异可见。当然我们不能说朱子从学延平十年对于延平之所用心一无了解。

> 李先生说，人心中大段恶念却易制伏，最是那不大段计利害乍往乍来底念虑，相续不断，难为驱除。今看得来是如此。(《延平答问》后录)

延平之工夫在制心，朱子也自了解静坐的功能：

> 明道教人静坐，李先生亦教人静坐，看来须是静坐，始能收敛。(《延平答问》后录)

然明道以至延平是以静坐为手段见体，既能见体，同时做践履工夫达于洒然融释之地，不必偏于滞寂。但朱子之看静坐，总是收敛心神之一手段。对朱子来说，心属气，心与理为二事，故朱子服膺伊川之说，居敬穷理，动静一贯，实为另一形态之思路，乃对明道以至延平一脉相承的线索颇不无微词。

> 道夫言：罗先生教学者静坐中看喜怒哀乐未发谓之中，未发作何气象。李先生以为此意不惟于进学有力，兼亦是养心之要。而遗书有云："既思则是已发。"昔尝疑其与前所举有碍。细思亦甚紧要，不可以不考。
> 直卿曰：此问亦甚切。但程先生剖析毫厘，体用明白。罗先生探索本源，洞见道体。二者皆有大功于世。善观之则亦并行而不相悖矣。况罗先生于静坐观之，乃其思虑未萌，虚灵不昧，自有以见其气象，则初无害于

未发。苏季明以求字为问,则求非思虑不可,此伊川所以力辨其差也。

先生曰:公虽是如此分解,罗先生说终恐做病。如明道亦说静坐可以为学。谢上蔡亦言多着静不妨。此说终于是小偏。才偏,便做病。道理自有动时,自有静时,学者只是敬以直内,义以方外,见得世间无处不是道理,虽至微至小处,亦有道理,便以道理处之。不可专要去静处求,所以伊川谓,只用敬,不用静,便说得平也。是他经历多,故见得恁地正而不偏。若以世之大段纷扰人观之,若会静得固好。若讲学,则不可有毫发之偏也。如天雄,附子,冷底人吃得,也好。如要通天下吃,便不可。(《语类》卷一〇二,杨道夫录)

由此可见明道、伊川所传是两个不同的线索。朱子在此甚至拒绝直卿的调停,而必断为一偏一正,无稍假借。一般都谓中国人具服从权威之心态。普通中国人自比较尊重权威,倾向于合模,这是事实。但大儒则多具备批评反省的思想。朱子不苟同于延平,甚至对他尊崇的明道不无微词,此其明证。朱子之所以最推尊伊川,也是因为他本人的体验思辨适与伊川相合,这才中心信服伊川的权威,正如我们要学好数学,必须遵从好老师的指导,相信他的权威同一道理。而即此并不妨碍朱子对伊川也有细部的修正,而更重要的是,他还有进一步的发展与综合,这才确定了朱子在宋学之中的地位。

朱子一生强探力索,决不肯止于笼统的了解,故其思想屡经转折,历经辛苦,最后才完成他自己思想的独特形态。正因他肯去作众端参观的努力,绝不拘泥于一家言说,所以其思想的规模宏大，这是他的长处。然又正因他经历得多，慢慢培植一种自信，也不免显露一些短处。他的思想自成一系，毫无问题。但他遍注四书，而未自觉到他自己的一套，与孟子所传的心学，已有若干距离，更不能承认，由孟子的思想，可发展出一直贯型的思想，而断定心即理；他本人析心理为二，实不必切合孟子心学的本旨，虽则在他的思想规模之中，也可以透过后天的修养工夫使得心理为一。但就存有论的观点言，则心属气，而理气不离不杂，不能由本体论的观点谈心理为一。而任何人不像他那样作后天的持敬、读书、穷理的工夫，则朱子乃直斥之为禅，或至少以其差近释氏，偏离正道，不足取法。其实儒家做内圣工夫由延平式的默坐澄心入手，或如象山之先立其大，这些都和禅学没有关系。朱子并未觉察到他实未真正了解延平的思路，他只是通过延平，知早岁附会禅学之非，后来更越过延平而直承伊川的思想，乃觉得延平的入路还可以差近释氏去，于晚岁乃对之有相当批评。但朱子之通过延平实不是真通过，他只是借道延平而走上了他自己的思路。其实朱子并不能真正把握延平思想的基本形态，加上他对禅形成的一些禁忌，乃形成一些不相干也不必要的缭绕。在儒家基本的思想规模之下，尽可以发展出几种不同的形态，供人选择。但宋儒之一陋习为：每喜攻击儒学的其他支脉为禅。不只朱子本人每喜斥他人为禅，乃至他自己也被斥为禅，岂不可哂。而由此恰可以反证禅学力量在宋代之大。儒家之基本慧识虽与禅异，然不经禅学之刺激则断断发展不出宋明儒家思想的特殊形态。这样的历史事实是不容我们否定的。

第三章

朱子参悟中和问题所经历的曲折

一、缘起

朱子既从学于延平，延平的基本入路即"危坐终日，以验夫喜怒哀乐未发之前气象为如何，而求所谓中者"，朱子对之自不可能全无所知。由于朱子本人的性格与体验与这一条道路不甚相合，在延平生时乃对之不甚措意，故未得其精粹而延平已逝世。然而做圣学工夫必碰到一些问题，是虔心往这方面探索求进，不肯丝毫放松的朱子所不能放过的，尤其再加上朱子对延平的尊崇，使他对于这一条道路的追寻，绝不能就此弃置一旁，不找到一个真正能够使得自己安心的答案，是不可以休止的。最后朱子所得终不同于延平，故晚岁对于延平的默坐澄心以为不过一时入处，乃至一直由延平、豫章、龟山，回溯到明道之重静坐，也以之为偏向，不若伊川所揭示的持敬致知来得平正没有毛病。而朱子自以为得力于延平者，实未必合于延平原意。譬如像他一度折从南轩，后来又以湖湘一脉的"先察识而后存养"非是，而力主先涵养而后察识，表面上是回到延平所教，其实内涵不必相同；故到他思想真完全成熟时就不能不对延平的基本入路有所微词了。但延平的思想却好像一种触媒，引起朱子对中和问题的参究发生几度转折，这却是一个值得我们注意的现象。最初朱子听延平所教根本不放在心中，只是任之沉落下去不浮显在意识上层，不意延平过世之后，朱子忽然自疑，感觉到延平所见有他的道理，但已无法起延平于地下而有所印证。他既不能解决自己的体验和他对之并无真切了解的延平的体验之间的矛盾，乃落于一种左右为难的局面之中。一方面他不再能自信自己的一套，另一方面又无法由模糊的记忆之中重新唤起延平所教的一套。是在这种心情之下他会见到南轩。南轩由五峰处所学到的入路适与延平所教默坐澄心相反，乃与朱子往复辩论，终于使得朱子放弃回到延平的道路。这是朱子中和旧说产生的背景。但没有多时朱子又发生怀疑，感觉到湖湘一派和他自己都犯了忙迫的毛病，好像缺少了一段内部涵养的工夫。于是他转过来劝南轩放弃自己的看法，要他考虑采取他所新发展的一套不同的对中和的看法。南轩居然被他说动了几分。大概因南轩本人也是从师时间颇短，也未必能真了解到五峰思路的精髓，乃反过来在有些地方折从朱子，虽然他本人的思想又未必全同于朱子，如仍主先察识而后涵养之类，只不似五峰其他门人坚守师说，极力反对朱子的说法而已，但他实缺乏足够的才力和学力来与朱子抗衡。表面上朱子是回返到延平的体验，故后来写《中和旧说序》，说"独恨不得奉而质诸李氏之门。然以先生之所已言者推之，知其所未言者，其或不远矣"（《文集》卷七十五）。此后朱子对于这方面的思想虽并无根本变更，但对于延平默坐澄心之教的评价则有所改变而明白地说出以之为偏,可见朱子成熟思想与延平实非同一形态,只是不自觉地借着延平思想的外表有所入,后来澄澈清明之后,乃必分道扬镳,不可互相调停了。

由此可见,这一个公案中间所经曲折甚多,此文即企图将此一曲折过程详细解剖开来,以寻求一种比较合理的解释,作为学者参考之用。

二、延平初逝时朱子的心境

朱子少年耽于禅学,而未知儒佛之基本分殊处。及见延平,态度终于渐渐完全改变过来。壬午朱子三十三岁,春迎谒李先生于建安,遂与俱归延平。这是朱子最后一次见到延平。在这两三年间朱子有好几封信谈到儒释的分野。《文集》卷三十九答许顺之书有云:

(上略)所寄诸说,求之皆似太过。若一向如此,恐骎骎然遂失正途,入于异端之说,为害亦不细,差之毫厘,谬之千里。况此非特毫厘之差乎?(中略)恐当且以二(程)先生及范、尹二公之说为标准,反复玩味,只于平易悫实之处认取至当之理。凡前日所从事一副当高奇新妙之说并且倚阁,久之见实理,自然都使不着矣。盖为从前相聚时,熹亦自有此病。所以相渐染成此习尚,今日乃成相误,惟以自咎耳。如子韶之说直截不是正理,说得尽高尽妙处病痛愈深。此可以为戒而不可学也。(《答许顺之二十七书》之第四书)

此书白田系之于壬午，而张子韶即兼好佛学者。全祖望于《宋元学案》谓其驳学，朱子直斥之为洪水猛兽。这也自反映出朱子对他本人少年以禅学附会儒学之反感。癸未则有上章引过的《答汪尚书》一书。

大概朱子受到延平的影响，乃于圣经中求义理，在日用间做工夫，并领略理一分殊之旨。既重分殊，乃反对禅学之笼统。同时他摆脱了初赴同安前后的高蹈避世的思想。由甲戌年（朱子二十五岁）起，经过数年的努力，到辛巳春乃有了"万紫千红总是春""为有源头活水来"一类的体证；但独对于延平所授默坐澄心之旨内部所含之隔离的智慧则无所会心。然而不幸延平终于在癸未十月中逝世。

《文集》卷三十八《答江元适》有云：

> 近岁以来，获亲有道，始知所向之大方。竟以才质不敏，知识未离乎章句之间。虽时若有会于心，然反而求之，殊未有以自信。

白田系此书于甲申。但钱穆先生据夏炘之辨正，断定为癸未入对垂拱殿后书也。① 此书当在延平逝世以前，此数年间朱子学问自有实得，然尚未臻成熟自信阶段则事至显然。

甲申春正月，哭李先生。此年有答何叔京书，乃充分宣泄其痛悼延平之心情：

> （上略）熹少而鲁钝，百事不及人。独幸稍知有意于古人为己之学，而求之不得其要。晚亲有道，粗得其绪余之一二。方幸有所向而为之焉，则又未及卒业，而遽

---

① 参见钱穆：《朱子新学案》，第三册，5页。

有山颓梁坏之叹。怅怅然如瞽之无目,擿埴索途,终日而莫知所适。(下略)(《文集》卷四十《答何叔京三十二书》之第一书)

朱子此函谓未及卒业,怅怅然如瞽之无目,这些绝非普通应酬文字,乃为当时情况与心境之真实写照。①

越一年,丙戌朱子三十七岁,继续与何叔京通信讨论,可见朱子在这两年间中心之关注所在。

> 熹孤陋如昨。近得伯崇过此,讲论逾月,甚觉有益。所恨者不得就正于高明耳。(中略)李先生教人,大抵令于静中体认大本未发时气象分明,即处事应物,自然中节,此乃龟山门下相传指诀。然当时亲炙之时,贪听讲论,又方窃好章句训诂之习,不得尽心于此。至今若存若亡,无一的实见处。辜负教育之意,每一念此,未尝不愧汗沾衣也。(《文集》卷四十《答何叔京三十二书》之第二书)

牟宗三先生指出朱子作延平行状仅言:"危坐终日,以验夫喜怒哀乐未发之前气象为如何,而求所谓中者",《中庸》原意也只说"喜怒哀乐之未发谓之中",决不言"体认大本未发时气象"为何如。朱子此一滑转显对龟山以至延平一脉相承之指诀无相应之契悟,对于大本中体、天命流行之体,无亲切之把握。② 此所以朱子必奋发历经艰苦而在数年之后开创

---

① 参见上章第二节所引朱子己丑答林择之书(《文集》卷四十三《答林择之三十三书》之第二十)与壬辰之《中和旧说序》(《文集》卷七十五)。

② 参见牟宗三:《心体与性体》,第三册,100~103页。朱子所承与发挥的是伊川的横摄系统,而不契于明道所体证的纵贯系统。二系之差别参见牟先生书,48~49页。

出他自己的中和新说。但在当时朱子确在修养的过程中感觉到了问题,极力想追索延平之遗教,找到一条线索来往前作进一步的工夫。

同年又有答何叔京之二书有云:

> 昨承不鄙,惠然枉顾,得以奉教累日,启发蒙陋,为幸多矣!杜门奉亲,碌碌仍昔。体验操存,虽不敢废,然竟无脱然自得处。但比之旧日,则亦有间矣。所患绝无朋友之助,终日兀然。猛省提掇,仅免愦愦而已!一少懈,则复惘然。此正天理人欲消长之几,不敢不着力。不审别来高明所进复如何?向来所疑已冰释否?若果见得分明,则天性人心,未发已发,浑然一致,更无别物。由是而克己居敬,以终其业,则日用之间亦无适而非此事矣。《中庸》之书要当以是为主,而诸君子训义,于此鲜无遗恨。比来读之,亦觉其有可疑者。虽子程子之言,其门人所记录,亦不能无失。盖记者之误,不可不审所取也。(《文集》卷四十《答何叔京三十二书》之第三书)

> 昔闻之师,以为当于未发已发之几默识而心契焉,然后文义事理触类可通,莫非此理之所出,不待区区求之于章句训诂之间也。向虽闻此,而莫测其所谓。由今观之,始知其为切要至当之说,而竟亦未能一蹴而至其域也。僭易陈闻,不识尊意以为如何?(中略)伯崇近过建阳相见,得两夕之款。所论益精密可喜。其进未可量也。(《文集》卷四十《答何叔京三十二书》之第四书)

由这两封书信我们可以看到,朱子是在做内圣的修养体证工夫,而以《中庸》为中心之关注所在。此时对于延平之信心甚坚。对于子程子之言，虽有不合，亦以为门人所误记，而未加以措意。范伯崇来访朱子似不止一次，比对致何叔京之第二书与第四书可见。

这一年又有答罗参议之二书，值得我们注意。

> 某块坐穷山，绝无师友之助。惟时得钦夫书问往来，讲究此道，近方觉有脱然处。潜味之久，益觉日前所闻于西林（受教于延平）而未之契者，皆不我欺矣。幸甚幸甚！

> 恨未得质之高明也。元来此事与禅学十分相似，所争毫末耳。然此毫末却甚占地位。今之学者既不知禅，而禅者又不知学，互相排击，都不刬着痛处。亦可笑耳。（《文续集》卷五）

朱子如今似乎在做延平所提示的默坐澄心工夫，故曰元来此事与禅学十分相似。但此时朱子对于禅佛与儒学之内圣工夫之大体分殊处自有所把捉，不致将二者混为一谈。然朱子一生并不真正了解延平之默坐澄心为把握天命流行之体之一手段。他本人是偏于已发与动的一面，有时感觉天机活物，妙运无穷；有时又感觉日间但为大化所驱，不容少顷停泊，不免有好些病痛处。延平的静坐既可以助人收敛，胜如奔驰，朱子在此自可得到一些益处。但朱子后来终嫌此法偏于静，故谓"若一向如此，又似坐禅入定"（《语类》卷一〇三）。朱子必以他自己的方式找到一动静一如之法方始能够安心。这使他不满于自己初体验儒家的道理时的偏于已发与动，也终不能不跳跃过延平之偏于未发与静。但延平只是以默坐澄心为方法，以此证体，又重日用工夫，洒落融释，实未必真如朱子所了解之偏向一边。朱子既未学得延平之精粹，延平的遗教乃变成了一种触媒，促使朱子不断前进去寻求他自己的答案。

又答罗参议书有云：

> 胡仁仲所著《知言》一册，内呈。其语道极精切，有实用处。暇日试熟看。有会心处，却望垂喻。（中略）钦夫尝收安问，警益甚多。大抵衡山之学，只就日用处操存辨察，本末一致，尤易见功。某近乃觉知如此。非面，未易究也。（《文续集》卷五）

朱子此时思想既未定型，故可以往不同的方向去吸收滋养。此时他尚称赞五峰，同时从五峰的传人张钦夫在彼此通信之间受到好些有益的刺激。而他深深感到有好些精微问题不找到机会与钦夫面究，恐怕不易得其底奥。钱穆先生指出此书犹以操存置于辨察之前，或为受延平之影响所致，许多地方尚待商榷也。①

是年还有答许顺书有云：

> 此间穷陋。夏秋间伯崇来相聚，得数十日讲论，稍有所契。自其去，此间几绝讲矣。幸秋来，老人粗健。心闲无事，得一意体验。比之旧日，渐觉明快，方有下功夫处。目前真是一盲引众盲耳。（中略）更有一绝云："半亩方塘一鉴开，天光云影共徘徊。问渠那得清如许？为有源头活水来。"试举似石丈如何？（《文集》卷三十九《答许顺之二十七书》之第十一书）

---

① 参见钱穆：《朱子新学案》，第二册，161~162页。

朱子此时真正下工夫处是在体验方面，此书所提及之有名绝句实作成于辛巳春朱子三十二岁时，距今已有五年时间。朱子内心的体会虽上上落落，然要求融释自在之境界如此诗之所提示者，则数年之间并无变化。

由以上的书函，我们可以看得很清楚，在延平初逝世时，朱子深深感到自己学问未成，乃有一种若穷人之无归的心境。既写延平行状，乃苦思延平遗教，以《中庸》为中心之关注，做内圣之体验工夫。朱子此时思想并未定型，时而感觉有所实得，但又不能自信，每思质之于高明来印证自己的体验。是在这样的心境之下乃有与张南轩的一段交往，而引发他的所谓中和旧说。后来又整个否定旧说，发展出一套新说，这才找到朱子后来终生信守的成熟的思想规模与架局。

三、朱子与南轩对于中和问题的讨论以及旧说形成之年份与背景之探测

朱子初见张南轩，大概是在隆兴元年癸未冬。① 《语类》云：

> 上初召魏公，先召南轩来，某亦赴召至行在，语南轩云。（下略）（《语类》卷一〇三）

翌年春，朱子哭李先生于延平。其秋至豫章，重晤张南轩。朱子答罗参议书有云：

> 九月廿日至豫章，及魏公之舟而哭之。（中略）自豫

---

① 参见钱穆：《朱子新学案》，第二册，123、169~170 页。

章送之丰城，舟中与钦夫得三日之款，其名质甚敏，学问甚正，若充养不置，何可量也。(《文续集》卷五)

这两次见面匆匆，而且场合不对，自不可能作有深度的学术讨论。但双方互相通信，则在情理中事。到了乾道三年丁亥朱子三十八岁时乃到潭州去访南轩，留两月。彼此究竟讨论些什么，内容已不可尽考。白田年谱曰：

是时范念德侍行，尝言二先生论《中庸》之义，三日夜而不能合。

此条洪谱、李谱并载，断是可信，白田之疑无据。洪谱还加上一句："其后先生卒更定其说。"此语李谱所无，或为洪之推断，但不无其理由。

朱子又和南轩一同登衡岳，然后分手。南轩送行诗有云："遗经得绅绎，心事两绸缪。超然会太极，眼底无全牛。"又云："妙质贵强矫，精微更穷搜。毫厘有弗察，体用岂周流。"朱子答诗二首，其一述当时之体会，极为重要，绝非一般应酬唱和之诗可比，兹录如下：

昔我抱冰炭，从君识乾坤。始知太极蕴，要眇难名论。谓有宁有迹，谓无复何存。惟应酬酢处，特达见本根。万化自此流，千圣同兹源。旷然远莫御，惕若初不烦。云何学力微，未胜物欲昏。涓涓始欲达，已被黄流吞。岂知一寸胶，救此千丈浑。勉哉共无斁，此语期共敦。(《文集》卷五)

朱子本人在长沙时曾有一书致曹晋叔云：

熹此(九)月八日抵长沙，今半月矣。蒙敬夫爱予甚笃，相与讲明其所未闻，日有问学之益，至幸至幸。敬夫学问愈高，所见卓然，议论出人意表。近读其语说，不觉胸中洒然，诚可叹服。(《文集》卷二十四)

根据以上这些材料，我们大体可以推想到当时的情形。大概南轩继承湖湘一派先察识后存养的看法，朱子则心中盘旋着延平默坐澄心之遗教，那么范念德所报道的，两先生论《中庸》之义三日夜而不能合，未必不是事实。既然洪谱、李谱都载有范念德这一条，连白田本人都感到不能删去，为何可以断言"此语绝无所据"？其实朱子去见南轩是抱着一大堆问题去的，所以他的答诗一上来就说"昔我抱冰炭"。他自己的体验与延平的体验本不相类，乃造成一些矛盾，难以委决。他本人的体验以心为已发实近于南轩，但又感觉到延平之重涵养不为无理，于是提出来与南轩切磋，则彼此观念先不可能完全一致，岂不是一件很自然的事。

我们看这一次聚会的结果，南轩的基本思想似无多大变更，他的送别诗所强调的仍是察识于已发。朱子此时从南轩处较进一步学到湖湘一派的心法，得益匪浅。其实他仍未必真正就把握到五峰一系的思想形态，只是在表面上，这一派入手的方法与他素常体验的彼此相合而已。"惟应酬酢处，特达见本根"，这决不是默坐澄心的先培养隔离的智慧的方法，朱子的"万化自此流，千圣同兹源"，与南轩的"超然会太极，眼底无全牛"，显然有一契合。由此可见，两人论学，始违而终合，临别之时，两人互相勉励一同做修养工夫。朱子尤其对南轩倾倒，由前引他致曹晋叔的书函可见。

经过这番讲论之后，朱子忽有所悟，乃有致南轩之几通书信论及中和，即所谓中和旧说者。似乎朱子与南轩经过这几番书信讨论之后，乃达致一些彼此可以同意的看法。然不久之后朱子本人又推翻了这些看法，于是始有新说之提出。现在让我们先看一看所谓《中和旧说》这几通书信的内容。

与张钦夫云：

> 人自有生，即有知识。事物交来，应接不暇。念念迁革，以至于死。其间初无顷刻停息。举世皆然也。然圣贤之言，则有所谓未发之中，寂然不动者。夫岂以日用流行者为已发，而指夫暂而休息，不与事接之际，为未发时耶？尝试以此求之，则泯然无觉之中，邪暗郁塞，似非虚明应物之体。而几微之际，一有觉焉，则又便为已发，而非寂然之谓。盖愈求而愈不可见。于是退而验之于日用之间，则凡感之而通，触之而觉，盖有浑然全体应物而不穷者，是乃天命流行，生生不已之机，虽一日之间，万起万灭，而其寂然之本体，则未尝不寂然也。所谓未发，如是而已！夫岂别有一物，限于一时，拘于一处，而可以谓之中哉？然则天理本真，随处发见，不少停息者，其体用固如是，而岂物欲之私所能壅遏而梏亡之哉？故虽汩于物欲流荡之中，而其良心萌蘖亦未尝不因事而发见。学者于是致察而操存之，则庶乎可以贯乎大本达道之全体而复其初矣。不能致察，使梏之反复，至于夜气不足以存，而陷于禽兽。则谁之罪哉？周子曰："五行一阴阳也，阴阳一太极也，太极本无极也。"其论至诚，则曰："静无而动有。"程子（伊川）曰："未发之前，更如何求？只平日涵养便是。"又曰："善观者却于已发之际观之。"二先生之说如此，亦足以验大本之无所不在，良心之未尝不发矣。（《文集》卷三十《与张钦夫

十书》之第三书)

此为中和旧说之第一书,朱子自注云:

> 此书非是,但存之以见议论本末耳。下篇同此。

朱子此书说明他自己曾求之于未发,结果却未有得,故就已发做致察操存的工夫。这种路数显然与延平所教距离甚远,而近于湖湘一派的说法,其实是重新印证了他本人初受学于延平所体会的源头活水与万紫千红的意思。

南轩复书均不存,不知内容如何?如今仅存朱子酬答之函。其第二书云:

> 前书所扣,正恐未得端的,所以求正。兹辱诲谕,乃知尚有认为两物之弊。深所欲闻,幸甚幸甚。当时乍见此理,言之惟恐不亲切分明,故有指东画西,张皇造作之态。自今观之,只一念间已具此体用。发者方往,而未发者方来,了无间断隔截处。夫岂别有物可指而名之哉?然天理无穷,而人所见有远近深浅之不一。不审如此见得,又果无差否?更望一言垂教,幸幸。所论龟山《中庸》可疑处,鄙意近亦谓然。又如所谓"学者于喜怒哀乐未发之际,以心验之,则中之体自见"。亦未为尽善。大抵此事浑然无分段时节先后之可言。今著一时字,一际字,便是病痛。当时只云寂然不动之体,又不知如何?(伊川)语录亦尝疑一处说"存养于未发之时"一句,及问者谓当中之时耳目无所见闻,而答语殊不痛快。不知左右所疑是此处否?更望指诲也。向见所著《中论》有云:"未发之前,心妙乎性。既发,则性行乎心之用矣。"于此窃亦有疑。盖性无时不行乎心之用,但

不妨常有未行乎用之性耳。今下一前字，亦微有前后隔截气象。如何如何？熟玩《中庸》，只消著一未字，便是活处。此岂有一息停住时耶？只是来得无穷，便常有个未发底耳。若无此物，则天命有已时，生物有尽处，气化断绝，有古无今久矣！此所谓天下之大本，若不真的见得，亦无揣摸处也。（《文集》卷三十《与张钦夫十书》之第四书）

朱子自注云："此书所论尤乖戾。所疑语录皆非是。后有自辨说甚详。"

大概朱子第一书说由已发求未发，从南轩的高明看来，则已发未发还不免被认为两物，朱子的答函深以为然。由这一条思路下去，乃怀疑所有的时字、际字。其实这种怀疑并无当于龟山一系的义理。龟山一系并未言中体有已发未发之分，而只是说在做修养工夫时验于喜怒哀乐未发之际，乃可把握此一既超越而内在之中体。但湖湘一派根本不喜欢这种暂时隔离的做工夫的方法。朱子乃进一步谓南轩本人谈未发既发也微有前后隔截气象。其实朱子之评南轩实未见允当，以南轩思想的根据系来自五峰，他的意思是，喜怒哀乐未发时，性体昭然呈现，心虽不发用，却与性一，故曰心妙乎性，既发，则性体又即行乎心之敷施发用之中以实之。无论未发已发，皆显超越的心性之为体①，朱子是由宇宙论的观点落在气化不息之迹上说天命流行之体，其不相应可知。已发未发移到体上来说成方往方来，"只是来得无穷，便常有个未发底耳"，则心为已发，性为未发，两面滚在一起，实未见其是。朱子后来自注谓此书尤乖戾，并非能重新检讨把握龟山、五

---

① 参见牟宗三：《心体与性体》，第三册，85～90 页。

峰两系义理之实义。五峰谓未发为心，已发为性；心之成性是形著之成，非本无今有之成，性之具体而真实化即是心，最后心性是一，实与朱子此时所悟只有一外表之相契而已。后来朱子力攻胡氏之非，实并不真正了解胡氏之实也。但朱子后来仔细再读伊川语录，乃觉此时之疑非是，终于断定性即理，而开出一不同形态之义理形态。故此处所谓"尤乖戾"乃对他本人之新说而言，与他系之义理并无关涉也。

除上面所引朱子自注之两书以外，王懋竑又在《文集》卷三十二检出答张敬夫之两书，断定其作于同时。其第三书曰：

> 诲谕曲折数条，始皆不能无疑。既而思之，则或疑或信而不能相通。近深思之，乃知只是一处不透，所以触处窒碍。虽或考索强通，终是不该贯。偶却见得所以然者，辄具陈之，以卜是否？大抵日前所见，累书所陈者，只是笼统地见得个大本达道底影相，便执认以为是了，却于致中和一句，全不曾入思议。所以累蒙教，告以求仁之为急，而自觉殊无立脚下工夫处。盖只见得个直截根源，倾湫倒海底气象，日间但觉为大化所驱，如在洪涛巨浪之中，不容少顷停泊。盖其所见一向如是，以故应事接物处，但觉粗厉勇果增倍于前，而宽裕雍容之气，略无毫发。虽窃病之，而不知其所自来也。而今而后，乃知浩浩大化之中一家自有一个安宅，正是自家安身立命，主宰知觉处，所以立大本行达道之枢要。所谓"体用一源，显微无间"者乃在于此。而前此方往方来之说，正是手忙足乱，无着身处。道迩求远，乃至于是，亦可笑矣！（中略）复见天地心之说，熹则以为天地

以生物为心者也。虽气有阖辟，物有盈虚，而天地之心则亘古亘今未始有毫厘之间断也。故阳极于外而复生于内，圣人以为于此可以见天地之心焉。盖其复者气也，其所以复者则有自来矣。向非天地之心生生不息，则阳之极也，一绝而不复续矣。

尚何以复生于内而为阖辟之无穷乎？此则所论（当为"谓"）动之端者，乃一阳之所以动，非徒指夫一阳之已动者而为言也。夜气固未可谓之天地心，然正是气之复处。苟求其故，则亦可以见天地之心矣。（《文集》卷三十二《答张敬夫十八书》之第三书）

此书之内容适与上书衔接，其批评也切中其弊。正因朱子前所见只是大本达道的笼统影像，从气化之迹去了解天命流行之体，无怪乎只觉得是个浩浩大化，简直定不下来。此书提出一家自有一个安宅，但并未说明此安宅之落脚处究竟在哪里。事实上如真了解天命流行之体，哪里还需要在其他地方另觅一个安宅？朱子是慢慢往他的新说的静摄系统的方向走去。他说："复者气也，其所以复者则有自来矣。"又分别动和所以动，朱子日后所了解的"理"的观念几呼之可出矣！这是一理气二元的新系统，气是实然，理是超越的所以然，朱子终于在屡经周折后走上对他自己来说最自然的形态。下面再录第四书：

前书所禀寂然未发之旨，良心发见之端，自以为有小异于畴昔偏滞之见。但其间语病尚多，未为精切。比遣书后，累日潜玩，其于实体似益精明。因复取凡圣贤之书，及近世诸老先生之遗语，读而验之，则又无一不合。盖平日所疑而未白者,今皆不待安排,往往自见洒落处。始窃自信,以为天下之理其果在是,而致知格物,居敬精义之功,自是其有所施之矣。圣贤方策,岂欺我哉?盖通天下只是一个天机活物,流行发用,无间容息。据其已发者而指其未发者,则已发者人心,而未发者皆其性也。亦无一物而不备矣。夫岂别有一物,拘于一时,限于一处,而名之哉?即夫日用之间浑然全体,如川流之不息,天运之不穷耳。此所以体用精粗、动静本末,洞然无一毫之间,而鸢飞鱼跃,触处朗然也。存者存此而已,养者养此而已。必有事焉而勿正,心勿忘,勿助长也。从前做多少安排,没顿著处。今觉得如水到船浮,解维正柂,而沿洄上下,惟意所适矣。岂不易哉!始信明道所谓"未尝致纤毫之力"者,真不浪语!而此一段事,程门先达,惟上蔡谢公所见透彻,无隔碍处。自余,虽不敢妄有指议,然味其言,亦可见矣。近范伯崇来自邵武,相与讲此甚详。亦叹以为得未曾有,而悟前此用心之左。且以为虽先觉发明指示,不为不切,而私意汨漂,不见头绪。向非老兄抽关启键,直发其私,诲谕谆谆,不以愚昧而舍置之,何以得此?其何感幸如之!区区笔舌,盖不足以为谢也。但未知自高朋观之,复以为如何尔。(下略)(《文集》卷三十二《答张敬夫十八书》之第四书)

究此书之内容,因提及"前书所禀寂然未发之旨"云云,似紧接于中和旧说第一书之后。牟宗三先生以为此书或尤在中和旧说第二书之前,因此函似非酬答性质,或者是发出前书之后,"累日潜玩,其于实体似益精明",乃再发一书重申第一书之旨。① 然此书则明言"已发人心，而未发者皆其性也"。南轩来函乃疑有两物之弊，而后乃紧接着有第二书、第三书之讨论。

此四书应同时当无问题，但究竟是在哪一年写的则有问题。王懋竑据前引丙戌年致何叔京之函谓"未发已发，浑然一致"，以为宗旨恰与中和旧说相附，乃断之在丙戌。又引同年《致罗宗约书》谓"时得钦夫书问往来，讲究此道"以为佐证，而推翻了过去据朱子本人之《中和旧说序》而将四书系之于戊子（朱子三十九岁）之见解。然而这些推论是有问题的。让我们先看一看朱子本人在壬辰所写的《中和旧说序》：

> 余蚤从延平李先生学，受《中庸》之书，求喜怒哀乐未发之旨，未达，而先生没。余窃自悼其不敏，若穷人之无归。闻张钦夫得衡山胡氏学，则往从而问焉。钦夫告予以所闻，予亦未之省也。退而沉思，殆忘寝食。一日喟然叹曰：人自婴儿以至老死，虽语默动静之不同，然其大体，莫非已发，特其未发者为未尝发尔。自此不复有疑。以为《中庸》之旨，果不外乎此矣。后得胡氏书，有与曾吉父论未发之旨者，其论又适与余意合，用是益自信。虽程子之言有不合者，亦直以为少作失传而不之信也。然间以语人，则未见有能深领会者。乾道己丑之春，为友人蔡季通言之，问辨之际，予忽自疑。斯理也，虽吾之所默识，然亦未有不可以告人者。今析之如此其纷纠而难明也，听之如此其冥迷而难喻也。意者

---

① 参见牟宗三：《心体与性体》，第三册，93~94页。

乾坤易简之理，人心所同然者，殆不如是。而程子之言，出其门人高弟之手，亦不应一切谬误以至于此。然则予之所自信者，其无乃反自误乎？则复取程氏书虚心平气而徐读之，未及数行，冻解冰释。然后知情性之本然，圣贤之微旨，其平正明白乃如此。而前日读之不详，妄生穿穴，凡所辛苦而仅得之者，适足以自误而已。至于其推类究极，反求诸身；则又见其为害之大，盖不但名言之失而已也。于是又窃自惧，亟以书报钦夫，及尝同为此论者。惟钦夫复书深以为然，其余则或信或疑，或至于今，累年而未定也。夫忽近求远，厌常喜新，其弊乃至于此，可不戒哉？暇日料检故书，得当时往还书稿一编，辄序其所以，而题之曰《中和旧说》。盖所以深惩前日之病，亦使有志于学者读之，因予之所戒而知所戒也。独恨不得奉而质诸李氏之门。然以先生之所已言者推之，知其所未言者，其或不远矣。（《文集》卷七十五）

壬辰（八月）朱子四十三岁，于过去五六年间之事记忆犹新，故此序应有相当权威性。由此序可见，延平卒后，烦扰朱子者为未发之问题。自己用力思考，而无定论，如抱冰炭。朱子求道之诚，使他问学于张钦夫，希望能了解衡山胡氏学的旨要。他和罗宗约的通信是证明了他在丙戌年即和南轩通信，但不能证明《中和旧说》那几通书信是在丙戌年。恰正相反，他致罗宗约的函中说，要真切了解衡山之学，一定要面究才能得其旨要。《中和旧说序》明明说他去访南轩，南轩告以所闻，但他自己仍觉得有问题。此所以范念德（伯崇）说两先生论《中庸》之义，三日夜而不能合，未必是不可能的事。又过了一段时间之后，他才恍然有所悟，而成立所谓中和旧说，印证之于五峰所说，似有一表面契合，从此而自信益增，一直到己丑年与蔡季通讨论时，忽然自疑，这才终于转上中和新说的道路。其实丙戌诸函，好几次提及延平，可见那时是在诚心追求延平遗训。而《中和旧说》诸书明与延平遗训不合，不只对于延平一字不提，并在第二函中批评龟山，与丙戌致何叔京函之求恢复龟山门下相传指诀的心境，根本互相违背，二者不可能在同一年。至谓"未发已发，浑然一致"，这样的话头未必待中和旧说成立之后才能够说得出。范伯崇既到建阳不止一次，不得以伯崇在丙戌访过朱子即证中和旧说必在丙戌。总之丙戌年间朱子还在追求的过程中，中和旧说则是追求的结果，应在到潭州访问南轩以后。我们没有理由否定朱子本人的证词，故四函仍应系之于戊子，白田将其移前，未见其是。钱穆先生也力证中和旧说应在戊子，可谓先得我心。①

由《中和旧说序》，我们又可以知道，朱子是以自己所悟，比附之于五峰，乃由延平遗教之追思转出来。当时对于南轩推崇备至，良有以也。但朱子并不了解，五峰所谓察识实乃察识本心之发见而当下体证之，是先识仁之体，是肯认一本心，非察于喜怒哀乐之已发也。然朱子之所谓察识却指动察而言，南轩也未必清澈地把握到此间的差别。故朱子总感觉到自己常常有急迫浮露之病，无复雍容深厚之风。一直到己丑以后才找到毛病的症结乃在"阙却平日涵养一段工夫"。从此信奉伊川"涵养在用敬，进学在致知"之说，而感到必如此始可在延平与衡山之学之间得一调停，而《中和旧

---

① 参见钱穆：《朱子新学案》，第二册，123～182 页。

说序》结尾时乃谓"恨不得奉而质之李氏之门",此朱子自信之语,认定延平想必会首肯其新说,其实新说所开实为一新义理结构。延平的涵养默坐澄心,实亦非一空头涵养,而为求中体之一手段。故朱子到晚年乃转对延平有许多批评,适反证他之所悟毕竟与延平不同。但朱子是否真正了解衡山之学或延平遗教,这是另一问题。从朱子本人思想体验发展的过程中,则这两方面确对他发生过巨大的影响。延平卒后,他追思遗教,觉得当时未有会心,深有所憾,如今自己努力做工夫,似有相契者在。但他自己既不敢自信,乃求之于湖湘之学以为印证。但南轩所闻则与延平之教大相径庭,故初论学时每不能合。然湖湘之学实与朱子本人所悟有其表面相契处,朱子乃终发展出中和旧说,以为真理在于是矣!但由动察入手,终感到不能安顿。到己丑时,感到涵养工夫不可废,似又摆向延平一边。实则此时所悟也非延平的一套,而是伊川的"涵养在用敬,进学在致知"的平行二元系统。由这一系统来看南轩乃觉其阙却平日涵养一段工夫,再看延平则又觉其偏往静的一边。朱子从此皈依伊川之教,由此而发展出他自己的成熟思想架构。此系思想自成一路数,然对衡山之学与延平遗教之实义,则未必真有所得。朱子是诚心经过一番困学工夫,最后才终于走上了伊川的分解的道路。此为其参悟中和问题所经历之大段曲折过程。兹再选录朱子戊子致其他友人诸书以检证中和旧说在戊子之说。

答程允夫书云:

> 去冬走湖湘,讲论之益不少。然此事须是自做工夫,于日用间行住坐卧方自有见处,然后从此操存,以至于极,方为己物尔。敬夫所见超诣卓然,非所可及。(中

略）如艮斋铭便是做工夫底节次。近日相与考证古圣所传，门庭建立此个宗旨相与守之。（《文集》卷四十一《答程允夫十三书》之第五书）

此时朱子与南轩论学极相得，盖朱子思想几经摇摆，南轩则紧守湖湘之学规模，在此阶段之内似居一带路之地位。南轩之《艮斋铭》全文如下：

> 艮斋，建安魏元履燕居之室也。在《易》，艮为止，止其所也。予尝考《大学》始终之序，以知止为始，得其所止为终。而知止则有道矣。《易》与《大学》，其义一也。敬为之铭：
>
> 物之感人，其端无穷；人为物诱，欲动于中；不能反躬，殆灭天理；圣昭厥犹，在知所止。天心粹然，道义俱全；是曰至善，万化之源。人所固存，曷自违之？求之有道，夫何远尔！四端之著，我则察之；岂惟思虑？躬以达之。功深力到，大体可明；匪由外铄，如春发生。知其至矣，必由其知；造次克念，战兢自持。事物虽众，各循其则；其则匪他，吾性之体。动静以时，光明笃实。艮止之妙，于斯为得。任重道远，时不我留；嗟我同志，勉哉无休。繄我小子，惧弗克立；咨尔同志，以起以掖。（《张南轩集》卷七）

此铭大体是孟学精神。以心体为万化之源，致察乃察本心之发见。朱子并不能够真切了解此义，但在当时相约共守，孰知不一年而大变！然在戊子，则还在此一表面相契的路线下工夫，对于南轩可谓推崇备至。

此年答何叔京书尚有云：

向来妄论持敬之说，亦不记其何云，但因其良心发见之微，猛省提撕，使心不昧，则是做工夫底本领。本领既立，自然下学而上达矣。若不察于良心发见处，即渺渺茫茫，恐无下手处也。（中略）所喻多识前言往行，固君子之所急。熹向来所见亦是如此。近因返求，未得个安稳处，却始知此未免支离。如所谓因诸公以求程氏，因程氏以求圣人，是隔几重公案！曷若默会诸心以立其本，而其言之得失自不能逃吾之鉴耶？钦夫之学所以超脱自在，不为言句所桎梏，亦为合下入处亲切。今日说话，虽未能绝无渗漏，终是本领是当，非吾辈所及。但详观所论，自可见矣。（《文集》卷四十《答何叔京三十二书》之第十一书）

此书几近于陆王之学矣，故王阳明《朱子晚年定论》录此书而不录《中和旧说》之四书。但朱子后来终于放弃这一条思路而顺着伊川"凡言心者皆指已发而言"之一不谛之语的纠结而往新说的方向进发。陆平湖后来竟说"答叔京书易为异学所借"，照这样推下去，难道我们也可以说孟子是异学？陆氏这种门户陋见实在不足为训。

又答何叔京书：

（上略）前此僭易拜禀博观之弊，诚不自揆。乃蒙见是，何幸如此！然观来喻，似有未能遽舍之意何耶？此理甚明，何疑之有？若使道可以多闻博观而得，则世之知道者为不少矣。熹近日因事，方有少省发处。如鸢飞鱼跃，明道以为与必有事焉勿正之意同者，今乃晓然无疑。日用之间，观此流行之体初无间断处（白田年谱录此，注云："处"疑作"方"），有下工夫处。乃知日前自诳诳人之罪盖不可胜赎也。此与守书册、泥言语，全无交涉！幸于日用间察之！知此，则知仁矣。（《文集》卷四十《答何叔京三十二书》之第十三书）

朱子此书意思与中和旧说完全相同，函中谓"日前自诳诳人之罪盖不可胜赎也"，证其不久之前始有一新的开悟。若中和旧说是在丙戌，则所谓自诳诳人又必在丙戌之前，此函则在戊子，时间相差已久，焉能谓之日前？而朱子此阶段之悟性显与南轩有关，朱子称赞南轩超脱，不为言句所桎梏，适与守书册、泥言语者相对。朱子一向勤力读书，也重体验，但自己感到未达融会实通之境，南轩所表现之典型，对朱子乃有一积极性之刺激作用，促使朱子本人在意境上有一转进。但朱子终不能停滞在这一阶段，他本人实属于另一形态，不旋踵又有一层新的体悟，倒反过来带着南轩体究一些新的可能性。但南轩后来虽常随朱子脚跟转，恐怕也只是从他本人的观点是其所是，未必真正完全折从朱子，只不似其他湖湘学者坚守师说，拒绝接受朱子的意见，而展开了许多义理上的论辩而已！

戊子还有答石子重一书：

熹自去秋之中走长沙，阅月而后至，留两月而后归。在道缭绕又五十余日，还家，幸老人康健，诸兄粗适。他无足言。钦夫见处，卓然不可及。从游之久，反复开益为多。但其天姿明敏，初从不历阶级而得之，故今日语人亦多失之太高。湘中学子，从之游者，遂一例学为虚谈，其流弊亦将有害。比来颇觉此病矣。别后当有以救之。然从游之士亦自绝难得朴实头理会者。可见此道之难明也。胡氏子弟及他门人亦有语此者，然皆无实得。拈捶竖拂，几如说禅矣。与文定合下门庭大段相反，更无商量处。惟钦夫见得表里通彻。旧来习见，微有所偏。今此相见，尽觉释去，尽好商量也。伯崇精进之意反不逮前，而择之见趣操持愈见精密。敬字之说，深契鄙怀。只如《大学》次序，亦须如此看始得。非格物致知全不用诚意正心，及其诚意正心却都不用致知格物。但下学处须是密察。见得后，便泰然行将去。此有始终之异耳。其实始终是个敬字。但敬中须有体察工夫，方能行著习察。不然，兀然持敬，又无进步处也。观夫子答门人为仁之问不同，然大要以敬为入门处。正要就日用纯熟处识得，便无走作。非如今之学者前后自为两段，行解各不相资也。近方见此意思，亦患未得打成一片耳。"大化之中自有安宅"，此立语固有病。然当时之意却是要见自家主宰处。所谓大化，须就此识得。然后鸢飞鱼跃，触处洞然。若但泛然指天指地，说个大化便是安宅，安宅便是大化，却恐颟顸笼统，非圣门求仁之学也。不审高明以为如何？（下略）（《文集》卷四十二《答石子重十二书》之第五书）

这封信对南轩仍然备极赞扬，但对湖湘一派学子几直斥为禅。甚至对南轩已觉其失之过高，不是接人之道。这些地方反映出朱子本人的心态，自少年时由禅转归圣道，以后遂形成一种忌讳，动辄斥人为禅。其实儒学尽可以有不同入路。延平一生主静坐，但与释氏无涉，朱子晚年乃评一味危坐"又似坐禅入定"；南轩是另一条路，朱子又斥其同路人几如说禅。朱子自己开出一条路径，这是他的贡献，但以此排斥其他线索，后来乃与象山一系对立，由此可以看出他的限制。此函谈敬，仍以密察为主。函中提及走作、大化之中自有安宅等语，皆为《中和旧说》诸函所涉及的问题。而丙戌致何叔京等友人之函则完全未提及《中和旧说》诸书。这是一个旁证，可见《中和旧说》系成于戊子，作于致石子重书之前，但时间之距离应不在久。

白田考异提及朱子有《杂学辨》一文（见《文集》卷七十二），何叔京为之作跋，确定是在丙戌。中有辨张无垢《中庸解》一条云：

> 喜怒哀乐未发谓之中。张云：未发以前，戒慎恐惧，无一毫私欲。愚谓未发以前，天理浑然，戒慎恐惧则既发矣。

此处所谓"未发以前，天理浑然"，像是朱子所谓闻之西林而未契者之不我欺也。

又一条云：

> 张云：由戒慎恐惧以养喜怒哀乐，使为中为和，以位天地育万物。愚谓喜怒哀乐之未发，乃本然之中。发而中节，乃本然之和。非人之所能使也。天地位焉，万物育焉，亦理之自然。今加以字而倒其文，非子思之本意矣。

《中和旧说》主察识于已发，思想与《杂学辨》不类。此辨既在丙戌，则中和旧说不应在丙戌。《中和旧说序》既明言在问过钦夫之后才有此说，我们没有理由不信朱子本人的证词。白田考异硬将此四函移到丙戌，其中颇多猜测之词。朱子决无理由保留自注以为乖戾非是之前二书,反而删削思议渐归是处之后二书。白田以为后人复入此后二书,纯属臆测,不足采信。白田并以《文集》二十二卷所载不以年叙,且多未定之论的看法更是在义理和考据上还不出根据的说法。

四、中和新说之发端与完成

朱子既与南轩相约,以《艮斋铭》为做工夫底节次,建立宗旨相与守之,孰知不一年而大变。

己丑朱子四十岁。是年春,与蔡季通言未发之旨,问辨之际,忽然自疑。遂急转直下,而有新说之发端与完成。《年谱》录有《已发未发说》《与湖南诸公论中和第一书》以及《答张钦夫书》等重要文献。

兹录《已发未发说》如下:

> 《中庸》未发已发之义,前此认得此心流行之体,又因程子"凡言心者皆指已发"之云,遂目心为已发,而以性为未发之中,自以为安矣。比观程子《文集》《遗书》,见其所论多不符合。因再思之,乃知前日之说,虽于心性之实未始有差,而未发已发命名未当,且于日用之际欠缺本领一段工夫,盖所失者不但文义之间而已。因条其语,而附以己见,告于朋友,愿相与讲焉。恐或未然,当有以正之。

> 《文集》云:中即道也。又曰:道无不中,故以中形道。

> 又云:中即性也,此语极未安。中也者所以状性之

体段，如天圆地方。

又云：中之为义自过不及而立名。若只以中为性，则中与性不合。

又云：性道不可合一而言。中止可言体，而不可与性同德。

又云：中者性之德，此为近之。又云：不若谓之性中。

又云：喜怒哀乐之未发谓之中。赤子之心发而未远乎中。若便谓之中，是不识大本也。

又云：赤子之心可以谓之和，不可谓之中。

《遗书》云：只喜怒哀乐不发便是中。

又云：既思，便是已发，喜怒哀乐一般。

又云：当中之时耳无闻，目无见，然见闻之理在始得。

又云：未发之前谓之静则可，静中须有物始得。这里最是难处。能敬，则自知此矣。

又云：敬而无失，便是喜怒哀乐未发谓之中也。敬不可谓之中，但敬而无失，即所以中也。

又云：中者天下之大本，天地间亭亭当当直上直下之正理。出则不是，惟敬而无失最尽。（案：此条为明道语，非伊川语。）

又云：存养于未发之前则可，求中于未发之前则不可。

又云：未发更怎生求？只平日涵养便是。涵养久，则喜怒哀乐发而中节。

又云：善观者却于已发之际观之。

上，据此诸说，皆以思虑未萌、事物未至之时，为喜怒哀乐之未发。当此之时，即是心体流行，寂然不动之处，而天命之性体段具焉。以其无过不及，不偏不倚，故谓之中。然已是就心体流行处见，故直谓之性则不可。吕博士论此，大概得之。特以中即是性，赤子之心即是未发，则大失之。故程子正之。（原注：解中亦有求中之意，盖答书时，未暇辨耳。）盖赤子之心动静无常，非寂然不动之谓，故不可谓之中。然无营欲智巧之思，故为未远乎中耳。未发之中，本体自然，不须穷索。但当此之时，敬以持之，使此气象常存而不失，则自此而发者，其必中节矣。此日用之际本领工夫。其曰"却于已发之处（际）观之"者，所以察其端倪之动，而致扩充之功也。一不中，则非性之本然，而心之道或几于息矣。故程子于此，每以敬而无失为言。又曰："入道莫如敬，未有致知而不在敬者。"又曰："涵养须用敬，进学则在致知。"以事言之，则有动有静，以心言之，则周流贯彻，其工夫初无间断也。但以静为本尔。（原注：周子所谓主静者，亦是此意。但言静则偏，故程子又说敬。）向来讲论思索，直以心为已发，而所谓致知格物亦以察识端倪为初下手处，以故阙却平日涵养一段工夫。其日用意趣常偏于动，无复深潜纯一之味，而其发之言语事为之间，亦常躁迫浮露，无古圣贤气象，由所见之偏而然尔。程子所谓"凡言心者皆指已发而言"，此却指心体流行而言，非谓事物思虑之交也。然与《中庸》本文不合，故以为未当而复正之。固不可执其已改之言，而尽疑诸说之误，又不可遂以为（未）当，（脱"未"字）而不究其所指之殊也。周子曰"无极而太极"。程子（明道）又曰"人生而静以上不容说，才说时，便已不是性矣"。盖圣贤论性，无不因心而发。若欲专言之，则是所谓无极而不容言者，亦无体段之可名矣。未审诸君子以为如何？（《文集》卷六十七）

此文标题为说，故编于《文集·杂著》之中。此说与致湖南诸公一书内容几完全相同，只书中未录伊川语耳。看来此说为原稿，后词语略有改易，乃成为《与湖南诸公论中和第一书》，此原稿乃保留于杂著之中，实则乃同一书文也。我们现在需要来检讨，究竟造成这一转变的根由是什么？这一转变的实义又是什么？在这里显然牵涉到两重问题：一是文献的问题，一是义理体证的问题。

第一个问题比较简单。朱子在《中和旧说序》中说明，以前看程子的东西，即是意有不合，也以为是"少作失传而不之信也"。后来仔细读来，情形就完全不同了。这是事实。朱子在《已发未发说》中所引证的除明道的一条外都是伊川语，而伊川自己是有一条思路。所引文集大都见《与吕大临论中书》。其实吕大临本身的线索很明澈，但伊川是分解型的思路，故主张既以中为状词，则中本身不能为体。其实讲道体是否需如此死煞自大可商榷。说赤子之心不即本心，显然圣人与婴儿不能等量齐观，这一点吕大临未必不知道。所引遗书则大都见于《与苏季明论中和》，这里牵涉到涵养问题，这才是问题的节骨眼所在。

由此转到义理体证的问题。我们看早年朱子思想的发展，除少年时一度耽于禅道而外，多是偏于动察一面。"万紫千红总是春""为有源头活水来"，这是他的体会的基本情调。这样的入路往高处说是当下即是，不必着意隔离。但在另一方面，天机活物虽可以解作天命流行之体，但很容易堕下来变成了奔腾不已、不可止歇的气机鼓荡。朱子在这里下了好多年工夫，但好像在两者之间始终把握不到一明白的分殊。所以他时而追思延平遗教，时而又回到他自己的体会的本质的情调，老在两边摇摆不已。从张南轩处听到胡氏之教，初初感到并不能解决他内心的问题。但后来终于以五峰所传下来的说法与他自己所体会到的一套有一外表相合，乃有中和旧说之成立。然即在他坚信中和旧说之际，始终感觉到"自觉殊无立脚下工夫处"的苦恼，而"日间但觉为大化所驱，如在洪涛巨浪之中，不容少顷停泊"。后接受张南轩之《艮斋铭》而相约共守，以为没有问题了。但终感觉到湖湘一派的毛病在，气象浮浅，缺了前面一截涵养工夫。其实这也正是他真切感到自己所犯毛病的所在。他一路强探力索，就是要寻求找到一条入路，可以兼赅动静，通贯已发未发来做工夫，结果他在伊川那里找到了他内心终于可以完全安顿下来的答案。

朱子求道之诚，也确接触到圣学内部一些困难的重要问题，这不成疑问。就朱子主观上来说，他终于找到了一条路，可以兼赅延平、五峰两系的好处而无其流弊。此所以在写《中和旧说序》时，他有"恨不得奉而质诸李氏之门"的自信语。然而就客观来说，他并不真正了解五峰或延平的线索，所以他所完成的综合终只是他自己心目中所想象的综合，不必达到真正综合两家的实效。就与湖湘一派的交涉来说，五峰一脉所谓"先察识而后涵养"之察识实为明道"识仁"之"识"，但朱子却将其转义为"动察"之"察"，这显然是差之毫厘，谬以千里。可惜的是南轩和其他湖湘学者并无足够的体证和分析能力来向朱子解明这一误会。其他湖湘学者坚持师说不论，即常随朱子脚跟转的南轩在读到中和新说之后也未即放弃"先察识后涵养"之论，朱子谓二人"盖缴纷往反者十余年，末乃同归而一致"，也只是合其所合耳，不必二人所信奉为真正同一形态的思路。延平的涵养自更不是空头的涵养，所以根本不妨害其在日用间下工夫，更与禅无关涉。当然两家末流之弊则朱子看得很清楚，朱子要解决这些问题，两条路都凑泊不上，只有逼着走上一条不同的线索。直到他在伊川的权威处找得印证，这才得以真正建立了他自己的思想规模，从此终身信守不渝，不再有根本的变化。

朱子所开出的这一路数的实义可略加解析如下：在《已发未发说》中朱子明言过去基本的错误在"向来讲论思索，直以心为已发，而所谓致知格物亦以察识端倪为初下手处，以故阙却平日涵养一段工夫。其日用意趣常偏于动，无复深潜纯一之味，而其发之言语事为之间，亦常躁迫浮露，无古圣贤气象，由所见之偏而然尔"。比对之于中和旧说，我们就可以看到这一贯是朱子自己的病根。朱子的生命本质是偏在动察一面，所以追索延平遗教，终无实得，求中于未发这一条路始终凑泊不上。既通过南轩而与湖湘之学有一表面之相合，乃以"致察"为工夫的进路，无须乎默坐澄心走隔离的、超越的、体证的路数。但依五峰，则致察还是本心的察识，只不过是纯粹取内在体证的方式罢了！表面上朱子也是取这一方式，戊子朱子答何叔京书即言："若不察于良心发见处，即渺渺茫茫，恐无下手处也。"此处良心自应指本心而言，本心既立，岂会有涵养无安顿处的感觉。谁知不过一年朱子即说"以察识端倪为初下手处，以故阙却平日涵养一段工夫"。由此可见他所谓的心实非本心，而只是一平看的实然的心，不是提起来看的应然的义理当然的心。这样的心在已发处致察，当然会有一种躁迫浮露的味道。明乎此，乃知新说之有进于旧说处在，朱子如今了解此心周流贯彻，不能只限于已发。未发之时，即是心体流行，寂然不动之处，而天命之性体段具焉，以其无过不及，不偏不倚，而谓之中。已发之处可以察识，未发之中，本体自然，不须穷索，只敬以持之，使此气象常持而不失，则自此而发者，其必中节矣。这样朱子接上了伊川的路数，所谓"涵养须用敬，进学则在致知"。伊川更明言："存养于未发之前则可，求中于未发之前则不可。"又云："未发更怎生求？只平日涵养便是。涵养久，则喜怒哀乐发而中节。"如此"静养动察，敬贯动静"。朱子一方面仍可说以静为本，另一方面则以言静过偏，故随伊川说敬。朱子以为这样可以避免平日过重动察的毛病，同时却又不致流入偏于静的流弊。涵养于未发，察识于已发，如此则静动两方面都可以用心做工夫，似乎可以照顾到延平一向重视而自己历年辛勤始终无法消融的那一方面，这才终于得以对治了自己本质上的毛病，也匡正了湖湘一派的偏失。至是朱子才找到了他自己的成熟思想的路数，此后一直谨守此规模，不再有本质性的改变。

在《已发未发说》中，朱子自己检讨旧说的结果下了这样的断语："乃知前日之说，虽于心性之实未始有差，而未发已发命名未当，且于日用之际欠缺本领一段工夫，盖所失者不但文义之间而已。"朱子求道之诚使他不断屡易其说，这是可佩服的。但他这样的检讨则又不免在概念上缺乏分梳，也多少对于自己有所曲恕，还需要我们作进一步的分析和检讨。

大概朱子在此前认得此心流行之体，在一极宽泛的意义下勉强自也可以说是于心性之实未始有差。但若要作进一步的解析则触处都有问题，不能容许这样笼统的说法。

让我们先由心的观念说起。朱子本人所体会的心大概始终是一个经验实然的心。这个心可以和理相合，也不必一定与理相合。所以这决不是超越的本心，因为本心是礼义之源，心即理，两下里没有相违的可能性。既然朱子所体会的始终只是一经验实然之心，就他本人思路言，当然他也可以说是未始有差。但他所用的词语却好像是孟子以来致察本心的说法，所以就客观来说，也不能说是未始有差。

就性来说，问题就更大了。中和旧说从"只是来得无穷，便常有个未发底"说性，"据其已发者而指其未发者，已发者皆人心，未发者皆其性"，此义乃根据其方往方来无间而发之体悟而来。这样未发已发一滚而下，二者之间缺少异质的分别，难怪找不到贞定的基础。但新说则接上伊川的思路，"性即理也"。性体是异质的一层，经验实然的心通过后天的修养工夫与性体所含之理相合，到了这个阶段，朱子自也可以说"心即理"。但心性之间并非同一关系，只是平行的关系。心之寂然可以涵性之浑然道义全具，但并不必然如此。性具众理，以理即是性体之内容；心具众理，这则是修养的结果，如是而朱子必往一心性平行、理气分属之静摄系统的思路走去。

新说的义理渐趋明确。已发未发仍就喜怒哀乐之情上说，不就体上说大本未发已发之无间，不再斤斤于时字、际字之病痛。"只不发便中"顺着伊川"在中"之义前进乃突显一异质之性体。在静时，寂然之心与浑然之性既无可穷索，自只能施涵养之功。然而致察到此时乃明指动察。如此静养动察各有分属，心之周流贯彻该贯动静，这样朱子解决了他历年苦思不得善解的难题，似乎既无湖湘一派的流弊，却又不似延平之只偏于静。但他并未自觉到他这样的思想已离开了明道以降的纵贯系统，他是顺着伊川的思想发展而完成一静摄系统。最后他所谓"无极而不容言"，乃说明性因心而发始有体段可言。如此由心之寂然以见性之浑然道义全具，故即在此一系统之下心性之间也还是有一种相当密切的关系。性是依明道断自有生以后说性，离开心而专就其自体而言之，则为"无极而太极"之无极，明道所谓"人生而静以上不容说，才说时，便已不是性矣"。

以上大体对《已发未发说》所赅义理有一大体之解析。朱子同时又有《与湖南诸公书》，略后则有《答张钦夫书》。前者内容与《已发未发说》完全相同，只词句比较整饬，且并未抄录伊川语。后者则将内容重新消化而组织得更有条理而完整，直陈己意。兹录此二书以为参考之用。

《与湖南诸公论中和第一书》云：

> 《中庸》未发已发之义，前此认得此心流行之体，又因程子"凡言心者皆指已发而言"，遂目心为已发，性为未发。然观程子之书，多所不合。因复思之，乃知前日之说，非惟心性之名，命之不当，而日用工夫全无本领。盖所失者不但文义之间而已。
>
> 按《文集》《遗书》诸说，似皆以思虑未萌，事物未至之时，为喜怒哀乐之未发。当此之时，却是此心寂然不动之体，而天命之性当体具焉，以其无过不及，不偏

不倚，故谓之中。及其感而遂通天下之故，则喜怒哀乐之情发焉，而心之用可见。以其无不中节，无所乖戾，故谓之和。此则人心之正，而性情之德然也。

然未发之前不可寻觅，已发之心不容安排。但平日庄敬涵养之功至，而无人欲之私以乱之，则其未发也，镜明水止，而其发也。无不中节矣。此是日用本领工夫。至于随事省察，即物推明，亦必以是为本。而"于已发之际观之"，则其具于未发之前者，固可默识。故程子之答苏季明，反复论辩，极于详密，而卒之不过以敬为言。又曰："敬而无失，即所以中。"又曰："入道莫如敬，未有致知而不在敬者。"又曰："涵养须用敬，进学则在致知。"盖为此也。向来讲论思索，直以心为已发，而日用工夫亦止以察识端倪为最初下手处，以故阙却平日涵养一段工夫，使人胸中扰扰，无深潜纯一之味，而其发之言语事为之间，亦常急迫浮露，无复雍容深厚之风。盖所见之差，其害乃至于此，不可以不审也。

程子所谓"凡言心者皆指已发而言"，此乃指赤子之心而言。而谓"凡言心者"，则其为说之误，故又自以为"未当"，而复正之。固不可徒执已改之言，而尽疑诸说之误，又不可遂以为"未当"，而不究其所指之殊也。不审诸君子以为如何？（《文集》卷六十四）

本书既为第一书，想必还有其他书函，然已不可考，唯南轩显有回应，故又有《答张钦夫书》：

诸说例蒙印可，而未发之旨又其枢要。既无异论，何慰如之！然比观旧说，却觉无甚纲领。因复体察，见得此理须以心为主而论之，则性情之德，中和之妙，皆有条而不紊矣。然人之一身，知觉运用，莫非心之所为，则心者固所以主于身，而无动静语默之间者也。然方其静也，事物未至，思虑未萌，而一性浑然，道义全具，其所谓中，是乃心之所以为体，而寂然不动者也。及其动也，事物交至，思虑萌焉，则七情迭用，各有攸主，其所谓和，是乃心之所以为用，感而遂通者也。然性之静也，而不能不动，情之动也，而必有节焉，是则心之所以寂然感通，周流贯彻，而体用未始相离者也。然人有是心，而或不仁，则无以著此心之妙。人虽欲仁，而或不敬，则无以致求仁之功。盖心主乎一身，而无动静语默之间，是以君子之于敬，亦无动静语默而不用其力焉。未发之前是敬也，因已立乎存养之实，已发之际是敬也，又常行乎省察之间。方其存也，思虑未萌，而知觉不昧，是则静中之动，复之所以见天地之心也。及其察也，事物纷纠，而品节不差，是则动中之静，艮之所以不获其身，不见其人也。有以主乎静中之动，是以寂而未尝不感。有以察乎动中之静，是以感而未尝不寂。寂而常感，感而常寂，此心之所以周流贯彻，而无一息之不仁也。然则君子之所以致中和，而天地位，万物育者，在此而已。盖主于身而无动静语默之间者，心也。仁则心之道，而敬则心之贞也。此彻上彻下之道，圣学之本统。明乎此，则性情之德，中和之妙，可一言而尽矣。

熹向来之说，固未及此。而来喻曲折，虽多所发明，然于提纲振领处，似亦有未尽。又如所谓"学者须先察识端倪之发,然后可知存养之功",则熹于此不能无疑。盖发处固当察识,但人自有未发时,此处便合存养。岂可必待发而后察,察而后存耶?且从初不曾存养,便欲随事察识,窃恐浩浩茫茫,无下手处。而毫厘之差,千里之谬,将有不可胜言者。此程子所以每言"孟子才高,学之无可依据,人须是学颜子之学,则入圣人为近,有用力处"。其微意亦可见矣。且如洒扫应对进退,此存养之事也。不知学者将先于此,而后察之耶?抑将先察识,而后存养也?以此观之,则用力之先后,判然可观矣。来教又谓"动中涵养,所谓复见天地之心",亦所未喻。熹前以复为静中之动者,盖观卦象,便自可见。而伊川先之意似亦如此。来教又谓"言静则溺于虚无",此固所当深虑。然此二字如佛者之论,则诚有此患。若以天理观之,则动之不能无静,犹静之不能无动也,静之不能无养,犹动之不可不察也。但见得一动一静互为其根,敬义夹持,不容间断之意,则难下一静字,元非死物。至静之中,盖有动之端焉,是乃所以见天地之心者。而先王之所以至日闭关,盖当此之时,则安静以养乎此尔。固非远事绝物,闭目兀坐,而偏于静之谓。但未接物时,便有敬以主乎其中,则事至物来,善端昭著,而所以察之者益精明尔。伊川先生所谓"却于已发之际观之"者,正谓未发则只有存养,而已发则方有可观也。周子之言主静,乃就中正仁义而言。以正对中,则中为重。以义配仁,则仁为本尔。非四者之外别有主静一段事也。来教又谓熹言以静为本,不若遂言以敬为本。此固然也。然敬字工夫通贯动静,而必以静为本。故熹向来辄有是语。今若遽易为敬,虽若完全,然却不见敬之所施有先有后,则亦未得为谛当也。至如来教所谓"要须察乎动以见静之所存,静以涵动之所本,动静相须,体用不离,而后为无渗漏也"。此数句卓然,意语俱到,谨以书之座右出入观省。然上两句次序似未甚安。意谓易而置之,乃有可行之实。不审尊意以为如何?(《文集》卷三十二《答张敬夫十八书》之第十八书)

此书前半直陈己意,极有条理,有好些地方比《已发未发说》或《与湖南诸公论中和第一书》更为明澈。这封信一开始就标出"见得此理须以心为主而论之"。如何把握心体做后天的修养工夫从来就是朱子所感受到的一个中心问题①,如此忽明忽昧,追索多年,至此才有一真正成熟的解答。到此时朱子终于悟到此心之所以周流贯彻,通贯于已发未发、动静语默之间。这封信才明白地指出,心之寂然乃相应于性之浑然,道义全具。心性平行,真正超越之实体在性而不在心。当然朱子在此函还未能明白提出"性即理"的思想,但隐隐然已经是涵蕴了这样的想法。至于他说"性之静也而不能不动"云云,只怕是因袭《乐记》"人生而静,天之性也,感于物而动,性之欲也"的说法。照他本人的思想推下去,性即理,实无所谓动,其动实只是假气之动而显现,其自身乃是气动之所以然之理。但朱子常常不自觉地把自己的思想比附于古典,表面上似相合,按下去并不完全一样。静养动察,敬贯动静,朱子如今解决了未发之时如何用工夫的问题,而

---

① 随便举两个例。由朱子少年所作文《存斋记》及辛巳诗"旧喜安心苦觅心"等可见其当时用心所在。参第一章。

且既然先有未发之中，然后有已发之和，表面上乃可以接上濂溪、明道以来一贯以静为本的说法，同时也可照顾到延平遗教，而可以避免湖湘学者少了上面一截工夫的流弊。有趣的是，不久以前答何叔京书还说"若不察于良心发见处，即渺渺茫茫，恐无下手处"，如今却转为"且从初不会存养，便欲随事察识，窃恐浩浩茫茫，无下手处"，由此可见朱子于致察于良心之思路实不相应，乃滑转成为随事察识之动察，至此乃必须颠倒察识存养的次序。朱子之误解另一形态的思路是一回事，而他终于发展出自己的一条思路而感觉到可以真正解决了自己的问题，这是另一回事。

顺着朱子本人的思路，只要下后天的修养工夫，则心之寂然可以相应于性之浑然，未发之中可以引导向已发之和，在他的心性平行的理解之下，也可以说"寂而常感，感而常寂"的一类极圆融的话头。这是朱子在历经疑难以后所把握到的最后理境，王懋竑却以此函内的思想"亦多未定之论"，可见王氏在考据上虽见工夫，在义理的了解与体证上则实在太差，一看到这类圆融的话头即疑为类似心学之玄谈，而有所忌讳，其不相应之处可谓太明显了。对于王氏提出的论据之不谛，牟先生驳之详矣，此间不拟再赘。①

朱子如今既真正明彻地把握到了自己的思路，所以他回答南轩的疑难就没有一点窒碍处。其实由函中语气可以看出南轩终不同意改变先察识而后存养的次序，只是南轩似乎并没有手段把师门以及自己的思想的关节处说得明白畅晓，从此主客易位，南轩乃常随着朱子脚跟转。后来朱子在南轩死

---

① 参见牟宗三：《心体与性体》，第三册，154～175页。

后之《又祭张敬夫殿撰文》有云：

> 惟我之与兄，吻志同而心契，或面讲而未穷，又书传而不置。盖有我之所是，而兄以为非；亦有兄之所然，而我之所议。又有始所共乡而终悟其偏，亦有早所同咛而晚得其味。盖缴纷往反者几十余年，末乃同归而一致。（《文集》卷八十七）

其实二人乃同其所同，理论体证的依归盖未必尽同。只是南轩比较随和，肯承认朱子的观点，所以二人的友谊终其生而不衰。

关于朱子对于中和的反省，黄梨洲《宋元学案·晦翁学案》先引了中和说凡四篇，然后引刘蕺山语于后，其言曰：

> 此朱子特参《中庸》奥旨以明道也。第一书先见天地间一段发育流行之机，无一息之停待，乃天命之本然，而实有所谓未发者存乎其间。即已发处窥未发，绝无彼此先后之可言者也。第二书则以前日所见为笼统，浩浩大化之中，一家自有一个安宅，为立大本行达道之枢要，是则所谓性也。第三书又以前日所见为未尽，反求之于心，以性情为一心之蕴。心有动静，而中和之理见焉。故中和只是一理。一处便是仁，即向所谓立大本行达道之枢要。然求仁工夫只是一敬，心无动静，敬无动静也。最后一书，又以工夫多用在已发为未是，而专求之涵养一路，归之未发之中云。合而观之，第一书言道体也。第二书言性体也。第三书合性于心，言工夫也。第四书言工夫之究竟处也。见解一层进一层，工夫一节换一节，孔孟而后，几见小心穷理如朱子者。愚案朱子之学，本

之李延平，由罗豫章而杨龟山，而程子，而周子。自周子有主静立极之说，传之二程，其后罗李二先生专教人默坐澄心，看喜怒哀乐之未发时作何气象。朱子初从延平游，固尝服膺其说，已而又参以程子主敬之说，静字为稍偏，不复理会。迨其晚年，深悔平日用功未免疏于本领，致有辜负此翁之语，固已深信延平立教之无弊。而学人向上一机，必于此而取则矣。湖南答问诚不知出于何时，考之原集，皆载在敬夫次第往复之后，经辗转折证而后有此定论，则朱子生平学力之浅深，固于此窥其一斑。而其卒传延平心印以得与于斯文，又当不出此书之外无疑矣。夫主静一语，单提直入，惟许濂溪自开门户，而后人往往从依傍而入，其流弊便不可言。幸而得，亦如短贩然。本薄利奢，叩其中藏，可尽也。朱子不轻信师传，而必远寻伊洛以折中之，而后有以要其至，乃所谓善学濂溪者。

蕺山这一段议论几乎没有一句话没有问题，钱穆先生驳之详矣。① 由于《宋元学案》是研究理学的权威著作，入门必由之径，而错乱偏失一至于此，所以我也不能不略缀数语为学者们提出警戒。

《晦翁学案》首举中和说，可见梨洲对它的重视。但梨洲乃删去旧说第二书，又混合旧说新说，总称为中和说一二三四，这岂合乎朱子的原意！又所谓中和说三其实应该在中和说四答湖南诸公之后，次第颠倒不算，所引四篇，漫加删节，

---

① 参见钱穆：《朱子新学案》，第二册，153～158页。牟先生对《宋元学案》之《晦翁学案》也颇有微词，见其所著《心体与性体》之第三册，204页。

读者看不到全文,不知道先后的次序、翔实的内容,这样的胡乱曲解实在是不成话。朱子的第一书自注非是,《学案》却删去此注,而引蕺山说谓其"大意已是",这岂不是厚诬朱子。蕺山硬装上道体、性体、工夫,工夫之究竟的次序,根本不符合原书的内容和当时的情实。照蕺山的讲法是朱子见解一层进一层,工夫一节换一节,好像是一个由浅而深的直线进程,前后一脉相承,看不到一点矛盾冲突的痕迹,这岂合乎朱子历经辛苦最后才找到自己心之所安的曲折过程。朱子"辜负此翁"之语见于其四十岁时答林择之书,焉能谓之晚年语? 湖南答问也在同年,怎么可说是"诚不知出于何时"? 朱子参悟中和,追思延平遗教是一个重要的动机,但所悟与延平终有相当距离,所以到晚年语录乃对延平不无微词,这怎么可以说为"卒传延平心印以得与于斯文"? 朱子真正得力处在伊川,蕺山却由主静一点来表彰濂溪。这样数百字的议论,所失何止一端。而称赞朱子的地方简直是在故意造成对朱子的曲解。明儒之疏于考据,每由一己的观点去割裂、曲解原典,由此可见。在这种情形之下,我们回想王阳明的《朱子晚年定论》,虽不免构成阳明的盛名之累,就当时的学风看来,却不是一项不可原谅的错误。但我们今天要讲学术史,知道当时朱子思想发展的经过,他的哲学思想的特殊形态以及所含的意蕴,就不能一任过去之旧而不加以明白的分梳。而过去的门户陋见更不能不彻底破除才能慢慢培养一种建立客观的学术史的自觉。各人所得深浅自仍难说,但至少决不能有意去曲解、揉搓过去的材料来适应个人一己的好恶与脾胃。是为戒!

五、中和新说下之书函与议论

朱子在四十岁这一年,除上节所详论之一说两书外,还有致林择之的几封信,都和这个问题有关系。按择之曾偕朱子至长沙,亦预闻中和之辨。

《答林择之书》有云:

> 近得南轩书,诸说皆相然诺。但先察识后涵养之论,执之犹坚。未发已发,条理亦未甚明。盖乍易旧说,犹待就所安耳。(《文集》卷四十三《答林择之三十三书》之第三书)

这封信应在《与湖南诸公书》之后收到南轩复信后所写,表示新旧说之事甚为显明,而南轩此时显并未放弃其一贯立场而附和朱子先涵养而后察识之说。

《又答林择之书》曰:

> (上略)昨日书中论未发者,看得如何?两日思之,疑旧来所说,于心性之实未有差,而未发已发字顿放得未甚稳当。疑未发只是思虑事物之未接时,于此便可见性之体段,故可谓之中,而不可谓之性也。发而中节,是思虑已交之际皆得其理,故可谓之和,而不可谓之心。心则通贯乎已发未发之间,乃《大易》生生流行,一动一静之全体也。云云。旧疑遗书所记不审,今以此勘之,无一不合,信乎天下之书未可轻读,圣贤指趣未易明,道体精微未易究也。(《文集》卷四十三《答林择之三十

三书》之第六书）

这封信的意思与《已发未发说》同，应在该说以后不久写成。此书表示新旧说之转关亦甚清楚。这两封信都是考据上极有价值的文献，而王懋竑不知为何未录？十分可疑。

《又答林择之书》：

> 所引"人生而静"，不知如何看静字？恐此亦指未感物而言耳。盖当此之时，此心浑然天理全具。所谓中者状性之体，正于此见之。但《中庸》《乐记》之言有疏密之异。《中庸》彻头彻尾说个谨独工夫，即所谓"敬而无失""平日涵养"之意。《乐记》却直到好恶无节处，方说不能反躬，天理灭矣。殊不知未感物时，若无主宰，则亦不能安其静，只此便自昏了天性，不待交物之引，然后差也。盖中和二字皆道之体用。（"皆"字当作"乃"。）以人言之，则未发已发之谓。但不能慎独，则虽事物未至，固已纷纶胶扰，无复未发之时，既无以致夫所谓中，而其发必乖，又无以致夫所谓和。惟其戒谨恐惧，不敢须臾离，然后中和可致，而大本达道乃在我矣。此道也，二先生盖屡言之。而龟山所谓"未发之际能体所谓中，已发之际能得所谓和"，此语为近之。然未免有病。旧闻李先生论此最详。后来所见不同，遂不复致思。今乃知其为人深切，然恨已不能尽记其曲折矣。如云："人固有无所喜怒哀乐之时，然谓之未发则不可，言无主也。"又云"致字如致师之致"。又如"先言慎独，然后及中和"，此意亦尝言之。但当时既不领略，后来又不深思，遂成蹉过，孤负此翁耳。（下略）（《文集》卷四十三

《答林择之三十三书》之第二十书）

朱子基本的思路是"心具众理"，这和"心即理"的思想是有距离的。朱子重后天修养工夫，其所谓的心为一实然之心，并非本心，一定要通过庄敬涵养工夫，才能表现理，具此理而为心之德。此非"固具"之义。

《中庸》讲慎独，由龟山、延平一脉的思路，正是要在不睹不闻、喜怒哀乐未发时体验一超越性体。这不是像朱子了解的那样做空头的涵养工夫。所以表面上朱子由南轩而折返于延平，其实还是与延平有距离，只当时朱子不自觉耳。故晚年语录对延平即不无微词。但在心理上则朱子确是由追思延平遗教而感到静养工夫之不可废，所以他必定要为这一方面在他自己的思想系统之中找到一个定位，这才达到他自己成熟的思想架构。

《又答林择之书》：

（上略）前日中和之说看得如何？但恐其间言语不能无病。其大体莫无可疑。数日来玩味此意，日用间极觉得力。乃知日前所以若有若亡，不能得纯熟。而气象浮浅，易得动摇，其病皆在此。湖南诸友，其病亦似是如此。近看南轩文字，大抵都无前面一截工夫也。大抵心体通有无，该动静，故工夫亦通有无，该动静，方无渗漏。若必待其发而后察，察而后存，则工夫之所不至（者）多矣。惟涵养于未发之前，则其发处自然中节者多，不中节者少。体察之际亦甚明审，易为着力，与异时无本可据之说大不同矣。用此意看遗书，多有符合。读之，上下文极活络分明，无凝滞处。亦曾如此看否？

(《文集》卷四十三《答林择之三十三书》之第二十二书)

由这封信更清楚地看得出，到此时在体验上朱子终于找到一套他自己可以安的工夫，一直可以通贯到未发处，始得以通有无，该动静，达到无渗漏的境地。必至此乃得以针砭自己过去的毛病，也好像可以对治湖湘一派的短处。延平遗教逼着他不能安于动察一路，而他终于在伊川处找到他一路在寻觅的东西。

《又答林择之书》：

> 古人只从"幼子常视（示）毋诳"以上，洒扫应对进退之间，便是做涵养底工夫了。此岂待先识端倪而后加涵养哉？但从此涵养中，渐渐体出这端倪来，则一一便为己物。又只如平常地涵养将去，自然纯熟。今曰："即日所学便当察此端倪自加涵养之功"，似非古人为学之序也。（中略）盖义理，人心之固有。苟得其养，而无物欲之昏，则自然发见明著，不待别求。格物致知亦因其明而明之尔。今乃谓"不先察识端倪，则涵养个甚底"，不亦太急迫乎？敬字通贯动静。但未发时，则浑然是敬之体，非是知其未发，方下敬底工夫也。既发，则随事省察，而敬之用行焉。然非其体素立，则省察之功亦无自而施也。故敬义非两截事。必有事焉而勿正，心勿忘，勿助长，则此心卓然通贯动静，敬立义行，无适而非天理之正矣。（下略）（《文集》卷四十三《答林择之三十三书》之第二十一书）

由这封信可以清楚地看出，朱子所谓涵养已经不是延平默坐澄心的一套。朱子对于在教育程序上应循的步骤煞有见地。但他没有了解"先识端倪而后涵养"是自觉地做道德实践的层次，与教育程序不可混为一谈，本心不立则道德实践缺少一个基础。朱子这样做的好处是在事上历练，不致失于空疏，但缺点是自觉的道德心终挺拔不起来，难免支离之病。然朱子之重做后天的修养工夫终是要从这个方向走去，与科学式的致知显非一事。但在朱子的架局之下，敬贯动静，也可以达到某种程度的圆融的体会和表达，只是入路与纵贯系统实有差距，而话头上则可以有表面之相似也。

此年还有《答林谦之书》有云：

> 盖熹闻之，自昔圣贤教人之法，莫不使之以孝弟忠信，庄敬持养为下学之本，而后博观众理，近思密察，因践履之实，以致其知。其发端启要，又皆简易明白，初若无难解者；而及其至也，则有学者终身思勉而不能至焉。盖非思虑揣度之难，而躬行默契之不易。故曰："夫子之文章可得而闻也，夫子之言性与天道不可得而闻也。"夫圣门之学所以从容积累，涵养成就，随其浅深，无非实学者，其以此与？今之学者则不然。盖未明一理，而已傲然自处以上智生知之流，视圣贤平日指示学者入德之门至亲切处，则以为钝根小子之学，无足留意。其平居道说无非子贡所谓"不可得而闻"者。往往务为险怪悬绝之言以相高，甚者至于周行却立，瞬目扬眉，内以自欺，外以惑众。此风肆行，日以益甚。使圣贤至诚善诱之教反为荒幻险薄之资。仁义充塞，甚可惧也。（《文集》卷三十八）

朱子为学次第大体在此确立。下学而上达，先由洒扫进退入手，慢慢内化，而后进学致知，逐渐推展开去，这是一条正路。但朱子也应体悟到，逐渐做工夫到了某一阶段则又必有一异质之跳跃的过程，发现道德本心，否则只是依样画葫芦而已，毕竟于自觉地做道德实践工夫何有？但朱子似乎并不深切地感觉到此处有一问题，他只是对那空疏躐等之辈表现一极深反感耳。其实教育程序（后天）与本质程序（先天）本是两个不同层次的问题，朱子却把全部注意力放在前者，对后者乃形成一种忌讳，所以日后与象山起冲突实为必然之事，绝非一偶发现象。

庚寅朱子四十一岁。王懋竑录《答吕伯恭》《答刘子澄》《答陈师德》等三书，主旨都在讨论伊川"涵养须用敬，进学则在致知"二语。王氏《考异》卷一曰：

> 按自庚寅与吕东莱刘子澄书，拈出程子两语，生平学问大指盖定于此，即《中庸》尊德性道问学，《易大传》之敬以直内，义以方外。从古圣贤所传若合符节。至甲寅（六十五岁）与孙敬甫书云："程夫子之言曰：'涵养须用敬，进学则在致知。'此两言者，如车两轮，如鸟两翼。未有废其一而可行可飞者也。"尤为直截分明。盖相距二十五年矣，而其言无毫发异也。自庚寅以后，书问往来，虽因人说法，间有所独重，而其大指不出此两语。晚年为鄂州稽古阁记，福州经史阁记，正以此两语相对发明，其指意尤晓然矣。《通辨》（《学蔀通辨》）《正学考》，皆不载此二书，今据文集补入。陈师德书不详何时。师德卒于甲午（朱子四十五岁），此书当去庚寅不远，故附载之。

辛卯朱子四十二岁，王氏年谱录《又答林择之书》：

> 比因朋友讲论，深究近世学者之病，只是合下欠缺持敬工夫，所以事事灭裂。其言敬者，又只说能存此心，自然中理。至于容貌词气，往往全不加工。设使真能如此存得，亦与释老何异？（原注：上蔡说便有此病了。）又况心虑荒忽，未必真能存得耶？程子言敬，必以整齐严肃，正衣冠，尊瞻视为先。又言："未有箕踞而心不慢者。"如此乃是至论。而先圣说克己复礼。寻常讲说，于礼字每不快意。必训作理字然后已。今乃知其精微缜密，非常情所及耳。（下略）（《文集》卷四十三《答林择之三十三书》之第九书）

壬辰朱子四十三岁，王氏《年谱》又录《答薛士龙》①《答汪尚书》二书皆严辨儒释，强调"下学"而上达之旨。《中和旧说序》即作于此年八月。此一公案讨论至此大体可告一段落。

六、朱子晚年对于涵养、致知问题之定见

白田《朱子年谱考异》（卷三）在戊申（朱子五十九岁）下有云：

> 朱子从学延平，受求中未发之旨。延平既殁，求其说而不得，乃自悟夫未发已发浑然一致，而于求中之说，

---

① 参见钱穆：《朱子新学案》，第三册，5~6页，依夏炘辨，薛季宣卒于辛卯，壬辰不得有是书。书中云孤露余生，则是己丑丁母忧以后。陈清澜将此列之于庚寅。

未有所拟议也。后至潭州，从南轩胡氏之学，先察识，后涵养，则与延平之说不同。己丑，悟已发未发之分，则又以先察识后涵养为非，而仍守延平之说。逮庚寅（朱子四十一岁），拈出程子"涵养须用敬"两语，已不主延平。甲辰（朱子五十五岁）与吕士瞻书，乃明言延平之说为有偏。戊申（朱子五十九岁）答方宾王书，亦再言之。而杨（道夫）、叶（贺孙）、陈（淳）、沈（僴）、廖（德明）诸录，皆确然可考。自永乐《性理大全》略载数语，混而不明。而后来之论无及此者。《学蔀通辨》："朱子初年答何叔京书，李先生教人，大抵令于静中体认大本未发时气象分明，即处事应物，自然中节。此乃龟山门下相传指诀。朱子作延平行状，亦深取此说。后来乃以为不然。"又云："朱子早年亦主此说，以为入道指诀，晚年见道分明，始以为不然。"其说颇详，虽有未尽其曲折者，而其所发明，则固昔人之所未及也。当表而出之。

答吕士瞻书，不详其年，其系南轩集后，本自在甲辰后，与答方宾王书，其先后则未可知也。方书在戊申，今以方书为据，载于戊申。而语录杨、叶、陈、沈、廖诸录皆以类附焉。

白田这一段议论真假混杂，所谓"从南轩胡氏之学，先察识，后涵养"，实则两方面只是表面之相合，白田用语未免过重。戊子（朱子三十九岁）《答石子重书》已对南轩不无微词，所重者始终是自己的体悟，不能径谓之折从南轩。但《中和旧说序》明言因读五峰与曾吉父书而益坚所信，当时所思与延平所教颇有距离，乃是实情。后改宗新说，以"先察识，后涵养"为非，心理上多少有延平遗教为背景，这是不成疑问的，但谓"仍守延平之说"，这就未必合乎事实。朱子只是觉得延平之重静养应该有它的地位，且自己已能对这一方面有所安排，故在《中和旧说序》中有"独恨不得奉而质诸李氏之门"的自信语。其实新说成立时，朱子已经接上伊川的思想，自觉找到了一条通贯动静的道路，当时已经体证到"言静则偏，故程子又说敬"，并已引证了伊川"涵养须用敬"两语，何必待之于庚寅而始不主延平。所引《学蔀通辨》的议论也不是没有问题。朱子在著《延平行状》时，正是在追思遗教的心境下重述延平遗教。但当时只不过是就记忆所及那么说，因为当时他自己实并不真了解此说之底蕴，所以后来数年之间才需要那样强探力索，辛辛苦苦去追寻。但到晚年，学生每以他早年的文章议论来叩问做圣学工夫的节次，此时已不复是当年追思遗教时的心境，乃不能不对乃师之说有一客观评价，此处当然比较能反映出他本人对于此一问题的定见，由这一观点着眼，则答吕士瞻、方宾王二书自有其特殊意义，不妨录在此处。

《答吕士瞻书》：

> （上略）南轩辨吕与叔《中庸》，其间多病，后本已为删去矣。但程先生云："涵养于未发之前则可，求中于未发之前则不可。"此语切当不可移易。李先生当日用功，未知于此两句为如何，后学未敢轻议。但今当只以程先生之语为正，则钦夫之说亦未为非。但其意，一切要于闹处承当，更无程子涵养之意，则又自为大病耳。渠后来此意亦改。晚年说话，尽不干事也。（《文集》卷四十六）

《答方宾王书》：

（上略）延平行状中语，乃是当时所闻其用功之次第。今以圣贤之言，进修之、实验之，恐亦自是一时入处，未免更有商量也。（下略）（《文集》卷五十六《答方宾王十五书》之第一书）

龟山门下相传指诀至此说成了"一时入处"，朱子晚年对这一条路之不相契可谓明矣，白田所引语录各段把这个意思说得更明白显豁，但我已引在论朱子从学于延平之一章，故此处不繁再引。总之对朱子来说，"默坐澄心"是偏于静，不必一定走这一条路，这样做工夫只不过是"且收敛在此，胜如奔驰。若一向如此，又似坐禅入定"（《语类》卷一○三）。

消极方面朱子在晚年既以静坐为偏，再就积极方面来看，朱子的意见又如何呢？《语类》的权威性自不如《文集》，而中国式的应对多随机指点的话头，有时不免有好些外表似互相矛盾的论点。但小心爬梳，也可找出一条一贯的理路来。

涵养、致知既如车之两轮、鸟之两翼，朱子晚年在这个方向更进一步而说两种工夫之互相穿透，不可分割，偏于一边。此处选录数条以为佐证。

涵养中自有穷理工夫，穷其所养之理；穷理中自有涵养工夫，养其所穷之理。两项都不相离，才见成两处便不得。（《语类》卷九，叶贺孙录）

存养与穷理工夫皆要到。然存养中便有穷理工夫，穷理中便有存养工夫。穷理便是穷那存得底，存养便是养那穷得底。（《语类》卷六三，辅广录）

已发未发，不必太泥，只是既涵养，又省察。无时不涵养省察。若戒惧不睹不闻,便是通贯动静,只此便是工夫。至于谨独,又是或恐私意有萌处,又加紧切。若谓已发了,更不须省察,则亦不可。如曾子三省,亦是已发后省察。(《语类》卷六二,黄㽦录)

再论湖南问答,曰:未发已发只是一件功夫。无时不涵养,无时不省察耳。如水,长长地流,到高处又略起伏则个。如恐惧戒谨,是长长地做。到谨独,是又提起一起。如水然,只是要不辍地做。又如骑马,自家常常提掇。及至过险处,便加些提控。不成谓是大路便更都不管他,任他自去之理。正淳曰:未发时当以理义涵养。曰:未发时着理义不得,才知有理有义,便是已发。当此时,有理义之原,未有理义条件。只一个主宰严肃,便有涵养功夫。伊川曰:敬而无失便是,然不可谓之中。但敬而无失,即所以中也。正淳又曰:平日无涵养者,临事必不能强勉省察。曰:有涵养者固要省察,不曾涵养者亦当省察。不可道我无涵养工夫,后于已发处更不管他。若于发处能点检,亦可知得是与不是。今言涵养,则曰不先知理义底涵养不得。言省察则曰无涵养省察不得。二者相睉,却成担阁。又曰:如涵养熟者固是自然中节,便做圣贤,于发处亦须审其是非而行;涵养不熟底虽未必能中节,亦须直要中节可也。要知二者可以交相助,不可交相待。(《语类》卷六二,黄㽦录)

从上面所引语录,可见朱子是在踏实做工夫,对学生则是因时设教,务使其不落两边。朱子的义理系统下自也可以讲出一套极圆融的东西。《语类》之中可以找到好多材料与《文集》所收书函互相印证。《语类》曰:

> 择之问：且涵养去，久之自明。曰：亦须穷理。涵养穷索二者不可废一，如车两轮，如鸟两翼。如温公只恁行将去，无致知一段。（《语类》卷九，廖德明录）

又曰：

> 思索义理，涵养本原。（《语类》卷九，李儒用录）
>
> 大本用涵养，中节则须穷理之功。（《语类》卷六二，杨方录）

大体朱子的意思是要齐头并进，互相穿透，乃无偏向一边之病。涵养工夫似在先，但不可因此轻忽省察、致知、穷理之功，涵养并不能替代后来的工夫。但在另一方面，涵养所得与穷理所得则又必辐辏在一起，二者不相敌对，有一种互相助长的功效。

至于言为学之次第，则《语类》之中又有分解的说法：

> 道夫以疑目质之先生，其别有九。其一曰：涵养、体认、致知、力行虽云互相发明；然究竟当于甚处着力？曰：四者据公看如何先后？曰：据道夫看，学者当以致知为先。曰：四者本不可先后，又不可无先后。须当以涵养为先。若不涵养而专于致知，则是徒然思索。若专于涵养而不致知，却鹘突去了。以某观之，四事只是三事，盖体认便是致知也。二曰：居常持敬于静时最好。及临事则厌倦，或于临事时着力则觉纷扰，不然则于正存敬时忽忽为思虑引去。是三者将何以胜之？曰：今人将敬来别做一事，所以有厌倦，为思虑引去。敬只是自家一个心常醒醒便是，不可将来别做一事。又岂可指擎跽曲拳块然在此而后为敬。又曰：今人将敬、致知来做

两事。持敬时只块然独坐，更不去思量，却是今日持敬，明日去思量道理也。岂可如此。但一面自持敬，一面去思量道理。二者本不相妨。（下略）（《语类》卷一一五，杨道夫录）

《语类》又曰：

（上略）涵养、致知、力行三者便是以涵养做头，致知次之，力行次之。不涵养则无主宰，如做事须用人，才放下，或困睡，这事便无人做主，都由别人，不由自家。既涵养，又须致知。既致知，又须力行。若致知而不力行，与不知同。亦须一时并了，非谓今日涵养，明日致知，后日力行也。要当皆以敬为本。敬却不是将来做一个事。今人多先安一个敬字在这里，如何做得？敬只是提起这心，莫教放散，怎地则心便自明。这里便穷理格物，见得如此便是，不当如此便不是。既见了，便行将去，今且将《大学》来读，便是为学次第，初无许多屈曲。某于《大学》中所以力言小学者，以古人于小学中已自把捉成了，故于大学之道无所不可。今人既无小学之功，却当以敬为本。（《语类》卷一一五，杨骧录）

朱子不止一处如此谈为学次第，应为其晚年定论。但《语类》之中却又可以找到其他材料似有异辞。

为学先要知得分晓。（《语类》卷九）

问：致知涵养先后。曰：须先致知而后涵养。问：伊川言：未有致知而不在敬，如何？曰：此是大纲说要穷理须是着意，不着意如何会理会得分晓？（《语类》卷九）

尧卿问：穷理集义孰先？曰：穷理为先，然亦不是截然有先后。曰：穷是穷在物之理，集是集处物之义否？曰：是。(《语类》卷九)

万事皆在穷理后，经不正，理不明，看如何地持守也只是空。(《语类》卷九)

痛理会一番，如血战相似，然后涵养将去。因自云：某如今虽便静坐，道理自见得。未能识得，涵养个甚？(《语类》卷九)

而今人只管说治心修身，若不见这个理，心是如何地治，身是如何地修？（下略）(《语类》卷九)

卷九这一连串的说话似乎和我们刚才所引的以涵养为先的论调正相反对，我们将如何来解释这个矛盾的现象呢？而且这些并不是孤立的现象，《语类》中到处有类似的说法。

知言，知理也。(《语类》卷五二)

知言，然后能养气。(《语类》卷五二)

孟子说养气先说知言，先知得许多说话是非邪正无疑后方能养此气也。(《语类》卷五二)

问：养气要做工夫，知言似无工夫得做。曰：岂不做工夫，知言便是穷理。不先穷理，见得是非，如何养得气？须是道理一一审处得是，其气方充大。(《语类》卷五二)

孟子论浩然之气一段紧要全在知言上，所以《大学》许多工夫全在格物致知。(《语类》卷五二)

知言、养气虽是两事，其实相关，正如致知、格物、

正心、诚意之类。若知言，便见得是非邪正，义理昭然，则浩然之气自生。(《语类》卷五二)

(上略)不先致知，则正心诚意之功何所施？所谓敬者何处顿放？今人但守一个敬字，全不去择义，所以应事接物处皆颠倒了。《中庸》博学之，审问之，慎思之，明辨之，笃行之。孟子博学而详说之，将以反说约也。颜子博我以文，约我以礼。从上圣贤教人，未有不先自致知始。(《语类》卷二三)

《大学》所谓知至意诚者，必须知至，然后能诚其意也。今之学者，只说操存，而不知讲明义理，则此心愦愦，何事于操存也？(下略)(《语类》卷一五)

在这样的情形下，我们似乎不可以说，这些是朱子一时的指点语。那么是否朱子在晚年已放弃中和说所主张的涵养在先的说法呢？其实仔细查究，我们就可以看出，朱子并未改变他在四十岁以后一贯的看法，两种说法之间其实只有一表面的矛盾。解决问题的线索实际上已隐涵在前引杨骧所记的一段语类之内。原来朱子认为，《大学》的为学次第是以格物致知(穷理)为首。但《大学》并不是教育程序之始，小学的阶段却是以敬为本，所以还是"涵养做头，致知次之，力行次之"。

《文集》之中有好多资料可以作这种解释的佐证。《文集》卷四十三《答林择之三十三书》之第十九书有云：

疑古人直自小学中涵养成就，所以大学之道只从格物做起。今人从前无此工夫，但见《大学》以格物为先，便欲只以思虑知识求之，更不于操存处用力，纵使窥测得十分，亦无实地可据。大抵敬字是彻上彻下之意，格物致知乃其间节次进步处耳。

《文集》卷四二十《答胡广仲六书》之第一书亦云：

> 近来觉得敬之一字，真圣学始终之要。向来之论，谓必先致其知，然后有以用力，于此疑若未安。盖古人由小学而进于大学，其于洒扫应对进退之间，持守坚定，涵养纯熟，固已久矣。是以大学之序，特因小学已成之功，而以格物致知为始。今人未尝一日从事于小学，而曰必先致其知然后敬有所施，则未知其以何为主而格物以致其知也。

同卷《答吴晦叔十三书》之第九书更把同一论点发挥得淋漓尽致：

> 夫泛论知行之理，而就一事之中以观之，则知之为先，行之为后，无可疑者。然合乎知之浅深，行之大小而言，则非有以先成乎其小，亦将何以驯致乎其大哉？盖古人之教，自孩幼而教之以孝悌诚敬之实。及其少长，而博之以诗书礼乐之文。皆所以使之即夫一事一物之间，各有以知其义理之所在而致涵养践履之功也。及其十五成童，学于大学，则其洒扫应对之间，礼乐射御之际，所以涵养践履之者略已小成矣。于是不离乎此而教之以格物以致其知焉。致知云者，因其所已知者推而致之，以及其所未知者而极其至也。是必至于举天地万物之理而一以贯之，然后为知之至。而所谓诚意、正心、修身、齐家、治国、平天下者，至是而无所不尽其道焉。今就其一事之中而论之，则先知后行，固各有序矣。诚欲因

夫小学之成以进乎大学之始，则非涵养践履之有素，亦岂能居然以夫杂乱纷纠之心而格物以致其知哉？（中略）故《大学》之书，虽以格物致知为用力之始，然非谓初不涵养履践而直从事于此也。

前面所引语录凡朱子谓致知在先者放在这一脉络之下观之就十分妥帖，不再感到突兀了。钱穆先生在《语类》之中检得极重要之一条①如下：

问：格物章补文处不入敬意，何也？曰：敬已就小学处做了。此处只据本章直说，不必杂在这里，压重了，不净洁。（《语类》卷一六，徐寓录，庚戌朱子六十一岁以后所闻）

由此可见，这样的看法确为朱子晚岁定见无疑了。很明显，朱子所谓涵养与延平所谓涵养完全不是一回事。延平是通过涵养去体证中体，但朱子追随伊川所讲的涵养居敬却只是保持一常惺惺的态度，并没有确定的实质内容，所以必须另做致知穷理的工夫——只不过两下里却有一种互相应和的关系。敬则私欲不生，此心湛然，不流放开去，自然万理毕显。故在朱子的思想系统之下，也可以说涵养本源，自作主宰。如此静坐也不失为令此心定下来的一种方法，然如只是讨静坐便不得。朱子的涵养乃不再只是默坐澄心，而是小学做敬的工夫。但兀然持敬又无实得，一定要心静理明，捕捉到实理，才有真正的贞定处。敬的常惺惺的态度自可以通贯动静，但必穷理到豁然贯通处，才可以达到《大学补传》中

---

① 参见钱穆：《朱子新学案》，第二册，199~200 页。

所说的那种最高境界。故朱子必要求在两方面齐头并进，此间实预设一心性平行论。必存心而后理现，但在实质上却只有理才是真正客观形而上的根据，在心上做工夫就是要去摄推理。这样的思想架局正是牟先生所谓的静摄系统。性属理，心属气，但这些还要另立专章加以讨论。此处只再征引《语类》数条以见朱子做涵养、致知工夫之节要。

敬字工夫乃圣门第一义，彻头彻尾，不可顷刻间断。（《语类》卷一二）

只敬则心便一。（《语类》卷一二）

敬只是此心自做主宰处。（《语类》卷一二）

人能存得敬则吾心湛然，天理粲然，无一分着力处，亦无一分不着力处。（《语类》卷一二）

敬则万理具在。（《语类》卷一二）

敬则天理常明，自然人欲惩窒消治。（《语类》卷一二）

今人皆不肯于根本上理会。如敬字，只是将来说，更不做将去。根本不立，故其它零碎工夫无凑泊处。明道、延平皆教人静坐，看来须是静坐。（《语类》卷一二）

敬非是块然兀坐，耳无所闻，目无所见，心无所思，而后谓之敬。只是有所畏谨，不敢放纵。如此则身心收敛，如有所畏。常常如此，气象自别。存得此心，乃可以为学。（《语类》卷一二）

程先生所以有功于后学者，最是敬之一字有力。人之心性，敬则常存，不敬则不存。如释老等人，却是能持敬。但是它只知得那上面一截事，却没下面一截事。觉而今怎地做工夫，却是有下面一截，又怕没那上面一

截。那上面一截却是个根本底。(《语类》卷一二)

心若不存,一身便无所主宰。(《语类》卷一二)

未有心不定而能进学者,人心万事之主,走东走西,如何了得!(《语类》卷一二)

今于日用间空闲时,收得此心在这里截然,这便是喜怒哀乐未发之中,便是浑然天理。事物之来,随其是非便自见得分晓:是底便是天理,逆底便是逆天理。常常恁地收拾得这心在,便如执权衡以度物。(《语类》卷一二)

人心常炯炯在此,然四体不待羁束而自入规矩。只为人心有散缓时,故立许多规矩来维持之。但常常提警,教身入规矩内,则此心不放逸,而炯然在矣。心既常惺惺,又以规矩绳检之,此内外交相养之道也。(《语类》卷一二)

或问:而今看道理不出,只是心不虚静否?曰:也是不曾去看。会看底就看处自虚静,这个互相发。(《语类》卷九)

虚心观理。(《语类》卷九)

穷理以虚心静虑为本。(《语类》卷九)

一心具万理,能存心而后可以穷理。(《语类》卷九)

心包万理,万理具于一心。不能存得心,不能穷得理。不能穷得理,不能尽得心。(《语类》卷九)

主敬、穷理虽二端,其实一本。(《语类》卷九)

学者工夫唯在居敬穷理二事。此二事互相发。能穷理则居敬工夫日益进,能居敬则穷理工夫日益密。譬如人之两足,左足行则右足止,右足行则左足止。又如一

物悬空中，右抑则左昂，左抑则右昂，其实只是一事。（《语类》卷九）

从以上征引的这些话看来，孰先孰后，孰为根本的问题就不难解答了。从小学到大学的教育程序来说，显然涵养在先，而心先要定下来，理才会现出来。但就知行的关系言，则必致知穷理为先，因为不知道什么是对、什么是错，那么怎样去力行，又涵养个什么？从修养的角度来看，当然涵养是本。但从义理的客观根据来看，真正的基础还是在性理。而穷理的实际工夫则在格物。《语类》有曰：

> 穷理一字不若格物之为切，便就事物上穷格。（《语类》卷一五）

> 人多把这道理作一个悬空底物。《大学》不说穷理，只说个格物，便是要人就事物上理会，如此方见实体。所谓实体，非就事物上见不得。（《语类》卷一五）

朱子的思想是一渐教形态，做格物的工夫即是在遇事接物之间，各须一一去理会始得。故《语类》又曰：

> 上而无极太极，下而至于一草一木，一昆虫之微，亦各有理。一书不读则阙了一书道理，一事不穷则阙了一事道理，一物不格则阙了一物道理，须着逐一件与他理会过。（《语类》卷一五）

由此可见，朱子的思想是不斩断外在经验知识的牵连。但他并非真的将所有的知识放在同一层次，不加甄别。《文集》卷三十九有答陈齐仲书曰：

> 格物之论，伊川意虽谓眼前无非是物，然其格之也，

亦须有缓急先后之序，岂遽以为存心于一草木器用之间，而忽然悬悟也哉？且如今为此学而不穷天理、明人伦、讲圣言、通世故，乃兀然存心于一草木一器用之间，此是何学问？如此而望有所得，是炊沙而欲其成饭也。

哪知日后阳明少时果因格竹子而致病，显然对于朱子的意思未能善会。朱子只是要以渐的方式来体道。故《语类》又曰：

> 问：格物之义固要就一事一物上穷格，然如吕氏、杨氏所发明大本处，学者亦须兼考。曰：识得即事事物物上便有大本，不知大本，是不曾穷得也。若只说大本，便是释老之学。（《语类》卷一五）

而格物、致知只是一事之两面。《语类》有曰：

> 致知、格物只是一个。（《语类》卷一五）
> 格物是逐物格将去，致知则是推得渐广。（《语类》卷一五）
> 格物以理言也。致知以心言也。（《语类》卷一五）
> 格物是物物上穷其至理。致知是吾心无所不知。格物是零细说，致知是全体说。（《语类》卷一五）

有趣的是，朱子讲心静理明，这极像荀学的入手方法。当然我们可以说，《大学》也讲定、静、安、虑、得，但早就有人怀疑《大学》即是荀学的文献。再说朱子重后天的教育程序也与荀学有若合符节之处。唯一根本不同处在，朱子肯定心具众理，性理是超越的先天形上根源，不能像荀子那样完全由后天教化设施着眼。从学术史的观点看，荀子讲"虚壹而静",当然不能不说是受到道家的影响,《大学》讲定、静、安、虑、得,也不能说一定没有受到道家的影响。但儒学的修养工夫明显地和道家不同,《大学》的终极目的在明明德,而后接着讲亲民(或新民),止于至善,由三纲领到八条目作一种直贯式的推演,对文明、社会采取一种积极的、肯定的观点,这不是道家可以接受的态度。任何一家思想,要自己扩大就必须吸收他家的长处,但吸收过来以后,套在一个新的思想规模之下,所表现的理论效果也就完全不同了。故儒家的修养工夫毕竟与二氏只有一表面的相合,乃不能再说在儒家的规模下,做静坐持敬的工夫还是与二氏一样。在这里朱子有时是缺乏了一些必要的分殊。他常常感觉到就上面一截工夫来说,二氏与儒家似无太大分别,故曰"所差毫末耳",好像儒家与二氏的本质区别仅在佛道没有下面一截工夫。这种讲法是不足够的,甚至也可说是不正确的。儒释道之间有共之处,也有不共之处。而这种不共决不只在二氏欠缺下面一截这一点上,事实上,无论是源头上的出发点,还是做工夫的目标、形上的根据,彼此都有极大的分别。而反过来,则道家也可以说"应帝王",佛家更有俗谛方面的整套方便设施,那么也就不能说他们完全没有下面那一截子。但正因为朱子未作出一些应有的分殊,只把注意力放在儒家与二氏的笼统相似处,于是感觉到一种儒家容易流为异学的威胁,以至形成许多忌讳。凡不像他那样讲下学而上达,他就必以之为说得过高,故此他对明道已不无微词,由程门大弟子上蔡、龟山以降,他莫不感到有问题,到他自己同时代的象山,他更直斥之为禅,这是把流弊当作本质,不是一种允当的见解,所作的判断评价也就都有了问题,极为可憾。而这更授道学的敌对者以柄,当时有些攻击朱子为伪学的人竟也诬朱子为禅,这就未免更离谱了,不足为训。中国哲学之不能建立客观的义理规模,由此可见。今日治思想史者应该自觉地避免蹈往日的覆辙,应先分析各不同思想形态的架构,互相比较参观,把深微的理论效果彻底引申出来,然后才在评价上辨分高下,作出自己的实存的抉择。于此绝对不可以先扣上人一顶帽子,然后大张挞伐,加以道德上的谴责,乃至实际上的迫害。中国人不能在这些地方自觉地改革传统的陋习,只怕在学术和政治上就永难走上轨道,至贻百世之忧。此处不可以不戒慎。

总结下来,朱子对于中和问题的反省,逼使他发展出他自己的思想义理的独特的架局。自此以往,他在思想的本质上没有很大的变化,有之,只是思想的进一步的繁演与发挥罢了。他教学生,也不出乎我们在上面所讨论的范围之外。

黄勉斋作行状有云:

> 其为学也,穷理以致其知,反躬以践其实,居敬者所以成始成终也。谓致知不以敬,则昏惑纷扰,无以察义理之归,躬行不以敬,则怠惰放肆,无以致义理之实,持敬之方,莫先主一。既为之箴以自警,又笔之书,以为小学大学,皆本于此。俨然端坐一室,讨论训典,未尝少辍。自吾一心一身,以至万事万物,莫不有理。存此心于斋庄静一之中,穷此理于学问思辨之际,皆有以见其所当然而不容已,与其所以然而不可易。然充其知而见于行者未尝不反之于身也。不睹不闻之前,所以戒惧者愈严愈敬;隐微幽独之际,所以省察者愈精愈密。思虑未萌,而知觉不昧;事物既接,而品节不差。无所

容乎人欲之私而有以全乎天理之正，不安于偏见，不急于小成，而道之正统在是矣。

又云：

至若求道而过者，病传注诵习之烦，以为不立文字，可以识心见性，不假修为，可以达道入德，守虚灵之识，而昧天理之真，借儒者之言，以文老佛之说。学者利其简便，诋訾圣贤，捐弃经典，猖狂叫呶，侧僻固陋，自以为悟。立论愈下者，则又崇讲汉唐，比附三代，以便其计功谋利之私。二说并立，高者陷于空无，下者溺于卑陋，其害岂浅浅哉。先生力排之，俾不至乱吾道以惑天下。于是学者靡然向之。先生教人以《大学》《语》《孟》《中庸》为入道之序，而后及诸经。以为不先乎《大学》，则无以提纲挈领，而尽《语》《孟》之精微；不参之《论》《孟》，则无以融会贯通，而极《中庸》之旨趣。然不令其极于《中庸》，则又何以建立大本，经纶大经，而读天下之书，论天下之事哉。其于读书也，必使之辨其音释，正其章句，玩其辞，求其义，研精覃思，以究其所难知，平心易气，以听其所自得。然为己务实，辨别义利，毋自欺，谨其独之戒，未尝不三致意焉。盖亦欲学者穷理反身，而持之以敬也。

王懋竑又引最先为朱子作年谱之李果斋氏曰：

先生之道之至，原其所以臻斯阈者，无他焉，亦曰：主敬以立其本，穷理以致其知，反躬以践其实，而敬者又贯通乎三者之间，所以成始而成终者也。故其立敬也，一其内以制乎外，齐其外以养其内。内则无二无道，寂然不动,以为酬酢万变之主;外则俨然肃然,终日若对神明,而有以保固其中心之所存。及其久也,静虚动直,中一外融,而人不见其持守之力,则笃敬之验也。其穷理也,虚其心,平其气,字求其训,句索其旨,未得乎前,则不敢求乎后,未通乎此,则不敢志乎彼,使之意定理明,而无躁易凌躐之患,心专虑一,而无贪多欲速之蔽。始以熟读,使其言若出于吾之口,继以精思,使其意皆若出于吾之心。自表而究里,自流而溯源,索其精微若别黑白,辨其节目若数一二,而又反复以涵泳之,切己以体察之,必若先儒所谓沛然若河海之浸,膏泽之润,涣然冰释,怡然理顺,而后为有得焉。若乃立论以驱率圣言,凿说以妄求新意,或援引以相纠纷,或假借以相涸惑,粗心浮气,意象匆匆,常若有所迫逐,而未尝徘徊顾恋,如不忍去,以待其浃洽贯通之功,深以为学者之大病,不痛绝于此,则终无入德之期。盖自孔孟以降,千五百年间,读书者众矣,未有穷理若此其精者也。其反躬也,不睹不闻之前,所以戒惧者,愈严愈敬;隐微幽独之际,所以省察者,愈精愈密。思虑未萌,而知觉不昧;事物既接,而品节不差。视听言动,非礼不为;意必固我,与迹俱泯。无所容乎人欲之私,而有以全夫天理之正。盖语默云为之际,周旋出入之顷,无往而非斯道之流行矣。合是三者,而一以贯之,其惟敬乎。

勉斋、果斋为亲炙朱子之入室弟子,所言与《文集》所录晚岁书函文字以及《语录》所记若合符节,想必足以反映朱子晚年对于涵养、致知、力行问题之定见。

第四章

朱子对于仁的理解与有关《仁说》的论辩

一、朱子对于《仁说》的酝酿、论辩
以及撰写的过程的考察

在《中和新说》之后，朱子进而撰《仁说》，触发与湖湘学者有关仁的问题的理解的一场大辩论。朱子《仁说》似乎数易其稿，等到定稿之后，其心性情三分的架局已经大定。所以这一场的辩论对于朱子思想的发展之走向定型有决定性的影响。但王懋竑《年谱》正文对于《仁说》竟然只字不提，甚为可疑，连钱穆先生的《朱子新学案》都不录现行《仁说》之全文，不知什么缘故？① 只有牟宗三先生独具只眼，将相关

---

① 钱穆先生《朱子新学案》共有三处专门讨论仁的问题。"提纲"之中第九节（第一册，55～60页）讲宇宙之仁，第十二节（第一册，73～81页）讲人心之仁。第一册有专章："朱子论仁"（345～365页）。第二册又有专章："朱子论仁下"（39～81页）。仅"论仁下"（65页）节录《仁说》数行而已！并未钞录全文。所引文集、语录意思仅有与《仁说》一文相同者，但比之于中和旧说、新说之钞录全部相关文献，显然对于此文不够重视，不知何故？难道是下意识地受到王懋竑《年谱》正文对于《仁说》只字不提的影响？姑志之以存疑。

文献辑录在一起，详加疏释，功不可没。① 但牟先生推测，"关此之论辩大体开始于四十三岁，其结束当在四十六七岁之间"②。年限似放得太宽。其实论辩诸函多在同时，集中讨论这一问题不出壬辰、癸巳两年之外，现行《仁说》当改定于癸巳朱子年四十四岁时，正好像中和旧说之在戊子，新说则在己丑③，真正集中讨论中和问题也不过就在两年之间。乙未年朱子四十六岁，吕伯恭（东莱）来访，两人合作编成《近思录》，同年乃有鹅湖之会，注意力已转移他处；次年更如婺源修祖坟，夫人则卒于同一年的冬天，时间上也不容许他还在作有关《仁说》之辩论。以下我将广征文献来证成我对于这一件事情的推测和论断。

朱子酝酿关于仁的理解约与对于中和的反省同时。《语录》曰：

> 问：先生旧与南轩反复论仁，后来毕竟合否？曰：亦有一二处未合。敬夫说本出胡氏。胡氏之说，惟敬夫独得之。其余门人皆不晓，但云当守师之说。向来往长沙，正与敬夫辨此。（《语类》卷一〇三，郑可学录）

南轩是否独得胡氏之说？此点大可商榷。但这一条却证明，朱子三十八岁往潭州晤南轩时并不专讨论中和问题，亦兼论仁之问题。只不过中和问题站在前哨，仁的问题暂隐幕后而已。关于中和问题的讨论主要是在戊子、己丑两年，到

---

① 参见牟宗三：《心体与性体》，第三册，第四章"中和新说后关于'仁说'之论辩"，229~354 页。
② 同上书，230 页。
③ 参见上章"朱子参悟中和问题所经历的曲折"。

壬辰年朱子写《中和旧说序》，对于全案作一追叙式的总结，可惜所编有关中和之论辩的文集无存，王懋竑已不及见，所以需要花好多考据工夫以复其旧。有关《仁说》之论辩则大体恰正始自壬辰，当时辩论是如火如荼，正如《语类》所说："某尝说仁主乎爱，仁须用爱字说，被诸友四面攻道不是。"①王懋竑则是有意忽略此一论辩，绝非如牟先生所谓："如许之信函，其确定年月恐不必能详考。此或王懋竑《朱子年谱》所以不列载此部论辩之故与？"②事实上我们利用王谱做参考，详查答张敬夫、吕伯恭、吕子约、胡广仲（五峰从弟）、胡伯逢（五峰从子）、吴晦叔（五峰弟子）等有关信函，就可理出一条大体的线索来。

现行的朱子文集，有的文章、书函标明年月日，多数则没有日期，但若能找到几个重要的枢纽点，再推概其余，也就虽不中，不远矣。

《文集》卷七十七有《克斋记》一文，标明为壬辰所作，兹录如下：

> 性情之德，无所不备，而一言足以尽其妙，曰仁而已。所以求仁者盖亦多术，而一言足以举其要，曰克己复礼而已。盖仁也者，天地所以生物之心，而人物之所得以为心者也。惟其得夫天地生物之心以为心，是以未发之前四德具焉，曰仁义礼智，而仁无不统。已发之际，四端著焉，曰恻隐、羞恶、辞让、是非，而恻隐之心无所不通。此仁之体用所以涵育浑全，周流贯彻，专

---

① 转引自钱穆：《朱子新学案》，第二册，65页。经查出该语见《语类》卷二十。
② 牟宗三：《心体与性体》，第三册，230页。

一心之妙，而为众善之长也。然人有是身，则有耳目鼻口四肢之欲，而或不能无害夫仁。人既不仁，则其所以灭天理而穷人欲者，将益无所不至。此君子之学所以汲汲于求仁，而求仁之要亦曰去其所以害仁者而已。盖非礼而视，人欲之害仁也。非礼而听，人欲之害仁也。非礼而言且动焉，人欲之害仁也。知人欲之所以害仁者在是，于是乎有以拔其本塞其源，克之克之，而又克之，以至于一旦豁然欲尽而理纯，则其胸中之所存者，岂不粹然天地生物之心，而霭然其若春阳之温哉？默而成之，固无一理之不具，而无一物之不该也。感而通焉则无事之不得于理，而无物之不被其爱矣。呜乎！此仁之为德所以一言而可以尽性情之妙，而其所以求之之要，则夫子之所以告颜渊者亦可谓一言而举也与？（下略）

现行《仁说》的正面内容和这篇《克斋记》相同，《克斋记》是朱子四十三岁时为石子重而作。《与张钦夫（四）论仁说》中有云："熹向所呈似仁说，其间不免尚有此意，方欲改之而未暇，来教以为不如克斋之云是也。然于此却有所未察。"（《文集》卷三十二）由此可见，《仁说》之初稿是在《克斋记》以前，现行之定文在壬辰朱子四十三岁以后，与张钦夫之论仁说也大体在四十三岁以后。其他湖湘学者如胡广仲、胡伯逢、吴晦叔等与朱子的论辩也应在同时，因为那一连串的书函互相关涉，很明显是同一时期的作品。问题是在论辩的下限究竟在什么时候？现行仁说究竟改定在哪一年？

《文集》卷三十三朱子答吕伯恭云：

《仁说》近再改定，比旧稍分明详密，已复录呈矣。此说固太浅，少含蓄。然窃意此等名义，古人已教自其小学之时，已有白直分明训说，而未有后世许多浅陋玄空、上下走作之弊。故其学者亦晓然知得如此名字但是如此道理，不可不著实践履。所以圣门学者皆以求仁为务，盖皆已略晓其名义，而求实造其地位也。若似今人茫然理会不得，则其所汲汲以求者，乃其平生所不识之物，复何所向望爱说（同"悦"），而知所以用其力耶？故今日之言比之古人，诚为浅露，然有所不得已者，其实亦只是祖述伊川仁性爱情之说，但剔得名义稍分界分、脉络，有条理，免得学者枉费心神，胡乱揣摸，唤东作西尔。若不实下恭敬存养、克己复礼之功，则此说虽精，亦与彼有何干涉耶？故却谓此说正所以为学者向望之标准，而初未尝侵过学者用功地步。明者试一思之，以为如何？似不必深以为疑也。自己功夫与语人之法固不同。然如此说，却似有王氏所论高明中庸之弊也。须更究其曲折，略与彼说破，乃佳。（《文集》卷三十三《答吕伯恭四十九书》之第二十四书）

这封信把朱子作《仁说》的动机说得明明白白，主要是概念分解上事。如果我们能确定这一封信的日期，那么上面我们所问的问题自然而然可以迎刃而解矣。

案：同卷编次在此函之前一书有云：

钦夫近答书，寄语解数段，亦颇有未合处，然比之向来，收敛悫实，则已多矣。言仁诸说录呈。渠别寄《仁说》来，比亦答之，并录去。有未安处，幸指诲也。（《文集》卷三十三《答吕伯恭四十九书》之第二十三书）

白田年谱对此书系之癸巳，可见有关仁的讨论一直延伸到癸巳年，同卷稍前又有一书有云：

仁字之说，钦夫得书云，已无疑矣。所谕爱之理，犹曰动之端、生之道云尔者，似颇未亲。盖仁者爱之理，此理字重。动之端，端字却轻。试更以此意秤停之，即无侵过用处之嫌矣。如何？（中略）欲作《渊源录》一书，尽载周程以来诸君子行实文字，正苦未有此及永嘉诸人事迹首末。因书士龙告为托其搜访见寄也。（《文集》卷三十三《答吕伯恭四十九书》之第十八书）

年谱谓《伊洛渊源录》成于癸巳，此书即系于癸巳，但此时《渊源录》还在搜访材料中，当然朱子不必一定等待薛士龙所搜之资料而后成书，士龙是否把资料很快寄交朱子亦非所知。同卷往后则又有一书有云：

《渊源录》许为序引，甚善。（中略）所论克己之功，切中学者空言遥度之病。然向来所论，且是大纲要识得仁之名义气味，令有下落耳。初不谓只用力于此，便可废置克己之功。然亦不可便将克己功夫占过讲习地位也。中间有一书论古人小学已有如此训释一段，其详幸更考之。然克己之诲则尤不敢不敬承也。钦夫近得书，别寄言仁录来，修改得稍胜前本。《仁说》亦用中间反复之意

改定矣。(《文集》卷三十三《答吕伯恭四十九书》之第二十七书)

白田年谱将此函亦系之于癸巳。《文集》诸函虽不必完全以年叙，但此函语气紧接着前引朱子解释自己为何著《仁说》之一函之后，应为同时作品无疑。这样我们可以说有很强的证据可以断定《仁说》系改定于癸巳朱子四十四岁时。如果仁说改定稿是论辩完成以后的结果，则这一场论辩必在壬辰、癸巳两年之间，可以断言。

现行四部备要本《仁说》之下有注曰：

> 浙本误以南轩先生《仁说》为先生《仁说》，而以先生《仁说》为序。《仁说》又注此篇疑是《仁说序》。姑附此十字，今悉删正之。(《文集》卷六十七《杂著》)

混淆所以产生的原因在，南轩、朱子都分别有《仁说》《论语说》，王懋竑《考异》卷一论朱子三十八岁去潭州访南轩有云：

> 祭南轩文云：盖缴纷往反者几十有余年，末乃同归而一致。此统言之。如《论语说》《仁说》之类，非指中和说而言。洪谱盖误认此语也。

白田这样的辨正是没有问题的。但当知所讨论固不只是朱子的《论语说》《仁说》。南轩也有《论语说》《仁说》，《朱子文集》卷三十一有与张敬夫论癸巳《论语说》，所论的即南轩之《论语说》，朱子在讨论时已坚持"仁字正指爱之理而言"。后来朱子声名日大，南轩之说被压盖下去，以至产生一些混淆。然现行本的《仁说》就内容来说，前半直陈己意，后半批评异说,是一篇极完整的论文,决然是《仁说》本身,不会是《仁说序》,可以断言。

到了乙巳年,朱子五十六岁,有信给吕子约有云:

> 仁字固不可专以发用言,然却须识得此是个能发用底道理始得,不然此字便无义理,训释不得矣。且如元者善之长,便是万物资始之端,能发用底本体,不可将仁之本体做一物,又将发用底别做一物也。(中略)大抵仁之为义须以一意一理求得,方就上面说得无不通贯底道理。如其不然,即是所谓笼统真如、颠顶佛性,而仁之一字遂无下落矣。向来鄙论之所以作,正为如此。中间钦夫盖亦不能无疑。后来辨析分明,方始无说。然其所以自为之说者,终未免有未亲切处。须知所谓纯粹至善者,便指生物之心而言,方有着实处也。今欲改性之德、爱之本六字为心之德、善之本,而天地万物皆吾体也。但心之德可以通用其他,则尤不著题,更须细意玩索,庶几可见耳。(《文集》卷四十七《答吕子约二十八书》之第二十五书)

从这封信的口气看,朱子与南轩关于《仁说》的辩论固早已结束,在回叙之中,我们可以看出,似乎朱子先作《仁说》,南轩有所致疑,后南轩自作《仁说》,则朱子始终不以为然。函中提及之"性之德、爱之本"之语不见于今本《仁说》,仅见于与南轩二论仁说函中,然意思则涵于与湖湘学者讨论之书函之中,姑志之以存疑。但南轩之思想根源在明道,说万物一体,为一本之论,朱子则宗伊川所谓仁性爱情之说,两方面之距离甚不可掩。

关于《仁说》的考据讨论到此为止。下节将分析今本《仁说》所涵蕴之义理架构。

二、今本《仁说》所涵蕴之义理架构之解析

今本《仁说》见《文集》卷六十七《杂著》之中，兹录其全文如下：

> 天地以生物为心者也，而人物之生又各得夫天地之心以为心者也。故语心之德，虽其总摄贯通、无所不备，然一言以蔽之，则曰仁而已矣！请试详之。盖天地之心，其德有四，曰元亨利贞，而元无不统。其运行焉，则为春夏秋冬之序，而春生之气无所不通。故人之为心，其德亦有四，曰仁义礼智，而仁无不包。其发用焉，则为爱恭宜别之情而恻隐之心无所不贯。故论天地之心者，则曰乾元坤元，则四德之体用不待悉数而足。论人心之妙者，则曰仁人心也，则四德之体用亦不待遍举而该。盖仁之为道，乃天地生物之心即物而在。情之未发而此体已具，情之既发而其用不穷。诚能体而存之，则众善之源，百行之本，莫不在是。此孔门之教所以必使学者汲汲于求仁也。其言有曰：克己复礼为仁，言能克去己私，复乎天理，则此心之体无不在，而此心之用无不行也。又曰：居处恭，执事敬，与人忠，则亦所以存此心也。又曰：事亲孝，事兄弟，及物恕，则亦所以行此心也。又曰：求仁得仁，则以让国而逃，谏伐而饿，为能

不失乎此心也。又曰：杀身成仁，则以欲甚于生、恶甚于死，为能不害乎此心也。此心何心也？在天地则块然生物之心，在人则温然爱人利物之心，包四德而贯四端者也。

或曰：若子之言，则程子（伊川）所谓爱情仁性，不可以爱为仁者非欤？曰：不然。程子之所诃，以爱之发而名仁者也。吾之所论，以爱之理而名仁者也。盖所谓情性者，虽其分域之不同，然其脉络之通，各有攸属者，则曷尝判然离绝而不相管哉？吾方病夫学者诵程子之言而不求其意，遂至于判然离爱而言仁。故特论此以发明其遗意，而子顾我为一为仁之体者矣。亦有谓爱非仁，而以心有知觉释仁之名者矣。今子之言若是，然则彼皆非欤？曰：彼谓物我为一者，可以见仁之无不爱矣，而非仁之所以为体之真也。彼谓心有知觉者，可以见仁之包乎智矣，而非仁之所以得名之实也。观孔子答子贡博施济众之问，与程子所谓觉不可以训仁者，则可见矣。子尚安得复以此而论仁哉？抑泛言同体者，使人含胡昏缓而无警切之功。其弊或至于认物为己者有之矣。专言知觉者，使人张皇迫躁而无沉潜之味，其弊或至于认欲为理者有之矣。一忘一助，二者盖胥失之，而知觉之云者，于圣门所示乐山能守之气象尤不相似。子尚安得复以此而论仁哉？因并记其语，作《仁说》。

附：《仁说》图

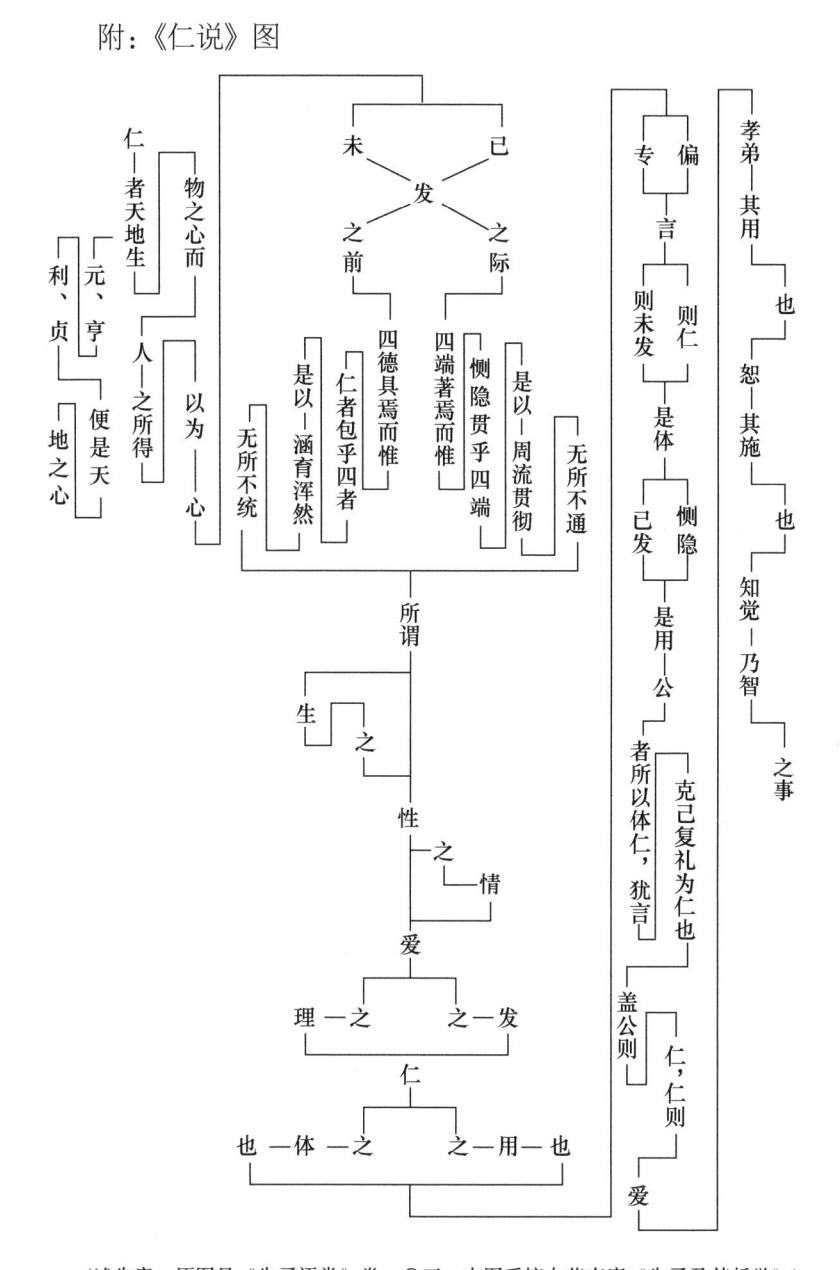

[图：略]

（述先案：原图见《朱子语类》卷一〇五。本图系摘自范寿康《朱子及其哲学》。）

这篇《仁说》的前半直陈己意，极圆整而有条理。朱子首先肯定天心以生生为内容，《语类》有云：

> 天之生物之心，无停无息，春生冬藏，其理未尝间断。到那万物各得其所时，便是物物如此，乾道变化，各正性命。各正性命，是那一草一木，各得其理。变化是个浑全底。（《语类》卷二七）

又曰：

> 康节诗云：冬至子之半，天心无改移。一阳初动处，万物未生时。玄酒味方淡，大音声正希。此言如不信，更请问包牺。可谓振古豪杰。（《语类》卷七一）

康节诗直指天心，故朱子誉之为振古豪杰。《语类》另一处有较详细之疏释：

> 康节云：一阳初动处，万物未生时。盖万物生时，此心非不见也。但天地之心悉已布散丛杂，无非此理呈露，倒多了难见。若会看者能于此观之，则所见无非天地之心矣。惟是复时万物皆未生，只有一个天地之心昭然著见在这里，所以易看也。（《语类》卷七一）

天心之内在于人而为人心，其本质即为仁。《语类》曰：

> 得此生意以有生，然后有礼智义信。以先后言之，则仁为先。以大小言之，则仁为大。（《语类》卷六）

朱子最喜欢用谷种之喻言仁。《语类》有云：

> 问爱之理、心之德。曰：理便是性。缘里面有这爱之理，所以发出来无不爱。程子曰：心如谷种，其生之性乃仁也，生之性便是爱之理也。（《语类》卷二〇）

又曰：

所谓心之德者即程先生谷种之说,所谓爱之理者,则正谓仁是未发之爱,爱是已发之仁尔。只以此意推之,不须外边添入道理。若于此处认得仁字,即不妨与天地万物同体;若不会得,便将天地万物同体为仁,却转无交涉矣!(《语类》卷二○)

朱子的说法就近来说,是要把周敦颐、张载、邵康节的天道论与二程论性的思想熔为一炉,就远来说,则要会通《易》《庸》《论》《孟》乃至兼采汉儒之说,规模是宏大,当然就问题来说,也就牵进了更多的葛藤。他把元亨利贞四项天德配上了春夏秋冬四时,而人心也正好表现为仁义礼智四德。这里面似乎有一客观的统序。但朱子并不是一个专重分析的多元论者,他深悉理一分殊之旨。故由他的观点来看,一气之流行实贯串四季,即冬日肃杀之时,那同一生气即作用于无形之中,终于引致春阳之复苏,万物乃由正面来表现此一生气。利用这一譬喻,他说明若以专言则仁只是四德之一,但统而言之,则仁无所不包。朱子合下是一实在论者,这不成疑问。但他所捕捉到的理并不只是平铺散列的理,而是一个高下有所统属秩序井然的理的统系。故人可以只把握到一德一时,但久之终可以体悟到一气之流行、一理之万殊,而可以提纲挈领,对宇宙、人性有一通贯有机之理解。

大概朱子对于天地生生不已的过程永无停息以及生生而条理这两方面的体会是真切的。但如我们要进一步顺着他的分解的思路去求心性情等之实义,不止于一表面上浮泛笼统的了解,我们就可以发现,朱子顺着伊川"仁性爱情"的思路,实已发展出一套新形态的思想,未必与传统说下来的一套完全相合。

大抵朱子心性情的三分概念必套在他理气二元的形上观下才能得到一贴切的了解。性是理，是形而上者，故无不善。心是气之精爽者，故为一实然之心。心之本体当具众理，但心也可以流放出去，失却主宰，乃为情欲所制。如果心能烛照众理，以理御情，自然便能得到中和的效果。此所以心之贞静，致知穷理，乃是做工夫之节要，在《仁说》之中乃以克己复礼的方式表达出来。由此可见，心与理的关系只是当具，不是本具，必做后天的工夫才能使得心与理一。如此说仁是心之德，并不真表示心必具仁德，而只是说心若能做主宰，发挥其应有之作用，乃可具此仁德。心在此成为性情之间的一道桥梁，故朱子盛赞张载，《语类》曰：

> 横渠心统性情一句，乃不易之论。孟子说心许多，皆未有似此语端的。仔细看便见。其他诸子等书，皆无依稀似此。（《语类》卷一〇〇）

又曰：

> 性情心惟孟子、横渠说得好。仁是性，恻隐是情，须从心上发出来，心统性情者也。性只是合如此底，只是理。非有个物事。若是有底物事，则既有善，亦必有恶。惟其无此物，只是理，故无不善。（《语类》卷五）

朱子又曾打比方来说明它们彼此间的关系：

> 性是未动，情是已动，心包得已动未动。盖心之未动，则为性，已动，则为情，所谓心统性情也。欲是情发出来底。心如水，性犹水之静，情则水之流，欲则水

之波澜。但波澜有好底，有不好底。欲之好底如我欲仁之类，不好底则一向奔驰出去，若波涛翻浪。大段不好底欲，则灭却天理，如水之壅决，无所不害。(《语类》卷五)

由此看来，说仁是心之德，只是虚说，意谓心当具此仁德，但说仁是爱之理，却是坐实来说，故严格言之，仁乃是性之德，此即伊川所谓"仁性"之微意。朱子又由统分的角度来看心之德，爱之理。《语类》说：

> 心之德是统言。爱之理是就仁义礼智上分说，如义便是宜之理，礼便是别之理，智便是知之理。但理会得爱之理，便理会得心之德。又曰：爱虽是情，爱之理是仁也。仁者爱之理，爱者仁之事。仁者爱之体，爱者仁之用。(《语类》卷二〇)

既把握到朱子对仁的了解的实义，再看《仁说》下半批评论辩的部分，也就不难得到纲领。

朱子说他没有违背伊川"爱情仁性，不可以爱为仁"的说法，这是实情。从经验实然的层面上说，爱当然不就是仁。伊川以爱为情，以仁为性，这是凸显出仁是属于一个超越异质的层面。朱子以仁为爱之理，正是表明同一意思。但在另一面朱子又反对把仁与爱完全切断，爱情之发如中理，即表现仁之用。仁既超越而内在，与爱情的具体关联既不切断，乃似有一亲切之体会。伊川到朱子是表现一明确的理路，但却与孟子到明道的一贯思想不类。孟子讲恻隐之心，讲良知，四端之萌，扩而充之，沛然莫之能御，这是一本之论，并不是伊川、朱子二本的说法。牟宗三先生归纳明道与伊川言仁之纲领不同如下。①

明道：

一、"仁者浑然与物同体"，"仁者以天地万物为一体，莫非己也"。

二、"医书言手足痿痹为不仁，此言最善名状"。

三、"学者识得仁体，实有诸己，只要义理栽培"。

四、"切脉最可体仁"，"观鸡雏，此可观仁"，"观天地生物气象"。

五、"万物之生意最可观，此元者善之长也，斯可谓仁也"。

伊川：

一、"爱自是情，仁自是性"。

二、"仁之道，要之，只消道一公字。公即是仁之理，不可将公便唤做仁。公而以人体之，故为仁"。

三、"仁是性也，孝弟是用也。性中只有仁义礼智四者，几曾有孝弟来？（或：几曾有许多般数来？）"

四、"心生道也。有斯心，斯有是形以生。恻隐之心，人之生道也"。

五、"心是所主言，仁是就事言"，"心譬如谷种，生之性便是仁也"。

这样的分析大体不谬，当然伊川有时也可以有天地万物一体的话头，朱子对之亦有微词，但两组纲领之不同互相对比，极其明显。仁是生道，这是共法。但如何进一步体仁，则两方面完全不同。明道利用借喻指点，直识仁体。伊川则

---

① 参见牟宗三：《心体与性体》，第三册，231~232页。

以抽象分解的思路入。朱子进一步推展的是伊川的思想规模，仁变成了但理。朱子感觉明道说话浑沦，学者难看。两下子根本接不上。故《近思录》不录明道之《识仁篇》。朱子一定要用仁之量来释"浑然与物同体"，彼此之不能契合可知。但于明道，朱子虽不免有微词，然每为贤者讳。于程门高弟，如龟山、上蔡，思想多由明道转手，在《语录》中朱子乃直斥之为禅，有不客气的批评。《仁说》既解释自己的意思与伊川无本质上的差别，而后即据以批评龟山、上蔡以至湖湘学者之说。

朱子之攻"物我为一"，直接是批评龟山，他之攻"心有知觉"，则直接是批评上蔡，而间接则都是在辩驳明道。

朱子最怕说"物我为一""同体"一类的浑沦话头。《语类》有云：

> 近世如龟山之论便是如此，以为反身而诚，则天下万物之理皆备于我。万物之理须你逐一去看，理会过，方可。如何会反身而诚了，天下万物之理便自然备于我，成个什么？（《语类》卷六二）

"万物皆备于我，反身而诚，乐莫大焉"，这一类的话源出《孟子》，并非龟山所捏造，朱子和孟子到龟山这一条思路之不相契合由此可见。如果天下万物之理指的是经验实然层面发现的理，朱子的批评当然是正确的。但为"同体"之论者根本说的是另一层次的义理，彼乃由浑然一体而无隔以示仁体之无外。这正是说仁之质（所以为体之真），不是说仁之量（仁之无不爱）。朱子以分解的方式来处理这一层次的问题，其不相应可知。

至于上蔡"心有知觉"之论,乃由明道"痿痹为不仁"的说法引伸而来。此处所言之觉是恻然有所觉之觉,不安不忍之觉,显然不可能像朱子所谓只是智边事,而且这样言觉是指点语,不可以坐实下来说。伊川就不喜欢这种路数,故曰:"觉不可以训仁。"朱子援引伊川的权威,乃深契于伊川的分解的思路。朱子所惧怕的是,从知觉来说,没法子凸显出仁之属于一超越的异质层。但上蔡所谓知觉,知是知此仁体,觉是觉此仁体,这里已预设一逆觉体证的工夫,朱子将之误解为顺趋之感官知觉,其不相应,事至显然。

朱子既攻上蔡之论,湖湘学者则由上蔡转手,由致察以识仁体,朱子乃统评之为"使人张皇迫躁,而无沉潜之味",与辨中和说所作之评语大体相同。

大概朱子自己有一条理路,乃作《仁说》初稿,后与湖湘学者辨难,乃数易其稿,最后写成定稿,乃不只从正面说明自己的意思,也从反面批驳敌论来反显自己的立场。《语类》之中这一类的材料正多,兹再抄录几条以结束本节的讨论。

> 问:先生答湖湘学者书以爱字言仁,如何?曰:缘上蔡说得觉字太重,便相似说禅。问:龟山却推恻隐二字。曰:龟山言万物与我为一云云,说亦太宽。问:此还是仁之体否?曰:此不是仁之体,却是仁之量。仁者固能觉,谓觉为仁不可。仁者固能与物为一,谓万物为一为仁亦不可。譬如说屋,不论屋是木做柱,竹做壁,却只说屋如此大,容得许多物。如万物为一,只是说得仁之量。(《语类》卷六)

> 问:程门以知觉言仁,《克斋记》乃不取,何也?

曰：仁离爱不得。上蔡诸公不把爱做仁。他见伊川言博爱非仁也，仁是性，爱是情。伊川也不是道爱不是仁，若当初有人会问，必说道爱是仁之情，仁是爱之性，如此方分晓。惜门人只领那意，便专以知觉言之。于爱之说，若将浼焉。遂蹉过仁地位去说，将仁更无安顿处。见孺子匍匐将入井，皆有怵惕恻隐之心。这处见得亲切。圣贤言仁，皆从这处说。又问：知觉亦有生意。曰：固是。将知觉说来，冷了。觉在知上却多，只些小搭在仁边。仁是和底意。然添一句，又成一重。须自看得，便都理会得。（《语类》卷六）

湖南学者说仁，旧来都是深空说出一片。顷见王日休解孟子云：麒麟者，狮子也。仁本是恻隐温厚底物事，却被他们说得抬虚打险，瞠眉弩眼，却似说麒麟做狮子，有吞伏百兽之状，盖自知觉之说起之。（《语类》卷六）

三、与张南轩论《仁说》

南轩于朱子为诤友。朱子对于当时湖湘学者之印象甚为恶劣，独与南轩之友谊始终不衰。或者是因为南轩系出名门，在潭州讲论时对朱子的思想有启导之功，其态度又较和顺，比较能够接受朱子的观点，不似其他湖湘学者坚守师说，与朱子的思想矛盾冲突，无调停之余地。朱子与南轩讨论中和告一段落后，又不断通信剧论《仁说》。大概朱子先作《仁说》，南轩有许多意见，后来南轩作《仁说》，朱子又有许多意见。大概两方面的意见都不断在修正，有时达成一些至少在表面上共认的结论,但两人思想路数之差别终不可掩,由现行《朱子文集》保留的与南轩论《仁说》之诸函可以见其一斑。

《答张钦夫论仁说》:

"天地以生物为心,此语恐未安。"

熹窃谓此语恐未有病。盖天地之间,品物万形,各有所事,惟天确乎于上,地隤然于下,一无所为,只以生物为事。故《易》曰:天地之大德曰生。而程子亦曰:天只是以生为道。其论复见天地之心,又以动之端言之。其理亦已明矣!然所谓以生为道者,亦非谓将生来做道也。凡若此类,恐当且认正意,而不以文害词焉,则辩诘不烦,而所论之本指得矣。

"不忍之心可以包四者乎?"

熹谓孟子论四端,自首章至孺子入井,皆只是发明不忍之心一端而已,初无义礼智之心也。至其下文,乃云无四者之心非人也。此可见不忍之心可以包夫四端矣!盖仁包四德,故其用亦如此,前说之失,但不曾分得体用。若谓不忍之心不足以包四端,则非也。今已改正。

"仁专言,则其体无不善而已。对义礼智而言,其发见则为不忍之心也。大抵天地之心粹然至善,而人得之,故谓之仁。仁之为道,无一物而不体,故其爱无所不周焉。"

熹详味此言,恐说仁字不著。而以义礼智与不忍之心均为发见,恐亦未安。盖人生而静,四德具焉,曰仁曰义曰礼曰智,皆根于心而未发,所谓理也,性之德也。及其发见,则仁者恻隐,义者羞恶,礼者恭敬,智者是非，各因其体以见其本。所谓情也，性之发也。是皆人性之所以为善者也。但仁乃天地生物之心而在人者，故特为众善之长，虽列于四者之目，而四者不能外焉。（程氏）《易传》所谓专言之则包四者，亦是正指生物之心而言，非别有包四者之仁，而又别有主一事之仁也。惟是即此一事，便包四者，此则仁之所以为妙也。今欲极言仁字，而不本于此，乃概以至善目之，则是但知仁之为善而不知其为善之长也。却于已发见处方下爱字，则是但知已发之为爱，而不知未发之爱之为仁也。又以不忍之心与义礼智均为发见，则是但知仁之为性而不知义礼智之亦为性也。又谓仁之为道无所不体，而不本诸天地生物之心，则是但知仁之无所不体而不知仁之所以无所不体也。凡此皆愚意所未安，更乞详之。复以见教。

"程子之所诃，正谓以爱名仁者。"

熹按：程子曰"仁，性也；爱，情也"，岂可便以爱为仁。此正谓不可认情为性耳，非谓仁之性不发于爱之情，而爱之情不本于仁之性也。熹前说以爱之发对爱之理而言，正分别性情之异处，其意最为精密。而来谕每以爱名仁为病，下章又云：若专以爱命仁，乃是指其用而遗其体，言其情而略其性，则其察之亦不审矣。盖所谓爱之理者，是乃指其体性而言，且见性情体用各有所主而不相离之妙。与所谓遗体而略性者正相南北。请更详之。

"元之为义不专主于生。"

熹窃按：此语恐有大病。请观诸天地而以易象、文言、程传反复求之，当见其意。若必以此言为是，则宜其不知所以为善之长说矣。此乃义理根源，不容有毫厘之差。窃意高明非不知此,特命辞之未善尔。

"孟子虽言仁者无所不爱,而继之以急亲贤之为务,其差等未尝不明。"

熹按:仁但主爱,若其等差乃义之事。仁义虽不相离,然其用则各有主而不可乱也。若以一仁包之,则义与礼智皆无所用矣,而可乎哉?(原注:"无所不爱"四字今亦改去。)(《文集》卷三十二《答张敬夫十八书》之第十二书)

南轩为何疑"天地以生物为心"一语?理由不可晓。朱子辩说以为这是《易传》、程子以来之共法,大体不差。或者南轩的意思是,说生,说爱,都不足以尽仁之本质,故标明"天地之心粹然至善,而人得之,故谓之仁"。南轩之说恐是本明道而来,"仁之为道,无一物而不体",是则仁为绝对普遍性之体,其自体为至善,至善即涵众善之长,朱子的辩驳谓其"但知仁之为善,而不知其为善之长",显然不谛。专言之,则为无对之仁体,偏言之,对义礼智而见,则其发见为不忍之心。回返到孟子的本心,孟子只是就四端上指示人,并非谓心只有此四端而已。此心包四端,赅万德,不必一定谓仁包四德,不忍之心包四端也。孟子只是以此例彼,但朱子则一定要讲四德,与宇宙论之讲元亨利贞排比起来,而以元、以仁为统。这样讲自比较有系统,但也比较死煞,不似《论》《孟》之由指点的方式以见仁为全德或本心之赅万德也。

南轩自也不了解朱子仁性爱情之说根本是表示另一系统的义理,他之疑"天地以生物为心"的说法则证明他本人的思想并不十分明澈,这种节外生枝的辩论徒增朱子之自信而已。

《又（二）论仁说》：

昨承开谕《仁说》之病，似于鄙意未安，即已条具请教矣。再领书诲亦已具晓，然大抵不出熹所论也。请复因而申之。谨按程子（伊川）言仁，本末甚备。今撮其大要，不过数言。盖曰：仁者生之性也，而爱其情也，孝悌其用也。公者，所以体仁，犹言克己复礼为仁也。学者于前三言者，可以识仁之名义，于后一言者，可以知其用力之方矣。今不深考其本末指意之所在，但见其分别性情之异，便谓爱之与仁，了无干涉；见其以公为近仁，便谓直指仁体，最为深切。殊不知仁乃性之德而爱之本。因其性之有仁，是以其情能爱。（原注：义礼智亦性之德也。义，恶之本；礼，逊之本；智，知之本。因性有义，故情能恶；因性有礼，故情能逊；因性有智，故情能知，亦若此尔。）但或蔽于有我之私，则不能尽其体用之妙，惟克己复礼，廓然大公，然后此体浑全，此用昭著，动静本末，血脉贯通尔。程子之言，意盖如此，非谓爱之与仁了无干涉也。（原注：此说前书言之已详，今请复以两言决之。如熹之说，则性发为情，情根于性。未有无性之情，无情之性，各为一物而不相管摄。二说得失，此亦可见。）非谓公之一字，便是直指仁体也。（原注：细观来喻，所谓公天下而无物我之私，则其爱无不溥矣。不知此两句甚处是直指仁体处。若以爱无不溥为仁之体，则陷于以情为性之失，高明之见，必不至此。若以公天下而无物我之私便为仁体，则恐所谓公者，漠然无情，但如虚空木石，虽其同体之物，尚不能有以相爱，况能无所不溥乎？然则此两句中，初未尝有一字说着仁体。须知仁是本有之性，生物之心，惟公为能体之，非因公而后有也。故曰：公而以人体之故为仁。细看此语，却是人字里面带得仁字过来。）由汉以来，以爱言仁之弊，正为不察性情之辩而遂以情为性尔。今欲矫其弊，反使仁字泛然无所归宿，而性情遂至于不相管，可谓矫枉过直，是亦枉而已矣。其弊将使学者终日言仁而实未尝识其名义，且又并与天地之心、性情之德而昧焉。窃谓程子之意必不如此。是以敢详陈之，伏惟采察。（《文集》卷三十二《答张敬夫十八书》之第十三书）

朱子此函说明自己根据伊川的思想发展出来的一条理路，极为明澈。提出仁为"性之德、爱之本"，实在更能反显出他的思想的特色。这封信中所说的程子明指伊川而言，但南轩却没有能力指出明道实另有一思路，他借着伊川的词语与朱子辩，自未见其是。但他的思想或者仍是以明道"仁者浑然与物同体"的思想为背景，公开表示无局限即可以直指仁体，爱无不溥则是仁体之呈现，并不是以"爱无不溥"为仁体。由明道的思路，则仁体即性体、心体、诚体，其显露即表现为诸德，不必只局限于爱而仅为爱之理。但程门后学不免过分轻视爱，朱子接上伊川的思想，要为仁爱之间重新找到关联，遂由其分解的方式而界定仁为爱之理，偏言之，则仁为四德之一，统言之，则仁仍为全德，正如春之生气贯注于夏秋冬。这一思想形态显与明道的思想有了相当距离。

《又（三）论仁说》：

熹再读别纸所示三条，窃意高明虽已灼知旧说之非，而此所论者，差之毫忽之间，或未必深察也，谨复论之，伏幸裁听。广仲引孟子先知先觉以明上蔡心有知觉之说，已自不伦，其谓知此觉此，亦未知指何为说。要之，大本既差，勿论可也。今观所示，乃直以此为仁，则是以知此觉此为知仁觉仁也。仁本吾心之德，又将谁使知之而觉之耶？若据孟子本文，则程子释之已详矣。曰：知是知此事，（原注：知此事当如此也。）觉是觉此理。（原注：知此事之所以当如此之理也。）意已分明，不必更求玄妙。且其意与上蔡之意，亦初无干涉也。上蔡所谓知觉正谓知寒暖饱饥之类尔。推而至于酬酢佑神，亦只是此知觉，无别物也。但所用有小大尔。然此亦只是智之发用处。但惟仁者为能兼之。故谓仁者心有知觉则可，谓心有知觉谓之仁则不可。盖仁者心有知觉，乃以仁包四者之用而言，犹云仁者知所羞恶辞让云尔。若曰心有知觉谓之仁，则仁之所以得名，初不为此也。今不究其所以得名之故，乃指其所兼者便为仁体，正如言仁者必有勇，有德者必有言，岂可遂以勇为仁、言为德哉。今伯逢必欲以觉为仁，尊兄既非之矣。至于论知觉之深浅，又未免证成其说，则非熹之所敢知也。至于伯逢又谓上蔡之意自有精神，得其精神，则天地之用皆我之用矣。此说甚高甚妙。然既未尝识其名义，又不论其实下功处，而欲骤语其精神，此所以立意愈高，为说愈妙，而反之于身，愈无根本可据之地也。所谓天地之用即我之用，殆亦其传闻想像如此尔。实未尝到此地位也。愚见如此，不识高明以为如何？（《文集》卷三十二《答张敬夫十八书》之第十四书）

由于湖湘学者乃由上蔡转手，朱子于此乃猛攻上蔡心有知觉之说。上蔡之说直接由明道来，心有知觉是指点语，知此觉此即明道识仁之意。但朱子却把知觉转义为感官知觉的意思，上蔡程门高弟，岂能不知道大体小体之分别。但朱子以分解的说法，以仁者心有知觉，这样说当然是不错，但却没有意义，因其只是对一实然状态之描述，而失却了指点的作用。胡广仲、伯逢不肯让步，他们在分解的能力上或不如朱子，但却知道所把握的是另一条义理之入路，所以不肯因朱子的辩驳而转移。南轩常随着朱子脚跟转，或者他是承认朱子的观点，以觉不可以训仁。但他又要顺着胡伯逢的说法，由知觉的深浅来说明此处所谓知觉者并不指一般官觉而言。但朱子既执定由了解仁之名义入手，自不可能同意南轩之修正。伯逢所谓天地之用皆我之用，朱子斥之为高妙，其实只不过是仁者内外通贯的意思而已，别无玄妙。人做不做得到这样的境地是一回事，义理的方向是否正确是另一回事。二者不可混为一谈。

朱子此函提及与胡广仲、伯逢之论辩，下节再详征文献加以解析。此处与南轩函是间接加以破斥耳。牟宗三先生由《宋元学案》查得相关文献转录如下。①

兹查《宋元学案》卷五十南轩学案、南轩答问中有以下两问答：

一、问：心有知觉谓之仁，此谢先生救拔千年余陷溺固滞之病，岂可轻议哉云云。夫知者知此者也，觉者觉此者也，果能明理居敬，无时不觉，视听言动，莫非此理之流行，而大公之理在我矣。尚何躁愤险薄之有。

---

① 参见牟宗三：《心体与性体》，第三册，274～275页。

（《宋元学案》卷四十二五峰学案五峰家学项下列此段文为"广仲问答"，故知此问为广仲问。）

曰：元晦前日之言固有过当，然知觉终不可以训仁。如所谓"知者知此者也，觉者觉此者也"，此言是也。然所谓"此"者乃仁也，知觉是知觉"此"，又岂可遂以知觉为"此"哉？

二、问：以爱名仁者，指其施用之迹也。以觉言仁者，明其发见之端也。（《宋元学案》卷四十二五峰学案五峰家学项下列此两语为"广仲问答"，故知此问亦广仲问。）

曰：爱固不可以言仁，然体夫所以爱者，则固求仁之要也。此孔子答樊迟之问以"爱人"之意。

又查《宋元学案》卷四十二五峰学案五峰家学项下"伯逢问答"中有以下两段：

一、心有知觉之谓仁，此上蔡传道端的之语，恐不可为有病。夫知觉亦有深浅。常人莫不知寒识暖，知饥识饱。若认此知觉为极至，则岂特有病而已。伊川亦曰"觉不可以训仁"，意亦犹是。恐人专守着一个觉字耳。若夫谢子之意自有精神。若得其精神，则天地之用即我之用也。何病之有？以爱言仁，不若觉之为近也。

二、"观过知仁"云者，能自省其偏，则善端已萌。此圣人指示其方，使人自得。必有所觉知，然后有地可以施功而为仁也。

案：此两段不知是答谁。想是答南轩，南轩转告朱子，朱子复于答南轩书中据以驳斥之也。

由以上所征引这些文献,可见湖湘学者所谓觉绝非一般感官知觉,那是另一层次之觉。但朱子讨厌一切心觉之论,斥之近禅,这是一种误会。关于"观过知仁"的问题,将留在下一节再详加讨论。

《又(四)论仁说》:

> 来教云:夫其所以与天地万物一体者,以夫天地之心之所有,是乃生生之蕴,人与物所公共,所谓爱之理也。熹详此数句似颇未安。盖仁只是爱之理,人皆有之。然人或不公,则于其所当爱者,又有所不爱。惟公,则视天地万物皆为一体,而无所不爱矣。若爱之理,则是自然本有之理,不必为天地万物同体而后有也。熹向所呈似《仁说》,其间不免尚有此意,方欲改之而未暇。来教以为不如克斋之云是也。然于此却有所未察。窃谓莫若将公字与仁字且各作一字看得分明,然后却看中间两字相近处之为亲切也。若遽混而言之,乃是程子所以谓以公便为仁之失。此毫厘间正当仔细也。又看仁字,当并义礼智字看,然后界限分明,见得端的。今舍彼三者而独论仁字,所以多说而易差也。又谓体用一源、内外一致为仁之妙,此亦未安。盖义之有羞恶,礼之有恭敬,智之有是非,皆内外一致,非独仁为然也。不审高明以为如何?(《文集》卷三十二《答张敬夫十八书》之第十五书)

朱子这封信是驳斥南轩以一体说仁。大概南轩对以觉训仁之说不契,对于一体之义则有相当体悟。这种思路之来源恐仍由明道来,一体所指的是从本体论上说,仁体之感通无碍，觉润无方，莫非己也。但南轩却用朱子语也谈"爱之理"，乃不免缠夹。朱子讲爱之理，是有分限的，明道的仁体则通贯众德，不必限于爱之理，也可以为义礼智之理，是为一本之论。由这一条思路自可以讲"体用一源、内外一致"。但朱子不喜欢这种笼统的话头，他要由分解的方式讲仁义礼智。使抽象的仁理具体化则要靠公，公不即是仁，但公所以体仁，是所以用力之方。能公则仁之量可以扩大，这是后天渐教的形态。

《朱子文集》卷三十二还有一篇《答钦夫仁说》，兹录如下：

> 《仁说》明白简当，非浅陋所及。但言性而不及情，又不言心贯性情之意，似只以性对心，即下文所引孟子仁人心也，与上文许多说话似若相戾。更乞详之。又曰："己私既克，则廓然大公，与天地万物血脉贯通，爱之理得于内，而其用形于外，天地之间无一物之非吾仁矣。此亦其理之本具于吾性者，而非强为之也。（原注：此数句亦未安。）盖己私既克，则廓然大公，皇皇四达而仁之体无所蔽矣。夫理无蔽，则天地万物血脉贯通，而仁之用无不周矣。"然则所谓爱之理者，乃吾本性之所有，特以廓然大公而后在，非因廓然大公而后有也，以血脉贯通而后达，非以血脉贯通而后存也。今此数句有少差紊，更乞详之。爱之理便是仁。若无天地万物，此理亦有亏欠。于此识得仁体，然后天地万物血脉贯通而用无不周者，可得而言矣。盖此理本甚约，今便将天地万物夹杂说，却鹘突了。夫子答子贡博施济众之问，正如此也。更以复见天地之心之说观之，亦可见。盖一阳复处，便

是天地之心，完全自足，非有待于外也。又如濂溪所云，与自家意思一般者，若如今说，便只说得一般两字，而所谓自家意思者，却如何见得耶？又云"视天下无一物之非仁"，此亦可疑。盖谓视天下无一物不在吾仁中则可，谓物皆吾仁则不可。盖物自是物，仁自是心，如何视物为心耶？又云："此亦其理之本具于吾性者，而非强为之也。"详此，盖欲发明仁不待公而后有之意，而语脉中失之。要之，"视天下无一物之非仁"与此句，似皆剩语。并乞详之。如何？（《文集》卷三十二《答张敬夫十八书》之第十七书）

大概南轩在朱子之后自作《仁说》，朱子此函加以批评。心性对举之观念乃来自五峰，此处行文过简，难以讨论。朱子仍以南轩忽视爱情，则事至显然。南轩似仍坚持其一体之观念，朱子误解之为仁之量的问题，故引博施济众之问为辩。朱子从分解的方式讲爱之理，故不许与天地万物夹杂说。南轩实为另一义理骨干，所以有些话对朱子的系统言为剩语，对另一系统言，则亦未必一定为剩语也。

以上讨论《仁说》诸函均见之于《文集》卷三十二。但《文集》卷三十一还有相关资料，择其要者选录如下：

《答张敬夫》：

> 类聚孔孟言仁处以求夫仁之说，程子为人之意可谓深切。然专一如此用功，却恐不免长欲速好径之心，滋入耳出口之弊，亦不可不察也。大抵二先生之前，学者全不知有仁字。凡圣贤说仁处不过只作爱字看了。自二先生以来，学者始知理会仁字，不敢只作爱说。然其流

复不免有弊者。盖专务说仁，而于操存涵泳之功，不免有所忽略，故无复优柔厌饫之味，克已复礼之实，不但其蔽也愚而已。而又一向离了爱字悬空揣摸，既无真实见处，故其为说恍惚惊怪，弊病百端，殆反不若全不知有仁字，而只作爱字看却之为愈也。熹窃尝谓若实欲求仁，固莫若力行之近，但不学以明之，则有擿埴冥行之患，故其蔽愚。若主敬致知，交相为助，则自无此蔽矣。若且欲晓得仁之名义，则又不若且将爱字推求，若见得仁之所以爱，而爱之所以不能尽仁，则仁之名义意思了然在目矣。初不必求之于恍惚有无之间也。此虽比之今日高妙之说稍为平易，然《论语》中已不肯如此迫切注解说破。至孟子方间有说破处，然亦多是以爱为言，（原注：如恻隐之类。）殊不类近世学者惊怪恍惚穷高极远之言也。今此录所以释《论语》之言，而首章曰"仁其可知"，次章曰"仁之义可得而求"，其后又多所以明仁之义云者，愚窃恐其非圣贤发言之本意也，又如首章虽列二先生之说，而所解实用上蔡之意，正伊川说中，问者所谓由孝弟可以至仁，而先生非之者，恐当更详究之也。（《文集》卷三十一《答张敬夫二十一书》之第六书）

由这封信的语脉看来，似早于卷三十二与南轩论《仁说》之书。看来南轩似有释《论语》之言，不断提到仁字，朱子不满，乃在此函中首先提出从爱字推求，以晓得仁之名义。后乃著《仁说》干脆彻底说破，以对治当时那些所谓高妙之论。迭经讨论之后，终于安于"爱之理"的公式，始不再变。

同卷又《答张敬夫》有云：

以爱论仁,犹升高自下尚可,因此附近推求,庶其得之。若如近日之说,则道近求远,一向没交涉矣。此区区所以妄为前日之论而不自知其偏也。至谓类聚言仁,亦恐自有病者,正为近日学者厌烦就简,避迂求捷,此风已盛,方且日趋于险薄,若又更为此以导之,恐益长其计获欲速之心,方寸愈见促迫纷扰而反陷于不仁耳。然却不思所类诸说,其中下学上达之方,盖已无所不具,苟能深玩而力行之,则又安有此弊。今蒙来喻,始悟前说之非,敢不承命。然犹恐不能人人皆肯如此恳实用功,则亦未免尚有过计之忧,不知可以更作一后序,略采此意以警后之学者否?不然,或只尽载此诸往返议论以附其后,亦庶乎其有益耳。不审尊意以为如何?(《文集》卷三十一《答张敬夫二十一书》之第九书)

此书编次于标明在壬辰冬之一函以前,故钱穆先生推断此函也应在壬辰。① 如此则此前引文之一函也极有可能在壬辰。朱子此函所谓"往返议论"不知是否包含卷三十二论《仁说》诸书?至少壬辰一年是以仁为中心课题往返讨论,则无可疑。

卷三十一最后有《与张敬夫论癸巳论语说》,逐条检讨南轩的说法,兹选录两条如下:

"孝弟也者,其为仁之本与。"

"自孝弟而始为仁之道生而不穷。"按有子之意,程子之说,正谓事亲从兄、爱人利物,莫非为仁之道。但

---

① 参见钱穆:《朱子新学案》,第二册,151~152 页。钱先生只引此函之前一半讨论"中字之说"的部分,我引的则是该函末尾的一段讨论"以爱论仁"的部分。钱先生的推断若正确,则我所引的部分既在同一函自也必然是壬辰年的作品。

事亲从兄者本也,爱人利物者末也。本立然后末有所出,故孝弟立而为仁之道生也。今此所解,语意虽高而不亲切。"其爱虽有差等而其心无不溥矣。"此章仁字正指爱之理而言,曰(程氏)《易传》所谓偏言则一事者是也。故程子于此但言孝弟行于家,而后仁爱及于物,乃着实指事而言。其言虽近,而指则远也。今以心无不溥形容,所包虽广,然恐非本旨,殊觉意味之浮浅也。(下略)

"博施济众。"

"不当以此言仁也。仁之道不当如此求也。"但言不当而不言其所以不当之故,不足以发圣人之意。"先言仁者,而后以仁之方结之。"立人达人仁也,能近取譬,恕也。自是两事,非本一事,而先言后结也。(《文集》卷三十一《答张敬夫二十一书》之第二十一书)

由这封信可以看到,朱子与南轩辩仁说、《论语》说一直延伸到癸巳年。朱子说与南轩反复论仁,最后有一二处未合,其实是根本处未合。南轩始终未放弃心无不溥的观念,而不赞成以博施济众言仁。南轩过世,朱子为之编文集,其序有云:

敬夫既没,其弟定叟哀其故稿,得四巨编。(中略)然吾友平生之言,盖不止此也。因复益为求访,得诸四方学者所传凡数十篇。又发吾箧,出其往还书疏,读之,亦多有可传者。方将为之定著缮写,归之张氏,则或者已用别本摹印,而流传广矣。遽取观之,盖多向所讲焉而未定之论。而凡近岁以来,谈经论事,发明道要之精语,反不与焉。予因慨念敬夫天资甚高,闻道甚早，其学之所就，既足以名于一世，然察其心，盖未尝一日以是而自足。比年以来，方且穷经会友，日反诸心而验诸行事之实，盖有所谓不知年数之不足者。是以其学日新而无穷，其见于言语文字之间，始皆极于高远，而卒反就于平实。此其浅深疏密之际，后之君子其必有以处之矣。顾以序次之不时，使其说之出于前而弃于后者犹得以杂乎篇帙之间，而读者或不能无疑信异同之惑，是则予之罪也已夫。于是乃复亟取前所搜辑，参伍相校，断以敬夫晚岁之意，定其书为四十四卷。（《文集》卷七十六）

朱子删削他认为南轩早岁未定之论，如今我们只能看到朱子致南轩诸函，而看不到南轩致朱子诸函，这是治思想史者之一大损失。在《宋元学案》之《南轩学案》中，黄宗羲因朱子而盛赞南轩，其言曰：

南轩之学，得之五峰。论其所造，大要比五峰更纯粹。盖由其见处高，践履又实也。朱子生平相与切磋得力者，东莱、象山、南轩数人而已。东莱则言其杂，象山则言其禅，惟于南轩，为所佩服。一则曰敬夫见识卓然不可及，往游之久，反复开益为多；一则曰敬夫学问愈高，所见卓然，议论出人表，近读其语，不觉胸中洒然，诚可叹服。然南轩非与朱子反复辩难，亦焉取斯哉？第南轩早知持养是本，省察所以成其持养，故力省而功倍。朱子阙却平日一段涵养工夫，至晚年而后悟也。

这段议论中最后两句话最难解。己丑年朱子《答林择之书》还说南轩对"先察识后涵养之论，执之犹坚"。《又答林择之书》还在埋怨:"近看南轩文字,大抵都无前面一截工夫也。"梨洲的话不知根据何在?现存之《南轩文集》,以及《宋元学案》之《南轩学案》所存录,几无五峰学之痕迹,也看不出他本人思想的特色何在,其学也无传人,大概因此附于朱子,遂完全为朱子学所压盖下去。在思想史上的地位则恰如梨洲所曰,若"非与朱子反复辩难,亦焉取斯哉"?朱子以南轩独得胡氏之学,这是他的主观的判断。实则南轩从师日短,也不能坚守师说。反而其他湖湘学者,学力理解或不足,却拒绝折从朱子,而在与朱子的辩论之中,凸显出五峰所开出来的湖湘一派思想的特色。

四、与胡广仲等论知觉、观过知仁等问题

大约与南轩论辩之同时,朱子即与其他湖湘学者论辩相关诸问题。

《答胡广仲书》有云:

> 至于仁之为说,昨两得钦夫书,诘难甚密,皆已报之。近得报云,却已皆无疑矣。今观所谕,大概不出其中者更不复论,但所引孟子知觉二字,却恐与上蔡意旨不同。盖孟子之言知觉,谓知此事、觉此理,乃学之至而知之尽也。上蔡之言知觉,谓识痛痒、能酬酢者,乃心之用而知之端也。二者亦不同矣。然其大体皆智之事也。今以言仁,所以多矛盾而少契合。愤骄险薄,岂敢辄指上蔡而言,但谓学者不识仁之名义,又不知所以存养,而张眉努眼,说知说觉者必至此耳。(原注:如上蔡

词气之间亦微觉少些小温粹，恐未必不坐此也。）夫以爱名仁固不可，然爱之理则所谓仁之体也。天地万物与吾一体，固所以无不爱，然爱之理则不为是而有也。须知仁义礼智四字，一般皆性之德，乃天然本有之理无所为而然者。但仁乃爱之理、生之道，故即此而又可以包夫四者，所以为学之要耳。细观来谕，似皆未察乎此。（中略）（原注：晦叔书中论此，大略与吾丈意同，更不及别答。只乞转以此段呈之。大抵理会仁字须并义礼智三字通看，方见界分分明，血脉贯通。近世学者贪说仁字而忽略三者，所以无所据依，卒并与仁字而不识也。）夫来教之为此数说者，皆超然异于简册见闻之旧，此其致知之功，亦足以为精矣。然以熹之所疑考之，则恐求精之过而反失之于凿也。大抵天下事物之理亭当均平，无无对者。惟道为无对，然以形而上下论之，则亦未尝不有对也。盖所谓对者，或以左右，或以上下，或以前后，或以多寡，或以类而对，或以反而对，反复推之天地之间，真无一物兀然无对而孤立者，此程子（明道）所以中夜以思不觉手舞而足蹈也。究观来教，条目固多，而其意常主于别有一物之无对。故凡以左右而对者，则扶起其一边，以前后而对者，则截去其一段。既强加其所主者以无对之贵名，而于其所贱而列于有对者，又不免别立一位以配之。于是左右偏枯，首尾断绝，位置重叠，条理交并，凡天下之理势一切畸零赘剩，侧峻尖斜，更无齐整平正之处。凡此所论阴阳、动静、善恶、仁义等说，皆此一模中脱出也。常安排此个意思规模在胸中，窃恐终不能得中正和乐广大公平底地位，此熹所以有

"所知不精、害于涵养"之说也。若必欲守此，而但少加涵养之功，别为一事，以辅之于外，以是为足以合内外之道，则非熹之所敢知矣。要须脱然顿舍旧习而虚心平气以徐观义理之所安，则庶乎其可也。仰恃知照，不鄙其愚，引与商论以求至当之归，敢不罄竭所怀以求博约。盖天下公理非一家之私，傥不有益于执事之高明，则必有警乎熹之浅陋矣。（《文集》卷四十二《答胡广仲六书》之第五书）

案：此书甚长，朱子有关仁的讨论仅是所疑七点中之最后一点，前面既已解析过朱子这方面的思想，故不再赘。此书在最后的总结之中痛斥湖湘学者的思想、学风，甚可注意。大概湖湘学者的思想由五峰来。五峰言性无善恶，是要凸显出性是超越无对的绝对体，自不可与告子之说混为一谈。朱子本人也知"道之无对"，而欣赏"无极而太极"一语，无极也即彰显超越无对之义。但湖湘学者大概把无对的观念用得太泛太广，于是惹起朱子的反感。朱子偏重在由宇宙的观点看到阴阳、动静、善恶、左右、上下、前后之对称。但湖湘学者则偏重在本体论的观点以体现道之无对。朱子乃直斥之为好为高妙奇突之论。这两方面态度的差别更具体地反映在朱子与湖湘学者有关"观过知仁"的论辩。

《答胡伯逢书》曰：

昨承谕及知仁之说，极荷开晓之详，然愚终觉未安。来谕大抵专以自知自治为说，此诚是也。然圣人之言有近有远，有缓有急，《论语》一书言知处亦岂少耶？大抵读书须是虚心平气，优游玩味，徐观圣人立言本意所向如何，然后随其远近浅深轻重缓急而为之说，如孟子所谓以意逆志者，庶乎可以得之。若便以吾先入之说横于胸次，而驱率圣贤之言以从己意，设使义理可通，已涉私意穿凿，而不免于郢书燕说之诮，况又义理窒碍，亦有所不可行者乎。窃观来教所谓，苟能自省其偏，则善端已萌，此圣人指示其方，使人自得，必有所觉知，然后有地可以施功而为仁者，亦可谓非圣贤之本意，而义理亦有不通矣。熹于晦叔广仲书中论之已详者，今不复论，请因来教之言而有以明其必不然者。昔明道先生尝言，凡人之情，易发而难制者，惟怒为甚。能于怒时遽忘其怒，而观理之是非，亦可以见外诱之不足恶，而于道亦思过半矣。若如来教之云，则自不必忘其怒而观理之是非。第即乎怒而观乎怒，则吾之善端固已萌矣，而可以自得矣。若使圣贤之门已有此法，则明道岂故欲舍夫径捷之途，而使学者支离迂缓以求之哉？亦以其本无是理故尔。且孟子所谓君子深造之以道，欲其自得之者，正谓精思力行，从容涵泳之久，而一日有以泮然于中，此其地位亦已高矣。今未加克复为仁之功，但观宿昔未改之过，宜其方且悔惧愧赧之不暇，不知若何而遽能有以自得之邪？有所知觉，然后有地以施其功者，此则是矣。然觉知二字所指自有浅深。若浅言之，则所谓觉知者，亦曰觉夫天理人欲之分而已。夫有觉于天理人欲之分，然后可以克己复礼而施为仁之功，此则是也，今连上文读之，而求来意之所在，则此谓觉知者，乃自得于仁之谓矣。如此则觉字之所指者已深，非用力于仁之久，不足以得之。不应无故而先能自觉，却于既觉之后，方始有地以施功也。观孔子所以告门弟子，莫非用力于仁之实事，而无一言如来谕所云指示其方使之自得者。岂子贡、子张、樊迟之流皆已自得于仁，而既有地以施其功邪，其亦必不然矣。然熹前说，其间亦不能无病。（原注：如云为仁浅深之验，观人观己之说，皆有病。）以今观之，自不必更为之说。但以伊川、和靖之说明之，则圣人之意坦然明白，更无可疑处矣。（《文集》卷四十六《答胡伯逢四书》之第三书）

查"观过知仁"之典出于《论语·里仁第四》："子曰：人之过也，各于其党。观过，斯知仁矣。"朱注："党，类也。"并引伊川曰："人之过也，各于其类。君子常失于厚，小人常失于薄。君子过于爱，小人过于忍。"又引尹和靖曰："于此观之，则人之仁不仁可知矣。"这句话的意思相当明白，历来亦无异解。党可以解为类，也可以解为偏，党类或党偏总是关联着人的气质说，但"观过斯知仁"明是指点语，因为即是君子之过也不能谓之仁，必往上看，始反显一无偏无党的仁道，也就是说不能安于个性的偏党，始得转化为一仁心觉情洋溢之生命，而仁体默现。但朱子不喜谈仁体，答张敬夫函有云：

  大抵观过知仁之说，欲只如尹说发明程子之意，意味自觉深长。如来喻者，犹是要就此处强窥仁体。又一句歧为二说，似未甚安帖也。（《文集》卷三十一《答张敬夫二十一书》之第七书）

其实要自觉做道德实践工夫，必先凸显一超越仁体，这不是顺着社会习俗依样画葫芦所可得而立的。这里必定有一逆觉，先识仁之体，有所察识，而后有可以施功之地，不是强窥不强窥的问题。湖湘学者大体皆采取此一入路，而胡伯逢所谓自得，显然是把握到一确定的方向的意思，并不是说此地就可完全满足，不须再做进一步工夫之谓。人在现实生活之中，随时都有过错，并不需要坐在那里等过错发生，而后冷然观之。羞恶之心一萌，若非分言，而就统观，即是同一仁心之流露。此处而有所知觉，绝非一般知觉，必定为一逆觉，在这里把握得住，就可以不断向前用功，此处所谓自得是依道深造之目标，不表示地位已甚高，只不过有地可以施功而为仁耳。朱子顺伊川、和靖的意思疏释《论语》原文，大体自不差。但伊川之意岂只是要人冷观君子小人之过，难道这样就算仁吗？故必由此进而悟仁之为仁，则湖湘学者的说法对原文虽是一引申，但却是一有意义的引申。在义理上并无差错，在实践上也有一条进路。其实宋明儒学对先秦儒学根本是一引申，如不许引申，那朱子自己的一套也就没有了落脚之点。根本的理由在，朱子是实在论的心态，走顺取的道路，以渐进的步骤去穷理，所以对于取逆觉的方式以体证本心仁体的路数极不相契，总误会之以为禅，故极力加以驳斥，湖湘学者之末流自不必无流弊，但朱子攻击其义理之本质，则是因为他自己发源的根本是另一义理之形态，对于这一方面缺少同情的了解之故。

又《答吴晦叔书》曰：

> 观过一义，思之甚审。如来喻及伯逢兄说，必谓圣人教人以自治为急，如此言乃有亲切体验之功，此固是也。但圣人言知人处亦不为少，自治固急，亦岂有偏自治而不务知人之理耶？又谓人之过不止于厚薄爱忍四者，

而疑伊川之说为未尽。伊川止是举一隅耳。若君子过于廉、小人过于贪、君子过于介、小人过于通之类皆是。亦不止于此四者而已也。但就此等处看，则人之仁不仁可见，而仁之气象亦自可识。故圣人但言斯知仁矣，此乃先儒旧说，为说甚短，而意味甚长。但熟玩之，自然可见。若如所论，固若亲切矣。然乃所以为迫切浅露而去圣人气象愈远也。且心既有此过矣，又不舍此过而别以一心观之，既观之矣，而又别以一心知此观者之为仁。若以为有此三物递相看觑，则纷纭杂扰，不成道理。若谓止是一心，则顷刻之间，有此三用，不亦忽遽急迫之甚乎？凡此尤所未安，姑且先以求教。（《文集》卷四十二《答吴晦叔十三书》之第六书）

由这一封信看来，湖湘学者所重是做自治的工夫，朱子所重则是在知人与事之理。朱子的意思似乎是，人只要多由外面了解事理，就能够把握仁的本质与气象。但实际上人之所以能识仁之气象，已先预设自己内在有一种变化。徒观察社会的规范，实在并不能建立内在道德自律的原则。此处必涉一异质的跳跃才能够自觉地做道德实践的工夫。这和迫切浅露根本拉不上关系。朱子是要自己的心向外去捕捉一些实理，他所最不契也最忌讳的是以心观心之说。

在这样的背景下，朱子乃斥晦叔有三心而造成两难。照朱子的解析，过心是一层，别以一心观之又是一层，又别以一心知此观者之为仁又是一层。两难则在：三心互用则必纷纭杂扰，不成道理，而一心三用则必忽遽急迫，难以应付。但照牟宗三先生的解析，此处实无三心，而只有二心。过心即是习心，观过之心乃是超越之本心，本心起作用则善端已萌，则必转化此一过心，故观过也不能是冷冷然之观。① 何以朱子对这样的思路有如许反感？原来他中心真正的忌讳是禅。他曾著《观心说》有云：

> 或问：佛者有观心说，然乎？
>
> 曰：夫心者，人之所以主乎身者也，一而不二者也，为主而不为客者也，命物而不命于物者也。故以心观物，则物之理得。今复有物以反观乎心，则是此心之外复有一心而能管乎此心也。然则所谓心者为一耶，为二耶？为主耶，为客耶？为命物者耶，为命于物者耶？此亦不待教而审其言之谬矣。（《文集》卷六十七《杂著》）

照朱子这样的解析，儒佛的分野乃在，儒是以心烛理，佛是以心观心。也就是说，反身体证乃是佛说。这样说来不只湖湘学者是禅，象山是禅，龟山、上蔡是禅，连孟子讲"反身而诚乐莫大焉"也都是禅了，宁有是理？孟子一脉相传所相应的是本心、中体的实法，佛禅相应的则是空，佛说的中道是虚说，不可与儒家的说法混为一谈。但朱子却缺少这样的分殊，所以既不了解孟子以降一脉相传的心学，也不真正了解佛禅。朱子要人虚心读书，但他自己对心的说法显与孟子有距离，等另章论朱子心的概念时再行详析。

又《答吴晦叔书》有云：

> 前书所论观过之说，时彪丈行速，忽遽草率，不能尽所怀。然其大者亦可见，不知当否？如何？其未尽者，

---

① 参见牟宗三：《心体与性体》，第三册，314～319 页。

今又见于广仲、伯逢书中，可取一观。未中理处，更得反复诘难，乃所深望。然前所示教，引巧言令色、刚毅木讷两条，以为圣人所以开示为仁之方，使人自得者，熹犹窃有疑焉，而前书亦未及论也。盖此两语正是圣人教人实下功夫、防患立心之一术，果能戒巧令、务敦朴，则心不恣纵，而于仁为近矣。非徒使之由是而知仁也。大抵向来之说皆是苦心极力要识仁字，故其说愈巧，而气象愈薄。近日究观圣门垂教之意，却是要人躬行实践，直内胜私，使轻浮刻薄、贵我贱物之态，潜消于冥冥之中，而吾之本心浑厚慈良、公平正大之体常存而不失，便是仁处。其用功著力，随人浅深，各有次第。要之，须是力行久熟，实到此地，方能知此意味。盖非可以想象臆度而知，亦不待想象臆度而知也。近因南轩寄示言仁录，亦尝再以书论所疑大概如此。而后书所论仁智两字，尤为明白，想皆已见矣。并为参详可否，复以见教，幸甚幸甚。(《文集》卷四十二《答吴晦叔十三书》之第七书)

晦叔引巧言令色、刚毅木讷两条，以为圣人所以开示为仁之方，不必有什么差错。总之朱子只是反对于践履中就主体以识仁体的进路而已。函中提及之彪丈，即彪居正，亦为五峰弟子。《语类》曰：

> 看《知言》彪居正问仁一段云：极费力，有大路不行，只行小径。至如操如存之等语，当是在先。自孟子亦不专以此为学者入德之门也。且齐王人欲蔽固，故指其可取者言之。至如说自牖开说，亦是为蔽固而言。若

> 吾侪言语，是是非非，亦何须如此？而五峰专言之，则偏也。又云：居正问：以放心求放心可乎？既知其放，又知求之，则此便是良心也，又何求乎？又何必俟其良心遇事发见而后操之乎。(《语类》卷一〇一，杨方录)

又曰：

> 五峰曾说：如齐宣王不忍觳觫之心乃良心，当存此心。敬夫说：观过知仁，当察过心则知仁。二说皆好意思，然却是寻良心与过心，也不消得。只此心常明，不为物蔽，物来自见。(《语类》卷一〇一，窦从周录)

五峰论求放心恐怕即后来湖湘学者讲"观过知仁"之所本。五峰的意思大概是：良心既萌，即显一逆觉之契机，存此心即是入德之门径。观过知仁也正是凸显这样的契机。朱子与这样的思路则完全接不上。

又《答胡广仲书》有云：

> 知仁之说，前日答晦叔书已具论之。今细观来教，谓释氏初无观过功夫，不可同日而语，则前书未及报也。夫彼固无观过之功矣，然今所论亦但欲借此观过而知观者之为仁耳。则是虽云观过，而其指意却初不为迁善改过、求合天理设也，然而与彼亦何异邪？尝闻释氏之师有问其徒者曰：汝何处人？对曰：幽州。曰：汝思彼否？曰：常思。曰：何思？曰：思其山川城邑人物车马之盛耳。其师曰：汝试反思思底还有许多事否？今所论因观过而识观者，其切要处正与此同。若果如此，则圣人当时自不必专以观过为言，盖凡触目遇事，无不可观。而已有所观，亦无不可因以识观者而知夫仁矣。以此讥彼，

是何异同浴而讥裸裎也耶?(《文集》卷四十二《答胡广仲六书》之第三书)

朱子此函竟以反身而识仁与佛同,这样的论辩焉能折服胡广仲?观过有一重要契机,这虽不必是修德进路的唯一途径,总不可以与"触目遇事无不可观"等而同之。朱子并说:"虽云观过而其指意却初不为迁善改过、求合天理设也。"这样的论辩是离谱了。观过以知仁体,正是打下基础来作变化气质的工夫。朱子硬要说成纯然冷冷然之观,那是不必辩了。

从朱子与湖湘学者的论辩就可以推想到朱子日后与象山论辩之必无结果。此时朱子思想在形成中,直接是斥责湖湘学者,间接实隐指明道乃至孟子。象山的思想则直承孟子而来,比较上又近明道,焉能不以朱子为支离。而他不比湖湘学者的客气,思想力敏锐得多,自信更强得多,彼此间一开始接触就不愉快,而终于形同敌国,也就是必然之势了。

牟宗三先生查得《宋元学案》卷五十《南轩学案》南轩答问有云①:

> 问:观过斯知仁矣。旧观所作讷斋韦斋记,与近日所言殊异。得非因朱丈"别以一心观,又别以一心知,顷刻之间有此二用为急迫,不成道理",遂变其说乎?某尝反复紬绎,此事正如悬镜当空,万象森罗,一时毕照,何急迫之有?必以观人之过为知仁,则如观小人之过于薄,何处得仁来?又如观君子之过于厚,则如鬻拳之以兵谏,岂非过于忠乎?唐人之剔股,岂非过于孝乎?阳城兄弟之不娶,岂非过于友悌乎?此类不可胜数。揆之

---

① 参见牟宗三:《心体与性体》,第三册,323~324页。

圣人之中道，无取焉耳。仁安在哉？若谓因观他人之过而默知仁之所以为仁，则曷若反之为愈乎？奭于先生旧说，似未能遽舍。更望详教。

曰：后来玩伊川先生之说，乃见前说甚有病。来说甚似释氏。讲学不可潦草。盖过，须是仔细玩味，方见圣人当时立言意思也。过于厚者，谓之仁则不可。然心之不远者可知。比夫过于薄，甚至于为忮为忍者，其相去不亦远乎？请用此意体认，乃见仁之所以为仁之义，不至渺茫恍惚矣。

问问题之奭或即今《南轩文集》所提及之周奭。其中虽不免有些浮泛之辞，但基本思路的方向则不可掩。徒观人之过并不足以知仁，必反之于内有一逆觉，始得以知仁之体。南轩的答复只说玩伊川之说如何如何，实不构成一答复。因为周奭的问题正因伊川之说之不尽而引起。君子之过既非仁，即可谓心之不远，仍必经历一异质之跳跃，才能真正把握仁体。但南轩却于此因朱子之抨击而也引起了对于禅的忌讳。前引朱子致南轩之短函批评南轩"犹是要就此处强窥仁体。又一句歧为二说，似未甚安帖也"。歧为二说即意谓观过、知仁为二心。南轩守不住湖湘一派本有的立场，乃随着朱子的脚跟转，难怪其学无特色也。

《宋元学案》在上录答问之后，并附梨洲答姜定庵问观过知仁曰：

党，偏也。无偏无党，王道荡荡。人之气质，刚柔狂狷，各有所偏，而过亦从之而生。过则不仁。识得过底是己私，便识得不过底是仁。如工夫有间断，知间断便是续。故观过斯知仁。此南轩《韦斋记》意如此。晦翁以为一部《论语》何尝只说知仁？便须有下手处。殊不知，不知仁，亦无从有下手处。果视其所知者，悬空测度，只在影响一边，便是禅门路径。若观过知仁，消融气质，正下手之法。明道之识仁独非知乎？

梨洲的说法大体不错。所提及南轩之《韦斋记》既不见于《宋元学案》也不见于今存之《南轩文集》。如果梨洲所述不差，显见梨洲对《韦斋记》一路的思想的了解比之于南轩本人更为明澈。

其实南轩不只在观过知仁一端，五峰诸说几多不能守，他大体同情朱子《知言疑义》对五峰之批评。《南轩文集》卷一《答胡伯逢》有云：

> 《知言》之说，究极精微，固是要发明向上事。第恐未免有病，不若程子之言为完全的确也。某所恨在先生门阑之日甚少。兹焉不得以所疑从容质扣于前，追怅何极！然吾曹往返论辩不为苟同，尚先生平日之志哉？

按此由"性不可以善恶言"说下来，南轩以"究极精微"一类浮词称赞《知言》，其实则甚不以为然，由于其受教之日浅，所得不能深入故也。又《南轩文集》卷二《答陈平甫》曰：

> 仆自惟念，妄意于斯道有年矣。始时，闻五峰胡先生之名，见其话言而心服之，时时以书质疑求益。辛巳之岁，方获拜之于文定公书堂。先生顾其愚而诲之，所以长善救失，盖自在言语之外者。然仅得一再见耳，而先生没。

辛巳时南轩还不到三十岁，总共只得两见五峰，亲炙之时日比朱子之于延平更少。大概少年时的南轩天资明敏，五峰之论若不明其底蕴则似好为险论，南轩一时被耸动而体会不很真切，故朱子一攻即守不住阵脚。而朱子竟谓只南轩独得胡氏之学，不亦异乎？其实只不过是南轩因其父张浚的关系，早露头角，俨然为湖湘学者之中心。结果其余湖湘学者尚可以守师说而不变，南轩却不然。南轩的好处是心智开放，愿意放弃自己的成见，坏处是缺乏一坚定立场，他有好多地方被朱子所转移，但所说又时露五峰学之痕迹，本应归本于明道，却又因朱子而推尊伊川，以至不能成一独立形态，终为朱学完全压盖下去，以至学无传人，这也不能说是一个完全偶然的现象了。

朱子之评五峰《知言》，大体可以约归八事。《语类》曰：

> 知言疑议，大端有八：性无善恶，心为已发，仁以用言，心以用尽，不事涵养，先务知识，气象迫狭，语论过高。（《语类》卷一〇一，杨方录）

朱子有一书致胡伯逢，广辩《知言》性无善恶之论，并斥湖湘学者之观过知仁说，有一综括性之论断。兹录此长书如下：

> 《知言》之书，用意深远，析理深微，岂末学所敢轻议。向辄疑之，自知已犯不韪之罪矣。兹承诲喻，尤切愧悚。但鄙意终有未释然者。知行先后，已具答晦叔书中，其说详矣。乞试取观，可见得失也。至于性无善恶之说，则前后论辩不为不详。近又有一书与广仲，文论此尤详于前。（原注：因龟山《中庸》首章而发，及引

《易传》大有卦及《遗书》第二十二卷者。）此外盖已无复可言者矣。然既蒙垂谕，反复思之，似亦尚有一说，今请言之。盖孟子所谓性善者，以其本体言之，仁义礼智之未发者是也。（原注：程子曰：止于至善，不明乎善，此言善者，义理之精微无可得而名，姑以至善目之是也。又曰：人之生也，其本真而静，其未发也。五性具焉，曰仁义礼智信。）所谓可以为善者，以其用处言之，四端之情发而中节者是也。（原注：程子曰：继之者善，此言善却言得轻。但谓继斯道者莫非善也，不可谓恶是也。）盖性之与情，虽有未发已发之不同，然其所谓善者则血脉贯通，初未尝有不同也。（原注：程子曰：喜怒哀乐未发何尝不善？发而中节，则无往而不善是也。）此孟子道性善之本意，伊洛诸君子之所传而未之有改者也。《知言》固非以性为不善者。窃原其意，盖欲极其高远以言性，而不知名言之失，反陷性于摇荡恣睢，驳杂不纯之地也。（原注：所谓极其高远以言性者，以性为未发，以善为已发，而惟恐夫已发者之混夫未发者也。所谓名言之失者，不察乎至善之本然，而概谓善为已发也。所谓反陷性于摇荡恣睢驳杂不纯之地者，既于未发之前除却善字，即此性字便无着实道理，只成一个空虚底物，随善随恶，无所不为。所以有发而中节，然后为善，发不中节，然后为恶之说，又有好恶性也，君子好恶以道，小人好恶以己之说，是皆公都子所问、告子所言，而孟子所辟者，已非所以言性矣。又其甚者，至谓天理人欲同体异用，则是谓本性之中，已有此人欲也，尤为害理，不可不察。）窃意此等偶出于前辈一时之言，非其终身所守不可易之定论。今既未敢遽改，则与其争之而愈失圣贤之意，违义理之实，实似不若存而不论之为愈也。

知仁之说，亦已累辨之矣。大抵如尊兄之说，则所以知之者甚难，而未必是，而又以知仁、为仁为两事也。（原注：所谓观过知仁，因过而观，因观而知，然后既夫知者而谓之仁，其求之也崎岖切促，不胜其劳。而其所谓仁者，乃智之端也，非仁之体也。且虽如此，而亦旷然未有可行之实，又须别求为仁之方，然后可以守之。此所谓知之甚难，而未必是，又以知与为为两事者也。）如熹之言，则所以知之者虽浅，而便可行，而又以知仁为仁为一事也。（原注：以名义言之，仁特爱之未发者而已。程子所谓仁性也、爱情也。又谓仁性也、孝弟用也。此可见矣。其所谓岂可专以爱为仁者，特谓不可指情为性耳，非谓仁之与爱了无交涉，如天地、冠履之不相近也。而或者因此，求之太过，便作无限玄妙奇特商量，此所以求之愈工而失之愈远。如或以觉言仁，是以知之端为仁也。或以是言仁，是以义之用为仁也。夫与其外引智之端、义之用而指以为仁之体，则孰若以爱言仁，犹不失为表里之相须，而可以类求也哉？故愚谓欲求仁者，先当大概且识此名义气象之仿佛，与其为之之方，然后就此悫实下功，尊闻行知以践其实，则所知愈深，而所存益熟矣。此所谓知之甚浅，而便可行，又以知与为为一事者也。）不知今将从其难而二者乎？将从其易而一者乎？以此言之，则两家之得失可一言而决矣。来教又谓，方论知仁不当兼及不仁。夫观人之过而知其爱与厚者之不失为仁，则知彼忍而薄者之决不仁，如明暗、黑白之相形，一举而两得之矣。今乃以为节外生枝，则夫告往知来、举一反三、闻一知十者，皆适所以重得罪于圣人矣。窃谓此章只合依程子、尹氏之说，不须别求玄妙，反失本指也。直叙胸臆，不觉言之太繁，伏惟高明财择其中。幸甚幸甚。（《文集》卷四十六《答胡伯逢四书》之第四书）

关于性无善恶之说，朱子已在前引《答胡广仲书》中提出反驳。但五峰之意明明是要凸显一超越无对之性体，朱子却硬要和告子的经验实然平面的思想拉在一起，自不足以服人心。但在此函之论辩之中，却可以看出，朱子对于自己的思想已相当明澈，故下语确定，不再用疑问、商榷的口吻，但对敌论则颇缺少同情的了解。朱子一贯把知觉当作智边事，故有知仁、为仁成为两事的批评。他以为自己的入路是"易"而"一"，所谓易者是识仁之名义，无须高妙之论出之；所谓一者是由爱的日常经验而把握到爱之理，当下即可以有躬行之实。朱子为证成己说每征引孟子之权威，孰知后来直承孟学的象山，乃直斥朱子之学支离，易简工夫另是一番了解，与朱子此处之论调适成对比，暂志之以为后来讨论"朱陆异同"之张本。

《文集》卷六十七有《观过说》，显亦为针对湖湘学者而发，其言曰：

观过之说，详味经意，而以伊川之说推之，似非专指一人而言，乃是通论人之所以有过，皆是随其所偏，或厚或薄，或不忍或忍。一有所过，无非人欲之私。若能于此看得两下偏处，便见勿忘勿助长之间，天理流行，鸢飞鱼跃，元无间断。故曰：观过斯知仁矣。盖言因人之过而观所偏，则亦可以知仁。非以为必如此而后可以知仁也。若谓观己过，窃尝试之，尤觉未稳。盖必俟有过而后观，则过恶已形，观之无及。久自悔咎，乃是反为心害，而非所以养心。若曰：不俟有过而预观平日所偏，则此心廓然本无一事，却不直下栽培涵养，乃豫求偏处，而注心观之，圣人平日教人养心求仁之术，似亦不如此之支离也。

此说前半说明观过乃观已之过，于此即可归纳得一道德原理。后半更明白看出朱子根本反对反身体证之方式。无事时但涵养，有事时乃致察，此心必捕捉理，最忌讳是以心求心，反为心害，而非所以养心。故朱子所谓知仁，乃是知仁之理，非明道以降一直到湖湘学者知仁乃识仁之体之谓。两方面的差异应该看得很明白了。

五、结语

以上详述朱子有关《仁说》之论辩，大体可以确定这场论辩是在壬辰、癸巳两年之间，当朱子年四十三四岁之时。

朱子酝酿仁的观念，应与酝酿中和的观念同时。但中和先成为一焦点，对仁的理解退居于背景的地位，到中和问题的论辩告一段落以后，乃与湖湘学者展开有关仁的问题的大段论辩。

中和新说既立，朱子思想之贞定处在建立一异质层之性理；心之周流贯彻在未发、已发都可以做工夫，静养动察，敬贯内外；思想的规模，做工夫的节次，都已把握到了南针。中和的参究涉及喜怒哀乐之情的问题，故心统性情的观念已隐涵在里面。通过对于仁的问题的论辩，朱子的思想义理的架构有了更进一步的确定，大体可谓定型矣。

大概《仁说》初稿之作是因为对于当时所谓高妙之说有一反感，乃决定撰一短文，初识仁之名义，并指示一躬行实践的方案，朱子《克斋记》之作也是同一背景产生的结果。朱子的指导原则是伊川的仁性爱情之说，伊川虽曰爱不可以名仁，但朱子在爱之上找到所以爱之理，于是一方面可以保住仁之超越性，另一方面又可以重新发现仁与爱的关系，就朱子看来是一条极平稳踏实的道路。但朱子刚一提出这个观念，就被诸友四面攻道不是。但朱子有伊川的权威做支持；南轩虽一方面提出许多疑问，另一方面也对朱子提出的一些论点表示同情；其他湖湘学者则坚守师说，但缺少深厚的学力和敏锐的思考分析的力量来与朱子抗衡，乃反益坚朱子的自信。而在论辩的过程之中，朱子反而根据伊川的权威说不可以觉训仁，乃直捣湖湘学者的根源，猛攻上蔡之说，同时也就抨击湖湘学者观过知仁的说法，中间并牵涉到有关五峰的《知言》有所质疑的一些问题，在本章之中只能附带着略加讨论，以彰显出两派思想形态的差异。

大概朱子在讨论的初期只分辨出爱与所以爱的不同，并没有一定的概念名言来讨论这一问题。从他乙巳年致吕子约书的回叙看来，他先提出了仁是"性之德、爱之本"之说，但南轩则提出改"性之德"一语为"心之德、善之本"，这还是五峰思想的变体。朱子当时的反应认为"心之德"一语太泛，所指可以各异，而极不契于南轩"天地万物皆吾体也"

之说。后来找到了"心之德"与"爱之理"二语联用的公式，这才写定在现存的《仁说》定本之中。但朱子始终未放弃"性之德、爱之本"的说法，乙巳致吕子约函即为一证。总之，《仁说》曾经屡易其稿，朱子是在不断的论辩之中修改自己的概念与表达，最后至于定型为止。《语类》曰：

> 心之德是统言，爱之理是就仁义礼智上分说，如义便是宜之理，礼便是别之理，智便是知之理。但理会得爱之理便理会得心之德。又曰：爱虽是情，爱之理是仁也。仁者爱之理，爱者仁之事。仁者爱之体，爱者仁之用。（《语类》卷二〇，杨道夫录，己酉朱子年六十以后所闻。）

这应反映出朱子晚年的定见。

最后再引朱子答吴晦叔函来总结本章的讨论：

> 复非天地心。复则见天地心。此语与所以阴阳者道之意不同。但以《易传》观之，则可见矣。盖天地以生物为心，而此卦之下一阳爻，即天地所以生物之心也。关于复之得名，则以此阳之复生而已，犹言临泰大壮夬也。岂得遂指此名以为天地之心乎？但于其复而见此一阳之萌于下，则是因其复而见天地之心耳。天地以生物为心，此句自无病。昨与南轩论之，近得报云，亦已无疑矣。大抵近年学者不肯以爱言仁，故见先生君子以一阳生物论天地之心，则必歉然不满于其意，复于言外生说，推之使高，而不知天地之所以为心者，实不外此。外此而言，则必溺于虚、沦于静，而体用、本末不相管矣。圣人无复，故未尝见其心者。盖天地之气所以有阳

之复者，以其有阴故也。众人之心所以有善之复者，以其有恶故也。若圣人之心，则天理浑然，初无间断，人孰得以窥其心之起灭耶？若静而复动，则亦有之，但不可以善恶而为言耳。愚意如此，恐或未然，更乞详谕。

（中略）

所示下学上达、先难后获之说，不贵空言，务求实得，立意甚美。顾其间不能无可疑者，请试论之。盖仁者性之德而爱之理也。爱者情之发而仁之用也。公者人之所以为仁之道也，元者天之所以为仁之德也，仁者人之所固有，而私或蔽之以陷于不仁，故为仁者必先克己，克己则公，公则仁，仁则爱矣。不先克己，则公岂可得而徒存？未至于仁，则爱胡可以先体哉？至于元，则仁之在天者而已，非一人之心，既有是元而后有以成夫仁也。若夫知觉则智之用，而仁者之所兼也。元者四德之长，故兼亨利贞。仁者五常之长，故兼义礼智信。此仁者所以必有知觉，而不可便以知觉名仁也。大凡理会义理，须先剖析得名义界分，各有归着，然后于中自然有贯通处。虽曰贯通，而浑然之中所谓粲然者，初未尝乱也。今详来示，似于名字界分，未尝剖析，而遽欲以一理包之。故其所论既有巴揽牵合之势，又有杂乱重复、支离涣散之病。而其所谓先难、下学、实用功处，又皆倒置错陈，不可承用。今更不暇一一疏举，但详以此说考之，亦自可见矣。（《文集》卷四十二《答吴晦叔十三书》之第十书）

这一封信前面一半谈天地以生物为心，朱子似乎认为湖湘学者好为高妙之论，乃不肯接受天地以生物为心这一类的卑之无甚高论的说法。朱子思想多宇宙论之倾向，极不契于湖湘一派以本体论的方式谈性的说法。《语类》曰：

> 性是实理。仁义礼智皆具。（《语类》卷五，廖德明录）

又曰：

> 性不是卓然一物可见者。只是穷理格物，性自在其中，不须求。故圣人罕言性。（《语类》卷五，廖德明录）

这两条清楚地说明朱子的实在论的心态，心必要捕捉到性中所含实理。此所以他反对反身体证的方式，以之为病。但在致晦叔函中朱子说圣人之心不可以善恶为言，这是一个有趣的论点，对湖湘学者而言，颇有"只许州官放火，不许百姓点灯"之嫌。

后半论仁的一段是朱子对仁的看法之一扼要之综述。仁毕竟是性之德、爱之理，所谓心之德者只是虚说，不是实说。经验实然之心必通过后天的工夫克制私欲乃可以具性中本有之理。朱子对当时把仁与爱之间关系互相切断的说法表示一反感。但他不是孟子式的由恻隐之情一贯而下以体现本心的方法，他要由情以反显出情后面的理，方法则是通过克己，通过公，而后能仁。但公偏于义，故朱子必补上公而以人体之一语，但这只表示理之内化的过程，绝非孟子的直贯方式的原义。朱子在此成就的是一横摄系统，通过心去穷理致知，久而久之，终于把握到理的统系，始有豁然贯通的体证。显然这样建立的乃一典型的渐教的形态。

第二部　朱子哲学思想的完成

第五章

朱子思想之心性情三分架局

一、概说

朱子发展中和新说,思想之贞定处在超越之性理,做工夫的关键则在于心之周流贯彻,涵养于未发,致察于已发,指导原则是伊川的"涵养在用敬,进学则在致知"二语。喜怒哀乐自是情,这不成问题,但在论辩中和时这一观念还未受到充分注意。到论辩仁说时,朱子撷出伊川"仁性爱情"一语为指导原则,乃自觉地注意到情的问题,他把仁当作"性之德、爱之本",或"心之德、爱之理",而不满南轩"心之德、善之本"之说,以为不够亲切。后来乃对五峰之说不无微词,又正因五峰忽视了情。《语类》有云:

> 旧看五峰说,只将心对性说,一个情字都无下落。(《语类》卷五,沈僩录)

从正面来说,则朱子服膺横渠"心统性情"之说。上引《语类》继续下去有这样的议论:

> 后来看横渠心统性情之说，乃知此话大有功，始寻得个情字着落，与孟子说一般。孟子言：恻隐之心，仁之端也。仁，性也；恻隐，情也，此是情上见得心。又曰：仁义礼智根于心，此是性上见得心。盖心便是包得住那性情。性是体，情是用。心字只一个字母。故性情字皆从心。（《语类》卷五，沈僩录）

这是朱子以他本人思想之心性情的三分架局来解析孟子，孟子本身并没有这样的分殊。在孟子的词汇之中，情用在"乃若其情"一类的话之中，并没有宋儒所谓情的含义。孟子有时说恻隐之心仁之端也，有时又说恻隐之心仁也。在孟子来说，仁义内在，性由心显，本性本心根本是一回事，一旦发用，乃沛然莫之能御，莫非本心之呈现。就其本质言，则恻隐之心即仁；就发用而言，则恻隐之心为仁之端，两种说法都可以通，无须过分拘执。但对朱子的分析的头脑来说，则必须将名言概念完全确定，才有着落，这样他把孟子的说法解析成为三层：恻隐是情，仁是性，恻隐之心是仁之端，这样，情是形而下的一层，性是形而上的一层，心则兼摄形而上、形而下二层。孟子的纵贯系统遂转变成了朱子的横摄系统。

朱子曾经举例来说明他自己的看法。《语类》有云：

> 性是未动，情是已动，心包得已动未动。盖心之未动则为性，已动则为情。所谓心统性情也。欲是情发出来底。心如水，性犹水之静，情则水之流，欲则水之波澜。（《语类》卷五）

在朱子的思想之中，心占一枢纽性的地位。性即理，情欲则是气机鼓荡的结果。心是气之精爽者，故可以理御情，令喜怒哀乐之情发而中节，故有一主宰之意。《语类》曰：

> 心者主乎性而行乎情，故喜怒哀乐未发则谓之中，发而皆中节则谓之和。心是做功夫处。(《语类》卷五)

故朱子所言之心为一经验实然之心，它与理的关系是当具，不是本具。是通过后天的修养工夫才可以使心与理一。但此心也自可以流放出去，失却主宰，听任情欲翻腾，乃变成一个人欲横流的世界，不可收拾。

这是朱子思想之心性情的三分架局的大指。这一个架局隐涵在他的中和新说的后面，在有关仁说的论辩之中显发出来。晚年之思想更进一步加以繁演，用善巧的譬喻多方说明，但无有逾于此一基本规模者。以下即分就性、情、心的概念详加阐释，而后再给以一总括性之综述。

二、朱子对于性的了解

朱子对于性的看法屡经变易。他倡中和旧说时的体会是："只是来得无穷，便常有个未发底耳。"这个"未发底"就是性。这样性体的超越义根本显不出来。而朱子当时所感觉到的困难在："日间但觉为大化所驱，如在洪涛巨浪之中，不容少顷停息。"在这样的情形下说"乃知浩浩大化之中，一家自有一个安宅"，实在是一句浮辞。故不久即放弃旧说，另立新说，乃体会到"方其静也，事物未至，思虑未萌，而一性浑然，道义全具"。这样性不只是个未发底，它的内容，日后即用伊川"性即理"的公式表达出来。① 自此以后，朱子对于性理的超越性的基本观念没有什么改变。但配合上朱子理气二元的宇宙观，再分解成为义理之性、气质之性来讨论性的观念，则朱子的思想似又历经变易。据钱穆先生的观察，又有以下几个阶段的变化。②

《语类》曰：

> 问：《近思录》中说性，似有两种，何也？曰：此说往往人都错看了。才说性，便有不是。人性本善而已，才堕入气质中，便熏染得不好了。虽熏染得不好，然本性却依旧在此，全在学者着力。今人却言有本性，又有气质之性。此大害理。(《语类》卷九五)

此条金去伪录乙未所闻，朱子年四十六岁。照这个说法，本善之性堕入气质中便熏染得不好，那根本就不需立气质之性之一名，好像不必把性分作两截看。这是朱子较早时的说法。

《语类》又曰：

> 明道论性一章，人生而静，静者固其性。然只有生字，便带却气质了。但生字以上又不容说，盖此道理未有形见处。故今才说性，便须带着气质，无能悬空说得性者。
>
> 继之者善，本是说造化发育之功。明道此处，却是就人性发用处说，如孟子所谓乃若其情则可以为善之类是也。伊川言极本穷源之性，乃是对气质之性而言。言

---

① 请参见"朱子参悟中和问题所经历的曲折"一章。
② 参见钱穆：《朱子新学案》，第一册，446～448页。

气质之禀,虽有善恶之不同,然极本穷源而论之,则性未尝不善也。(《语类》卷九五)

这一条是程端蒙录,内容和《文集》卷四十九《答王子合十八书》之第十三书中所言差不多完全相同,不知是否端蒙把这封信论性的部分录入所闻语录之中?答子合书当在朱子五十八岁至六十岁之三年间,距上引金去伪录的一条有十二年到十五年的时间。朱子现在说,才说性,便须带着气质,无能悬空说得性者,态度和前说完全不同,又把极本穷源之性与气质之性对举来说,而重点似放在气质之性上面。似乎越往朱子晚年走,就越倾向于由经验实然的观点看气的成分,而不要悬空谈性理的观念。

《语类》又曰:

> 问:人生而静以上不容说一段。曰:人生而静以上即是人物未生时,只可谓之理,说性未得。此所谓在天曰命也。才说性时便已不是性者,言才谓之性,便是人生以后,此理已堕在形气之中,不全是性之本体矣,故曰便已不是性也。此所谓在人曰性也。大抵人有此形气,则是此理始具于形气之中而谓之性。才是说性,便已涉乎有生而兼乎气质,不得为性之本体也。然性之本体,亦未尝杂。要人就此上面见得其本体,元未尝离,亦未尝杂耳。凡人说性,只是说继之者善也者,言性不可形容,而善言性者,不过即其发见之端而言之,而性之理固可默识矣。如孟子言性善与四端是也。(原注:未有形气,浑然天理,未有降付,故只谓之理。已有形气,是理降而在人,具于形气之中,方谓之性。已涉乎气矣,

便不能超然专说得理也。程子曰：天所赋为命，物所受为性。又曰：在天曰命，在人曰性是也。）（《语类》卷九五）

此条董铢录丙辰朱子年六十七岁以后所闻，距前引答王子合书，又后七至九年。朱子在这里把他自己的说法又更加繁演，并对明道的说法加以新的分解的说明。明道所谓生之谓性被朱子解释为理之具于形气之中，故说才说性时便已不是性，也即是说，气质之性不是性之本体，两者的关系乃是不离不杂。而人物未生时，根本就谈不上性，只能谓之理。这一种说法确代表一种自圆的思路，分解得很细密。虽仍守住伊川性即理的纲领，但必须分析地了解为：只有性之本体才是理，气质之性则是理之堕于形气，便不那么纯粹了。但这种说法和明道的原意差得很远。明道谓生之谓性，的确是从人的禀赋上说，其实就是天命之谓性的另一种说法。他所把握的性仍是纯善的本性，既和告子的生之谓性无关，也和朱子与气质拉在一起的说法没有关系。朱子是根据伊川的纲领而发展出来一条他自己的思路。

《语类》又一条云：

（上略）盖性须是个气质，方说得个性字。若人生而静以上，只说得个天道，下性字不得。所以子贡曰：夫子之言性与天道，不可得而闻也，便是如此。所谓天命之谓性者，是就人身中指出这个是天命之性，不离气禀者而言尔。若才说性时，则便是夹气禀而言，所以说时便已不是性也。（下略）（《语类》卷九五）

此条沈僩录戊午朱子年六十九岁以后所闻，应该代表朱子对此问题之晚年定论。理气二元,不离不杂,落在性论上,便形成这样的说法,朱子分解型的头脑要每一个概念都可以落实,这才心安理得。这和明道之喜用指点语以入道,完全是两条不同的途径。朱子以他本人的思想去附会明道的思想,实未见其是。

《语类》又曰:

> 论性不论气不备,论气不论性不明。盖本然之性只是至善。然不以气质而论之,则莫知其有昏明开塞刚柔强弱,故有所不备。徒论气质之性,而不自本原言之,则虽知有昏明开塞刚柔强弱之不同,而不知至善之源未尝有异,故其论有所不明。须是合性与气观之然后尽。盖性即气,气即性也。若孟子专于性善,则有些是论性不论气。韩愈三品之说,则是论气不论性。(《语类》卷五九,程端蒙录)

这一条最足以阐明朱子的根本思想。理气两边都要照顾到,才能够有一个全面的看法。我们该注意,朱子所谓"性即气,气即性"的说法并不真是一本之论,只是说明二者不离不杂的关系罢了,把握到了朱子论性的思想发展的线索以及基本的纲领,我们再看朱子对性的各种说法,就都可以知其定位,不至于飘忽摇荡,把握不到他立论的命意了。

朱子论性无疑是以伊川为基准与出发点。《语类》云:

> 伊川性即理也,自孔孟后无人见得到此,亦是从古无人敢如此道。(《语类》卷五九)

> 伊川说话,如今看来,中间宁无小小不同,只是大纲统体说得极善。如性即理也一语,直自孔子后,惟是

伊川说得尽。这一句便是千万世说法之根基。（下略）（《语类》卷九三）

但若兼气质而言，则朱子在二程之外也推尊濂溪与横渠。《语类》有云：

> 论性不论气不备，论气不论性不明，二之则不是，须如此兼性与气说方尽。此论盖自濂溪太极言阴阳五行有不齐处，二程因其说推出气质之性来，使程子生在周子之前，未必能发明到此。（《语类》卷五九）

> 孔子谓性相近也，习相远也。孟子辨告子生之谓性，亦是说气质之性。近世被濂溪拈掇出来，而横渠二程始有气质之性之说。（《语类》卷五九）

性之问题为宋朝儒学之一大公案，朱子由此理出思想之线索，可见其道统之论绝非泛说，他自己显然是有志于一综合集大成的地位。

单就性即理而言，《语类》卷五有更详密的讨论如下：

> 道即性，性即道，固是一物。然须看因甚唤做性，因甚唤做道。
>
> 性即理也，在心唤做性，在事唤做理。
>
> 生之理谓性。
>
> 性只是此理。
>
> 性是合当底。
>
> 性则纯是善底。
>
> 性是天生成许多道理。
>
> 性是许多理，散在处为性。
>
> 问：性既无形，复言以理，理又不可见。曰：父子

有父子之理，君臣有君臣之理。

性是实理，仁义礼智皆具。

问：性固是理，然性之得名是就人生禀得言之否？曰：继之者善，成之者性。这个理在天地间时只是善，无有不善者。生物得来，方始名曰性。只是这理。在天则曰命，在人则曰性。

郑问：先生谓性是未发，善是已发，何也？曰：才成个人影子，许多道理便都在那人上。其恻隐便是仁之善，羞恶便是义之善。到动极复静处，依旧只是理。曰：这善也是性中道理，到此方见否？曰：这须就那地头看。继之者善也，成之者性也。在天地言，则善在先，性在后。是发出来，方生人物。发出来是善，生人物便成个性。在人言，则性在先，善在后。或举孟子道性善。曰：此则性字重，善字轻，非对言也。文字须活看。此，且就此说，彼，则就彼说。不可死看。牵此合彼，便处处有碍。

性不是卓然一物可见者。只是穷理格物，性自在其中，不须求。故圣人罕言性。

诸儒论性不同，非是于善恶上不明，乃性字安顿不着。

圣人只是识得性。百家纷纷，只是不识性字。杨子鹘鹘突突，荀子又所谓隔靴爬痒。

由以上这些话，我们可以看得很清楚，对朱子来说，性是理之内在化的结果，人得之为人性，物得之为物性。由于性即理，故彰显其超越性。性理并不是存在的实物，故不是卓然一物可见者。它不只是存在物的本质，而且即是应然的标准。由于它不杂气质，所以是纯善。但性理既无形又不可见，那么我们怎样可以凑泊得上呢？原来理不离事，故我们可以即事而穷理。只需勤恳地做穷理格物的工夫，则性自在其中，不需求。由问答之中可以看出，朱子似乎始终持性为未发之说，认定它根本无法直接去把捉，只能通过穷理格物的间接的方法来体察。故一生对于直下谈心论性的说法形成忌讳，每斥之为禅。同时朱子的说法始终有一宇宙论的背景。故曰在天地言，则善在先，性在后。但人既有生，则成乎性，善成为后天修养工夫的结果，故曰在人言，则性在先，善在后。在朱子这样的思想间架之中，作先天的工夫如象山的为学先立其大是绝无可能的。只有不断作后天的工夫，到了某个阶段，乃有一神秘的异质的跳跃，而达到一种豁然贯通的境界。然而我们却不容易看得出，如何由道德习俗的追随与奉行的过程之中，忽然能够转出一条新途径而把握到自觉地作道德的践履的工夫的枢纽？但是朱子似乎并不感觉到这里有一严重的问题，由这里即可看出朱陆思想不同的分水岭。

《语类》卷二十八朱子讨论《论语》性与天道的问题曰：

> 性与天道，性是就人物上说，天道是阴阳五行。
>
> 吉甫问性与天道。曰：譬如一条长连底物事。其流行者是天道，人得之者为性。
>
> 乾之元亨利贞，天道也。人得之则为仁义礼智之性。
>
> （上略）至于性与天道，乃是此理之精微。盖性者是人所受于天，有许多道理为心之体者也。天道者谓自然之本体所以流行而付与万物，人物得之以为性者也。（下略）

这里把性和天道之间的关系规定得相当确定。天道流行，人得之以为性，天德和人的仁义礼智之性有一种互相对应的关系。性和天道的内容则又要通过理的观念来规定。《论语》性与天道章集注有云：性者，人所受之天理。天道者，天理自然之本体。其实一理也。朱子可谓充分发挥了伊川"性即理也"一路的思想。

朱子又曾打比方来说明：

> 性只是理。万理之总名。此理亦只是天地间公共之理，禀得来便为我所有。天之所命，如朝廷指挥差除人去做官，性如官职，官便有职事。(《语类》卷一一七)

理之内在化才成为人物之性，故我们不可以倒转过来说理即性。但又正因为性即理，故为一内在的超越。针对具体的心或情而言，由于性本身没有气的夹杂，所以是纯善，故凸显其超越义，乃成为朱子思想在建立中和新说之后不可动摇之一贞定的基础。在这样的情形之下所谈到的性极明显地即一般所谓义理之性，这不成疑问。然而性既为内在化以后的理，它虽与气不杂，然也与气不离，由是而逼得朱子往老年走必须正视所谓气质之性的问题，其中所牵连的理论效果，就不能为"性即理"这样一个简单的公式所得以范围的了。

既要谈气质之性，首先我们必须了解朱子用这一词的确切含义究竟是什么。《文集》卷五十八答徐子融有云：

> 气质之性只是此性堕在气质之中，故随气质而自为一性，正周子所谓各一其性者。向使元无本然之性，则此气质之性又从何处得来耶？(《文集》卷五十八《答徐子融四书》之第三书)

由此可见,性本无二,但又不能不在性之本然与气质之性之间作出必要的分别。

又《文集》卷六十一答严时亨有云:

> 气质是阴阳五行所为。性即太极之全体。但论气质之性,则此全体堕在气质之中耳,非别有一性也。(中略)
>
> 人生而静,是未发时,以上即是人物未生之时,不可谓性。才谓之性,便是人生以后,此理堕在形气之中,不全是性之本体矣。然其本又未尝外此。要人即此而见得其不杂于此者耳。《易大传》言继善,是指未生之前。孟子言性善,是指已生以后。虽曰已生,然其本体初不相杂也。(《文集》卷六十一《答严时亨三书》之第一书)

据钱穆先生的考证,此函约与前引董铢录丙辰朱子年六十七岁以后所闻语同时①,是代表朱子晚年的见解。这样谈性必形成一有趣的吊诡:因为人物未生之时根本不可以谈性,但此理堕在形气之中,却又不全是性之本体矣,又无法抽离地谈性之在其自己。由此可见,朱子并不相信有一离存的性之本体,它是因气质而见,却又不与气质相杂,与之形成一种不离不杂的微妙关系。

《语类》有云:

> 问:先生说太极有是性则有阴阳五行云云,此说性是如何?曰:想是某旧说,近思量又不然。此性字为禀于天者言。若太极只当说理,自是移易不得。《易》言一

---

① 参见钱穆:《朱子新学案》,第一册,451页。

阴一阳之谓道,继之者则谓之善,至于成之者方谓之性,此谓天所赋于人物,人物所受于天者也。(《语类》卷九四)

又曰:

才说太极便带着阴阳,才说性便带着气。不带着阴阳与气,太极与性那里收附?然要得分明,又不可不拆开说。(《语类》卷九四)

这两条徐㝢录庚戌朱子年六十一岁以后闻,也是朱子晚年的说法。从分析的观点说,太极只能说理,不能说性,性必由禀于天者言,词义规定得极为明确。但就存有的实际情况来说,则太极无法离开阴阳,性无法离开气,决没有法子蹈空来讨论。

《语类》又曰:

问:继之者善,成之者性,何以分继善成性为四截?曰:继成属气,善性属理。性已兼理气,善则专言理。又曰:理受于太极,气受于二气五行。(《语类》卷九四)

此条潘植录癸丑朱子年六十四岁时所闻。朱子从宇宙论的观点分解来说,善专属于理,性之本然属理,但性必通过气质而具现,故性已兼理气两面而言。朱子的肯用分析头脑用力思考,委实令人叹服,但他所分解出来的说法显与《易传》浑沦一本的体会有相当距离,此则不可掩者也。

朱子自己既有一套独特的思想,乃以此来平章历来论性诸异说。《语类》曰:

孟子言性,只说得本然底,论才亦然。荀子只见得不好底。扬子又见得半上半下底。韩子所言，却是说得稍近。盖荀扬说既不是，韩子看来端的见有如此不同，故有三品之说。然惜其言之不尽，少得一个气字耳。程子曰：论性不论气不备，论气不论性不明，盖谓此也。（《语类》卷四）

此条王力行录辛亥朱子年六十二岁时所闻，从正面来说，则朱子除程子外，特别推尊横渠。依朱子的看法，气质之说：

起于张程，某以为极有功于圣门，有补于后学。（《语类》卷四）

或问：人物之性一源，何以有异？曰：人之性论明暗，物之性只是偏塞。暗者可使之明，已偏塞者不可使之通也。横渠言：凡物莫不有是性，由通蔽开塞，所以有人物之别。而卒谓塞者牢不可开。厚者可以开而开之也难。薄者开之也易是也。（下略）（《语类》卷四）

由于朱子喜欢套在宇宙论的间架之下言性，于是引生了许多复杂的理论效果，《语类》曰：

某有疑问呈先生曰：人物之性有所谓同者，又有所谓异者；知其所以同，又知其所以异，然后可以论性矣。夫太极动而二气形，二气形而万化生。人与物俱本乎此，则是其所谓同者。而二气五行絪缊交感，万变不齐，则是其所谓异者。同者，其理也。异者，其气也。必得是理而后有以为人物之性，则其所谓同然者，固不得而异也。必得是气而后有以为人物之形，则所谓异者，亦不得而同也。是以先生于《大学或问》因谓，以其理而言之，则万物一原，固无人物贵贱之殊。以其气而言之，则得其正者通者为人，得其偏且塞者为物。是以或贵或贱，而有所不能齐者，盖以此也，然其气虽有不齐，而得之以有生者，在人物莫不皆有理。虽有所谓同而得之以为性者，人则独异于物。故为知觉为运动者，此气也。为仁义为礼智者，此理也。知觉运动人能之，物亦能之。而仁义礼智，则物固有之，而岂能全之乎？今告子乃欲指其气而遗其理，梏于其同者而不知其所谓异者，此所以见辟于孟子。而先生于《集注》则亦以为，以气言之，则知觉运动人物若不异。以理言之，则仁义礼智之禀，非物之所能全也。于此则言气同而理异者，所以见人之为贵，非物之所能。并于彼则言理同而气异者，所以见太极之无亏欠，而非有我之所得为也。以是观之，尚何疑哉！有以《集注》《或问》异同为疑者，答之如此，未知是否？先生批示：此一条论得甚分明。昨晚朋友正有讲及此者，亦已略为言之，然不及此之有条理也。（《语类》卷四）

从宇宙之然而追溯其所以然则唯有一理，此所以理同而气异。性理既通于人物，此处不能有异。但就具体的生命人物而言，则因关联到气，性既堕在形气之中而有所谓气质之性，则一理化而为万殊。故换一个角度言，又可以说气同而理异。

《语类》又曰：

先生答黄商伯书有云：论万物之一原则理同而气异，观万物之异体则气犹相近而理绝不同。问：理同而气异。此一句是说，方付与万物之初，以其天命流行只是一般，

> 故理同。以其二五之气，有清浊纯驳，故气异。下句是就万物已得之后说。以其虽有清浊之不同，而同此二五之气，故气相近。以其昏明开塞之甚远，故理绝不同。《中庸》是论其方付之初，《集注》是看其已得之后。曰：气相近，如知寒暖，识饥饱，好生恶死，趋利避害，人与物都一般。理不同，如蜂蚁之君臣，只是他义上有一点子明，虎狼之父子，只是他仁上有一点子明。其他更推不去。恰似镜子，其他处都暗了，中间只有一两点子光。大凡物事，禀得一边重便占了其他底。如慈爱底人少断制，断制之人多残忍。盖仁多便遮了义，义多便遮了那仁。（下略）（《语类》卷四，沈僩录）

把这一条和上一条配合起来看，则朱子的意思十分明朗。我们需要注意的是，他如何由不同的角度讨论理气之同异。朱子又打比方来说明他的意思。

> 或说：人物性同。曰：人物性本同，只气禀异。如水无有不清，倾放白碗中是一般色，及放黑碗中又是一般色，放青碗中又是一般色。又曰：性最难说。要说同亦得，要说异亦得。如隙中之日，隙之长短大小自是不同，然却只是此日。（《语类》卷四）

其实通透了朱子的义理思想形态，性也无甚难说处。大体义理之性同，而气质之性异。若着眼点放在气质之性、分殊之理上，乃也可说是气同而理异。

朱子曾经批评五峰天理人欲同体异用之论。《语类》曰：

> 或问：天理人欲同体而异用、同行而异情。曰：胡氏之病，在于说性无善恶。性中只有天理，无人欲，谓

之同体，则非也。同行异情，盖亦有之。如口之于味，目之于色，耳之于声，鼻之于臭，四肢之于安佚，圣人与常人皆如此，是同行也。然圣人之情不溺于此，所以与常人异耳。（中略）龟山云天命之谓性，人欲非性也。胡氏不取其说，是以人欲为性矣。此其甚差者也。（《语类》卷一〇一）

朱子不了解五峰所言根本是另一不同的思想形态，但他批评的根据即他自己所信奉的性气二元的思想。到了朱子晚年，又有关于枯槁有性的辩论，此则见于他和余方叔、徐子融的书函讨论之中。

《文集》卷五十九答余方叔有云：

天之生物，有有血气知觉者，人兽是也；有无血气知觉而但有生气者，草木是也；有生气已绝而但有形色臭味者，枯槁是也。是虽其分之殊，而其理则未尝不同。但以其分之殊，则有其理之在是者不能不异。故人为最灵，而备有五常之性。禽兽则昏而不能备。草木枯槁则又并与其知觉而亡焉。但其所以为是物之理则未尝不具尔。若如所谓才无生气便无生理，则是天下乃有无性之物，而理之在天下乃有空阙不满之处也，而可乎？

方叔之意有一段引于朱子答函中，其言曰：

窃谓仁义礼智信元是一本，而仁为统体。故天下之物有生气，则五者自然完具。无生气，则五者一不存焉，只是说及本然之性。先生以为枯槁之物亦皆有性有气，此又是以气质之性广而备之，使之兼体洞照而无不偏耳。

方叔这一段话语焉不详，他所谓的本然之性究竟含义是什么，不可晓。但明显的是，方叔以为以仁为统体的仁义礼智信之性不能为枯槁之物之性。单就这一点而言，孟子之论性侧重人禽之别，则不只枯槁无性，禽兽亦不能有此性。朱子之说显然与孟子不符，他所谓性是由事物之然推至其所以然之理，元无差别，则人兽草木枯槁虽分殊，本来只是一理。但性既堕于气质之中，乃有了差别，连带也可以说理之差别。方叔解释朱子的意思自有差谬。他不说性堕于气质之中，而是就气质之殊说性。这也可以成一思路，但显非朱子之思路，故朱子斥之。至于谓枯槁之物只有气质之性而无本然之性，这样的说法，则朱子另有一长函致徐子融，有广辩，可能这一说法是方叔、子融共同的主张。兹录答徐子融书如下：

> 有性无性之说，殊不可晓。当时方叔于此，本自不曾理会，率然躐等拣难底问。熹若照管得到，则于此自合不答，且只教他仔细熟读圣贤明白平易切实之言，就己分上依次第做工夫，方有益于彼，而我亦不为失言。却不合随其所问，率然答之，致渠一向如此狂妄，此熹之罪也。驷不及追，虽悔莫追。然既有此话头，又不容不结束。今试更为诸君言之。若犹未以为然，则亦可以忘言矣。伊川先生言性即理也，此一句自古无人敢如此道，心则知觉之在人而具此理者也。横渠先生又言，由太虚有天之名，由气化有道之名，合虚与气有性之名，合性与知觉有心之名。其名义亦甚密，皆不易之至论也。盖天之生物，其理固无差别。但人物所禀形气不同，故其心有明暗之殊，而性有全不全之异耳。若所谓仁，则是性中四德之首，非在性外别为一物，而与性并行也。

然惟人心至灵，故能全此四德，而发为四端。物则气偏驳而心昏蔽，固有所不能全矣。然其父子之相亲，君臣之相统，间亦有仅存而不昧者。然欲克己复礼以为仁，善善恶恶以为义，则有所不能矣。然不可谓无是性也。若生物之无知觉者，则又其形气偏中之偏者。故理之在是物者，亦随其气形而自为一物之理。虽若不复可论仁义礼智之仿佛，然亦不可谓无是性也。此理甚明，无难晓者。自是方叔暗昧胶固，不足深责，不谓子融亦不晓也。至引释氏识神之说，则又无干涉。盖释氏以虚空寂灭为宗，故以识神为生死根本。若吾儒之论，则识神乃是心之妙用，如何无得？但以此言性则无交涉耳。又谓枯槁之物只有气质之性，而无本然之性，此语尤可笑。若果如此，则是物只有一性，而人却有两性矣！此语非常丑差。盖由不知气质之性只是此性堕在气质之中，故随气质而自为一性，正周子所谓各一其性者，向使元无本然之性，则此气质之性又从何处得来耶？况亦非独周程张子之言为然。如孔子言：成之者性。又言：各正性命。何尝分别某物是有性底，某物是无性底？孟子言山之性、水之性，山水何尝有知觉耶？若于此看得通透，即知天下无无性之物。除是无物，方无此性；若有此物，即如来谕木烧成灰，入阴为土，亦有此灰土之气。既有灰土之气，即有灰土之性。安得谓枯槁无性耶？又如狭其性而遗之以下种种怪说，尤为可笑。今亦不暇细辨。但请虚心静虑，详味此说，当自见得。如看未透，即且放下，就平易明白切实处玩索涵养，使心地虚明，久之须自见得。不须如此信口信意，驰骋空言，无益于己，而徒取易言之罪也。如不谓然,则请子融、方叔自立此论以为宗旨,熹亦安能必二公之见从耶?至于易之说,又别是一事。今于自己分上,见成易晓底物,尚且理会不得,何暇及此?当俟异日心虚气平,万理融澈,看得世间文字言语无不通达,始可细细商量耳。此等若理会不得,亦未妨事,且阙所疑而徐思之,不当便如此咆哮无礼也。(《文集》卷五十八《答徐子融四书》之第三书)

这一封信的主旨,由正面来说是再一次说明天之生物,其理固无差别的看法,由负面来说,则在驳斥枯槁只有气质之性而无本然之性的说法。在这封信中,朱子虽广引孔孟周程张子诸说,却不一定能够折服子融、方叔之辈。朱子自谓主张一性之说,而以二性之说非常丑差,这是以他本人的看法为标准所下的结论。但这种看法并不见得是古人本来的看法。此处单以孟子为例,孟子虽不用本然之性、气质之性的名词,但他说:"口之于味也,耳之于声也,目之于色也,鼻之于臭也,四肢之于安佚也,性也,有命焉,君子不谓性也。"意思就是说,这样的性,也即气质之性,君子不谓性也,不能把它当作人的本然之性。那么依孟子的思路,二性说不必有甚不妥,而气质之性显无本然之性堕落于气质之中的含义。同时朱子一性之说表面上似圆融,其实是把两方面的对立往后推一步,乃据于一理气二元之形上学。于此,理但是理,活动的是气。这种说法未必合于《易传》、濂溪、张、程之说。由此可见,子融、方叔等讨论的是涉及一些实质的问题,不只是能否虚心读书的态度的问题。这批后辈的态度可能不逊,朱子自可以教训之,但哲学上的基本差别处自不能因此而消解。

《语类》卷四之中还有相关的讨论：

> 徐子融以书问枯槁之中有性有气，故附子热，大黄寒。此性是气质之性。陈才卿谓即是本然之性。先生曰：子融认知觉为性，故以此为气质之性。性即是理，有性即有气，是他禀得许多气，故亦只有许多理。才卿谓有性无仁。先生曰：此说亦是。是他元不曾禀得此道理，惟人则得其全。如动物，则又近人之性矣。故吕氏云：物有近人之性，人有近物之性。盖人亦有昏愚之甚者。然动物虽有知觉，才死则其形骸便腐坏。植物虽无知觉，然其质却坚久难坏。

徐子融是否主张知觉是性，不得而知。但朱子本人的意思很明确，此处"许多"一词即"如许多"的意思。

> 问：曾见答余方叔书，以为枯槁有理，不知枯槁瓦砾如何有理？曰：且如大黄附子亦是枯槁，然大黄不可为附子，附子不可为大黄。

此则乃由分殊之理立论。

> 问：枯槁之物亦有性，是如何？曰：是它合下有此理。故云：天下无性外之物。因行街云：阶砖便有砖之理。因坐云：竹椅便有竹椅之理。枯槁之物谓之无生意则可，谓之无生理则不可。如朽木无所用，止可付之爨灶，是无生意矣。然烧甚么木，则是甚么气，亦各不同。这是理元如此。

朱子是偏向在宇宙论、存有论的观点谈性，事至显然。朱子自己是有一套一贯的想法，尤其到了晚岁，信心甚坚。

但他的说法是否合乎古义,是否优于另外的说法,此则是完全不同的问题,不可一概而论。

三、朱子对于情的重视

朱子一贯以为性是未发,性既无形,故不可以直接的方法掌握,必由已发倒溯回去,始可以见性之本然。而已发之著者为情,此所以朱子也重视情,道理是很明显的。

《语类》曰:

> 有这性,便发出这情。因这情,便见得这性。因今日有这情,便见得本来有这性。(《语类》卷五)

又曰:

> 性不可言。所以言性善者,只看他恻隐辞逊四端之善,则可以见其性之善。如见水流之清,则知源头必清矣。四端情也。性则理也。发者情也,其本则性也。如见影知形之意。(《语类》卷五)

由此可见朱子所用的是后天(a posteriori)由流溯源的方法。但一旦既已把握到性的本源,自也可以倒转来说。故曰:

> 性是根,情是那芽子。(《语类》卷一一九)
> 情者,性之所发。(《语类》卷五九)

再由性情的内容来看,则朱子又有进一步的议论。《语类》有云:

> 仁,性也。性只是理而已。爱是情,情则发于用。

性者，指其未发，故曰：仁者爱之理。情即已发，故曰：爱者仁之用。(《语类》卷二〇)

又曰：

仁是爱之理，爱是仁之用。未发时只唤做仁，仁即无形影。既发后方唤做爱，爱却有形影。未发而言仁，可以包义礼智。既发而言恻隐，可以包恭敬辞逊是非。四端者，端如萌芽相似，恻隐方是从仁里面发出来底端。程子曰：因其恻隐，知其有仁，因其外面发出来底，便知是性在里面。(《语类》卷二〇)

简括起来则可说：

爱是恻隐，恻隐是情，其理则谓之仁。(《语类》卷二〇)

这样的看法基本上是遵守伊川仁性爱情的纲领，但规定得更为确定，仁成为但理。说仁无形影，至少《论语》并不给人这个印象。朱子又以他自己的一套解孟子，其实也只是一表面的相合，发展的是另一形态的思路。

《语类》有云：

孟子道性善，性无形容处，故说其发出来底。(《语类》卷五九)

又曰：

孟子说性，乃是于发处见其善。(《语类》卷五七)

问：孟子言性何必于其已发处言之？曰：未发是性，已发是善。(《语类》卷五五)

孟子基本的思路是仁义内在，性由心显，由恻隐之心以说性善，由已发而言未发，似乎并无差谬之处。问题是出在进一步的阐释之上。孟子讲恻隐之心，根本没有说到恻隐是情的问题。这一个心，只要不流放出去，扩而充之乃沛然莫之能御。尽心知性，这里所谓的心是本心，性即是本然之性。心性一贯，两下里毫无暌隔，纯为一本之论。但朱子是一经验实然的心态，不能纯由超越的立场谈本心、本性，为了要安排现实之恶，乃必须将性情分层，理气二元不离不杂，发展出一不同的义理格局来。

《语类》曰：

> 问：乃若其情。曰：性不可说，情却可说。所以告子问性，孟子却答他情。盖谓情可为善，则性无有不善。所谓四端者，皆情也。仁是性，恻隐是情。恻隐是仁发出来底端芽，如一个谷种相似。谷之生是性，发为萌芽是情。所谓性只是那仁义理智四者而已。四件无不善，发出来则有不善，何故？残忍便是那恻隐反底，冒昧便是那羞恶反底。（《语类》卷五九）

先由章句本身来说，孟子所谓乃若其情，乃是情实之情，根本没有朱子所说的情的意思，显是误释。再由义理的角度来看，孟子虽不否认有现实上之恶。但恻隐之心的本心一发，决无不善可言，即是本然之性的表现。朱子却把性和情打成两截，性即理，自无不善。但性理缺乏作为，一关联到气，谈到情的问题，便有善有不善。孟子是纯由超越的立场讲心性之一贯，朱子则将超越的性理与实然的情气分解为二。这样也可以自成一思路，但绝非孟子原来的思路。

讨论情的问题，顺着孟子的思路追溯下去，自不能不接触到才的问题。

《语类》曰：

> 德粹问：孟子道性善。又曰：若其情，可以为善，是如何？曰：且道性情才三者是一物是三物？德粹云：性是性善，情是反于性，才是才料。曰：情不是反于性，乃性之发处。性如水，情如水之流。情既发，则有善有不善，在人如何耳。才则可为善者也。彼其性既善，则其才亦可以为善。今乃至于为不善，是非才如此，乃自家使得才如此。故曰非才之罪。某问下云：恻隐羞恶辞逊是非之心，亦是情否？曰：是情。舜功问：才是能为此者，如今人曰才能。曰：然。李翱复性则是云灭情以复性，则非。情如何可灭？此乃释氏之说，陷于其中不自知。不知当时曾把与韩退之看否？（《语类》卷五九）

这一段话把性情之间的关系规定得很清楚。情并不是反于性，只是既发则有善有不善。更不可以灭情，所以批评李翱是释氏之说，显然是认定此处乃是儒释之一重要分野。在这一段话中又牵涉到才的问题，从问答中看出朱子以才为才料、才能，似乎是很平常的解法。但细接下去却可以看出朱子的思路与孟子不同。孟子说的是本心，故在心性之间未明分界线，情指情实之意，才只是换一种说法而已。它既关联着本然之性说下来，故不能指才料言，它是一种能，但专指性之能，也即孟子所谓良能。在孟子，情与才是虚位字，但在朱子，情与才则关联到气而转成有实质的内容，并非如孟子所谓的纯善,而可以为善为不善。①

《语类》曰:

> 问:孟子言情才皆善,如何?曰:情本自善,其发也,未有染污,何尝不善?才只是资质,亦无不善。譬物之白者未染时,只是白也。(《语类》卷五九)

> 孟子论才,专言善,何也?曰:才本是善,但为气所染,故有善不善。亦是人不能尽其才。人皆有许多才,圣人却做许多事,我不能做得些子出。故孟子谓:或相倍蓰而无算者,不能尽其才者也。(《语类》卷五九)

> 孟子言才,不以为不善,盖其意谓善性也。只发出来者是才。若夫就气质上言才,如何无善恶?(《语类》卷五九)

朱子显然是在以他自己的思想解孟子。朱子并进一步用譬喻来阐明心性情才之间的关系。《语类》曰:

> 问:情与才何别?曰:情只是所发之路陌,才是会恁地去做底。且如恻隐,有恳切者,有不恳切者,是则才之有不同。又问:如此则才与心之用相类。曰:才是心之力,是有气力去做底。心是管摄主宰者,此心之所以为大也。心譬水也。性,水之理也。性所以立乎水之静,情所以行乎水之动,欲则水之流而至于滥也,才者水之气力所以能流者,其流有急有缓,则是才之不同。伊川谓性禀于天,才禀于气是也。只有性是一定,情与心与才便合着气了。心本未尝不同,随人生得来便别了。

---

① 参见牟宗三:《心体与性体》,第三册,416~418页。

情则可以善可以恶。又曰：要见得分晓，但看明道云：其体则谓之易，其理则谓之道，其用则谓之神。易，心也，道，性也，神，情也，此天地之性情也。(《语类》卷五)

朱子将性属理，心、情、才则属于气，但三者之性质与功能又彼此不同。此绝非明道之说本意。《语类》曰：

性者，心之理。情者，心之动。才便是那情之会恁地者。情与才绝相近。但情是遇物而发，路陌曲折，恁地去底。才是那会如此底。要之，千头万绪皆是从心上来。(《语类》卷五)

彼此的价值也有不同。

问：性之所以无不善，以其出于天也。才之所以有善不善，以其出于气也。要之，性出于天，气亦出于天，何故便至于此？曰：性是形而上者，气是形而下者。形而上者全是天理，形而下者只是那渣滓。至于形，又是渣滓，至浊者也。(《语类》卷五)

孟子讲践形，乃是一本之论，显然缺少朱子这样的分殊。朱子的根据在伊川，其实他本人也知道伊川与孟子是不同的思路。《语类》曰：

问：孟程所论才同异。曰：才只一般，能为之谓才。问：《集注》说，孟子专指其出于性者言之，程子兼指其禀于气者言之，又是如何？曰：固是，要之，才只是一个才。才之初亦无不善，缘他气禀有善恶，故其才亦有善恶。孟子自其同者言之，故以为出于性。程子自其异者言之，故以为禀于气。大抵孟子多是专以性言，故以为性善，才亦无不善。到周子、程子、张子方始说到气上。要之，须兼是二者言之方备。只缘孟子不曾说到气上，觉得此段话无结杀，故有后来荀、扬许多议论出。韩文公亦见得人有不同处，然亦不知是气禀之异，不妨有百千般样不同。故不敢大段说开，只说性有三品。不知气禀不同，岂三品所能尽耶？（《语类》卷五九）

由此可见孟子所言是超越层，程子所言是经验实然层，本不是一回事。朱子则极力想和会两家之说。《语类》有云：

若孟子与伊川论才，则皆是。孟子所谓才，止是指本性而言。性之发用无有不善处。如人之有才，事事做得出来。一性之中万善完备。发将出来，便是才也。又云：恻隐羞恶是心也，能恻隐羞恶者才也。如伊川论才却是指气质而言也。气质之性，古人虽不曾说著，考之经典，却有此意。如《书》云：惟人万物之灵，亶聪明，作元后，与夫天乃锡王勇智之说，皆此意也。孔子谓性相近也，习相远也，孟子辨告子生之谓性，亦是说气质之性。近世被濂溪拈掇出来，而横渠二程始有气质之性之说。此伊川论才所以云有善不善者，盖主此而言也，如韩愈所引越椒等事，若不著个气质说，后如何说得他？韩愈论性，比之荀、扬，最好。将性分三品，此亦是论气质之性，但欠一个气字耳。（《语类》卷五九）

由这一段话可见，朱子直以宋儒之提出气的概念论性，乃是一大突破。

《语类》又曰：

> 扬尹叔问：伊川曰：语其才则有下愚之不移，与孟子非天之降才尔殊，语意似不同。曰：孟子之说自是与程子之说小异。孟子只见得是性善，便把才都做善，不知有所谓气禀各不同。如后稷岐嶷，越椒知其必灭若敖，是气禀如此。若都把做善，又有此等处。须说到气禀方得。孟子已见得性善，只就大本处理会。更不思量这下面善恶所由起处有所谓气禀各不同。后人看不出，所以惹得许多善恶混底说来相炒。程子说得较密，因举论性不论气不备，论气不论性不明，二之则不是，须如此，兼性与气说，方尽。此论盖自濂溪太极言阴阳五行有不齐处，二程因其说推出气质之性来，使程子生在周子之前，未必能发明到此。又曰：才固是善，若能尽其才，可知是善是好。所以不能尽其才处，只缘是气禀恁地。问：才与情如何分别？情是才之动否？曰：情是这里（原注：以手指心。）发出，有个路脉曲折，随物恁地去。才是能主张运用做事底。同这一事，有人会发挥得，有不会发挥得。同这一物，有人会做得，有人不会做得。此可见其才。又问：气出于天否？曰：性与气皆出于天。性只是理。气则已属于形象。性之善固人所同，气便有不齐处。（下略）（《语类》卷八五）

朱子费了很大的苦心来调和孟子与伊川的说法。伊川以才为一有实质内容之独立概念，他认为才禀于气，也可以说出一番道理来。但以这一方式去说孟子的非才之罪，非天之降才尔殊，却甚不相应。朱子的意思似谓，依性理而发的是本然之情，依性理而会发能发的是本然之才，但性理本身不能活动，能活动的是气，是才情。然才情既关联到气，故必通过后天的工夫使其合于性理，此处并没有必然性，真正纯善的只是性理，故不能从本质上言才情本善。孟子则是由超越的层面讲心性情才之一贯，没有这种二元分殊的说法。故朱子说孟子和伊川是小异，其实是代表两个不同的思想系统。朱子喜欢谈气禀，同情显然是在伊川一边。但他企图由才情之合于性理的说法来缩短伊川与孟子之间的距离，确是费了一番苦心。只不过两种思想之间的差别终不可掩。伊川与朱子的说法是照顾到经验实然层次的恶，但由超越层面讲本性、本心则有一间之隔，有透不上去的感觉。①

与这些问题相关的还有命的问题。《孟子·尽心》章有这样一段话：

> 孟子曰：口之于味也，目之于色也，耳之于声也，鼻之于臭也，四肢之于安佚也，性也，有命焉，君子不谓性也。仁之于父子也，义之于君臣也，礼之于宾主也，智之于贤者也，圣人之于天道也，命也，有性焉，君子不谓命也。

朱子注"性也，有命焉，君子不谓性也"说：

> 程子曰：五者之欲，性也。然有分，不能皆如其愿，则是命也。不可谓我性之所有，而求必得之也。愚按不能皆如其愿，不止为穷贱，盖虽富贵之极，亦有品节限制，则是亦有命也。

---

① 参见牟宗三：《心体与性体》，第三册，420~425 页。

注"命也，有性焉，君子不谓命也"则说：

> 程子曰：仁义礼智天道在人，则赋于命者，所禀有厚薄清浊。然而性善，可学而尽，故不谓之命也。张子曰：晏婴智矣，而不知仲尼，是非命耶？愚按所禀者厚而清，则其仁之于父子也至，义之于君臣也尽，礼之于宾主也恭，智之于贤否也哲，圣人之于天道也无不吻合，而纯亦不已焉。薄而浊，则反是。是皆所谓命也。或曰："者"当"作"否，"人"衍字，更详之。愚闻之师曰：此二条者，皆性之所有，而命于天者也。然世之人以前五者为性，虽有不得而必欲求之，以后五者为命，一有不至，则不复致力，故孟子各就其重处言之，以伸此而抑彼也。张子所谓养则付命于天，道则责成于己，其言约而尽矣。

《集注》的意思大体是不错的。大概孟子的原意是，口之于味之类虽也是性，一般生之谓性即此说法，但这不是人之所以为人之真性。这些固然是发于生理欲望之动物性之所欲，然有命存焉，不可借口为性而必欲求之。所重是在命之限制，故曰君子不谓性也。至于仁义礼智，实现到什么程度，自也牵涉到气命的问题，但却不应诿之于命，只应尽心尽性而已，故曰君子不谓命也。但两句话之中所谈到的命，均系指气命而言，应无疑义。

《朱子语类》卷六十一对于"口之于味也章"又有以下的讨论：

> 孟子亦言气质之性，如口之于味也之类是也。
>
> 徐震问：口之于味以至四肢之于安佚是性否？曰：

岂不是性，然以此求性不可，故曰君子不谓性也。

敬之问：有命焉，君子不谓性也，有命焉，乃是圣人要人全其正性。曰：不然。此分明说，君子不谓性。这性字便不全是就理上说。夫口之欲食、目之欲色、耳之欲声、鼻之欲臭、四肢之欲安逸，如何自会恁地？这固是天理之自然。然理附于气，这许多却从血气躯壳上发出来，故君子不当以此为主，而以天命之理为主，都不把那个当事。但看这理合如何。有命焉，有性焉，此命字与性字是就理上说。性也君子不谓性也，命也君子不谓命也，此性字与命字是就气上说。

仁之于父子、义之于君臣、礼之于宾主、智之于贤者、圣人之于天道，命也，有性焉，君子不谓命也。此命字有两说，一以所禀言之，一以所值言之。《集注》之说是以所禀言之。清而厚，则仁之于父子也至。若瞽瞍之于舜，则薄于仁矣。义之于君臣也尽，若桀纣之于逢干，则薄于义矣。礼薄而至于宾主之失其欢。智薄而至于贤者之不能尽知其极。至于圣人之于天道。有性之反之之不同，如尧舜之盛德，固备于天道。若禹入圣域而不优，则亦其禀之有未纯处。是皆所谓命也。

或问：君子不谓性、命。曰：论来口之于味、目之于色、耳之于声、鼻之于臭、四肢之于安佚，固是性，然亦便是合下赋予之命。仁之于父子，义之于君臣，礼之于宾主，智之于贤者，圣人之于天道，固是命，然亦便是各得其所受之理，便是性。孟子恐人只见得一边，故就其所主而言。舜禹相授受，只说人心惟危，道心惟微。论来只有一个心，那得有两样？只就他所主而言，那个便唤做人心，那个便唤做道心。人心如口之于味、目之于色、耳之于声、鼻之于臭、四肢之于安佚，若以为性所当然，一向惟意所欲，却不可，盖有命存焉，须着安于定分，不敢少过，始得。道心如仁之于父子、义之于君臣、礼之于宾主、智之于贤者、圣人之于天道，若以为命已前定，任其如何，更不尽心，却不可。盖有性存焉。须着尽此心以求合乎理始得。又曰：口之于味、目之于色、耳之于声、鼻之于臭、四肢之于安佚，这虽说道性，其实已不是性之本原。惟性中有此理，故口必欲味、耳必欲声、目必欲色、鼻必欲臭、四肢必欲安佚，自然发出如此。若本无此理，口自不欲味，耳自不欲声，目自不欲色，鼻自不欲臭，四肢自不欲安佚。

朱子作这些进一步议论的发挥，却看出他的思想自成一个理路，与孟子并不相同。论性、论命都有他自己特别的见解。先就性来说，如口之于味之类，孟子虽顺着一般生之谓性的说法，其实并不以之为真性。但朱子却以之为气质之性，将之坐实来说，意思显然有了转变。其实以气质之性说口之于味并不妥当。气质之性一般是以刚柔缓急、有才与不才之气之偏而说的一种气性或才性，口之于味则只是发于生理欲望之一般相同之动物性，还谈不上气性才性。荀子之说性恶即关联此动物性而来。孟子既分辨小体、大体，故不能真以之为性。但朱子不只以之为气质之性，并认为所以口之欲食，乃是天理之自然，唯性中有理，故口必欲食，若本无此理，口自不欲味。这样的思路是由口之欲食之实然推出其所以然之理，但这样推证出来的性理是一中性无色的性理，和孟子由内在道德性以言性的思路，乃有了很大的距离。

其次再谈命。孟子言命，本是有两个不同的层次。此处所言乃是气命，也即命限之命。孟子所谓"夭寿不贰，修身以俟之，所以立命也"，"莫非命也，顺受其正，是故知命者不立乎岩墙之下"，这些都带着气化言，故都有气命的意味。但另一方面则有理命，孟子之言"君子所性，虽大行不加焉，虽穷居不损焉，分定故也"，理命是尽性之事，是我可以掌握的，性之所命而当为，故只需尽之而已。谈理命本身并没有慨叹的意味，只有在实际尽命时碰到限制，接触到气命的问题，才有无可奈何之感，罗近溪所谓真正仲尼临终不免叹口气者也。这两层的界限是很清楚的。但朱子说"有命焉，有性焉，此命字与性字是就理上说"，这是不合乎孟子原意的。

《语类》又曰：

> 或问命字之义。曰：命谓天之付与，所谓天令之谓命也。然命有两般，有以气言者，厚薄清浊之禀不同也。如此谓道之将行将废命也，得之不得曰有命是也。有以理言者，天道流行，付而在人，则为仁义礼智之性。如所谓五十而知天命，天命之谓性是也。二者皆天所赋与，故皆曰命。（下略）（《语类》卷六一）

命有气命、理命之不同，此不在话下。但气命是命限之命，有限制义。理命是命令义。天命之谓性是直接赋与义，命令义，天赋与我以真性，此处不显限制义。必涉气命，而后有命限之感，此处也说天赋，似不甚妥。五十而知天命已不纯以理言，朱子的解释也有问题。总之，朱子是由一泛认知主义的观点出发，理的观念扩大到道德范围以外，平铺着讲，理论效果自不能不有异。①

四、朱子哲学思想的枢纽点：心②

朱子哲学思想的枢纽点是在心。《语类》曰：

> 人多说性，方说心。看来当先说心。古人制字亦先制得心字，性与情皆从心。以人之生言之，固是先得这道理；然才生，这许多道理却都具在心里。且如仁义，自是性，孟子则曰仁义之心。恻隐羞恶自是情，孟子则曰恻隐之心羞恶之心。盖性即心之理，情即性之用。今先说一个心，便教人识得个情性底总脑，教人知得个道理存着处。若先说性，却似性中别有一个心。横渠心统性情语极好。又曰合性与知觉有心之名，则恐不能无病，便似性外别有一个知觉了。（《语类》卷五）

《语类》又云：

> 孟子言恻隐之心仁之端也。仁性也，恻隐情也，此是情上见得心。又曰仁义礼智根于心，此是性上见得心。盖心便是包得那性情。性是体，情是用，心字只一个字母，故性情字皆从心。（《语类》卷五）

由以上这两段话，可见朱子是以他的心性情三分架局来解析心的概念。性是理，对朱子言是一必要的形上基础。然

---

① 参见牟宗三：《心体与性体》，第三册，425～439 页。
② 参见拙作：Shu-hsien Liu, "The Function of the Mind in Chu Hsis Philosophy", *Journal of Chinese Philosophy*, Vol. 5 (June 1978), 195-208。

而但理不能起任何作用。情虽说是用，但情是已发，可以漫荡无归，不必一定中理纯善，故必须加以节制驾驭才行。情既是被节制驾驭者，它不可能是自己的主宰，此实际主宰者也不能是理，因为理只是一些道理，本身不能有任何作为，必另有一作主宰者用这些道理来节制驾驭情才行。这一主宰在朱子看来就是心。此所以心的观念在朱子的思想之中乃占一枢纽性的地位，而朱子终生服膺横渠心统性情之说。

《语类》曰：

> 惟心无对。心统性情，二程却无一句似此切。（《语类》卷九八）

又云：

> 横渠心统性情一句乃不易之论。孟子说心许多，皆未有似此语端的，仔细看便见。其他诸子等书皆无依稀似此。（《语类》卷一〇〇）

专就这一点而言，朱子对于横渠可谓推崇备至，以其超过孟子与二程，理由也自显而易见。如孟子是浑沦一贯的说法，根本未作心性情的分解；他讲的是超越层面的本心、本性，则心、性、情（实）、才皆善，人在实际层面上为恶，不能归咎于人的本来的禀赋，故曰非才之罪也。但朱子以性即理，情落实为喜怒哀乐、恻隐羞恶之情，才则落实为气质层面之才，心亦为一经验实然层面之心，故才情可以为善为不善，心虽具众理而可以为主宰，但必须做后天致知穷理的工夫，才可以到达最后心即理的境界。朱子这样的解析自不必合于孟子的原义，伊川性即理之说首开其先河，仁性爱情之说更奠定了朱子仁说的思想的基础，但如不能凸显出心之可以作主宰义，则整个思想系统缺少了一个通贯的原理，同时也没法子讲做工夫的次第。

由以上的解析，我们可以看得很清楚，姑无论朱子所讲的心是否合于孟子心学的原义，朱子的思想是否真正能掌握到一超越的本心而无憾，毫无疑问的乃是由于朱子思想内部的要求，必须把心当作他的哲学思想的枢纽点。再由发展的观点着眼，朱子之师李延平是为了解决制心的问题而从学于罗豫章；朱子本人在西林受学于延平时曾经咏过"旧喜安心苦觅心"的诗句，早年所撰《存斋记》一文讨论的是存心的问题，乃至促使朱子思想由中和旧说之转向中和新说的一个重要的理由即乃是对于心之周流贯彻的体认，始放弃了其旧说以心为已发的说法。如此则谓朱子思想的一个中心是对于心的问题的关注，是绝不为过的。如果以上的解析无误的话，那么世称朱子之学为"理学"，以对立于陆王所谓"心学"，就不能说是没有问题了。这一类的名词如果不经过适当的阐释，是可以引起误解的。钱穆先生极不满意这两个名词是有他的理由的。① 事实上朱子虽服膺伊川性即理之说，但绝非不重视心，而陆王既讲心即理，显非不重视理。两条思路对心、对理的了解有本质性的区别，则不可掩。陆王讲心即理，心与理之间是同一关系。朱子讲心具众理，一定要经过后天工夫的修养，才可以讲心与理一。故朱子也可讲心即理，但其含义乃和陆王的讲法不同。牟宗三先生在《心体与性体》一书中，以陆王为纵贯系统，而以程（伊川）朱为横摄系统，

---

① 参见钱穆：《朱子新学案》，第一册，48、55、139 页；第二册，1、104~106、424 页；第三册，368~369 页。

比较说来，能够把握到两系分殊的要点。①

我们对于总的纲领既有一大体把握，以下乃进一步来分析朱子对于心的理解的细节内容。朱子讲心性情，最后都得要消融到理气这两个基本概念来了解。性是理，情才是气，这不成问题，心的地位又是如何呢？就其为一经验实然之心而言，心肯定是气，因为在朱子的思想之中，理不能有作为，而心有作为，故心不可能是理。但心是气所形成的一样极其特殊的东西。心具众理，也即心的知是以理为内容。同时心又有主宰义。从这个角度说来，心又可以说为理与气之间的桥梁。但这当然是一较松弛的说法，因为心本身属气，若理气之间真有一桥梁，应为一不同于理气之第三者，但朱子的着眼点是，只有心能够依理御气，此地所言之气显指气之粗重者而言，朱子的意思并非不可晓，故我们可以不必以词害意，下面就让我们略事征引来阐明刚才所说的那些意思。

《语类》曰：

> 心者气之精爽。（《语类》卷五）
>
> 问：灵处是心抑是性？曰：灵处只是心，不是性。性只是理。（《语类》卷五）
>
> 所觉者心之理也。能觉者气之灵也。（《语类》卷五）
>
> 性便是心所有之理，心便是理之所会之地。（《语类》卷五）
>
> 性是理。心是包含该载敷施发用底。（《语类》卷五）
>
> 心以性为体，心将性做馅子模样，盖心之所以具是

---

① 参见牟宗三：《心体与性体》，第三册，54、66~67、352~353、476~484页。

理者，以有性故也。(《语类》卷五)

性犹太极也，心犹阴阳也。太极只在阴阳之中，非能离阴阳也。(下略)(《语类》卷五)

心之理是太极，心之动静是阴阳。(《语类》卷五)

所知觉者是理。理不离知觉，知觉不离理。(《语类》卷五)

问：知觉是心之灵，固如此，抑气为之邪？曰：不专是气。是先有知觉之理，理未知觉。气聚成形，理与气合，便能知觉。譬如这烛火，是因得这脂膏便有许多光焰。(下略)(《语类》卷五)

问：心是知觉，性是理，心与理如何得贯通为一？曰：不须去贯通，本来贯通。如何本来贯通？曰：理无心则无着处。(《语类》卷五)

虚灵自是心之本体，非我所能虚也。耳目之视听，所以视听者即其心也，岂有形象？然有耳目以视听之，则犹有形象也，若心之虚灵，何尝有物？(《语类》卷五)

心之全体湛然虚明，万理具足，无一毫私欲之间。其流行该遍，贯乎动静，而妙用又无不在焉。故以其未发而全体者言之，则性也；以其已发而妙用者言之，则情也。然心统性情，只就浑沦一物之中，指其已发未发而为言尔，非是性是一个地头，心是一个地头，情又是一个地头，如此悬隔也。(《语类》卷五)

以上由《语类》卷五征引这许多段落，大体可以了解朱子意旨之所在。心是气之精爽者，我们所以能有知觉就是因为心之灵的缘故。但心并非一物，它的本体是虚灵，所以没有形象。但心之没有形象与性之无形的含义却并不一样。性是理，在而不有，故无形，也无作用，无计度；心却是实际存在的有，只不可当作一物看待，它的存有乃由其作用见，知觉便是一最明显的例子。心和性的关系正反映了理和气的不离不杂的关系。若没有知觉之理，自不能有知觉，但理本身也不能够知觉，必理与气合，才能知觉。朱子用太极与阴阳来比喻性与心的关系。太极不即是阴阳，却又在阴阳之中，不能离开阴阳。坐实来说，性便是心所有之理，心便是理之所会之地。在朱子的思想系统之中，心、气是性、理的具体化实现所必须依赖的凭借，反过来，性理则又是一切现实存有的超越的形而上的根据。朱子很喜欢用心将性做馅子模样的比喻来说明二者的关系。在问答中，朱子说心与理本来贯通，所表明的仍是同一意思，理无心则无着处，这是心具众理的另一说法，绝非陆王心即理之以心、理为同一关系那种本来贯通的意思。而朱子这一答复，显然不是由工夫论的观点着眼，他是由存有论的观点肯定心、气、性、理之间的不离不杂的关系。专就这个问题来说，朱子曾极赞邵子的卓识。

《语类》曰：

> 性者道之形体，心者性之郭郭，康节这数句极好。盖道即理也，如父子有亲、君臣有义是也。然非性何以见理之所在？故曰：性者道之形体。仁义礼智性也、理也，而具此性者心也，故曰：心者性之郭郭。（《语类》卷一〇〇）

又云：

> 邵尧夫说：性者道之形体，心者性之郭郭，此说甚

好。盖道无形体，只性便是道之形体。然若无个心，却将性在甚处？须是有个心，便收拾得这性，发用出来。(《语类》卷四)

道理要落实到人而表现为人之性，但性理却还要通过心才能有真正具体的表现。

朱子之《孟子·尽心》注曰：

心者人之神明，所以具众理而应万事者也。

《大学》明德注曰：

虚灵不昧，以具众理而应万事。

正因为心的本质功能如此，所以朱子又着重心之主宰义。《语类》有云：

性是心之道理，心是主宰于身者，四端便是情，是心之发见处。四者之萌皆出于心，而其所以然者，则是此性之理所在也。(《语类》卷五)

盖主宰运用底便是心，性便是会恁地做底理。性则一定在这里，到主宰运用却在心。情只是几个路子，随这路子恁地做去底却又是心。(《语类》卷五)

而心之所以能有主宰的作用，则正是因为心有知的缘故。《语类》云：

或问：心之神明妙众理而宰万物。(中略)曰：理是定在这里，心便是运用这理底。须是知得到。知若不到，欲为善也未肯便与你为善，欲不为恶也未肯便不与你为恶。知得到了，直是如饥渴之于饮食。(《语类》卷一七)

又云：

> 大凡道理皆是我自有之物，非从外得。所谓知者，便只是知得我底道理，非是以我之知去知彼道理也。道理固本有，用知方发得出来。若无知，道理何从而见？所以谓之妙众理，犹言能运用众理也。运用字有病，故只下得妙字。（《语类》卷一七）

在朱子的思想系统中，心具众理，故也可以说道理本有，但必须用知才发得出来。《语类》曰：

> 问：知如何宰物？曰：无所知觉则不足以宰制万物，要宰制他，也须是知觉。（《语类》卷一七）

又曰：

> 或问：宰万物是主宰之宰、宰制之宰？曰：主便是宰，宰便是制。又问：《孟子集注》言，心者具众理而应万事，此言妙众理而宰万物如何？曰：妙字便稍精彩，但只是不甚稳当。具字便平稳。（《语类》卷一七）

其实必用这两种说法才足以尽朱子的意思。心具众理，同时如果心能够运用理，便能够作主宰，应万事。但这一经验实然之心也可以流放出去，失却其主宰的作用。

《文集》卷三十二答张敬夫有云：

> 感于物者心也，其动者情也。情根乎性而宰乎心。心为之宰，则其动也无不中节矣，何人欲之有！惟心不宰而情自动，是以流于人欲而每不得其正也。然则天理人欲之判，中节不中节之分，特在乎心之宰与不宰，而非情能病之，亦已明矣。盖虽曰中节，然是亦情也。但

其所以中节者乃心耳。(《文集》卷三十二《答张敬夫十八书》之第六书)

心而不宰即可以为恶。

《语类》曰：

> 凡事莫非心之所为，虽放辟邪侈，亦是此心。善恶但如反复手，翻一转，便是恶，只安顿不着，亦便是不善。(《语类》卷一三)

由此可见，心与性理不同。《语类》曰：

> 心有善恶，性无不善。若论气质之性，亦有不善。(《语类》卷五)

又曰：

> 或问：心有善恶否？曰：心是动底物事，自然有善恶。且如恻隐是善也，见孺子入井而无恻隐之心，便是恶矣。离着善便是恶，然心之本体未尝不善。又却不可说恶全不是心，若不是心，是甚么做出来？（下略）(《语类》卷五)

朱子的意思是，心的本体或本质状态虽是虚灵不昧，具众理而应万事，但在实际上它却不必如此，于是产生出恶来。朱子体验到善恶之间的距离是极小的。《语类》曰：

> 恶不可谓从善中直下来，只是不能善，则偏于一边为恶。(《语类》卷五五)

善恶的关系如此，天理人欲的关系也是如此。《文集》卷四十答何叔京有云：

> 人之本心无有不仁。但既汩于物欲而失之，便须用功亲切，方可复得其本心之仁。（中略）
>
> 来教谓不知自何而有此人欲，此问甚紧切。熹窃以谓人欲云者，正天理之反耳。谓因天理而有人欲则可，谓人欲亦是天理则不可。盖天理中本无人欲，惟其流之有差，遂生出人欲来。程子谓善恶皆天理，（原注：此句若甚可骇。）谓之恶者本非恶，（原注：此句便都转了。）但过与不及便如此。（原注：自何而有此人欲之问，此句答了。）（下略）（《文集》卷四十《答何叔京三十二书》之第三十书）

恶与人欲之源决不可能在性理，甚至也不在心之本体，但却不能说不在心。这样朱子乃有人心、道心之说，相应于其气质之性与义理之性的分殊。

《文集》卷三十九答许顺之有云：

> 心一也。操而存则义理明而谓之道心，舍而亡则物欲肆而谓之人心。（原注：亡不是无，只是走出逐物去了。）自人心而收回便是道心，自道心而放出便是人心。顷刻之间，恍惚万状，所谓出入无时，莫知其向也。（《文集》卷三十九《答许顺之二十七书》之第十九书）①

伪《古文尚书》有"人心惟危，道心惟微，惟精惟一，允执厥中"之语，宋明理学家称之为十六字传心诀，对于这一问题之重视也实由于朱子所倡导。其说见《文集》卷七十六《中庸章句序》有曰：

---

① 钱穆：《朱子新学案》，第二册，115～116页，钱先生误以此函为《文集》卷四十答何叔京书，但271页则又列为答许顺之书，不知怎样会将二函混淆？

自上古圣神继天立极，而道统之传有自来矣。其见于经，则允执厥中者，尧之所以授舜也。人心惟危，道心惟微，惟精惟一，允执厥中者，舜之所以授禹也。（中略）盖尝论之，心之虚灵知觉，一而已矣，而以为有人心道心之异者，则以其或生于形气之私，或原于性命之正，而所以为知觉者不同，是以或危殆而不安，或微妙而难见耳。然人莫不有是形，故虽上智不能无人心。亦莫不有是性，故虽下愚不能无道心。二者杂于方寸之间，而不知所以治之，则危者愈危，微者愈微，而天理之公，卒无以胜夫人欲之私矣。精则察夫二者之间而不杂也，一则守其本心之正而不离也。从事于斯，无少间断，必使道心常为一身之主，而人心每听命焉，则危者安，微者著，而动静云为，自无过不及之差矣。夫尧舜禹，天下之大圣也，以天下相传，天下之大事也。以天下之大圣行天下之大事，而其授受之际，丁宁告戒，不过如此，则天下之理，岂有加于此哉？

《语类》之中对于这个问题又有进一步的讨论和发挥：

因郑子上书来问人心、道心，先生曰：此心之灵，其觉于理者，道心也，其觉于欲者，人心也。（中略）大雅云：前辈多云，道心是天性之心，人心是人欲之心，今如此交互取之，当否？曰：既是人心如此不好，则须绝灭此身，而后道心始明，且舜何不先说道心，后说人心？大雅云：如此则人心生于血气，道心生于天理，人心可以为善，可以为不善，而道心则全是天理矣。曰：人心是此身有知觉有嗜欲者。如我欲仁，从心所欲，性之欲也。感于物而动，此岂能无，但为物诱而至于陷溺，则为害尔。故圣人以为此人心有知觉嗜欲，然无所主宰，则流而忘反，不可据以为安，故曰危。道心则是义理之心，可以为人心之主宰，而人心据以为准者也。(中略)故当使人心每听道心之区处方可。然此道心却杂出于人心之间，微而难见，故必须精之一之，而后中可执，然此又非有两心也，只是义理与人欲之辨尔。(下略)(《语类》卷六二)

朱子以人心不可无，人欲不可绝，惟不能据此为安，而必须以道心为主宰，这一见解实是始终一致，无大改变。《语类》又有云：

> 人心，尧舜不能无，道心，桀纣不能无。盖人心不全是人欲，若全是人欲，则直是丧乱，岂止危而已哉。只饥食渴饮、目视耳听之类是也，易流故危。道心即恻隐羞恶之心，其端甚微故也。(《语类》卷一一八)

此条吴琮录甲寅记见，朱子年六十五岁。《语类》又曰：

> 问：人心本无不善，发于思虑，方始有不善。今先生指人心对道心而言，谓人心生于形气之私，不知是有形气便有这个人心否？曰：有恁地分别说底，有不恁地说底。如单说人心，则都是好。对道心说着，便是劳攘物事，会生病痛底。(《语类》卷六二)

此条林夔孙录丁巳朱子年六十八岁以后所闻，是朱子晚年对人心的看法。但朱子以人心、道心只是一心，则先后见解并无大殊。

正由于人心可以放逸，所以求放心在朱子的思想之中也成为一个重要的问题。但朱子却有他自己与众不同的见解。《语类》曰：

> 或问：求放心愈求则愈昏乱，如何？曰：即求者便是贤心也。知求则心在矣。今以已在之心复求心，即是有两心矣。虽曰譬之鸡犬，鸡犬却须寻求乃得。此心不待宛转寻求，即觉其失，觉处即心，何更求为？自此更求，自然愈失。此用力甚不多，但只要常知提惺耳。惺则自然光明，不假把捉。今言操之则存，又岂在用把捉，亦只是说欲常常惺觉，莫令放失便是。此事用力极不多，只是些子力尔，然功成后却应事接物观书察理事事赖他。如推车子，初推却用些力，车既行后，自家却赖他以行。（《语类》卷五九）

其实朱子不仅认为孟子鸡犬之喻不全妥当，事实上他对所谓求放心的说法就不很满意。《语类》曰：

> 孟子说学问之道无他，求其放心而已矣，可煞是说得切，仔细看来，却反是说得宽了。孔子只云居处恭，执事敬，与人忠，出门如见大宾，使民如承大祭，若能如此，则此心自无去处，自不容不存，此孟子所以不及孔子。（《语类》卷五九）

朱子要把心注在事上，极不喜反身的说法，此所以他要把放心与致知穷理的问题拉在一起。《语类》曰：

> 学问之道无他，求其放心而已。旧看此只云但求其放心，心正则自定。近看尽有道理。须是看此心果如何。

须是心中明尽万理方可。不然，只是空守此心，如何用得？如平常一件事合放重，今乃放轻，此心不乐，放重则心乐，此可见此处乃与《大学》致知格物正心诚意相表里。可学谓：若不于穷理上作工夫，遽谓心正，乃是告子不动心，如何守得？曰：然。又问：旧看放心一段，第一次看谓不过求放心而已。第二次看谓放心既求，尽当穷理。今闻此说，乃知前日第二说已是隔作两段，须是穷理而后求得放心，不是求放心而后穷理。曰：然。（《语类》卷五九）

此条郑可学录辛亥朱子六十二岁时所闻，可见朱子是以《大学》去消融、订正孟子。而致知穷理的关键则又在心。《语类》曰：

一心具万理，能存心而后可以穷理。（《语类》卷九）
心包万理，万理具于一心。不能存得心，不能穷得理。不能穷得理，不能存得心。（《语类》卷九）
穷理以虚心静虑为本。（《语类》卷九）
人生天地间都有许多道理，不是自家硬把与它，又不是自家凿开它肚肠白放在里面。（《语类》卷九）
理不是面前别有一物，即在吾心。人须是体察得此物诚实在我方可。譬如修养家所谓铅汞龙虎皆是我身内之物，非在外也。（《语类》卷九）

朱子所谓存心显然也非孟子原义，存心是存此心知之明，不使其昏昧，乃可以发挥穷理的作用。理之在心，是认知地具，涵摄地具，关联地具，不是孟子仁义内在之本具。《语类》曰：

五峰曾说如齐宣王不忍觳觫之心乃良心，当存此心。敬夫说，观过知仁，当察过心则知仁。二说皆好意思，然却是寻良心与过心，也不消得。只此心常明，不为物蔽，物来自见。（《语类》卷一〇一）

五峰之说乃直接本孟子不忍人之心而来，南轩之说则又本于五峰而来，其知仁为识仁体之意，朱子与这类的思路不相契合，乃转为心知常明、物来自见之意。《语类》又曰：

> 器远问：穷事物之理，还当穷究个总会处如何？曰：不消说总会，凡是眼前底都是事物，只管恁地逐项穷，教到极至处。渐渐多，自贯通。然为之总会者，心也。（《语类》卷九）

朱子这样的说法和他的《大学章句·格物补传》所谓"必使学者即凡天下之物，莫不因其已知之理而益穷之，以求至乎其极，至于用力之久，而一旦豁然贯通焉，则众物之表里精粗无不到，而吾心之全体大用无不明矣"，是完全一致的。朱子讲尽心，也是放在同一间架下说。他有《尽心说》曰：

> 尽其心者知其性也，知其性则知天矣。言人能尽其心，则是知其性，能知其性，则知天也。盖天者理之自然，而人之所由以生者也。性者理之全体，而人之所得以生者也。心则人之所以主于身而具是理者也。天大无外，而性禀其全。故人之本心，其体廓然，亦无限量。惟其梏于形器之私，滞于见闻之小，是以有所蔽而不尽。人能即事即物穷究其理，至于一日会贯通彻，而无所遗焉，则有以全其本心廓然之体，而吾之所以为性，与天

之所以为天者，皆不外乎此而一以贯之矣。(《文集》卷六十七《杂著》)

此文可以见其泛认知主义之大体倾向，然语犹未尽。《孟子·尽心》注曰：

> 心者人之神明，所以具众理而应万事者也。性则心之所具之理。而天又理之所从以出者也。人有是心，莫非全体。然不穷理，则有所蔽，而无以尽乎此心之量。故能极其心之全体而无不尽者，必其能穷夫理而无不知者也。既知其理，则其所从出亦不外是矣。以《大学》之序言之，知性则物格之谓，尽心则知至之谓也。

这个注是朱子晚年成熟的见解，不只用《大学》的架局来释《孟子》，而且倒转了尽心知性的次序，明言尽心由于知性。《语类》中的讨论意思大体相同，兹再选录几条以为印证。

> 知性然后能尽心，先知然后能尽，未有先尽而后方能知者，盖先知得，然后见得尽。(《语类》卷六〇)

> 尽其心者由知其性也。知得性之理，然后明得此心，知性犹格物，尽心犹知至。(《语类》卷六〇)

此条节录癸丑朱子六十四岁以后所闻。

这两条所说和《尽心》注是完全一致的。《语类》又曰：

> 某前以孟子尽心为如《大学》知至。今思之，恐当作意诚说。盖孟子当时特地说个尽心，煞须用功。所谓尽心者，言心之所存更无一毫不尽。好善便如好好色，恶恶便如恶恶臭。彻底如此，没些虚伪不实。童云：如

所谓尽心力而为之之尽否？曰：然。(《语类》卷六〇)

此条刘砥录庚戌朱子年六十一岁时所闻。把尽心解作意诚在《语类》中也是常见的见解，兹再录一条如下：

> 尽心知性知天，工夫在知性上。尽心只是诚意，知性却是穷理。心有未尽，便有空阙。如十分只尽得七分，便是空阙了二三分。须是如恶恶臭，如好好色。孝便极其孝，仁便极其仁。性即理，理即天。我既知得此理，则所谓尽心者，自是不容已。如此说却不重叠。既能尽心知性，则胸中已是莹白净洁，却只要时时省察，恐有污坏，故终以存养之事。(《语类》卷六〇)

但无论朱子把尽心解作知至或意诚，他那种泛认知主义的说法与孟子的原义是有很大的距离的。孟子的思路是仁义内在，性由心显。恻隐之心的推扩，沛然莫之能御，尽心则所以知性，而知性则所以知天。但在朱子的思想中，性即理，故必倒转过来说尽其心者由知其性也，工夫乃落实在格物穷理之上，尽心本身失却其独立意义。朱子又用例子来说明他自己的看法。《语类》有云：

> 尽心如明镜，无些子蔽翳。只看镜子，若有些少照不见处，便是本身有些尘污。如今人做事，有些子鹘突窒碍，便只是自家见不尽。此心本来虚灵，万理具备，事事物物皆所当知。今人多是气质偏了，又为物欲所蔽，故昏而不能尽知。圣贤所以贵于穷理。又曰：万理虽具于吾心，还使教他知始得。今人有个心在这里，只是不曾使他去知许多道理。少间遇事，做得一边，又不知那一边，见得东遗却西，少间只成私意，皆不能尽道理。

尽得此心者，洞然光明，事事物物无有不合道理。(《语类》卷六〇)

此条叶贺孙录辛亥朱子六十二岁以后所闻。镜子的例子是有重要性的，心能烛理，但不能自照。心之具备万理，乃是认知地具，心必先知许多道理，而后行事才能合乎道理。朱子又用另外的比方来说明心具的意义。《语类》曰：

> 问：先生解尽心知性处云心无体以性为体，如何？曰：心是虚底物，性是里面穰肚馅草。性之理包在心内，到发时却是性底出来。性不是有一个物事在里面唤作性，只是理所当然者便是性，只是人合当如此做底便是性。惟是孟子"恻隐之心，仁之端也"这四句，也有性，也有心，也有情，与横渠心统性情一语好看。(《语类》卷六〇)

朱子心具众理的意义既明，但心所具的理是些什么内容呢？《语类》曰：

> 穷理如性中有个仁义礼智，其发则为恻隐、羞恶、辞逊、是非，只是这四者，任是世间万事万物皆不出此四者之内。曹问：有可一底道理否？曰：见多后，自然贯。又曰：会之于心可以一。得心便能齐，但心安后便是义理。(《语类》卷九)

心静则理明，所明之理不外乎性中所含仁义礼智的道理。《语类》又曰：

> 黄敬之问尽心知性。曰：性是吾心之实理，若不知得，却尽个甚么？又问：知其性则知天矣。曰：性以赋于我之分而言，天以公共道理而言。天便脱模是一个大

底人，人便是一个小底天。吾之仁义礼智即天之元亨利贞。凡吾之所有者，皆自彼而来也。故知吾性则自然知天矣。(《语类》卷六○)

天人之间乃有一种互相应和的关系，由此而可以言天地之心。《语类》曰：

> 天地以生物为心，天包着地，别无所作为，只是生物而已，亘古亘今，生生不穷，人物则得此生物之心以为心，所以个个肖他，本不须说以生物为心，缘个语句难，故着个以生物为心。(《语类》卷五三)

说得更凿实一点，则天心即仁。《语类》有云：

> 仁者，天地生物之心，而人物所得以为心。(《语类》卷九五)

> 心，生道也。心乃生之道。恻隐之心，人之生道也，乃是得天之心以生，生物便是天之心。(《语类》卷九五)

> 人皆有不忍人之心者，是得天地生物之心为心也。盖无天地生物之心，则没这身。才有这血气之身，便具天地生物之心矣。(《语类》卷五三)

> 发明心字，曰：一言以蔽之曰：生而已。天地之大德曰生，人受天地之气而生，故此心必仁，仁则生矣。(《语类》卷五)

> 当来得于天者只是个仁，所以为心之全体。却自仁中分四界子。一界子上是仁之仁，一界子是仁之义，一界子是仁之礼，一界子是仁之智。一个物事四脚撑在里面，唯仁兼统之。心里只有此四物，万物万事皆自此出。

> 天之春夏秋冬最分晓。春生、夏长、秋收、冬藏,虽分四时,然生意未尝不贯。纵雪霜之惨,亦是生意。(《语类》卷六)

仁统诸德,适与天之元德相配比,融贯一切,关于这方面的详细讨论,见于论仁说之一章,此处不必再赘。

朱子又由另一个角度讨论到天地有心无心的问题。《语类》曰:

> 道夫言:向者先生教思量天地有心无心,近思之切,谓天地无心,仁便是天地之心。若使其有心,必有思虑有营为。天地曷尝有思虑来?然其所以四时行万物生者,盖以其合当如此便如此,不待思惟,此所以为天地之道。曰:如此则《易》所谓复其见天地之心,正大而天地之情可见,又如何?如公所说,只说得他无心处尔。若果无心,则须牛生出马,桃树上发李花,他又却自定。程子曰:以主宰谓之帝,以性情谓之乾,他这名义自定,心便是他个主宰处,所以谓天地以生物为心。中间钦夫以为某不合如此说,某谓天地别无勾当,只是以生物为心,一元之气运转流通,略无停息,只是生出许多万物而已。问:程子谓天地无心而成化,圣人有心而无为。曰:这是说天地无心处,且如四时行,百物生,天地何所容心?至于圣人则顺理而已,复何为哉。所以明道云:天地之常,以其心普万物而无心。圣人之常,以其情顺万事而无情。说得最好。问:普万物莫是以心周遍而无私否?曰:天地以此心普及万物,人得之遂为人之心,物得之遂为物之心,草木禽兽接着遂为草木禽兽之心,

只是一个天地之心尔。今须要知得他有心处，又要见得他无心处，只恁定说不得。(《语类》卷一)

讨论这样的问题就可以看到人的语言之不足。从天地之有法有则自有主宰而说天地有心，从天地之无思虑营为而说天地无心。这些意思是没法子只用一个一定的说法解得明白的。

《语类》又曰：

万物生长是天地无心时，枯槁欲生是天地有心时。(《语类》卷一)

这又是由另一角度来说天地之有心无心。上半的一句即是天地无心以成化的另一说法，而下半的一句则是复见天地心的另一说法，只是说得更为生动活泼罢了。

从存有论的观点看，朱子认为，究极来说，就只是同一个天地之心。《语类》有曰：

万物之心便如天地之心，天下之心便如圣人之心。天地之生万物，一个物里面便有一个天地之心，圣人于天下，一个人里面便有一个圣人之心。(《语类》卷二七)

但理虽同，落实下来却不能不分殊。《语类》又有云：

圣人言语只是发明这个道理，这个道理吾身也在里面，万物亦在里面，天地亦在里面，通同只是一个物事。无障碍，无遮碍，吾之心即天地之心。(中略)但天命至正，人心便邪，天命至大，人心便小，所以与天地不相似。而今讲学便要去得与天地不相似处，要与天地相似。(《语类》卷三六)

在经验实然的层面上，人心与天心乃不相似，故必须勤做工夫，克己复礼，始得恢复自己的本心，而与天心一致。

朱子论心，正面的那些意思大体上都讨论到了。由负面来说，则他最讨厌以心觅心之说，对于当时流行的一种识心之论极为反感。

《文集》卷四十九答王子合有云：

> 所谓可识心体者则终觉有病。盖穷理之学只是要识如何为是，如何为非，事物之来，无所疑惑耳，非以此心又识一心，然后得为穷理也。（《文集》卷四十九《答王子合十八书》之第五书）

又有一书曰：

> 穷理之学诚不可以顿进。然必穷之以渐，俟其积累之多，而廓然贯通，乃为识大体耳。今以穷理之学不可顿进，而欲先识夫大体，则未知所谓大体果何物耶？（中略）心犹镜也。但无尘垢之蔽则本体自明，物来能照。今欲自识此心，是欲以镜自照而见夫镜也。既无此理，则非别以一心又识一心而何？后书所论欲识端倪，未免助长者，得之矣。然犹曰其体不可不识，似未离前日窠臼也。（《文集》卷四十九《答王子合十八书》之第十二书）

朱子这种思想与象山为学先立其大的进路彼此距离之大可见一斑。

《文集》卷五十六答方宾王有云：

> 心固不可不识，然静而有以存之，动而有以察之，

则其体用亦昭然矣。近世之言识心者则异于是。盖其静也，初无持养之功，其动也，又无体验之实。但于流行发见之处认得顷刻间正当底意思，便以为本心之妙不过如是。擎劳作弄，做天来大事看，不知此只是心之用耳。此事一过，此用便息，岂有只据此顷刻间意思，便能使天下事事物物无不各得其当之理耶。所以为其学者，于其功夫到处，亦或小有效验，然亦不离此处。而其轻肆狂妄，不顾义理之弊，已有不可胜言者。此其不可以不戒。然亦切勿以此语人，徒增竞辨之端也。(《文集》卷五十六《答方宾王十五书》之第四书)

朱子对于当时的学风极不满意。《语类》有云：

> 如湖南五峰多说人要识心。心自是个识底，又把甚底去识此心。且如人眼，自是见物，却如何见得眼。故学者只要去其物欲之蔽，此心便明。如人用药以治眼，而后眼明。(《语类》卷二〇)

朱子本人的看法自异乎是。《文集》卷四十五答廖子晦有云：

> 所论近世识心之弊则深中其失。古人之学所贵于存心者，盖将即此而穷天下之理。今之所谓存心者，乃欲持此而外天下之理。其得失之端，于此亦可见矣。(《文集》卷四十五《答廖子晦十八书》之第七书)

《文集》卷五十六《答方宾王十五书》之第三书有一小段话意思完全相同，只两三个字不一样，可见这是朱子的一贯见解。《语类》曰：

> 心只是一个心，非是以一个心治一个心，所谓存，所谓收，只是唤醒。（《语类》卷一二）
>
> 今于日用间空闲时收得此心在这里截然，这便是喜怒哀乐未发之中，便是浑然天理。事物之来，随其是非便自见得分晓，是底便是天理，非底便是逆天理。常常恁地收拾得这心在，便如执权衡以度物。（《语类》卷一二）

朱子所发挥的不外乎是伊川涵养在用敬、进学在致知的道理。存心只是把心收敛在这里，终必要落实在穷理上。朱子所怕的是，求放心一类的话若不得善解，就会流入释老去。《语类》有云：

> 今说求放心，说来说去，却似释老说入定一般。但彼到此便死了。吾辈却要得此心主宰得定，方赖此做事业，所以不同也。（《语类》卷一二）

《文集》卷六十七有观心说驳斥佛家，在朱子的心目中，这即是当时流行识心说的由来。兹录全文如下：

> 或问：佛者有观心说，然乎？曰：夫心者，人之所以主乎身者也，一而不二者也，为主而不为客者也，命物而不命于物者也。故以心观物，则物之理得。今复有物以反观乎心，则是此心之外复有一心，而能管乎此心也。然则所谓心者为一耶？为二耶？为主耶？为客耶？为命物者耶？为命于物者耶？此亦不待教而审其言之谬矣。或者曰：若子之言，则圣贤所谓精一，所谓操存，所谓尽心知性、存心养性，所谓见其参于前而倚于衡者，皆何谓哉？应之曰：此言之相似而不同，正苗莠朱紫之

间，而学者之所当辨也。夫谓人心之危者，人欲之萌也，道心之微者，天理之奥也。心则一也，以正不正而异其名耳。惟精惟一，则居其正而审其差者也，绌其异而反其同者也。能如是则信执其中，而无过不及之偏矣。非以道为一心，人为一心，而又有一心以精一之也，夫谓操而存者，非以彼操此而存之也；舍而亡者，非以彼舍此而亡之也。心而自操，则亡者存；舍而不操，则存者亡。然其操之也，亦曰不使旦昼之所为得以梏亡其仁义之良心云尔，非块然兀坐以守其炯然不用之知觉，而谓之操存也。若尽心云者，则格物穷理廓然贯通而有以极夫心之所具之理也。存心云者，则敬以直内，义以方外，若前所谓精一操存之道也。故尽其心而可以知性知天，以其体之不蔽而有以究夫理之自然也。存心而可以养性事天，以其体之不失而有以顺夫理之自然也。是岂以心尽心，以心存心，如两物之相持而不相舍哉？若参前倚衡之云者，则为忠信笃敬而发也。盖曰忠信笃敬，不忘乎心，则无所适而不见其在是云尔，亦非有以见夫心之谓也。且身在此而心参于前，身在舆而心倚于衡，是果何理也耶。大抵圣人之学，本心以穷理，而顺理以应物，如身使臂，如臂使指，其道夷而通，其居广而安，其理实而行自然。释氏之学，以心求心，以心使心，如口龁口，如目视目，其机危而迫，其途险而塞，其理虚而其势逆。盖其言虽有若相似者，而其实之不同，盖如此也。然非夫审思明辨之君子，其亦孰能无惑于斯耶。

在此文中，朱子把他本人的意思说得很清楚。他一方面辟佛，另一方面也是针对胡氏子弟观过知仁说而发。① 朱子自己确有一条特别的理路，然对敌论则往往缺乏一种同情的了解。盖他本人自早年由禅转出乃形成一种忌讳，极端排斥由反身的观点以了解心的说法，一律以之为禅，恐有未当理者。

朱子又有答廖子晦一长书，亦斥当时学者做工夫之不当，并辟所谓洞见全体之说，兹摘录重要段落如下：

> 盖详来喻，正谓日用之间别有一物，光辉闪烁，动荡流转，是即所谓无极之真，所谓谷神不死。二语皆来书所引，所谓无位真人，此释氏语，正谷神之酋长也。学者合下便要识得此物，而后将心想像照管，要得常在目前，乃为根本功夫。至于学问践履，零碎凑合，则自是下一截事，与此粗细，迥然不同。虽以颜子之初，钻高仰坚，瞻前忽后，亦是未见此物，故不得为实见耳。此其意则善矣。若果是如此，则圣人设教，首先便合痛下言语，直指此物，教人著紧体察，要令实见，著紧把捉，要常在目前，以为直截根源之计，而却都无此说，但只教人格物致知，克己复礼，一向就枝叶上零碎处做工夫，岂不误人，枉费日力耶？《论》《孟》之言，平易明白，固无此等玄妙之谈，虽以子思、周子吃紧为人，特著《中庸》《太极》之书以明道体之极致，而其所说用功夫处，只说择善固执、学问思辨而笃行之，只说定之以仁义中正而主静、君子修之吉而已。未尝使人日用之间必求见此天命之性、无极之真而固守之也。盖原此理之所自来，虽极微妙，然其实只是人心之中许多合当做

---

① 参见牟宗三：《心体与性体》，第三册，333页。

底道理而已。但推其本，则见其出于人心，而非人力之所能为，故曰天命。虽万事万化皆自此中流出，而实无形象之可指，故曰无极耳。若论功夫，则只择善固执，中正仁义，便是理会此事处，非是别有一段根原功夫，又在讲学应事之外也。如说求其放心，亦只是说日用之间收敛整齐，不使心念向外走作，庶几其中许多合做底道理渐次分明，可以体察，亦非捉取此物，藏在胸中，然后别分一心出外以应事接物也。

来书又云：事事物物皆有实理，如仁义礼智之性，视听言动之则，皆从天命中来。须如颜曾洞见全体，即无一不善。此说虽似无病，然详其语脉，究其意指，亦是以天命全体者为一物之浑然，而仁义礼智之性，视听言动之则，皆是其中零碎渣滓之物，初不异于前说也。至论所以为学，则又不在乎事事物物之实理，而特以洞见全体为功，凡此似亦只是旧病也。且曰洞见全体，而后事无不善，则是未见以前，未尝一一穷格，以待其贯通，而直以意识想像之耳。是与程子所诃对塔而说相轮者，何以异哉？（《文集》卷四十五《答廖子晦十八书》之第十八书）

《语类》卷一百一十三之中对于这个问题还有进一步的讨论：

安卿问：前日先生与廖子晦书云：道不是有一个物事闪闪烁烁在那里。固是如此。但所谓操则存、舍则亡，毕竟也须有个物事。曰：操存只是教你收敛，教那心莫胡思乱量，几曾捉定有一个物事在里。又问：顾諟天之

> 明命,毕竟是个甚么?曰:只是说见得道理在面前,不被物事遮障了,立则见其参于前,在舆则见其倚于衡,皆是见得理如此。不成是有一块物事光辉辉地在那里。
>
> 廖子晦得书来云:有本原,有学问。某初不晓得,后来看得他们都是把本原处是别有一块物来模样。圣人教人,只是致知格物,不成真个是有一个物事,如一块水银样走来走去。那里这便是禅家说,赤肉团上,自有一个无位真人模样。
>
> 以前看得心只是虚荡荡地,而今看得来湛然虚明,万理便在里面。向前看得便似一张白纸,今看得便见纸上都是字。廖子晦们便只见得是一张纸。

这三条都是黄义刚录癸丑朱子年六十四岁以后所闻。王懋竑《朱子年谱》附录朱子论学切要语卷之二把前引答廖子晦书和《语录》的前两条列于庚申朱子年七十一岁时,并作考异如下:

> 按此两条,发明答廖子晦书尤确,故附著之。据安卿祭文,以己未冬暮至建宁,未久辞去,与子晦书盖在其后。书中有安卿向来至此之语,可考也。廖书在庚申正二月间,此真所谓晚年定论者。安卿在建宁时,不得预以廖书为问,此记者之误。义刚录在癸丑以后,据录言侍教半年,当是癸丑。淳录在己未(朱子年七十),义刚录多与淳录同。凡此皆不可考。而安卿举廖书为问,则其误无疑矣。

此处之第一条,也见于《语类》卷一百一十七训陈淳处,文字方面只有两三个字不同。即使记者有误,详细情形不必尽考，无论如何，答廖子晦书和黄义刚所录的三条是在朱子逝世不久之前，大概没有问题，正如白田所谓，足可以反映朱子晚年定论。

以上我们由正面和负面反复说明朱子对于心的看法。就存有论言，心属气，却具众理。就认识论言，必通过心以致知穷理。就伦理学言，只心才有主宰作用。心之观念在朱子思想中占一枢纽性之地位，应可无疑。①

五、结语

以上我们分别审查了朱子对性、对情、对心的见解，现在再把它们综合起来以得到一个通盘的印象。

《文集》卷五十八有答陈器之一长函：

> 性是太极浑然之体，本不可以名字言。但其中含具万理，而纲理之大者有四，故命之曰仁义礼智。孔门未尝备言，至孟子而始备言之者，盖孔子时性善之理素明，虽不详著其条，而说自具。至孟子时，异端蜂起，往往以性为不善，孟子惧斯理之不明，而思有以明之。苟但曰浑然全体，则恐其如无星之秤，无寸之尺，终不足以晓天下，于是别而言之，界为四破，而四端之说于是而立。盖四端之未发也，虽寂然不动，自其中自有条理，自有间架，不是笼统都无一物。所以外边才感，中间便

---

① 参见拙作：Shu-hsien Liu, "The Function of the Mind in Chu Hsis Philosophy", *Journal of Chinese Philosophy*, Vol. 5 (June 1978), 195–208。

应。如赤子入井之事感,则仁之理便应,而恻隐之心于是乎形。如过庙过朝之事感,则礼之理便应,而恭敬之心于是乎形。盖由其中间众理浑具,各各分明,故外边所遇,随感而应,所以四端之发,各有面貌之不同。是以孟子析而为四,以示学者,使知浑然全体之中而粲然有条若此,则性之善可知矣。然四端之未发也,所谓浑然全体,无声臭之可言,无形象之可见,何以知其粲然有条如此?盖是理之可验乃依然就他发处验得。凡物必有本根。性之理虽无形,而端的之发最可验,故由其恻隐,所以必知其有仁,由其羞恶,所以必知其有义,由其恭敬,所以必知其有礼,由其是非,所以必知其有智。使其本无是理于内,则何以有是端于外?由其有是端于外,所以必知有是理于内,而不可诬也。故孟子言:乃若其情则可以为善矣,乃所谓善也。是则孟子之言性善,盖亦溯其情而逆知之耳。

仁义礼智,既知得界限分晓,又须知四者之中,仁义是个对立底关键。盖仁,仁也;而礼则仁之著。义,义也;而智则义之藏。犹春夏秋冬虽属四时,然春夏皆阳之属也,秋冬皆阴之属也。故曰:立天之道曰阴曰阳,立地之道曰柔与刚,立人之道曰仁与义。是知天地之道,不两则不能以立。故端虽有四,而立之者则两耳。仁义虽对立而成两,然仁实贯通乎四者之中。盖偏言则一事,专言则包四者。故仁者仁之本体,礼者仁之节文,义者仁之断制,智者仁之分别。犹春夏秋冬虽不同,而同出乎春。春则春之生也,夏则春之长也,秋则春之成也,冬则春之藏也。自四而两,自两而一,则统之有宗,会之有元矣。故曰五行一阴阳，阴阳一太极。是天地之理固然也。仁包四端，而智居四端之末者，盖冬者藏也，所以始万物而终万物者也。智有藏之义焉，有始终之义焉，则恻隐、羞恶、恭敬，是三者皆有可为之事，而智则无事可为。但分别其为是为非尔，是以谓之藏也。又恻隐、羞恶、恭敬皆是一面底道理，而是非则有两面。既别其所是，又别其所非，是终始万物之象。故仁为四端之首，而智则能成始能成终。犹元气虽四德之长，然元不生于元，而生于贞。盖由天地之化，不翕聚，则不能发散，理固然也。仁智交际之间，乃万化之机轴。此理循环不穷，吻合无间，程子所谓动静无端、阴阳无始者，此也。（《文集》卷五十八《答陈器之二书》之第二书）

牟宗三先生说：

此书是朱子答陈器之（埴）问玉山讲义。玉山讲义见《朱文公文集》卷第七十四《杂著》，讲于朱子六十五岁冬十一月。陈器之问之，故有此书之答。此答书亦列入陈器之之《木钟集》，题名四端说。盖陈埴"转以之答其弟子之问"，而"能墨守师说者也"。（参看《宋元学案》卷六十五《木钟学案》）此答书是朱子晚年成熟之作，最有代表性。《语类》中关于四端之解说者，皆不外此书所陈之义，而措辞之周到圆熟皆不及此书。①

牟先生之言是也。

---

① 牟宗三：《心体与性体》，第三册，409页。

这封信应该分成两半来读。此书前一半朱子以自己的意思来重新解释《孟子》，必溯其情而逆知性体。后一半则将仁义礼智与春夏秋冬排比起来，昌言仁无不包、元无不统之旨。这些意思实不外中和新说和仁说的范围，所以必须通过此二说来理解。

中和新说以性为未发，心则为周流贯彻，仁说则发挥伊川仁性爱情之说，而界定仁为心之德爱之理，这样以性情对言与心性情之三分架局来看孟子所言之四端本心，但孟子只言恻隐之心，并没有朱子式的情的观念，又未在四端（情）与心、性之间划下鸿沟，朱子所言显不合孟子原义，是另一形态的思路，不知不觉把重点潜移到知上面。

至于朱子之讲仁无不包、元无不统，是落在气化之相引生上说，不必合乎孔子所示仁为全德的意思，也不合乎孟子所言本心之义。朱子有极强的宇宙论的兴趣，他把仁义礼智与春夏秋冬排比起来，是兼采汉儒之说，格局虽宏却反而显不出德性之超越义，而不免于歧出的批评。

总之朱子自己有一套思想，用以比附古典，实则不必相合。朱子由于种种方面的考虑，逼出他自己的一条思路，《语类》之中最可以找到他晚年有关心性情成熟的见解。

> 问：性情心仁。曰：横渠说得最好，言心统性情者也。孟子言恻隐之心仁之端，羞恶之心义之端，极说得性情心好。性无不善，心所发为情，或有不善。说不善非是心亦不得，却是心之本体本无不善，其流为不善者，情之迁于物而然也。性是理之总名，仁义礼智皆性中一理之名。恻隐、羞恶、辞逊、是非，是情之所发之名，此情之出于性而善者也。其端所发甚微，皆从此心出，

故曰心统性情者也。性不是别有一物在心里，心具此性情。心失其主，却有时不善。如我欲仁斯仁至，我欲不仁斯失其仁矣。回也三月不违仁，言不违仁，是心有时乎违仁也。出入无时，莫知其向，存养主一，使之不失去，乃善。大要在致知，致知在穷理，理穷自然知至。要验学问工夫，只看所知至与不至。不是要逐件知过。因一事研磨一理，久久自然光明。如一镜然，今日磨些，明日磨些，不觉自光。若一些子光，工夫又歇，仍旧一尘镜。已光处会昏，未光处不复光矣。（下略）（《语类》卷五）

此条廖谦录甲寅朱子六十五岁时所闻。朱子把自己的意思说得相当清楚明白。兹再举朱子素常爱用的一譬喻来说明心性情之间的关系。《语类》有曰：

> 天命之谓性。命便是告剳之类，性便是合当做底职事，如主簿销注，县尉巡捕。心便是官人。气质便是官人所习尚，或宽或猛。情便是当厅处断事。如县尉捉得贼，情便是发用处。（《语类》卷四）

> （上略）天便似天子。命便似将告敕付与自家。性便似自家所受之职事，如县尉职事便在捕盗，主簿职事便在掌簿书。情便似去亲临这职事。才便似去动作行移，做许多工夫。（《语类》卷五九）

同时朱子言心性不离宇宙论的基础也在《语录》之中得到证成。《语类》有曰：

> 合虚与气，有性之名。有这气，道理便随在里面，无此气，则道理无安顿处。如水中月，须是有此水，方

映得那天上月，若无此水，终无此月也。心之知觉又是那气之虚灵底，聪明视听作为运用，皆是有这知觉方运用得这道理。所以横渠说，人能弘道，是心能尽性，非道弘人，是性不知检心。又邵子曰心者性之郭郭。此等语皆秦汉以下人道不到。又问：人与鸟兽固有知觉，但知觉有通塞，草木亦有知觉否？曰：亦有。如一盆花，得些水浇灌，便敷荣，若摧抑他，便枯悴。谓之无知觉，可乎？周茂叔窗前草不除去，云与自家意思一般，便是有知觉。只是鸟兽底知觉不如人底，草木底知觉又不如鸟兽底。又如大黄吃着便会泻，附子吃着便会热，只是他知觉只从这一路去。又问：腐败之物亦有否？曰：亦有。如火烧成灰，将来泡汤吃，也焮苦。因笑曰：顷信州诸公正说草木无性，今夜又说草木无心矣。(《语类》卷六〇)

此条沈僴录戊午朱子六十九岁以后所闻，乃朱子晚年语。钱穆先生以此条"可谓是朱子说理说性说心之总汇，学者所当细玩"①。

朱子因释横渠语，旁及康节，讨论到理气、心性间的关系，乃本于伊川性即理之说，而对于象山则有所批评。理必安顿在气上，无此气，则理无安顿处。性是理的个别化，故不能不关联着气质说。但若言性体，则虽不离气质，但也不与气质相杂。性只是理，然有此理才有此实际的存有，此理是实际存有之所以然的超越的形而上的根据。但性因只是理，乃不能有实际行动，故必须心（气）来包含、显发此理。心

---

① 钱穆：《朱子新学案》，第一册，445 页。

的作为虽不能出乎理的范围，但实际的尽性工夫却必须心来做，性理既不能有作为，故性不知检心，而必待有知觉的心来运用得这道理。心虽是气，但却是气之虚灵底，它的特质是在它的知觉。朱子释邵子心者性之郭郭一言为心具众理的意思——如此之具乃是关联地具、认知地具，所以特重后天的工夫，这不是孟子的本心本具的意思。知觉既为心之特质，则有知觉即有心，故不能说鸟兽草木无心。世界上的理一，乃与气关联而有分之殊。由这样的思想推扩出去，则枯槁也不能谓之无性，因枯槁亦具枯槁之理，不能将枯槁之所具加以抹杀，而谓天下有无性之物。只不过人心最灵，所以具五常之气，物则气昏，知觉的程度偏低，却又不能谓之无心。朱子的说法如此，所以不满当时言草木无性、草木无心之说。信州诸公所指为象山陆学。其实象山根本是另一条完全不同的思路。象山所说的是本心，是讲的人与禽兽不同，充塞着理义的心，如此不能不说草木无心；所言性善之性乃指本性而言，故也不能不说草木无性。象山要建立的是一超越的道德的形而上学，但朱子却是由宇宙论的观点平铺出去讲。这两派学风之不同可见。但要讲朱子的思想，乃不能不讲他的宇宙论，始能了解他的立论之根源。

第六章

朱子理气二元不离不杂的形上学

一、概说

朱子解析心性情的三分架局已经预设了理气二元的观念：性是理，情是气，心是气之精爽所以具众理而应万事者也。故此由形上学的观点看，最后终极的实在不外乎理气二元，整个宇宙乃是理气二元配合变化所产生的结果。

试问朱子为何一定需要理气之二元呢？由中和的参究，我们已经看到，朱子深深地体悟到，光是气机鼓荡，日为大化所驱，不容少顷停息，绝对是不行的。由此而逼出了一超越的性理层为他的思想贞定的基础。把这一路的思想推展出去，就形成了他的理气二元不离不杂的伟大的形上学的间架，整个宇宙人生都在这一思想之下得到了合理的解释，并且树立了价值的标准。朱子思想的渊源固然其来有自，但这样深入的分析、宏伟的综合，却是朱子独特的贡献，确可谓前无古人。然北宋儒学周、张、程的道统虽由朱子所倡建，但朱子的精神却与濂溪、横渠，尤其明道不类，他所真正继承的只是伊川。但即伊川谈《易》极不喜象数，朱子则连康节之学也要兼容并包。朱子的思想强探力索，格局恢宏，千古不作第二人想。可惜他的中心慧识欠缺了那么一点子，以至牟宗三先生评定之为别子为宗①，这真是中国思想史发展过程中之一异数，且不说难以估计其功罪，即对朱子思想求作一客观公正之了解，已感大是不易。以下拟先对朱子理气论之基本观念作一极简略的介绍，然后再就《文集》《语类》广为征引，来阐明朱子心中所积蓄的那些意思。

依朱子的思想，理是形而上的：理只"在"而不"有"，也就是说，理不是现实具体的存有，它乃是现实存有的所以然之超越的形上的根据。依此，理只是个净洁空阔的世界，无情意、无计度、无造作、无作用。只有这样的理是纯善。但理要具体实现，就不能不凭借气。气恰与理相对，乃是形而下者。气本身并不坏，它是一必要的实现原理。但有了气，就不能不有驳杂与坏灭，故也可以说气是恶之根源，虽则恶并无它本身积极独立之意义。理是包含该载在气，正如性是包含该载在心，而心则有情意、有计度、有造作、有作用。故理之敷施发用在气，又正如性之敷施发用在心。由此可见，理气二元，不杂不离，互赖互依。从时间的观点看，同时并在，不可以勉强分先后。但由存有论的观点看，则必言理先气后，因为有此理始有此物（气），而无此理必无此物，故决不可以颠倒过来说。然而由现实的观点看，则又因为理本身无作用，气才有作用，故又可以说气强而理弱。理气二者之间既有如此错综复杂的关系，自难一言而尽，必须多方说明，

---

① 参见牟宗三：《心体与性体》，第一册，42～60页。

始能得其綮要。

同时纯粹由外部的观点来看朱子哲学的基本观念,很难找到相应的了解。譬如冯友兰用新实在论"潜存"(Subsistence)的观念来解释朱子的理①,表面上似乎言之成理。但罗素与其同调的新实在论是一无色彩的多元论,朱子则讲一理化而为万殊,肯定天命之於穆不已,这是西方现代的新实在论凑泊不上的慧解。冯友兰又提到柏拉图也有类似的观念②,这尤其是误解。柏拉图的理型是永恒不变不动,根本立于时间流变之外之上,所以其高弟亚里士多德才深致不满之情,以为其思想之致命伤在不能解决超越的理型与内在的事物的分离问题(Problem of Chorismos)。但朱子之理一方面虽然是但理,只存有而不活动,另一方面却又必须讲"理生气",此理之内涵为一生生不已之天道,故一气之流行实有其必然性。世间决没有完全暌隔于理的气,也无完全暌隔于气的理,理气之间为一不杂不离的关系。这决不是柏拉图式的思路。最后冯友兰埋怨朱子没有把伦理和逻辑的观念划分开来③,这样的批评可以不错,但却要看立论的出发点的正确与否而定。如果冯友兰的心目中想要建立的是一无色彩泛客观主义的实在论哲学,那么他根本就脱离了宋明儒学的正统,由价值立体的思想坠落成为存在平面的思想。朱子是想建立一套道德的形上学,但因他的思想有所歧出而未能证成,但这并不表示道德的形上学一定无法建立起来。而在这里正可以见到宋明儒学的共同理想,故朱子的哲学仍然是道学内部的别传。冯友兰则根本脱离了宋明儒学的正统,胡适之反而一定要称

---

①②③ 参见冯友兰:《中国哲学史》,下卷,927页。

之为正统的观点,而冯友兰竟也就此自居于正统的观点而无疑①,思想上的缺乏分梳一至于此,宁非怪事!

依朱子的看法,理气二者不只互相对立(不杂),同时也互相依赖(不离)。天地间只是一理,但此理既是生之理,就必变现出万物来,而万物化生自不能不有气之凭借。有了气禀乃有万类之不同,若由分殊的观点着眼,也可以说各自之理不同。于此文字上必须活用,才能由各个不同的方面说明宇宙万有的真相,故"论万物之一源,则理同而气异。观万物之异体,则气犹相似而理绝不同。气之异者,粹驳之不齐,理之异者,偏全之或异"(《文集》卷四十六《答黄商伯》)。说穿了仍不外乎理一而分殊之旨,朱子是用理气二元来解析这一原则,他的思想是既锐利而深入,所以才能用如此简洁的语言,把里面牵连的复杂理论效果明白地展示了出来。于此可见他的一代宗师的地位,绝非幸致。

朱子既用气禀来说明万类,则得其气之正且通者为人,气之偏且塞者为物。譬如大炉熔铁,其好者在一处,其渣滓又在一处,所采取为一自然的解释,根本没有西方宗教神学辩神论(Theodicy)的问题。万物也有此理,只为气昏塞,如置宝珠于浊泥中,不可复见,然物类中亦有一线明处,只不如人心之虚灵不昧,以具众理而应事。人既有如此禀赋,所以只要肯下死力做格物穷理的工夫,"至于用力之久,而一旦豁然贯通焉,则众物之表里精粗无不到,而吾心之全体大用无不明矣"(《大学补传》)。朱子的意思是"人心如小宇宙(Microcosm),恰好是大宇宙(Macrocosm)"的反映。万物

---

① 参见冯友兰:《中国哲学史》,上卷,自序(二)。

之内不是不含藏此理，只因气昏塞，所以不可复见，但人心虚灵，只要把镜上灰尘抹去，磨得通体光明，则宇宙之全之理，自然当体觌现。这是一种泛认知主义的思想，也含藏着一整套宇宙论的思想。朱子喜欢由具理之偏全来看人物的差别。只人心可摄众理之全，整个宇宙表现为一相应的秩序。"天有春夏秋冬，地有金木水火，人有仁义礼智，皆以四者相为用也。"（《语类》卷一）天德是元亨利贞，在人就是仁义礼智。而天终究只是一元之气，元统四德，春生之气包夏秋冬三时之气，故仁也包四德。天人之间有一相应关系。由此可见，朱子并不是没有把伦理和自然的观念划分开来，而是他相信两方面有一相应关系，只有人得其气之正（不偏）且通（不塞），才可以把这一通贯形上、宇宙、伦理之理全副展露出来。

朱子所表现的是一伟大的、综合的心灵。他的思想自成一个架局，超越了北宋诸儒的规模。他不只要兼收周、张、程的思想，还要吸纳康节的象数之学，汉儒阴阳五行之说，甚至他还去注《参同契》，而且不只是义理。朱子于考据、辞章，无一不精。但他的兼收诸说，又决不只是调和折中，杂糅一炉，他的思想是一种真正的综合。他一定要使自己心安，否则决不肯轻易放手，如此强探力索，至死方休。然而在他的综合之中，我们却发现，在精神上他和濂溪、横渠、明道，乃至孔孟都有了分歧。宋明儒学继承孟子开出的传统乃是一本之论，朱子却是理气二元，真难为他为古典作注，讲得头头是道，但里面却有极根本的差别乃不可掩者。譬如濂溪的《太极图说》，朱子与象山辩论，以为这确是濂溪的作品，从今天看来，似乎不成问题，因为《太极图说》与

《通书》之理并不互相违背，彼此贯通，象山的辩驳甚为无谓。但朱子解"无极而太极"一句没有问题，解"太极动而生阳"一句就不能没有问题。对朱子来说，太极是理，怎么可以动，殊不可晓，所以他一定要曲为之解，而终难自圆其说。因濂溪之体既存有亦活动，朱子之理则只存在而不活动，在直贯和横摄两个形态的思想之间有了裂缝。牟宗三先生《心体与性体》一书最大的贡献就是指出了朱子的思想根本属于另一形态。朱子真正相契的是伊川，可谓伊川开其端，朱子继其绪，完成了一个泛认知主义的横摄系统，其格局之宏大，思想之周纳，可谓无与伦比，但在基本的精神上，用孟学做标准，却不免有所歧出。而朱子的问题更远复杂于伊川，正因为伊川的格局小，与康节同里巷数十年从不讨论象数的问题，朱子却要义理象数兼顾，所以歧出的程度也更甚。朱子的宇宙论的玄想不能说没有它的价值，他的思想格局的宏大使他不隔断于自然的观察与探究。但他在见闻、德性之知的分殊上却掌握得不够，在内圣之学的根本体验上不免有一间之隔，未能鞭辟入里，而有支离之患。此间得失，应可有一概念。讨论宋明儒学，最后终不能避免评价的问题。但我们不必先存门户之见，而应该诉之于同情的了解，还出朱子思想的本来面目，由此也可以看出，我国先哲绝非盲目崇拜权威的人云亦云之辈，他们是有他们的独立批评的思考。以下我们将由《文集》《语类》广为征引来说明朱子的理气以及相关的项目，如太极、阴阳、道器、体用、天人等概念，始可以对朱子的形上学与宇宙论有一比较全面的认识。

二、朱子论理气

《朱子语类》卷一一上来就是讨论理气问题，可见这一个问题在他的哲学思想中的重要性。由存有论的次序言，自必先由理气而后谈到性情心的问题，朱子门人后学所契似正是这样的存有论的思想，故由此次序顺下来讲，不由尽心知性知天的路数逆反上去讲。

朱子明确地肯定了理气二者不能互相分离的关系：

> 天下未有无理之气，亦未有无气之理。（一）

理和气同时并存，无分先后，故由宇宙论的观点言孰先孰后乃一无意义的问题，是由形上学的观点看始可以说理先气后。

> 或问：必有是理，然后有是气，如何？曰：此本无先后之可言。然必欲推其所从来，则须说先有是理。然理又非别为一物，即存乎是气之中，无是气则是理亦无挂搭处。（下略）（一）

朱子的意思是说，理是一切具体存有的超越的形而上的根据，有了这样的根据才能有气的具体存在，然而脱离了气却又无法谈它的超越的形而上的根据。理气是两层，故决不可混杂，二者之间是一微妙的不离不杂的关系。理先气后在朱子的思想之中是一个关键性的重大问题，门人问者特多，朱子也要由各种不同的角度来说明他自己的意思。《语类》曰：

> 问：有是理便是有气，似不可分先后？曰：要之，也先有理。只不可说是今日有是理，明日却有是气，也须有先后。且如万一山河大地都陷了，毕竟理却只在这里。（一）

又曰：

> 徐问：天地未判时，下面许多都已有否？曰：只是都有此理。天地生物千万年，古今只不离许多物。（一）

具体的存有物有成有毁，但形上的理却无生灭。且必有此理，始有此物。山河大地陷了，还是有此理；天地未判时，亦已有此理。若根本无此理，自也不可能有是气。有是气，是因为有此理；不是因为有是气，而后才有此理。在这一意义之下，我们乃必须说理先气后。

> 问：先有理抑先有气？曰：理未尝离乎气。然理形而上者，气形而下者。自形而上下言，岂无先后？理无形；气便粗，有渣滓。（一）

再详细一点来说，《语类》有曰：

> 或问：理在先，气在后？曰：理与气本无先后之可言。但推上去时，却如理在先，气在后相似。又问：理在气中，发见处如何？曰：如阴阳五行错综不失条绪便是理。若气不结聚时，理亦无所附着。（下略）（一）

又曰：

> 或问：先有理后有气之说。曰：不消如此说。而今知得他合下是先有理后有气耶？后有理先有气耶？皆不可得而推究。然以意度之，则疑此气是依傍这理行。及

此气之聚，则理亦在焉。盖气则能凝结造作，理却无情意、无计度、无造作。只此气凝聚处，理便在其中。且如天地间人物草木禽兽，其生也莫不有种。定不会无种了，白地生出一个物事。这个都是气。若理则是个净洁空阔底世界，无形迹，他却不会造作。气则能酝酿、凝聚、生物也。但有此气，则理便在其中。（一）

朱子在这里说话极有分寸。纯由现象观察很难断定理气之先后，但考虑到形而上的根据问题，似乎不能不说是气依傍理而行。实际的生灭靠气，而所以有实际的生灭却靠理。理无作为，只气才有实际作为。但因有此理方有是气，在这一特殊的意义之下，乃也可以说理生气。《语类》有曰：

有是理后生是气。（二）

又曰：

先有个天理了，却有气，气积为质，而性具焉。（一）

问：理与气。曰：伊川说得好，曰：理一分殊。合天地万物而言，只是一个理，及在人，则又各自有一个理。（一）

依朱子的思想，有理斯有气，这是总的说法。理的个别化而为性，故言性必涉义理之性以及气质之性，凡此皆详于论心性情之一章，此处无须再赘。《语类》曰：

问：昨谓未有天地之先毕竟是先有理，如何？曰：未有天地之先，毕竟也只是理。有此理便有此天地。若无此理，便亦无天地，无人无物，都无该载了。有理，便有气流行，发育万物。曰：万物是理发育之否？曰：有此理便有此气流行发育。理无形体。曰：所谓体者，是强名否？曰：是。曰：理无极，气有极否？曰：论其极，将那处做极？（一）

此一段把朱子理生气的思想讲得十分明白：有理便有气流行，乃是在这一意义之下，朱子的理是一生理。但理并不直接发育万物，是此气在流行发育。没有理，固然没有万物，但没有气，一样没有万物。只不过有了理，就必有此气流行。理气之间的不离不杂关系清晰可见。

《文集》卷四十六答刘叔文有曰：

> 所谓理与气，此决是二物。但在物上看，则二物浑沦不可分开各在一处。然不害二物之各为一物也。若在理上看，则未有物而已有物之理，然亦但有其理而已，未尝实有是物也。大凡看此等处，须认得分明，又兼始终，方是不错。（《文集》卷四十六《答刘叔文二书》之第一书）

朱子思想界划极为清明，由此可见。又《文集》卷五十八答黄道夫云：

> 天地之间，有理有气。理也者，形而上之道也，生物之本也。气也者，形而下之器也，生物之具也。是以人物之生，必禀此理，然后有性。必禀此气，然后有形。其性其形，虽不外乎一身。然其道器之间，分际甚明，不可乱也。若刘康公所谓天地之中所谓命者，理也，非气也。所谓人受以生，所谓动作威仪之则者，性也，非形也。今不审此，而以魂魄鬼神解之，则是指气为理，

而索性于形矣，岂不误哉！所引《礼运》之言，本亦自有分别。其曰天地之德者，理也；其曰阴阳之交鬼神之会者，气也；今乃一之，亦不审之误也。《诗》曰：天生烝民，有物有则。周子曰：无极之真，二五之精，妙合而凝。所谓真者，理也。所谓精者，气也。所谓则者，性也。所谓物者，形也。上下千有余年之间，言者非一人，记者非一笔，而其说之同，如合符契，非能牵联配合而强使之齐也。此义理之原，学者不可不察。（《文集》卷五十八《答黄道夫二书》之第一书）

朱子以己意解析古典，虽不必尽合古籍原意，但自成一条思路，殆无疑义。气的运作是以理为根据，为范围。但气有形质，乃有分殊、美恶。《语类》有曰：

> 造化之运如磨，上面常转而不止。万物之生似磨中撒出，有粗有细，自有不齐。（一）

又曰：

> 二气五行始何尝不正，只滚来滚去，便有不正。（原注：如阳为刚躁，阴为重浊之类。）（四）
>
> 人所禀之气是皆天地之正气，但滚来滚去，便有昏明厚薄之异。盖气是有形之物，才是有形之物，便自有美有恶也。（四）
>
> 问：天理变易无穷，由一阴一阳先生无穷，继之者善，全是天理，安得不善？孟子言性之本体以为善者是也。二气相轧相取，相合相乖，有平易处，有倾侧处，自然有善有恶，故禀气形者，有恶有善，何足怪？语其本，则无不善也。曰：此却无过。（下略）（四）

由此可见，朱子对于恶的根源问题并不感到困难。理无不善，由理生气，气本来何尝不正。但气是有形之物，便自有美有恶，这是十分自然的事情，不必强为之解。落在气化之迹上说，自没有必然性。《语类》有曰：

> 问：如此则天地生圣贤，又只是偶然，不是有意矣。曰：天地那里说我特地要生个圣贤出来也，只是气数到那里，恰相凑着，所以生出圣贤。及至生出，则若天之有意焉耳。又问：康节云：阳一而阴二，所以君子少而小人多，此语是否？曰：也说得来，自是那物事好底少而恶底多，且如面前事也自是好底事少，恶底事多，其理只一般。（四）

朱子通过气的概念对于世界人生有一彻底现实主义的了解。且事态决不会永远保持现状，其成也，毁也，循环无端，阴阳无始。《语类》有曰：

> 问：不知人物消靡尽时，天地坏也不坏。曰：也须一场鹘突。既有形气，如何得不坏，但一个坏了，又有一个。（四五）

又曰：

> 问：自开辟以来，至今未万年，不知已前如何？曰：已前也须如此一番明白来。
>
> 又问：天地会坏否？曰：不会坏，只是相将人无道极了，便一齐打合，混沌一番，人物都尽，又重新起。问：生第一个人时如何？曰：以气化二五之精而成形，释家谓之化生，如今物之化生者甚多，如虱然。（一）

牟宗三先生案曰："此情苍凉悲壮，亦见严肃。"此条所说"是其道德形上学所透示的庄严悲情"①。纯由气化现实的观点着眼，则朱子又有气强理弱之说。《语类》有曰：

> 气虽是理之所生，然既生出，则理管他不得。如这理寓于气了，日用间运用都由这个气。只是气强理弱。（四）

又曰：

> 气升降无时止息，理只附气，惟气有昏浊，理亦随而间隔。（四）

理本为一，但落实到个体，乃为形质所限，往往无法透得出来。物则气昏，根本不能推。到人亦还是有气禀的差别。但我们在此切不可误会朱子是主张一气禀之决定论。朱子只是指出"气禀的限制难以超越"这一事实，故特重做后天的工夫以复性之本然。《语类》曰：

> 人之性皆善。然而有生下来善底，有生下来便恶底，此是气禀不同。且如天地之运，万端而无穷。其可见者，日月清明，气候和正之时。人生而禀此气，则为清明浑厚之气，须做个好人。若是日月昏暗，寒暑反常，皆是天地之戾气。人若集此气，则为不好底人，何疑？人之为学，却是要变化气禀，然极难变化。如孟子道性善，不言气禀，只言人皆可以为尧舜，若勇猛直前，气禀之偏自消，功夫自成，故不言气禀。看来吾性既善，何故不能为圣贤，却是被这气禀害。如气禀偏于刚，则一向

---

① 牟宗三：《心体与性体》，第三册，515页。

刚暴，偏于柔，则一向柔弱之类。人一向推托道气禀不好，不向前又不得。一向不察气禀之害，只昏昏地去又不得。须知气禀之害，要力去用功克治，裁其胜而归于中乃可。濂溪云：性者刚柔善恶中而已。故圣人立教，俾人自易其恶，自至其中而止矣。责沈言：气质之用狭，道学之功大。（四）

这一段中所谓之性，显指超越的性理而言，故与气禀相对，朱子一贯认为应该两边兼顾才能切实做圣学的工夫。

总之，朱子之讲理气，随角度之不同而有歧义，但其思想却又始终一贯。读者必须善会，乃可充分把握朱子之理气观念。

三、朱子论太极

理气的问题又可以通过太极、阴阳的方式来解析。太极是理，而阴阳则是气。《语类》曰：

> 太极只是一个理字。（一）

又有云：

> 问：太极不是未有天地之先，有个浑成之物，是天地万物之理之总名否？曰：太极只是天地万物之理。在天地言，则天地中有太极。在万物言，则万物中各有太极。未有天地之先，毕竟是先有此理。动而生阳，亦只是理，静而生阴，亦只是理。（一）

从存有论的观点言，太极必在先，这是理先气后的另一说法。又曰：

> 若无太极，便不翻了天地。（一）

这是由负面的角度来看出太极是一切现实存有的基础。太极之落实乃不外乎阴阳二事。

《语类》曰：

> 太极分开，只是两个阴阳，括尽了天下物事。（九四）

而阴阳则是气。《语类》曰：

> 阴阳只是一气。阳之退便是阴之生，不是阳退了又别有个阴生。（六五）

> 阴阳做一个看亦得，做两个看亦得。做两个看是分阴分阳，两仪立焉。做一个看，只是一个消长。（六五）

太极虽是理，阴阳虽是气，两不相杂，却又两不相离。《语类》有云：

> 只从阴阳处看，则所谓太极者，便只是在阴阳里，所谓阴阳者，便只是在太极里。而今人说阴阳上面别有一个无形无影底物是太极，非也。（九五）

又曰：

> （上略）盖太极即在阴阳里。如易有太极，是生两仪，则先从实理处说。若论其生，则俱生，太极依旧在阴阳里。但言其次序，须有这实理，方始有阴阳也。其理则一，虽然自见在事物而观之，则阴阳函太极，推其本，则太极生阴阳。（七五）

太极与阴阳同时并在，无分先后。只不过由存有论的次序上说，则必说太极生阴阳，犹言理生气，不可逆转来说气生理也。如此纲领既立，以下我们乃可以更详细地征引材料来说明此间牵涉的理论效果。

朱子之言太极，显然是由濂溪之《太极图说》启迪而来，他讨论太极的方式也深受《太极图说》的影响。《语类》有云：

> 易之有太极，如木之有根，浮图之有顶，但木之根、浮图之顶是有形之极。太极却不是一物，无方所顿放，是无形之极。故周子曰：无极而太极，是他说得有功处。（七五）

又曰：

> （上略）周子曰：无极而太极。盖云无此形状而有此道理耳。（九四）

> 无极而太极，盖恐人将太极做一个有形象底物看，故又说无极，言只是此理也。（九四）

显然朱子是用自己所体悟到的理的观念来解析周子无极而太极的说法。他曾更详细地阐明有无的意思，《语类》曰：

> 无极而太极，只是说无形而有理。所谓太极者，只二气五行之理，非别有物为太极也。又云：以理言之，则不可谓之有，以物言之，则不可谓之无。（九四）

> 无极而太极，只是无形而有理。周子恐人于太极之外更寻太极，故以无极言之。既谓之无极，则不可以有底道理强搜寻也。问：太极始于阳动乎？曰：阴静是太

极之本。然阴静又自阳动而生。一静一动便是一个辟阖。自其辟阖之大者推而上之，更无穷极，不可以本始言。（九四）

理自非现存，故不能谓之有，但它是一切存有的基础，只不过是无形，决不是绝对的虚无，故也不可谓之无。由于太极不是别有一物，所以不能以一般的观念去了解它。阴静为本，这是朱子继承《太极图说》主静以立人极的说法，中和新说就是这样的思路，只是现在更移向宇宙论上说。而动静相须，阴阳无始，由此也可以说无极。《文集》卷六十七"已发未发说"引周子"无极而太极"、程子（明道）"人生而静以上不容说，才说时，便已不是性矣"二语，而谓"圣贤论性，无不因心而发。若专言之，则是所谓无极而不容言者，亦无体段之可名矣"，由性逼反到理之无极，这是朱子一贯的思路。《语类》曰：

> 问：无极而太极固是一物，有积渐否？曰：无积渐。曰：上言无极，下言太极，窃疑上言无极无穷，下言至此方极。曰：无极者无形，太极者有理也。周子恐人把作一物看，故云无极。曰：太极既无气，气象如何？曰：只是理。（九四）

物始有积渐，理无积渐，也不可以本始言。《语类》又曰：

> 周子所谓无极而太极，非谓太极之上别有无极也。但言太极非有物耳。如云上天之载无声无臭。故云无极之真，二五之精，既言无极，则不复别举太极也。若如今说，则此处岂不欠一太极字耶？（九四）

> 原极之所以得名，盖取枢极之义。圣人谓之太极者，所以指夫天地万物之根也。周子因之而又谓之无极者，所以大（原注：一作著夫。）无声无臭之妙也。（九四）
>
> 问：太极解引上天之载无声无臭，此上天之载即是太极否？曰：苍苍者是上天，理在载字上。（九四）

朱子一贯由无声无臭来说无极，其解上天之载是分析开来说，苍苍者天是气，太极只是理，思想的分际极为明确。《文集》卷四十九答王子合有云：

> 周子所谓无极而太极，非谓太极之上别有无极也。但言太极非有物耳，如云上天之载无声无臭。故下文云无极之真，二五之精；既言无极，则不复别举太极也。若如今说，则此处岂不欠一太极字耶？人生而静，静者固是性，然只有生字，便带却气质了。但生字已上又不容说。盖此道理未有形见处。故今才说性，便须带着气质，无能悬空说得性者。（《文集》卷四十九《答王子合十八书》之第十三书）

此书所论与《语类》所记完全吻合，性理与气质分属两层，两不相杂。但理既内在化而为性，则又不能不带着气质说，两不相离。

《文集》卷四十五答杨子直一书对于无极太极问题有更详尽的发挥：

> （上略）天地之间，只有动静两端，循环不已，更无余事，此之谓易。而其动其静，则必有所以动静之理焉，是则所谓太极者也。圣人既指其实而名之，周子又为之图以象之，其所以发明表著，可谓无余蕴矣。原极之所

以得名，盖取枢极之义。圣人谓之太极者，所以指夫天地万物之根也。周子因之而又谓之无极者，所以著夫无声无臭之妙也。然曰无极而太极，太极本无极，则非无极之后，别生太极，而太极之上先有无极也。又曰五行阴阳，阴阳太极，则非太极之后别生二五，而二五之上先有太极也。以至于成男成女，化生万物，而无极之妙盖未始不在是焉。此一图之纲领，《大易》之遗意，与老子所谓物生于有，有生于无，而以造化为真有始终者，正南北矣。来喻乃欲一之，所以于此图之说多所乖碍，而不得其理也。熹向以太极为体，动静为用，其言固有病。后已改之曰：太极者本然之妙也，动静者所乘之机也。此则庶几近之。来喻疑于体用之云甚当，但所以疑之说则与熹之所以改之之意又若不相似。然盖谓太极舍动静则可，（原注：以本体而言也。）谓太极有动静则可，（原注：以流行而言也。）若谓太极便是动静，则是形而上下者不可分，而易有太极之言亦赘矣。（下略）（《文集》卷四十五《答杨子直五书》之第一书）

朱子解濂溪《太极图说》是否能够切合周子原意，这是另一问题，但他本人的思路极为明澈，太极即无极，理（形上）气（形下）二元不离不杂之旨发挥得甚为详尽，太极之先只是存有论上的先，并非时间上的先，故太极不在阴阳之外。而太极动静不只分属两层，乃至不可以体用言，思想分梳之细密由此可见。朱子并非不知道太极图与道家有关，只是他断定《太极图说》的思想是儒家式的思想，不是道家式的思想，此处识断，并无差错。

由《太极图说》的解释而引起了朱陆之间一场大辩论。①象山承梭山之说，以《太极图说》之思想与《通书》不类，疑非周子所作，或周子少时所作，或传他人之文，后人不辨也；无极为老氏之用语，即二程未尝一及无极字；故责朱子推尊《太极图说》之不当。然而象山并无直接证据以《太极图说》非周子所作，只以前贤及《通书》不及此一词为辩，不能构成坚强的理由；至由思想之融贯性着眼，则《太极图说》与《通书》只有一表面之不类②，实则"无极而太极，太极动而生阳"即《通书》"静无而动有"一语之引申，而濂溪亦实可有无极之极的思路，《通书》多言无思、无为，并不使它变成道家的文献。象山只是借题发挥，就辩论《太极图说》本身而言，乃是失败的一方。

《文集》卷三十六朱子答陆子美（梭山）有云：

> 只如太极篇首一句，最是长者所深排，然殊不知不言无极，则太极同于一物而不足为万化之根，不言太极，则无极沦于空寂而不能为万化之根，只此一句，便见其下语精密，微妙无穷。（《文集》卷三十六《答陆子美三书》之第一书）

《文集》卷三十六朱子答陆子静（象山）又有云：

> 伏羲作易，自一画而下，文王演易，自乾元而下，皆未尝言太极也，而孔子言之。孔子赞易，自太极以下，

---

① 参见牟宗三：《心体与性体》，第一册，357~416页。又参见牟宗三：《从陆象山到刘蕺山》，81~212页。又参见钱穆：《朱子新学案》，第三册，387~432页。又参见唐君毅：《中国哲学原论：原性篇》，531~643页。本书第八章第四节对于"朱陆异同"问题还有更全面的分析。

② 参见唐君毅：《中国哲学原论：导论篇》，399~499页。

未尝言无极也,而周子言之。夫先圣后圣,岂不同条而共贯哉?若于此有以灼然实见太极之真体,则知不言者不为少,而言之者不为多矣,何至若此之纷纷哉?(中略)至于大传既曰形而上者谓之道矣,而又曰一阴一阳之谓道,此岂真以阴阳为形而上者哉,正所以见一阴一阳虽属形器,然其所以一阴而一阳者,是乃道体之所为也。故语道体之至极则谓之太极,语太极之流行则谓之道。虽有二名,初无两体。周子所以谓之无极,正以其无方所、无形状,以为在无物之前,而未尝不立于有物之后;以为在阴阳之外,而未尝不行乎阴阳之中;以为通贯全体,无乎不在,则又初无声臭影响之可言也。(《文集》卷三十六《答陆子静六书》之第五书)

朱子一贯以遮状词释无极,此不必违背儒家之义理,也不必一定违背周子之原意。依朱子,则无极而太极实只是一太极,太极为主,无极并非一独立之实概念,只是形容太极之无方所、无形状而已。就正面立言,只太极乃是存有的超越之根据。《语类》有云:

> 太极者,自外而推入去,到此极尽,更没去处,所以谓之太极。(九八)

又曰:

> 太极非是别有一物,即阴阳而在阴阳,即五行而在五行,即万物而在万物,只是一个理而已。因其极至,故名曰太极。(九四)

这一概念似乎简单,但细加分析,还有许多曲折。《文集》答程可久有云：

> 太极之义，正谓理之极致耳。有是理即有是物，无先后次序之可言。故曰易有太极，则是太极乃在阴阳之中，而非在阴阳之外也。今以大中训之，又以乾坤未判大衍未分之时论之，恐未安也。形而上者谓之道，形而下者谓之器，今论太极，而曰其物谓之神，又以天地未分，元气合而为一者言之，亦恐未安。有是理即有是气，气则无不两者，故《易》曰太极生两仪，而老子乃谓道先生一而后一乃生二，则其察理亦不精矣。（《文集》卷三十七《答程可久十书》之第三书）

朱子的意思是，太极是生理，故有此理必有此气，而气则无不两，于此可谓一涵二，但由二气之作用也可逆推到理之一，则也可以说二涵一。但一自一，二自二，两不相杂，却又同时并在，两不相离，所以动静无端、阴阳无始，此非时间先后事，乃斥老氏之宇宙论的说法为不谛。

接着又有一书曰：

> 熹前书所谓太极不在阴阳之外者，正与来教所谓不倚于阴阳而生阴阳者合。但熹以形而上下者，其实初不相离，故曰在阴阳之中。吾丈以形而上下者，其名不可相杂，故曰不在阴阳之外。虽所自而言不同，而初未尝有异也。但如今日所引旧说，则太极乃在天地未分之前，而无所与于今日之为阴阳，此恐于前所谓不倚于阴阳而生阴阳者有自相矛盾处。更望详考见教。（《文集》卷三十七《答程可久十书》之第四书）

朱子所着重的是太极既超越又内在的观念。《语类》

有云：

> 五行一阴阳也，阴阳一太极也。二气交感，所以化生万物，这便是天地之塞吾其体，天地之帅吾其性。只是说得有详略，有急缓，只是这一个物事。所以万物到秋冬时各自收敛闭藏，忽然一下春来，各自发越条畅，这只是一气。一个消，一个息。只如人相似，方其默时便是静，及其语时便是动。那个满山青黄碧绿，无非是这太极。（九四）

天地万物只是一理，此一理化而为万殊，兼为一切价值之泉源。《语类》曰：

> 或问太极。曰：太极只是个极好至善底道理。人人有一太极，物物有一太极。周子所谓太极，是天地人物万善至好的表德。（九四）

但太极之表现，则不能不依赖气。《语类》曰：

> 问：动静者所乘之机。曰：理搭于气而行。（九四）

由此而引申出乘马的妙喻。《语类》曰：

> 问：动静者所乘之机。曰：太极理也，动静气也。气行则理亦行。二者常相依而未尝相离也。太极犹人，动静犹马，马所以载人，人所以乘马。马之一出一入，人亦与之一出一入。盖一动一静，而太极之妙未尝不在焉。此所谓所乘之机，无极二五所以妙合而凝也。（九四）

由理一讲到分殊，我们乃不能不进一步讨论阴阳二气的问题。

四、朱子论阴阳

《语类》有云：

> 阴阳五行为太极之体。（三六）

这个体当然不是形而上的本体的意思。朱子是继承了伊川"与道为体"的说法。《语类》曰：

> 周元兴问：与道为体。曰：天地日月阴阳寒暑皆与道为体。又问：此体字如何？曰：是体质。道之本然之体不可见，观此则可见无体之体。（三六）

道体之本然没有体质，故曰无体之体，这还是无极而太极的意思。道体本身不可见，要把握道体，乃必须看由道所规定的有形质的具体表现。《语类》有云：

> 向见先生说道无形体，却是这物事盛载那道出来，故可见。与道为体言与之为体也，这体字较粗，如此则与本然之体征不同。曰：也便在里面。只是前面体字说得来较阔，连本来精粗都包在里面，后面与道为体之体，又说出那道之亲切底骨子，恐人说物自物，道自道，所以指物以见道。其实这许多物事凑合来便都是道之体，道之体便在这许多物事上。（三六）

朱子要说明他的意思必须煞费苦心。道是无体之体：一方面道无体，故道不即是阴阳；但另一方面道又是一切存有的超越的形而上的根据，是由它的规定而必须产生万物，故又必须通过阴阳来表现，对道的把握也必须通过阴阳的实质内容逆推而得。在这一意义下，阴阳又可说是太极之体，其实不外是说阴阳（气）是太极之理所规定之下的具体的表现。故《语类》曰：

> 一阴一阳之谓道。阴阳是气，不是道，所以为阴阳者乃道也。若只言阴阳之谓道，则阴阳是道。今曰一阴一阳，则是所以循环者乃道也。一阖一辟谓之变亦然。（七四）

> 问：一阴一阳之谓道。曰：此与一阖一辟谓之变相似。阴阳非道也，一阴又一阳，循环不已，乃道也。只说一阴一阳，便见得阴阳往来循环不已之意，此理即道也。（七四）

> 道须是合理与气看。理是虚底物事。无那气质，则此理无安顿处。《易》说一阴一阳之谓道，这便是兼理与气而言。阴阳气也，一阴一阳则是理矣。犹言一阖一辟谓之变。阖辟非变也，一阖一辟则是变也。盖阴阳非道，所以阴阳者道也。（七四）

朱子是以自己的意思去解《易》，他得到的结论是：

> 一阴一阳之谓道。阴阳何以谓之道？曰：当离合看。（七四）

由此而可以明白看到他的理气二元不离不杂的宗旨。故严格说来，之所以阴阳是道，而道又不离乎阴阳。阴阳自是两，但却是一气流行的两种必然表现，故曰气则无不两者。由两乃可以看到气化消长的过程，不似理之完全无方所形状。《语类》有云：

> 因论天地间只有一个阴阳。故程先生云：只有一个感与应，所谓阴与阳，无处不是。且如前后，前便是阳，后便是阴。又如左右，左便是阳，右便是阴。又如上下，上面一截便是阳，下面一截便是阴。文蔚曰：先生《易说》中谓，伏羲作《易》验阴阳消息，两端而已，此语最尽。曰：阴阳虽是两个字，然却只是一气之消息。一进一退，一消一长。进处便是阳，退处便是阴。长处便是阳，消处便是阴。只是这一气之消长，做出古今天地间无限事来。所以阴阳做一个说亦得，做两个说亦得。（七四）

再进一步来说，理之一必通过气之两而能化。《语类》曰：

> 一故神，两故化。两者，阴阳消长进退。（原注：两者所以推行于一，一所以为两。）一不立则两不可得而见，两不可见则一之道息矣。横渠此说极精，非一则阴阳消长无自而见，非阴阳消长则一亦不可得而见矣。（九八）

> 或问：一故神。曰：一是一个道理，却有两端用处不同。譬如阴阳，阴中有阳，阳中有阴，阳极生阴，阴极生阳，所以神化无穷。（九八）

又有云：

> 两故化，注云：推行乎一。凡天下之事，一不能化，惟两而后能化。且如一阴一阳，始能化生万物。虽是两个，要之亦是推行乎此一尔。此说得极精，须当与他仔细看。（九八）

朱子是借了张子的说法来说明他自己的理必借助于气之两而化的见解，此说不必一定合乎张子原意，然自成一个义理的系统。理虽是一切现实存有的超越的形而上的根据，但却与气同时并在，故朱子特别着重动静无端、阴阳无始的观念。

> 问：本义云：道具于阴而行乎阳。窃意道之大体云云。是则动静无端，阴阳无始。要之，造化之初，必始于静。曰：既曰无端无始，如何又始于静？看来只是一个实理。动则为阳，静则为阴云云。今之所谓动者，便是前面静底末梢。其实静前又动，动前又静，只管推上去，更无了期。所以只得从这处说起。（七四）

又曰：

> 横渠言：游气纷扰合而成质者，生人物之万殊，其阴阳两端循环不已者，立天地之大义。说得似稍支离。只合云：阴阳五行，循环错综，升降往来，所以生人物之万殊，立天地之大义。（九八）

游气不外乎阴阳，故曰稍支离，但中间也有分别。《语类》曰：

> 问：游气莫便是阴阳？横渠如此说似开了。曰：此固是一物。但横渠所说游气纷扰合而成质，恰是指阴阳交会言之。阴阳两端循环不已，却是指那分开底说。盖阴阳只管混了辟，辟了混，故周子云：混兮辟兮，其无穷兮。（九八）

朱子这里所指涉的是周子《通书·动静第十六》，其文曰：

> 动而无静，静而无动，物也。动而无动，静而无静，神也。动而无动，静而无静，非不动不静也。物则不通，神妙万物。水阴根阳，火阳根阴。五行阴阳，阴阳太极，四时运行，万物终始。混兮辟兮，其无穷兮。

动而不显动相，静而不显静相，由此而显出太极诚体之神。《通书·诚下第二》则有云：

> 静无而动有，至正而明达也。

动静一如，静时乃显无相，动时则显有相，至正呼应于静无，而明达呼应于动有，是同一诚体的表现。由《通书》的线索以释《太极图说》，可谓毫无困难。"无极而太极，太极动而生阳"两语实即"静无而动有"一语之引申。静无即无极而太极，动有即太极动而生阳。由此而朱子拒绝以直线的宇宙论的衍生义来释《太极图说》是有他的理由的。但朱子解无极而太极一语虽甚切，其解太极动而生阳一语却不合乎周子原意。其注《太极图说》"太极动而生阳"一段云：

> 太极之有动静是天命之流行也，所谓一阴一阳之谓道，诚者圣人之本，物之终始而命之道也。其动也，诚之通也，继之者善，万物之所资以始也。其静也，诚之复也，成之者性，万物各正其性命也。动极而静，静极复动，一动一静，互为其根，命之所以流行而不已也。动而生阳，静而生阴，分阴分阳，两仪立焉，分之所以一定而不移也。盖太极者，本然之妙也。动静者，所乘之机也。太极，形而上之道也。阴阳，形而下之器也。是

以自其著者而观之，则动静不同时，阴阳不同位，而太极无不在焉。自其微者而观之，则冲穆无朕，而动静阴阳之理已悉具于其中矣。虽然，推之于前，而不见其始之合，引之于后，而不见其终之离也。故程子曰：动静无端，阴阳无始。非知道者，孰能释之。

周子太极诚体寂然不动则静无，感而遂通则动有。"寂然不动者诚也，感而遂通者神也。"（《通书·圣第四》）这里讲的是神用，不是气用。寂然不动是静而无静之静，感而遂通是动而无动之动，故即寂即感，动静一如也；即体即用，体用一如也。但朱子的理气却不可以体用言，而只能说太极者本然之妙，动静者所乘之机也。太极是理，本身既不可以动静言，乃不得不将语气滑转为太极有动静，意谓太极涵有气之所以动静之理。真正流行的只是气，理之流行仅是虚说而已。这显然是转向了一条不同的思路。《语类》有云：

> 问：太极动而生阳，是有这种之理便能动而生阳否？曰：有这动之理，便能动而生阳；有这静的理，便能静而生阴。既动，则理又在动之中；既静，则理又在静之中。曰：动静是气也。有此理为气之主，气便能如此否？曰：是也。既有理，便有气。既有气，则理又在乎气之中。（下略）（九四）

这一段可说是把朱子本人的思想说得很清楚。朱子以分解的方式把理气分属二元，不离不杂。同时朱子对于阴阳还有更进一步的分梳。《语类》曰：

> 阴阳有相对而言者，如东阳西阴、南阳北阴是也；有错综而言者，如昼夜寒暑，一个横一个直是也。伊川

言《易》，变易也。只说得相对底阴阳流转而已，不说错综底阴阳交互之理。言《易》须兼此二意。（六五）

又曰：

> 阴阳有个流行底，有个定位底。一动一静，互为其根，便是流行底，寒暑往来是也。分阴分阳，两仪立焉，便是定位底，天地上下四方是也。易有两义，一是变易，便是流行底；一是交易，便是对待底。魂魄以二气言，阳是魂，阴是魄；以一气言，则伸为魂，屈为魄。（六五）

依朱子，天地万物都要通过阴阳来了解。《语类》曰：

> 易字义只是阴阳。（六五）
>
> 易只消道阴阳二字括尽。（六五）
>
> 都是阴阳，无物不是阴阳。（六五）
>
> 无一物不有阴阳乾坤，至于至微至细，草木禽兽亦有它牝牡阴阳。（六五）
>
> 天地之间无往而非阴阳。一动一静，一语一默，皆是阴阳之理。至如摇扇，便属阳，住扇便属阴，莫不有阴阳之理。继之者善是阳，成之者性是阴。阴阳只是此阴阳，但言之不同，如二气迭运，此两相为用，不能相无者也。（下略）（六五）

再详细来说，《语类》又曰：

> 方其有阳，那里知道有阴，有乾卦，那里知道有坤卦。天地间只是一个气。自今年冬至到明年冬至，是他地气周匝。把来折做两截时，前面底便是阳，后面底便

是阴。又折做四截也，如此便是四时。天地间只有六层，阳气到地面上时，地下便冷了。只是这六位阳，长到那第六位时，极了无去处，上面只是渐次消了。上面消了些个时，下面便生了些个，那便是阴。这只是个嘘吸。嘘是阳，吸是阴。唤做一气，固是如此，然看他日月男女牝牡处，方见得无一物无阴阳。如至微之物也有个背面。若说流行处，却只是一气。（六五）

从至微之物也有个背面来说，则阴阳犹一体之两面。但既说正反，乃也可以说主从，依朱子则乾阳为主，坤阴为从。《语类》有曰：

> 问：乾刚健中正。或谓乾刚无柔不得言中正。先生尝言天地之间本一气之流行而有动静耳。以其流行之统体而言，则但谓之乾而无所不包。以动静分之，然后有阴阳刚柔之别。所谓流行之统体，指乾道而言耶？曰：大哉乾元，万物资始，乾道变化，各正性命。只乾便是气之统体，物之所资始，物之所正性命，岂非无所不包，但自其气之动而言，则为阳。自其气之静而言，则为阴。所以阳常兼阴，阴不得兼阳。阳大阴小，阴必附阳。皆此意也。（六九）

又有云：

> 乾坤阴阳以位相对而言，固只是一般。然以分言，乾尊坤卑，阳尊阴卑，不可并也。（六八）

顺着这个意思来说，故《语类》曰：

> 乾无对，只是一个物事。至阴则有对待。大体阴常

亏于阳。(六九)

> 乾无对待,只有乾而已,故不言坤。坤则不可无乾。阴体不足,常亏欠,若无乾,便没上截。大抵阴阳二物,本别无阴,只阳尽处便是阴。(六九)

由此而我们可以了解剥复之几。《语类》曰:

> 问:剥一阳尽而为坤。程云:阳未尝尽也。曰:剥之一阳未尽时,不曾生。才尽于上,这些子便生于下了。(七一)

> 问:一阳复于下,是前日既退之阳已消尽,而今别生否?曰:前日既退之阳已消尽,此又是别生。伊川谓阳无可尽之理。剥于上则生于下,无间可容息,说得甚精。(下略)(七一)

同时也可以把握到原始反终之理。《语类》有云:

> 且如造化周流,未著形质,便是形而上者属阳,才丽于形质,为人物,为金木水火土,便转动不得,便是形而下者属阴。若是阳时,自有多少流行变动在。及至成物,一成而不返。谓如人之初生属阳,只管有长,及至长成,便只有衰。此气逐渐衰减。至于衰尽,则死矣。周子所谓原始反终,只于衰尽处可见反终之理。(九四)

阴阳之落实在具体的人性上乃有善恶的表现。《语类》曰:

> 问:五性感动而善恶分。曰:天地之性是理也。才到有阴阳五行处便有气质之性,于此便有昏明厚薄之殊,得其性而最灵乃气质以后事。(九四)

> 问：五行之生，各一其性，五性感动而善恶分，此性字是兼气禀言之否？曰：性离气禀不得，有气禀，性方存在里面，无气禀，性便无所寄搭了。禀得气清者，性便在清气之中，这清气不隔蔽那善。禀得气浊者，性在浊气之中，为浊气所蔽，五行之生，各一其性，这又随物各具去了。（九四）

由此可见，善恶之分是自然的。两方面互相对立，互相争衡。《语类》曰：

> 天地间无两立之理。非阴胜阳，即阳胜阴。无物不然，无时不然。（原注：寒暑、昼夜、君子小人、天理人欲。）（六五）

人在此乃贵立主宰。《语类》曰：

> 问：自太极一动而为阴阳，以至于为五行，为万物，无有不善。在人则才动便差，是如何？曰：造化亦有差处，如冬热夏寒，所生人物有厚薄，有善恶。不知自甚处差，将来便没理会了。又问：惟人才动便有差，故圣人主静以立人极欤？曰：然。（九四）

朱子这一段话极有意味。造化虽有法有则，但在实际的气化的过程中，即造化也可以有差处。但这却不妨害人的自作主宰。《语类》又曰：

> 阴阳不可分先后说。只要人去其中自主静。阴为主，阳为客。（六五）

这种地方一定要灵活地看才行。朱子大概的意思是，就天德流行言，当然是阳为主，阴为从。但继之者善是阳，成之者性是阴。就人之既受生而言，乃必须主静以立人极。由这个观点看，则又阴为主，阳为客。《语类》曰：

> 圣人定之以中正仁义。此四物常在这里流转，然常靠着个静做本。若无夜，则做得昼不分晓。若无冬，则做得春夏不长茂。如人终日应接，却归来这里空处少歇，便精神较健。如生物而无冬，只管一向生去，元气也会竭了。中仁是动，正义是静。《通书》都是恁地说，如云礼先而乐后。（九四）

人要了解天道与人道的运作，不是主张气化命定之论，而是可以培育智慧做成德的工夫。《语类》曰：

> 化而裁之，化是因其自然而化，裁是人为变，是变了他。且如一年三百六十日，须待一日日渐次进去，到那满时，这便是化。自春而夏，夏而秋，秋而冬，圣人自这里截做四时，这便是变。化不是一日内便顿然恁地底事。人之进德亦如此。三十而立，不是到那三十时便立，须从十五志学，渐渐化去方到。横渠去这里说做化而裁之，便是这意。柔变而趋于刚，刚变而趋于柔，与这个意思也只一般。自阴来做阳，其势漫长，便觉突兀，有头面。自阳去做阴，这只是渐渐消化去。这变化之义，亦与鬼神屈伸意相似。（七五）

自然之道每每自阳去做阴，故必济之以人文之道，自阴来做阳。《语类》曰：

> 能说诸心，乾也。能研诸虑，坤也。说诸心，有自然底意思，故属阳。研诸虑，有作为意思，故属阴。定

吉凶，乾也。成亹亹，坤也。事之未定者属乎阳，定吉凶所以为乾。事之已为者属阴，成亹亹所以为坤。大抵言语两端处皆有阴阳。如开物成务，开物是阳，成务是阴。如致知力行，致知是阳，力行是阴。周子之书，屡发此意，推之可见。（七六）

总之，整个宇宙大自然，人文社会，莫非阴阳之事。乃至鬼神，也不能超出此范围。《语类》曰：

鬼神不过阴阳消长而已。（下略）（三）

鬼神只是气。屈伸往来者气也。天地间无非气。人之气与天地之气常相接，无间断，人自不见。（下略）（三）

又有云：

横渠曰：物之初生，气日至而滋息。物生既盈，气日反而游散。至之谓神，以其伸也。反之谓鬼，以其归也。（三）

神，伸也。鬼，屈也。如风雨雷电，初发时，神也；及至风止雨过，雷住电息，则鬼也。（三）

朱子是完全由自然的眼光来释鬼神。《文集》卷四十五答廖子晦有云：

性只是理，不可以聚散言。其聚而生、散而死者，气而已矣。所谓精神魂魄，有知有觉者，皆气之所为也。故聚则有，散则无。若理则初不为聚散而有无也。但有是理则有是气。苟气聚乎此，则其理亦命乎此耳。不得以水沤比也。鬼神便是精神魂魄，程子所谓天地之功

用，造化之迹；张子所谓二气之良能，皆非性之谓也。（《文集》卷四十五《答廖子晦十八书》之第二书）

由此可见，鬼神是气边事。又《文集》卷四十四答梁文叔有云：

> 鬼神通天地间一气而言。魂魄主于人身而言。方气之伸，精魂固具，然神为主。及气之屈，魂气则存，然鬼为主。气尽则魄降而纯于鬼矣。故人死曰鬼。（《文集》卷四十四《答梁文叔四书》之第四书）

鬼神是就天地说，魂魄则就人身说，其实不外乎一气之流行。《语类》曰：

> 问：鬼神便是精神魂魄如何？曰：然且就这一身看。自会笑语，有许多聪明知识。这是如何得恁地？这都是阴阳相感，都是鬼神。看得到这里，见一身只是个躯壳在这里，内外无非天地阴阳之气。所以夜来说道，天地之塞吾其体，天地之帅吾其性，思量来只是一个道理。

（三）

再详细来说，《语类》又有云：

> 问：生死鬼神之理。曰：天道流行，发育万物。有理而后有气。虽是一时都有，毕竟以理为主。人得之以有生。气之清者为气，浊者为质。知觉运动，阳之为也。形体，阴之为也。气曰魂，体曰魄。高诱《淮南子注》曰：魂者阳之神，魄者阴之神。所谓神者，以其主乎形气也。人所以生，精气聚也。人只有许多气，须有个尽时。尽则魂气归于天，形魄归于地而死矣。人将死时，

热气上出，所谓魂升也。下体渐冷，所谓魄降也。此所以有生必有死，有始必有终也。夫聚散者，气也。若理，则只泊在气上。初不是凝结自为一物，但人分上所合当然者便是理，不可以聚散言也。（三）

由此可见，朱子对生死也取一自然的看法。《语类》曰：

> 气聚则生，气散则死。（三）
>
> 譬如一身，生者为神，死者为鬼，皆一气耳。（六三）
>
> 只今生人，便自一半是神，一半是鬼了。但未死以前，则神为主；已死之后，则鬼为主。纵横在这里。以屈伸往来之气言之，则来者为神，去者为鬼。以人身言之，则气为神而精为鬼。然其屈伸往来也各以渐。（三）
>
> 此所谓人者，鬼神之会也。（六三）
>
> 人生初间是先有气，既成形是魄在先。形既生矣，神发知矣，既有形后，方有精神知觉。（三）
>
> 人死则气散，理之常也。（三）

但偶然也可以有例外的情形。《语类》有云：

> 问：游魂为变，间有为妖孽者，是如何得未散？曰：游字是渐渐散，若是为妖孽者，多是不得其死，其气未散，故郁结而成妖孽。（三）
>
> 问：有人死而气不散者，何也？曰：他是不伏死，如自刑自害者，皆是未伏死，又更聚得这精神。安于死者便自无。何曾见尧舜做鬼来。（三）

朱子是由自然的观点看，是可以有鬼怪一类的事，但这些并不是常态，而传说也不可尽信，要我们用批评的眼光来甄别。《文集》答王子合有云：

> 天神、地示（祇）、人鬼只是一理，也只是一气，《中庸》所云，未尝分别人鬼不在内也。人鬼固是终归于尽，然诚意所格，便如在其上下左右，岂可谓祀典所载，不谓是耶？奇怪不测，皆人心自为之，固是如此，然亦须辨得合有合无。若都不分别，则又只是一切唯心造之说，而古今小说所载鬼怪事，皆为有实矣。此又不可不察也。（《文集》卷四十九《答王子合十八书》之第十书）

由这封信又可以看出，朱子并不把祭祖祭天看作鬼怪不经一类的事，《语类》之中有更详细的说明：

> 只是这个天地阴阳之气，人与万物皆得之。气聚则为人，散则为鬼。然其气虽已散，这个天地阴阳之理生生而不穷，祖考之精神魂魄虽已散，而子孙之精神魂魄自有些相属。故祭祀之礼，尽其诚敬，便可以致得祖考之魂魄。这个自是难说，看既散后一似都无了。能尽其诚敬，便有感格，亦缘是理常只在这里也。（三）

> 此身在天地间，便是理与气凝聚底。天子统摄天地，负荷天地间事，与天地相关，此心便与天地相通。不可道他是虚气，与我不相干。如诸侯不当祭天地，与天地不相关，便不能相通。圣贤道在万世，功在万世，今行圣贤之道，传圣贤之心，便是负荷这物事，此气便与他相通。（三）

朱子显然不信个体不朽或轮回之说。《语类》有云：

然已散者不复聚。释氏却谓人死为鬼，鬼复为人。如此则天地间常只是许多人来来去去，更不由造化生生。必无是理。（三）

《文集》卷三十五答刘子澄亦有曰：

天运不息，品物流行，无万物皆逝而已独不去之理。（《文集》卷三十五《答刘子澄十六书》之第四书）

由此可见，朱子对生死、鬼神完全取一理性、自然的解释，间或也取一种不可知论的态度。《文集》卷五十一答董叔重有云：

鬼神之理，圣人盖难言之。谓真有一物固不可，谓非真有一物亦不可。若未能晓然见得，且阙之可也。（《文集》卷五十一《答董叔重十书》之第五书）

但这种不知并不足以为病。《语类》卷三鬼神一开始的两条即有云：

鬼神事自是第二著。那个无形影是难理会底，未消去理会。且就日用紧切处做工夫。（三）

此事自是第二著。未能事人，焉能事鬼，此说尽了。今且须去理会眼前事。那个鬼神事，无形无影，莫要枉费心力。（三）

《文集》卷四十七答吕子约把这个问题的症结指点得更为明白透彻：

熹尝谓：知乾坤变化万物受命之理，则知生而知死矣，尽亲亲长长贵贵尊贤之道，则能事人而能事鬼矣。只如此看，意味自长。（《文集》卷四十七《答吕子约二

十八书》之第四书）

这是粹然儒者之言。由此可见，朱子虽有极强的探讨自然的兴趣，正如《大学补传》所谓"天下之物，莫不有理"，莫不可以"因其已知之理而益穷之"，但这样的探究在朱子本人的思想之中毕竟只占第二义的地位。故此朱子的自然哲学虽也有一宏大的规模，他的最中心处毕竟是要建立一成德之学。朱子当然是希望能兼顾到两方面，但兼顾不了时，就必须分别主从。朱子的思想极富分析力，想得很深入，层次分明，井然有序。他能发展出一个以理为只存在而不活动的横摄的大系统，决不是偶然的。但他终不觉得自己的思想和古典与前贤有什么本质性的差别，这却是一个吊诡。譬如《语类》有曰：

> 问：质诸鬼神而无疑，只是龟从筮从，与鬼神合其吉凶否？曰：亦是。然不专在此，只是合鬼神之理。（六四）

由此可见，朱子并不排斥龟筮之事，但这是次要的一面，更重要的是把握鬼神之理。这自不是《中庸》原义，但朱子自己可以说出一套，而他的思想的贞定处在理。他自己则认为所发挥的正是古典之内所包含的道理。

朱子更清晰地分辨出，言鬼神之所谓神，与单言神之所谓神，意义完全不同。《语类》有曰：

> 鬼神，自有迹者而言之。言神，只言其妙而不可测识。（六三）

鬼神是气之精英，二气之良能，但还微有迹。一故神，此神字不指造化之迹而言。《语类》曰：

> 神化二字，虽程子说得亦不甚分明，惟是横渠推出来。推行有渐为化，合一不测为神。（九八）

> 问：一故神。曰：横渠说得极好，须当仔细看。（中略）横渠亲注云：两在故不测。只是这一物却周行乎事物之间，如所谓阴阳、屈伸、往来、上下以至于行乎什佰千万之中，无非这一个物事，所以谓两在故不测。（九八）

鬼神还是阴阳、屈伸边事，合一不测之神却通贯而两在。《文集》卷六十二答杜仁仲有云：

> 但谓神即是理，却恐未然，更宜思之。（《文集》卷六十二《答杜仁仲六书》之第四书）

又有云：

> 神是理之发用而乘气以出入者。故《易》曰：神也者，妙万物而为言者也。来喻大概得之，但恐却将神字全作气看，则又误耳。（《文集》卷六十二《答杜仁仲六书》之第六书）

这两封信说得比较确定。神自不能只是但理，但也不能只是气机鼓荡。它是理之发用而乘气以出入者。就其有作用而言，它不能是理。但就其未对象化、合一不测而言，是理的直接表现，所以才能有妙万物的作用。《语类》有云：

> 问：神是气之至妙处，所以管摄动静。十年前曾闻先生说：神亦只是形而下者。贺孙问：神既是管摄此身，则心又安在？曰：神即是心之至妙处，滚在气里说，又

只是气。然神又是气之精妙处。到得气，又是粗了。精又粗，形又粗。至于说魂说魄，皆是说到粗处。（叶贺孙录，辛亥朱子六十二岁以后所闻。）（原注：寓录云：直卿云：看来神字本不专说气也，可就理上说，先生只就形而下者说。先生曰：所以某就形而下说，毕竟就气处多发出光彩便是神。）（九五）

盖神之为物，自然是超然于形器之表，贯动静而言，其体常如是而已矣。（九四）

形而上、形而下，这里面还牵涉到好些复杂的问题，下面我们就顺着这个线索来讨论道器的观念。

五、朱子论道器

朱子一贯以形而上者为理，形而下者为气，但也可以换一个方式讲形而上者为道，形而下者为器。《语类》有云：

> 问：诸先生都举形而上、形而下，如何说？曰：可见底是器，不可见底是道。理是道，物是器。因指面前火炉曰：此是器。然而可以向火，所以为人用，便是道。（二四）

由此可见，道即是理。但两者也有区别。《语类》曰：

> 道是统名，理是细目。（六）

> 问：道与理如何分？曰：道便是路，理是那文理。问：如木理相似？曰：是。问：如此却似一般。曰：道字包得大，理是道字里面许多理脉。又曰：道字宏大，

理字精密。(六)

理是有条瓣,逐一路子,以各有条,谓之理。人所共由谓之道。(六)

道训路。大概说人所共由之路。理各有条理界瓣。因举康节云:夫道也者,道也。道无形,行之则见于事矣。如道路之道,坦然使千亿万年行之,人知其归者也。(六)

道者,兼体用、该费隐而言也。(六)

落在人事上言也是一样。《语类》有曰:

问:仁与道如何分别?曰:道是统言,仁是一事。如道路之道,千枝百脉,皆有一路去。(六)

至德至道。道者人之所共由。德者己之所独得。(六)

问:万理粲然,还同不同?曰:理只是这一个道。理则同,其分不同。君臣有君臣之理,父子有父子之理。(六)

道之名义既明,以下我们可以进一步来看道器形而上、形而下的分别与彼此的关系。《语类》曰:

形是这形质。以上便是道,以下便为器。这个分别得最亲切,故明道云:惟此语截得上下最分明。又曰:形以上底虚浑是道理,形以下底实便是器。(七五)

问:形而上下如何以形言?曰:此言最的当。设若以有形无形言之,便是物与理相间断了。所以谓截得分明者,只是上下之间分别得一个界止分明。器亦道,道亦器,有分别而不相离也。(七五)

对朱子来说，形而上下的分别是确定而必然的，但两方面事实上却不相离，所以不会有像柏拉图那样的理型与事物分离的问题。事实上形而上者即在形而下者之中，道理即在事物之内，两方面是一种互相依赖的关系。《语类》曰：

> 形而上者谓之道，形而下者谓之器。道是道理，事事物物皆有个道理。器是形迹，事事物物亦皆有个形迹。有道须有器，有器须有道。物必有则。（七五）

> 形而上谓道，形而下谓器。这个在人看始得。指器为道固不得，离器于道亦不得。且如此火是器，自有道在里。（七五）

而且是要即事即物（形而下）去见理（形而上），这里自有它的艰苦，要做格物的工夫才行。《语类》曰：

> 形而上者指理而言，形而下者指事物而言。事事物物皆有其理。事物可见而其理难知。即事即物便要见得此理。只是如此看，但要真实于事物上见得这个道理，然后于己有益。为人君，止于仁，为人子，止于孝，必须就君臣父子上见得此理。《大学》之道曰穷理，而谓之格物，只是使人就实处穷竟。事事物物上有许多道理，穷之不可不尽也。（七五）

形而上、形而下又可以由另一个角度来分别。《语类》曰：

> 问：如何分形器？曰：形而上者是理，才有作用便是形而下者。问：阴阳如何是形而下者？曰：一物便有阴阳、寒暖、生杀，皆见得是形而下者。事物虽大，皆形而下者，

尧舜之事业是也。理虽少，皆形而上者。（七五）

圣人根据道理因其自然化而裁之。《语类》曰：

> 形而上者谓之道一段只是这一个道理。但即形器之本体而离乎形器则谓之道，就形器而言，则谓之器。圣人因其自然化而裁之则谓之变，推而行之则谓之通，举而措之则谓之事业。裁也、行也、措也，都只是裁行措这个道。曰：是。（七五）

在这里，天道与人道是既分而合。《语类》曰：

> 问：明于天之道而察于民之故，天之道便是民之故否？曰：论得到极处固只是一个道理。看时须做两处看，方看得周匝无亏欠处。问：天之道只是福善祸淫之类否？曰：如阴阳变化，春何为而生，秋何为而杀，夏何为而暑，冬何为而寒，皆要理会得。问：民之故，如君臣父子之类是否？曰：凡民生日用皆是。若只理会得民之故，却理会不得天之道，便即民之故亦未是在。到得极时，固只是一理。要之，须是都看得周匝始得。（七五）

朱子是个先分析而后综合型的头脑，就内容来说，当然天道与人道不同，都要穷究，但终极来说，则是一个道理。《语类》有云：

> 礼是那天地自然之理。理会得时，繁文末节皆在其中。礼仪三百，威仪三千，却只是这个道理。千条万绪，贯通来只是一个道理。夫子所以说：吾道一以贯之。曾子曰：忠恕而已矣是也。盖为道理出来处只是一源，散见事物都是一个物事做出底。一草一木，与他夏葛冬裘、

渴饮饥食、君臣父子、礼乐器数，都是天理流行活泼泼地，那一件不是天理中出来。见得透彻后都是天理，理会不得，则一事各自是一事，一物各自是一物，草木各自是草木，不干自己事。（四一）

朱子是以渐教的方式逐事逐物理会，最后却又必须道通为一。道理与事物是两层，故不杂，但道理由事物而见，又不离。朱子甚至在这里作出儒佛的分别。《语类》卷六十二有一长段把他的意见说得很明白，兹择要节录如下：

> 衣食动作只是物，物之理乃道也。将物便唤做道则不可。且如这个椅子有四只脚，可以坐，此椅之理也。若除去一只脚，坐不得，便失其椅之理矣。形而上为道，形而下为器。说这形而下之器之中便有那形而上之道。若便将形而下之器作形而上之道，则不可。且如这个扇子，此物也便有个扇子底道理。扇子是如此做，合当如此用，此便是形而上之理。天地中间，上是天，下是地，中间有许多日月星辰、山川草木、人物禽兽，此皆形而下之器也。然这形而下之器之中，便各自有个道理，此便是形而上之道。所谓格物便是要就这形而下之器穷得那形而上之道理而已。如何便将形而下之器作形而上之道理得？饥而食，渴而饮，日出而作，日入而息，其所以饮食作息者，皆道之所在也。若便谓食饮作息者是道，则不可。与庞居士神通妙用、运水搬柴之颂一般，亦是此病。如徐行后长与疾行先长，都一般是行，只是徐行后长方是道，若疾行先长，便不是道。岂可说只认行底便是道。神通妙用、运水搬柴，须是运得水搬得柴是，

方是神通妙用。若运得不是，搬得不是，如何是神通妙用？佛家所谓作用是性，便是如此。他都不理会是和非，只认得那衣食作息视听举履便是道。说我这个会说话底，会作用底，叫着便应底，便是神通妙用，更不问道理如何。儒家则须是就这上寻讨个道理方是道。（中略）佛家者虽是无道理，然他却一生受用、一生快活，便是他就这形而下者之中，理会得似那形而上者。而今学者看来须是先晓得这一层，却去理会那上面一层方好，而今都是和这下面一层也不曾见得，所以和那上面一层也理会不得。

又曰：天地中间，物物上有这个道理，虽至没紧要底物事，也有这道理。盖天命之谓性。这道理却无形无安顿处，只那日用事物上，道理便在上面。这两个元不相离。凡有一物，便有一理。所以君子博学于文，看来博学是个没紧要物事，然那许多道理便都在这上，都从那源头上来，所以无精粗小大，都一齐用理会过。盖非外物也。都一齐理会，方无所不尽，方周遍无疏缺处。

又曰：道不可须臾离，可离非道也。所谓不可离者谓道也。若便以日用之间举止动作便是道，则无所适而非道，无时而非道，然则君子何用恐惧戒谨，何用更学道为？为其不可离，所以须是依道而行。如人说话，不成便以说话者为道，须是有个仁义礼智始得。若便以举止动作为道，何用更说不可离得？

又曰：《大学》所以说格物，却不说穷理。盖说穷理，则似悬空无捉摸处。只说格物，则只就那形而下之器上便寻那形而上之道，便见得这个元不相离。所以只

说格物。天生蒸民，有物有则，所谓道者是如此，何尝说物便是则。（下略）（六二）

朱子一定要严分形而上、形而下的界限，却又强调形而上必就形而下而见，必须做格物穷理的工夫，这里的确煞费苦心，极见功力。但他自己虽有一条一贯的思路，极为明澈，但其辟佛，不必谛，尤其因此而遮拨儒家内部所有圆顿的话头，更不必称理。朱子顺着他的分解的线索大步前进，道作理来解，器、物、事是气边事。如此他说天道流行，乃只能够虚说。其实义为：在天道天理规定的范围以内气之流行，生生而不已。在这样的方式之下，说道、理是体，气是用，就会产生额外的问题。因为理气分属二层，理本身不能有作用，有作用的是气，这样说体用一源，也只能够虚说。朱子讲体用问题，有沿袭旧说处，也有自创新说处，此处也还需要作进一步的分梳，方能得其实义。

六、朱子论体用

朱子之解体用，并不拘于一说，完全要看当时讨论的系络而定。《语类》曰：

> 问：知者动，《集注》以动为知之体；知者乐水，又曰：其用周流而不穷；言体用相类，如何？曰：看文字须活着意思，不可局定。知对仁言，则仁是体，知是用。只就知言，则知又自有体用。如乾道成男，坤道成女，岂得男便都无阴，女便都无阳？这般须相错看，然大抵

> 仁都是个体，知只是个用。（三二）

又曰：

> 伊川乐山乐水处言动静皆其体也。此只言体段，非对用而言。（三二）

此处的分梳极为细密。就体用对举而言，朱子也会用常识的例子来说明它的意思。《语类》有曰：

> 问：道之体用。曰：假如耳，便是体，听便是用。目是体，见是用。（一）

又曰：

> 体是这个道理，用是他用处。如耳听目视，自然如此，是理也。开眼看物，着耳听声，便是用。江西人说个虚空底体，涉事物便唤做用。（六）

朱子还是用理气二元的方式解释体用的观念。有此理斯有此用。这透露出一种客观实在论的心态，故极不喜辟空谈体之说。这里借机攻击陆学，甚是无谓，但颇反映出他自己的那一条思路。《语类》有曰：

> 道只是人所当行之道，自有样子。如为人父止于慈，为人子止于孝，只从实理上行，不必向渺茫中求也。（三四）

> 圣人语言甚实，且即吾身日用常行之间可见。惟能审求经义，将圣贤言语虚心以观之，不必要著心去看他，久之道理自见，不必求之太高也。今如所论，却只于渺渺茫茫处想见一物，悬空在，更无捉摸处，将来如何顿放？更没收杀。如此则与身中日用自然判为二物，何缘得有诸己？（一一三）

这样的话很反映出朱子的渐教形态的思想。扣到体用上来说,朱子又用常识的例子来说明他的意思。《语类》曰:

> 人只是合当做底便是体。人做处便是用。譬如此扇子,有骨有柄用纸糊,此则体也。人摇之则用也。如尺与秤相似,上有分寸星铢,则体也。将去秤量物事,则用也。(六)

由此可见,朱子肯定实然与应然之间有一定的关联,必有如是之体,始有如是之用。用是理的具体现实化的表现。

既了解体用的一般观念,移往天道上说,《语类》曰:

> 问:泛观天地间,日往月来,寒往暑来,四时行百物生,这是道之流行发见处。即此而总言之,其往来生化无一息间断处,便是道体否?曰:此体用说得是。但总字未当,总便成兼用说了。只就那骨处便是体。如水之或流或止,或激成波浪,是用。即这水骨,可流可止,可激成波浪处便是体。如这身是体,目视耳听手足运动处便是用。如这手是体,指之运动提掇处便是用。淳举《论语集注》曰:往者过,来者续,无一息之停,乃道体之本然也。曰:即是此意。(六)

朱子还是以理气二元不离不杂的方式来解释体用,一方面有体斯有用,即用而见体;但另一方面体是体,用是用,不可以总起来说。朱子以这种分解的方式讲体用一源,乃有他本人独特的意思。《文集》卷四十答何叔京有云:

> 体用一源者,自理而观,则理为体,象为用,而理中有象,是一源也。显微无间者,自象而观,则象为显,

理为微，而象中有理，是无间也。先生后答语意甚明，仔细消详便见归著。且既曰：有理而后有象，则理象便非一物，故伊川但言其一源而无间耳。其实体用显微之分，则不能无也。今曰：理象一物，不必分别，恐陷于近日含胡之弊，不可不察。（《文集》卷四十《答何叔京三十二书》之第三十书）

此函可谓把朱子的意思说得确定明白。其前一函亦有云：

所以言性理之本，以其一源也，此亦未安。体用是两物而不相离，故可以言一源。性理两字，即非两物，谓之一源，却倒说开了。（《文集》卷四十《答何叔京三十二书》之第二十九书）

在朱子的系统之中，性即理，性即是理之内在化，本非两物，所以谓之一源，便不甚妥当。体用却是分属形而上、形而下两层，不可相杂，然又不相离，故可以言一源。朱子以分解的方式确定了伊川体用一源一语的意义，也以同样的方式确定了伊川与道为体一语的意义，此则见于《语类》卷三十六大段关于"子在川上"一章的讨论，兹节其要者如下：

或问：天地之化，往者过，来者续，此道体之本然也，如何？曰：程子言之矣，天运而不已，日往则月来云云，皆与道为体。与道为体此句极好。

问：注云：此道体之本然也。后又曰：皆与道为体。而见先生说，道无形体，却是这物事盛载那道出来，故可见。与道为体，言与之为体也。这体字较粗，如此则与本然之体微不同。曰：也便在里面，只是前面体字说得较阔，连本末精粗都包在里面。后面与道为体之体又说出那道之亲切底骨子。恐人说物自物，道自道，所以指物以见其道。其实这许多物事凑合来，便都是道之体。道之体便在这许多物事上。只是水上较亲切易见。

公晦问：子在川上注体字是体用之体否？曰：只是这个体，道之体只是道之骨子。

问：如何是与道为体。曰：与那道为形体。这体字却粗。

问：注云：此道体也。下面云：是皆与道为体，与字其义如何？曰：此等处要紧。与道为体是与那道为体。道不可见，因从那上流出来。若无许多物事，又如何见得道？便是许多物事与那道为体。水之流而不息，最易见者。如水之流而不息，便见得道体之自然。

与道为体，此四字甚精。盖物生水流，非道之体，乃与道为体也。

先生举程子与道为体之语，言：道无形体可见，只看日往月来，寒往暑来，水流不息，物生不穷，显显者乃是与道为体。

问：伊川曰：此道体也，天运而不已，至皆与道为体，如何？曰：形而上者谓之道，形而下者谓之器。道本无体，此四者非道之体也。但因此则可以见道之体耳。那无声无臭便是道。但寻从那无声无臭处去，如何见得道？因有此四者，方见得那无声无臭底，所以说与道为体。曰：如炭与火相似？曰：也略是如此。

周元兴问：与道为体。曰：天地、日月、阴阳、寒暑，皆与道为体。又问：此体字如何？曰：是体质。道之本然之体不可见。观此则可见无体之体。如阴阳五行为太极之体。又问：太极是体，二五是用？曰：此是无体之体。叔重曰：如其体则谓之易否？曰：然。

伊川说：水流而不息，物生而不穷，皆与道为体。这个体字似那形体相似。道是虚底道理，因这个物事上面方看见。如历家说，二十八宿为天之体。天高远，又更运转不齐，不记这几个经星，如何见得他？经礼三百，曲礼三千，无一事之非仁。经礼、曲礼，便是与仁为体。

至之问：逝者如斯夫，不舍昼夜，便是纯亦不已意思否？曰：固是，然此句在吾辈作如何使。杨曰：学者当体之以自强不息。曰：只是要得莫间断。程子谓，此天德也，有天德便可语王道。其要只在谨独。谨独与这里何相关？只少有不谨便断了。

"子在川上"一段注：此道体之本然也。欲学者时时省察而无毫发之间断。才不省察便间断。此所以其要只在谨独，人多于独处间断。

由以上的讨论，我们可以总括朱子的意见如下：道体本身根本没有形体，所以是无体（质）之体。既无体质，所以是虚。但这却不可与佛家的虚理混淆。朱子的是实理，也是生理，由流行不已处见。物生水流，乃至天地、日月、阴阳、寒暑，并不即是道体，而只是与道为体。它们是在形而上的道体的规定之下的具体内容的表达，而道体即通过这些具体的内容表达而显现。人若能体道，自可以参天地，两化育，如不能省察，做谨独的工夫，乃可以间断，产生不良的效果。朱子这一形态的思想一定要用与道为体的方式才能充分表达出来，更胜于体用的方式，所以才不惮其烦，广征文献以阐明朱子这一型的思路。当然，要放松一点来说，则体用的观念仍然随处可用。《语类》曰：

> 问：前夜说体用无定所，是随处说如此，若合万事为一大体用，则如何？曰：体用也定。见在底便是体，后来生底便是用。此身是体，动作处便用。天是体，万物资始处便是用。地是体，万物资生处便是用。就阳言，则阳是体，阴是用。就阴言，则阴是体，阳是用。（六）

这一条所说的是，体用的名义可定，体在先，用在后。但体用的内容却不定。因动静无端，阴阳无始，故阴阳可以互为体用。再配合动静阴阳形而上下以言体用，《语类》曰：

> 动而无静，静而无动者，物也，此言形而下之器也。形而下者则不能通，故方其动时，则无了那静，方其静时则无了那动。如水只是水，火只是火。（中略）动而无动，静而无静，非不动不静，此言形而上之理也。理则神而莫测。方其动时，未尝不静，故曰无动。方其静时，未尝不动，故曰无静。静中有动，动中有静，静而能动，动而能静，阳中有阴，阴中有阳，错综无穷是也。下曰：水阴根阳，火阳根阴，水阴火阳，物也，形而下者也。所以根阴根阳，理也，形而上者也。直卿云：兼两意言之方备。言理之动静，则静中有动，动中有静，其体也；静而能动，动而能静，其用也。言物之动静，则动者无静，静者无动，其体也；动者则不能静，静者则不能动，其用也。（九四）

朱子配合元亨利贞以言体用。《语类》有云：

> 正淳问：利贞者性情。曰：此是与元亨相对说。性

情如言本体。元亨是发用处，利贞是收敛归本体处。体却在下，用却在上。（中略）《通书》曰：元亨，诚之通，利贞，诚之复，通即发用，复即本体也。（六九）

问：利贞者性情也。曰：此只是对元亨说。此性情只是意思体质。盖元亨是动，发用在外。利贞是静而伏藏于内。（六九）

此则以上下、内外言体用，表面上好像是用在前、体在后，不合常识的看法。但元亨利贞为一气之流通，互为先后。正好像说太极动而生阳只是一个方便的起点罢了，在宇宙论的层面上，也未始不可以先说静而生阴。落在个体人事上看，则理论效果更为清楚。《语类》有曰：

继之者善是动处，成之者性是静处。继之者善是流行出来，成之者性则各自成个物事。继善便是元亨，成性便是利贞。及至成之者性，各自成个物事，恰似造化都无可做了。及至春来，又流行出来，又是继之者善。（中略）下面说天下大本，天下达道。未发时便是静，已发时便是动。方其未发，便有一个体在那里了。及其已发，便有许多用出来。少间一起一倒，无有穷尽。若静而不失其体，便是天下之大本，动而不失其用，便是天下之达道。静而失其体，则天下之大本便错了，动而失其用，则天下之达道便乖了。说来说去只是一个道理。（九四）

此则以静动分属体用，而涉及人的修养工夫论。由此而言主静以立人极，乃极自然。动静虽无始，但要立心之主宰，却必须主静。然主静自滞寂，静而不失其体，动而不失其用，

是为天下之大本大道。扣在心性论上,自也可以体用言,《语类》有曰:

> 履之问:未发之前心性之别。曰:心有体用。未发之前是心之体,已发之际乃心之用。如何指定说得?盖主宰运用底便是心,性便是会恁地做底理。性则一定在这里,到主宰运用却在心。情只是几个路子,随这路子恁地做去底却又是心。(五)

> 孟子言:恻隐之心,仁之端也,仁,性也,恻隐,情也,此是情上见得心。又曰:仁义礼智根于心,此是性上见得心。盖心便是包得那性情。性是体,情是用。(五)

> 心者兼体用而言。程子曰:仁是性,恻隐是情,若孟子便只说心。程子是分别体用而言,孟子是兼体用而言。(二〇)

朱子以分解的方式讲心性情,则心兼体用,性是体,情是用。再作进一步的了解,又可以说:

> 以心之德而专言之,则未发是体,已发是用。以爱之理而偏言之,则仁便是体,恻隐是用。(二〇)

由实践与教育学习的观点来看,则朱子强调即用而见体。《语类》曰:

> 文振说樊迟问仁曰爱人一节。先生曰:爱人知人是仁知之用,圣人何故但以仁知之用告樊迟,却不告以仁知之体?文振云:圣人说用则体在其中。曰:固是。盖寻这用,便可以知其体。盖用即是体中流出也。(四二)

《文集》卷六十一答林德久有曰:

> 盖如吾儒之言，则性之本体便只是仁义礼智之实。如老佛之言，则先有个虚空底性，后方旋生此四者出来。不然，亦说性是一个虚空底物，里面包得四者。今人却为不曾晓得自家道理，只见得它说得熟，故如此不能无疑。又才先说四者为性之体，便疑实有此四块之物磊块其间，皆是错看了也。须知性之为体，不离此四者。而四者又非有形象方所，可撮可摩也。但于浑然之理之中，识得个意思情状，似有界限，而实亦非有墙壁遮拦分别处也。然此处极难言。故孟子亦只于发处言之，如言四端，又言乃若其情则可以为善之类，是于发处教人识取。不是本体中元来有此，如何用处发得此物出来。但本体无著摸处，故只可于用处看，便省力耳。(《文集》卷六十一《答林德久十一书》之第三书)

总之，形而上下、体用之观念必须善会始得。又《文集》卷四十八答吕子约有曰：

> 阴阳也，君臣父子也，皆事物也，人之所以行也，形而下者也，万象纷罗者也。是数者各有当然之理，即所谓道也，当行之路也，形而上者也，冲漠之无朕者也。若以形而上者言之，则冲漠者固为体，而其发于事物之间者为之用。若以形而下者言之，则事物又为体，而其理之发见者为之用。不可概谓形而上者为道之体，天下达道五为道之用也。(《文集》卷四十八《答吕子约二十书》之第十二书)

其下一书又有云：

> 谓当行之理为达道，而冲漠无朕为道之本原，此直

是不成说话。(中略)须看得只此当然之理冲漠无朕,非此理之外,别有一物冲漠无朕也。至于形而上下,却有分别。须分得此是体,彼是用,方说得一源。分得此是象,彼是理,方说得无间。若只是一物,却不须更说一源、无间也。(《文集》卷四十八《答吕子约二十书》之第十三书)

朱子对于一元之论深致反感,他自己必须以体用、理象、形而上形而下二元不离不杂的方式来说明他自己对于道的体验。

七、朱子论天人

朱子之论天人,也强调其不一而又不离之关系。《文集》卷六十七太极说曰:

动静无端,阴阳无始,天道也。始于阳,成于阴,本于静,流于动者,人道也。然阳复本于阴,静复根于动,其动静亦无端,其阴阳亦无始,则人盖未始离乎天,而天亦未始离乎人也。

元亨诚之通,动也。利贞诚之复,静也。元者,动之端也,本乎静。贞者,静之质也,著乎动。一动一静,循环无穷,而贞也者,万物之所以成终而成始者也。故人虽不能不动,而立人极者必主乎静。惟主乎静,则其著乎动也,无不中节,而不失其本然之静矣。

静者性之所以立也,动者命之所以行也。然其实则静亦动之息尔。故一动一静皆命之行,而行乎动静者乃性之真也。故曰:天命之谓性。

情之未发者性也,是乃所谓中也,天下之大本也。性之已发者情也,其皆中节,则所谓和也,天下之达道也。皆天理之自然也。妙性情之德者,心也,所以致中和立大本而行达道者也,天理之主宰也。

静而无不该者,性之所以为中也,寂然不动者也。动而无不中者,情之发而得其正也,感而遂通者也。静而常觉,动而常止者,心之妙也,寂而感,感而寂者也。(《文集》卷六十七《杂著》)

此文把朱子思想的纲领明白地说了出来。朱子的意思,就宇宙论的观点言,天道的流行是动静无端、阴阳无始者。但人之受生则是天道流行的结果,继之者善,成之者性,故曰:始于阳,成于阴。由此而守住性之本体,则必主静以立人极;然既主乎静则著乎动也无不中节,故曰:本于静,流于动。这四者乃人道之表现。而人道之合天道即为天道之表现。此间占枢纽性之地位者则为心,心统性情者也,由心的作用而看到天理之主宰。若能如此,则人不只不隔断于天,而且必须有人,始能见天地之心。《语类》有曰:

人者,天地之心,没这人时,天地便没人管。(四五)

盖天只是动,地只是静,到得人便兼动静,是妙于天地处。故曰:人者,天地之心。论人之形虽只是器,言其运用处却是道理。(一〇〇)

由此可见,人在天地之间是占一极特殊的地位。《语类》有曰:

赞天地之化育。人在天地之间，虽只是一理。然天人所为，各自有分。人做得底，却有天做不得底。天能生物，而耕种必用人。水能润物，而灌溉必用人。火能烧物，而薪爨必用人。财成辅相，须是人做。非赞助如何？（六四）

天人虽二分，其实又是一体。《语类》有曰：

天即人，人即天。人之始生，得于天也。既生此人，则天又在人矣。凡语言、动作、视听，皆天也。只今说话，天便在这里。顾误是常要看教光明灿烂，照在目前。（一七）

或问：总以为见天之未始不为人，而人之未始不为天，何也？曰：只是言人之性本无不善，而其日用之间，莫不有当然之则，则所谓天理也。人若每事做得是，则便合天理。天人本只一理。若理会得此意，则天何尝大，人何尝小也。（一七）

人皆有不忍人之心者，是得天地生物之心为心也。（五三）

但朱子还有进一步的分解的说法。《语类》有曰：

人之所以生，理与气合而已。天理固浩浩不穷。然非是气，则虽有是理而无所凑泊。故必二气交感，凝结生聚，然后是理有所附著。凡人之言语、动作、思虑、营为，皆气也，而理存焉。故发而为孝弟忠信仁义礼智，皆理也。然而二气五行交感万变，故人物之生，有精粗之不同。自一气而言之，则人物皆受是气而生。自精粗而言，则人得其气之正且通者，物得其气之偏且塞者。

> 惟人得其正，故是理通而无所塞，物得其偏，故是理塞而无所知。（中略）就人之所禀而言，又有昏明清浊之异。故上知生知之资是气清明纯粹，而无一毫昏浊，所以生知安行，不待学而能，如尧舜是也。其次则亚于生知，必学而后知，必行而后至。又其次者，资禀既偏，又有所蔽，须是痛加工夫，人一己百，人十己千，然后方能及亚于生知者。及进而不已，则成功一也。孟子曰：人之所以异于禽兽者几希。人物之所以异，只是争这些子。若更不能存得，则与禽兽无以异矣。（四）

既提到人之受生，故必言气禀，而性与气的来源都是天。故《语类》有曰：

> 性与气皆出于天。性只是理，气则已属于形象。性之善固人所同，气便有不齐处。（五九）

> 蜚卿曰：然则才亦禀于天乎？曰：皆天所为，但理与气分为两路。又问：程子谓才禀于气如何。曰：气亦天也。道夫曰：理纯而气则杂。曰：然理精一，故纯。气粗，故杂。（五九）

人禀得的气正且通，故得以知天。《语类》曰：

> 黄敬之问尽心知性。曰：性是吾心之实理。若不知得，却尽个什么？又问知其性则知天矣。曰：性以赋于我之分而言，天以公共道理而言。天便脱模是一个大底人，人便是一个小底天。吾之仁义礼智即天之元亨利贞。凡吾之所有者皆自彼而来也。故知吾性则自然知天矣。（六〇）

朱子相信天人之间有一种互相配比的关系。《语类》有曰：

> 天有春夏秋冬，地有金木水火，人有仁义礼智，皆以四者相为用也。（一）
>
> 天只是一元之气。春生时全见得生，到夏长时也只是这底，到秋来成遂也只是这底，到冬天藏敛也只是这底。仁义礼智，割做四段，一个便是一个。浑沦看，只是一个。（六）
>
> 味道问：仁包义礼智，恻隐包羞恶辞逊是非，元包亨利贞，春包夏秋冬，以五行言之，不知木如是包得火金水？曰：木是生气，有生气然后物可得而生，若无生气，则火金水皆无自而能生矣，故木能包此三者。（六）
>
> 大而天地万物，小而起居食息，皆太极阴阳之理也。又曰：仁木、义金、礼火、智水、信土。（六）
>
> 在天只是阴阳五行，在人得之只是刚柔五常之德。（六）

人在此乃须要识得人心与天心无所间隔。《语类》有曰：

> 人之所以为人，其理则天地之理，其气则天地之气。理无迹，不可见。故于气观之。要识仁之意思是一个浑然温和之气。其气则天地阳春之气，其理则天地生物之心。（六）

朱子以理气二元的方式来解析，由浑然温和之气以识仁，此不必合乎明道识仁之原意，但把他本人的意思则说得很清楚。就本质上来说，人心与天心并无差别。《语类》有云：

> 万物之心便如天地之心，天下之心便如圣人之心。

天地之生万物，一个物里面便有一个天地之心。圣人于天下，一个人里面便有一个圣人之心。（二七）

但落实下来说，则圣心与天心也有差别处。《语类》曰：

> 问：天地之心亦灵否？还只是漠然无为？曰：天地之心不可道是不灵，但不如人恁地思虑。伊川曰：天地无心而成化，圣人有心而无为。（一）

但这里面还牵涉到一些复杂的问题，顺着不同的系统，我们可以说天地无心，也可以说天地有心。《语类》曰：

> 道夫言：向者先生教思量天地有心无心。近思之切，谓天地无心。仁便是天地之心。若使其有心，必有思虑、有营为，天地曷尝有思虑来？然其所以四时行、百物生者，盖以合当如此便如此，不待思维，此所以为天地之道。曰：如此则《易》所谓复其见天地之心，正大而天地之情可见，又如何？如公所说，只说得他无心处尔。若果无心，则须牛生出马，桃树上发李花，他又却自定。程子曰：以主宰谓之帝，以性情谓之乾，他这名义自定。心便是他个主宰处，所以谓天地以生物为心。中间钦夫以为某不合如此说。某谓：天地别无勾当，只是以生物为心，一元之气运转流通，略无停间，只是生出万物而已。问：程子谓：天地无心而成化，圣人有心而无为。曰：这是说天地无心处，且如四时行、百物生，天地何所容心？至于圣人，则顺理而已，复何为哉？所以明道云：天地之常，以其心普万物而无心；圣人之常，以其情顺万物而无情，说得最好。问：普万物莫是以心周遍而无私否？曰：天地以此心普及万物。人得之遂为人之

心,物得之遂为物之心,草木禽兽接着遂为草木禽兽之心,只是一个天地之心尔。今须要知得他有心处,又要见得他无心处。只恁定说不得。(一)

又曰:

万物生长是天地无心时,枯槁欲生是天地有心时。(一)

无心、有心都可以说,只必须善解而已。而人之本质虽与天不隔,在实际上则有隔。故《语类》有云:

圣人言语只是发明这个道理。这个道理,吾身也在里面,万物亦在里面。适同只是一个物事,无障蔽,无遮碍。吾之心即天地之心,圣人即川之流便见得也。是此理无往而非极致。但天命至正,人心便邪,天命至公,人心便私,天命至大,人心便小,所以与天地不相似。而今讲学便要去得与天地不相似处,要与天地相似。(三六)

人心与天心之本质虽一,但落实下来则不一,由此而看到天人之对立,乃有讲学作修养工夫之必要。理虽无不善,然世间有恶,也是自然的现象,不必强为之解。《语类》有曰:

天下之物未尝无对。有阴便有阳,有仁便有义,有善便有恶,有语便有默,有动便有静,然又却只是一个道理。如人行出去是这脚,行归亦是这脚。譬如口中之气,嘘则为温,吸则为寒耳。(九五)

天之生物,不能独阴必有阳,不能独阳必有阴,皆是对。这对处不是理对。其所以有对者,是理合当恁地。(九五)

理本身无对,但理的具体现实化却必然有对。安排得稍一不妥当,就是恶之根源。《语类》有曰:

> 善只是当恁地底,恶只是不当恁地底。善恶皆是理。但善是那顺底,恶是反转来底。然以其反而不善,则知那善底自在。故善恶皆理也。却不可道有恶底理。(九七)

> 问:程子曰:天下善恶皆天理,何也?曰:恻隐是善,于不当恻隐处恻隐即是恶。刚断是善,于不当刚断处刚断,即是恶。虽是恶,然源头若无这物事,却如何做得?本皆天理,只是被人欲反了,故用之不善而为恶耳。(九七)

> 问:善恶皆天理,如何?曰:此只是指其过处言。如恻隐之心,仁之端,本是善,才过便至于姑息。羞恶之心,善之端,本是善,才过便至于残忍。故它下面亦自云:谓之恶者本非恶,但或过或不及便如此。(九七)

由此可见,人欲之恶其来源并不外乎天理,《语类》有云:

> 天理人欲,几微之间。(一三)

> 有个天理便有个人欲。盖缘这个天理须有个安顿处,才安顿得不恰好,便有人欲出来。(一三)

> 天理人欲分数有多少?天理本多,人欲便也是天理里面做出来。虽是人欲,人欲中自有天理。问:莫是本来全是天理否?曰:人生都是天理,人欲却是后来没巴鼻生底。(一三)

> 问:饮食之间,孰为天理,孰为人欲?曰:饮食者,

天理也。要求美味，人欲也。（一三）

天理之安顿在气，故人欲之根源在气。人欲是天理具体现实化派生出来的，它本身不是独立的存有。但人欲既为恶，隐于天理之中，其几甚微，乃不能不加以小心对治。《语类》有云：

> 人之一心，天理存则人欲亡，人欲胜则天理灭。未有天理人欲夹杂者。学者须要于此体认省察之。（一三）
>
> 不为物欲所昏，则浑然天理矣。（一三）
>
> 人只有个天理人欲，此胜则彼退，彼胜则此退，无中立不进退之理，凡人不进便退也。（一三）

故在践履的工夫过程之中，则天理人欲又势不两立。由此可见天理人欲之不离不杂之关系。《文集》卷四十答何叔京有云：

> 来教谓不知自何而有此人欲，此问甚紧切。熹窃以谓人欲云者，正天理之反耳。谓因天理而有人欲则可，谓人欲亦是天理则不可。盖天理中本无人欲，惟其流之有差，遂生出人欲来。程子谓善恶皆天理，（原注：此句若甚可骇。）谓之恶者本非恶，（原注：此句便都转了。）但过与不及便如此。（原注：自何而有此人欲之问，此句答了。）所问恶亦不可不谓之性，意亦如此。（《文集》卷四十《答何叔京三十二书》之第三十书）

天理人欲之不离不杂关系在此函中说得甚为明白。由此而朱子欣赏五峰天理人欲"同行而异情"一语，但不喜其"同体而异用"一语。《语类》有云：

> 方伯谟云：人心道心，伊川说天理人欲便是。曰：固是，但此不是有两物，如两个石头样相挨相打。只是一人之心，合道理底是天理，徇情欲底是人欲，正当于其分界处理会。五峰云：天理人欲同行异情，说得最好。（七八）
>
> 舜功问：人多要去人欲，不若于天理上理会。理会得天理，人欲自退。曰：尧舜说不如此。天理人欲是交界处，不是两个。人心不成都流，只是占得多。道心不成十全，亦是占得多。须是在天理则存天理，在人欲则去人欲。尝爱五峰云：天理人欲同行而异情，此语最好。（七八）

又云：

> 或问：天理人欲同体而异用，同行而异情。曰：胡氏之病在于说性无善恶。性中只有天理，无人欲，谓之同体则非也。同行异情，盖亦有之。如口之于味，目之于色，耳之于声，鼻之于臭，四肢之于安佚，圣人与常人皆如此，是同行也。然圣人之情不溺于此，所以与常人异耳。（一〇一）
>
> 或问：天理人欲同体异用之说如何？曰：当然之理，人合恁地底便是体。故仁义礼智为体。如五峰之说，则仁与不仁，义与不义，礼与无礼，智与无智，皆是性如此，则性乃一个大人欲窠子。其说乃与东坡、子由相似，是大凿脱，非小失也。同行异情一句，却说得去。（一〇一）

五峰天理人欲同体异用、性无善恶之说，是由明道转手，朱子之评不谛。但朱子本人的意思则极清楚。天理人欲虽不离，却不杂。朱子必须保持二者的分界线，故不许五峰同体异用之说。至于如何存天理，去人欲，则《语类》有云：

> 须就自家身上实见得私欲萌动时如何，天理发见时如何，其间正有好用工夫处。盖天理在人，亘万古而不泯。选甚如何蔽固，而天理自若，无时不自私意中发出。但人不自觉，正如明珠大贝，混杂沙砾中，零零星星逐时出来。但于这个道理发见处当下认取簇合，零星渐成片段。到得好底意思日长月益，则天理自然纯固。向之所谓私欲者，自然消靡退散，久之不复萌动矣。若专务克治私欲，而不能充长善端，则吾心所谓私欲者，日相斗敌，纵一时按伏得下，又当复作矣。初不道隔去私意后，别寻一个道理主执而行，才如此，又只是自家私意。只如一件事见得如此为是，如此为非，便从是处行将去，不可只恁休。误了一事，必须知悔，只这知悔处便是天理。（一一七）

而这正是不断去做格物、践履的工夫。《语类》又有云：

> 天下万物当然之则便是理，所以然底便是源头处，今所说固是如此。但圣人平日也不曾先说个天理在那里，方教人做去凑。只是说眼前事，教人平恁地做工夫去，自然到那有见处。（中略）子晦之说无头，如吾友所说，从源头来，又却要先见个天理在前面方去做，此正是病处。子晦疑得也是，只说不出，吾友合下来说话，便有此病。是先见有所立卓尔，然后博文约礼也。若把这天理不放下，相似把一个空底物，放这边也无顿处，放那

边也无顿处。放这边也恐撅破，放那边也恐撅破。这天理说得荡漾，似一块水银滚来滚去，捉那不着。又如水不沿流溯源，合下便要寻其源。凿来凿去，终是凿不着。下学上达自有次第。（一一七）

朱子最不喜辟空抓天理，天理因事而见。朱子讲天，通常是就理而言，但他并不忽视天的其他意思。《语类》有云：

庄仲问：天视自我民视，天听自我民听，谓天即理也。曰：天固是理。然苍苍者亦是天，在上而有主宰者亦是天。各随他所说。今既曰视听，理又如何会视听。虽说不同，又却只是一个。知其同，不妨其为异。知其异，不害其为同。尝有一人题分水岭，谓水不曾分。某和其诗曰：水流无彼此，地势有西东，著识分时异，方知合处同。（七九）

或问：天视自我民视，天听自我民听，天便是理否？曰：若全做理，又如何说自我民视听，这里有些主宰底意思。（七九）

周问：获罪于天。《集注》曰：天即理也。此指获罪于苍苍之天耶，抑得罪于此理也？曰：天之所以为天者，理而已。天非有此道理，不能为天，故苍苍者即此道理之天。故曰：其体即谓之天，其主宰即谓之帝，如父子有亲，君臣有义，虽是理如此，亦须是上面有个道理教如此始得。但非如道家说真有个三清大帝着衣服如此坐耳。（二五）

或问：以主宰谓之帝，孰为主宰？曰：自有主宰。盖天是个至刚至阳之物，自然如此运转不息，所以如此必有为之

主宰者。这样处要人自见得,非言语所能尽。(六八)

夫天专言之,则道也,天且弗违是也。分而言之,以形体谓之天,以主宰谓之帝,以功用谓之鬼神,以妙用谓之神,以性情谓之乾。(六八)

问:乾者,天地之性情,是天之道否?曰:性情是天爱健、地爱顺处。又问:天专言之则道也。曰:所谓天命之谓性,此是说道。所谓天之苍苍,此是形体。所谓惟皇上帝,降衷于下民,此是说帝,以此理付之,便有主宰意。又曰:天道亏盈而益谦,地道变盈而流谦,此是说形体。(六八)

乾坤是性情,天地是皮壳,其实只是一个道理。阴阳自一气言之,只是个物,若做两个物看,则如日月、如男女,又是两个物事。(原注:方子录云:天地形而下者。天地,乾坤之皮壳。乾坤,天地之性情。)(六八)

大率天地是那有形了,重浊底。乾坤是他性情。其实乾道、天德,互换一般。乾道又言得深些子。天地是形而下者,只是这个道理,天地是个皮壳。(六八)

由此可见,天理天道之天,是形而上者,天地之天(气化的结果)却是形而下者,二者不一。但形而下者即形而上者的具体现实化,故又非二者。朱子也肯定天的主宰义,但明白拒绝民间把天把帝拟人化的观念。

八、结语

以上我们用类聚的方式广为征引,把与理气相关的项目如太极、阴阳、道器、体用、天人都作了相当详细的讨论，可说把朱子的理气二元不离不杂的形上学的各个不同的面相展示了出来。然后我们将略缀数语，以确定朱子所谈的理的观念的内涵，以及他的思想之所以不同于北宋其他诸子之所在。

首先我们必须辨明，朱子所谈的理究竟是怎样的理？很明显的是，它决不是形式逻辑之理，因为它所关涉的是实质的内容，不是推论的形式。表面上看来，它似乎即是经验科学所研究之理如物理之类，因为朱子讲格物穷理，天文地理无不穷究，显然是有经验知识的相干性。但朱子的思想虽也对自然的研究表现了相当兴趣，然而明显的是，他的中心兴趣是在人伦。他很清楚地知道，见闻方面的知识是不可穷尽的，而他的中心关注却是要在当下建立一种主宰。所以他所谓的豁然贯通，并不是找到一个科学上的理论来解释世界，而是真积力久，到了一个地步，就自然会作一异质的跳跃，找到存有的超越的形而上的根据。由此看来，则朱子所说的理似乎又与柏拉图的理型或亚里士多德的法式相当。但理型、法式是古希腊哲学的产物，乃是古希腊哲学家在变动之中寻求不动的答案。柏拉图的理型不说，即亚里士多德的纯粹形式（Pure Form），也就是他的上帝，是完全超越乎时间之流之上的，他本身没有质料、没有运动，永恒存有，是万物对他的向往才产生了整个宇宙的历程。但离存对于中国哲学根本不构成一个问题，一理化而为万事，万事复归于一理，道即器，器即道，二者之间是一种不一不二的关系。这种思想形态与泛客观主义的古希腊哲学根本走上两条不同的途径，不可混为一谈。朱子所讲的生理、生道，此理之内含即规定其必须通过气而具体现实化为万物。故万物之理极本穷源只是一理,这样讲存有的超越的形而上的根据,虽与古希腊哲学所讲的形构之理有少分相似,毕竟完全不是一回事。由朱子的思想,形而上学立,则宇宙论、人性论同时建立。一阴一阳之谓道,继之者善,成之者性。无疑这是儒家思想的本质。由理之内涵规定生生不已,在具体现实化的过程之中虽有过恶出现,但生生不已的过程即一价值实现的过程。这样的理自也不可能是佛家说的空理,道家说的玄理。由这样的比论之中,朱子所讲的理的实义,大体可见。

但就儒学的内部来看,却又不能不作进一步的分梳。北宋诸儒都肯定道理是生道、生理,这不成问题,但如何来了解这一生道、生理呢?则各人的体证不同,我们要在这里用心,才可以真正把握到朱子思想的特殊形态。

这里所牵涉到的最关键的问题是朱子对于理生气的解释。朱子的理是但理,是一个净洁空阔的世界,根本不能够有造作,只有气才能酝酿凝聚生物。故此,理生气与气生物的方式是截然有异的。朱子所谓有理便有是气,这不是时间的先后问题,只是存有论的先后问题。理与气同时并在,但理是本,是由于理的规定必须有气,理必须通过气来表现、具体现实化,也是通过气来发现,由此而说理生气,这一生字是借喻字,是虚说。理气二元不离不杂,这样的思想与北宋周张的思想显然有很大的距离。

濂溪《通书》根本缺乏这样的二元的分殊。《诚下第二》曰:"诚,五常之本,百行之源也。静无而动有,至正而明达也。"《动静第十六》曰:"动而无静,静而无动,物也。动而无动,静而无静,神也。动而无动,静而无静,非不动不静也。物则不通，神妙万物。水阴根阳，火阳根阴。五行阴阳，阴阳太极，四时运行，万物终始。混兮辟兮，其无穷兮。"《理性命第二十二》曰："二气五行，化生万物。五殊二实，二本则一。是万为一，一实万分。万一各正，小大有定。"濂溪的思想是，整个宇宙是同一生生诚体的表现。一本万殊，五行即阴阳，阴阳即太极，所彰显的是一本之论，不是二元的分殊。由此而看《太极图说》曰："无极而太极，太极动而生阳。动极而静，静而生阴。静极复动。一动一静，互为其根。分阴分阳，两仪立焉。阳变阴合，而生水火木金土。五气顺布，四时行焉。五行一阴阳也，阴阳一太极也，太极本无极也。"这样的思想与《通书》的思想是完全连贯的。朱子极重视此图说，他和象山的争辩提出的理由是站得住脚的。他以无方所、无形状来释无极，以动静无端、阴阳无始来释一动一静互为其根，皆无过。宇宙的过程既然是无始无终，则太极动而生阳只是一个方便起点的说法，若要换过来说太极静而生阴，也是一样。问题出在，套在朱子思想的架构之内，太极如何可能动而生阳。朱子把太极（理）与阴阳（气）肢解成为二元，理本身如何可动静？它只是所以动静之超越的根据。这显然是朱子自己的看法，与濂溪《通书》《太极图说》的思想属于两种不同的形态。

横渠之说牵连太广，如不细论，难免发生误解，此处只能点拨一二，稍作交代耳。① 横渠倡"太和所谓道"。分解开来说，则"散殊而可象为气，清通而不可象为神。不如野马

---

① 参见牟宗三：《心体与性体》，第一册，417～570 页。牟先生对张横渠的解释或者不必人人同意，但他指出横渠思想属于儒家正统，这是真知灼见，与世之以横渠为气化之唯物论那种错误的见解比较，何止高明万倍。

絪缊，不足谓之太和"。横渠虽重气化的过程，却不能谓之为唯气论者，盖神的观念把创生性的观念提了起来。横渠谓"一故神，两故化"。又曰"两不立，则一不可见。一不可见，则两之用息"。如把一解作太极，两解作阴阳，则两方面正是一种互相表里的关系，一是体，两是用。神又可通过太虚之清通无迹来规定。《乾称篇》云："太虚者气之体。气有阴阳、屈伸、相感之无穷，故神之应也无穷。其散无数，故神之应也无数。虽无穷，其实湛然。虽无数，其实一而已。阴阳之气，散则万殊，人莫如其一也。合则混然，人不见其殊也。"这一清通虚体之神之创造生生不已，故不可以与二氏之虚空混为一谈。《太和篇》曰："然则圣人尽道其间，兼体而不累者，存神其至矣。"兼体者兼气之两体而不累，故可以体现合一不测之神。横渠以"合虚与气有性之名"，又曰："形而后有气质之性，善反之，则天地之性存焉。"人之个体化自必有气质之性，但这神气性上的限制并不妨害我们去体现天地之性。只要不逐物不返，做逆修的工夫，即可体现到此万物一源之性。故《乾称篇》曰："妙万物而谓之神，通万物而谓之道，体万物而谓之性。"与天地、气质之性相当，横渠又作德性、见闻之知的分别。《大心篇》曰："见闻之知乃物交而知，非德性所知。德性所知，不萌于见闻。"由见闻可立有局限性的经验知识，由德性之知始可以见体。此中的关键在人能够大其心，不自小，故《大心篇》云："大其心，则能体天下之物。物有未体，则心为有外。世人之心，止于闻见之狭。圣人尽性，不以见闻梏其心，其视天下，无一物非我。孟子谓尽心则知性知天以此。天大无外，故有外之心，不足以合天心。"横渠由《易传》而归于《孟子》，线索甚明。但横渠的消化有时还未臻圆熟之境，不免有一些滞辞，如其言"合性与知觉有心之名"，好像说性体中本无知觉，性是性，加上知觉才有心之名。朱子乃肢解而为理气之二元。朱子极赞横渠"心统性情"一语，由此而发展出他的心性情三分架局。但这样的思想与《孟子》原义不类，也与横渠的思路不类，思之可知其故矣。

周张有强烈的宇宙论兴趣，朱子也有强烈的宇宙论兴趣，但二程的宇宙论兴趣则不甚高。尤其明道，着重对道体本身的体悟，倡一本之论，其思想极圆顿，"天人本无二，不必言合"（《二程全书·遗书第六·二先生语六》）。形而上、形而下互相穿透融贯，故曰"器亦道，道亦器"。即人事而体现天道，故曰"居处恭，执事敬，与人忠，此是彻上彻下语，圣人元无二语"。实则朱子极不喜欢这一类圆顿的说法，必先分解，然后可以讲综合。但为贤者讳，所以终生未对明道作辛辣的批评，只不过埋怨明道的话说得太高，浑沦难看，其实在精神上则极不相契。世称程朱，其实朱子真正继承的是伊川的思路，在本质上根本不同于明道的思路。我们在这里只需举一两个例证来阐明彼此之间的分别。明道曰：

> 忠信所以进德，终日乾乾，君子当终日对越在天也。盖上天之载，无声无臭。其体则谓之易，其理则谓之道，其用则谓之神，其命于人则谓之性，率性则谓之道，修道则谓之教。孟子在其中又发挥出浩然之气，可谓尽矣。故说神如在其上，如在其左右。大小疑事，而只是诚之不可掩。彻上彻下，不过如此。形而上为道，形而下为器。须着如此说。器亦道，道亦器。但得道在，不系今与后，己与人。（《二程全书·遗书第一·二

先生语》。端伯传师说,未注明谁语,《宋元学案》列入"明道学案"。)

明道并非没有形而上、形而下的分别,但他所着重的是道与器的互相穿透与融贯。宇宙之间,彻上彻下,不外乎同一诚体的显现。其体则谓之易,其理则谓之道,其用则谓之神。此中其体、其理、其道,都是指上天之载本身说,也就是指无声无臭、生物不测的天道说。故易、道、神都是天道本身的种种名。天道当体即是易,进一步来说,即可以谓全道体只是一理,此理显非死理,而为一生生不已之理,故其用即是道体生物不测之神用。内在化于人乃为性,故性与天不隔,本是一事。但朱子并不能把握明道所体会的这一番意思,他必须要肢解开来,用理气二元的方式来确定这些话的意义。朱子的《语类》有曰:

> 其体则谓之易,在人则心也。其理则谓之道,在人则性也。其用则谓之神,在人则情也。所谓易者,变化错综,如阴阳昼夜,雷风水火,反复流转,纵横经纬而不已也。人心则语默动静,变化不测者是也。体是形体也。(原注:贺孙录云:体非体用之谓。)言体则亦是形而下者,其理则形而上者也。故程子曰:《易》中只是言反复往来上下,亦是意也。(九五)

朱子把体、理、用落实在人当作心、性、情来解析,这绝非明道原意。《语类》又曰:

> 问:上天之载,无声无臭,其体则谓之易,如何看体字?曰:体是体质之体,犹言骨子也。易者,阴阳错综交换代易之谓,如寒暑、昼夜、阖辟、往来。天地之

间阴阳交错,而实理流行,盖与道为体也。寒暑、昼夜、阖辟、往来,而实理于是流行其间。非此则实理无所顿放。犹君臣、父子、夫妇、长幼、朋友,有此五者而实理寓焉。故曰:其体则谓之易,言易为此理之体质也。(九五)

朱子是以自己与道为体的方式去解析明道"其体则谓之易"一语。明道是圆融一本的说法,朱子却要把理挂搭在气上才可以流行,这两种思想形态之殊异,明白可见。

明道曰:

> 系辞曰:形而上者谓之道,形而下者谓之器。又曰:立天之道曰阴与阳,立地之道曰柔与刚,立人之道曰仁与义。又曰:一阴一阳之谓道。阴阳亦形而下者也。而曰道者,惟此语截得上下最分明。元来只是此道,要在人默而识之也。(《二程全书·遗书第十一·明道先生语一》,师训。刘绚质夫录。)

明道原文的重点是放在:"元来只是此道,要在人默而识之也。"即由形而下之器以体现形而上之道。朱子却把重点移往"惟此语截得上下最分明",乃开出一理气二元不离不杂的局面。

再由工夫论着眼。明道曰:

> 穷理尽性以至于命,三事一时并了,元无次序。不可将穷理作知之事。若实穷得理,即性命亦可了。(《二程全书·遗书第二上·二先生语二上》。此条下注一"明"字,示为明道语。)

这种思想与朱子的渐教的思想形态根本是矛盾冲突的。由此可见，朱子编《近思录》而不收《识仁篇》，这决不是偶然的。"学者须先识仁，仁者浑然与物同体。"朱子认为这不能作为学的起点，最后朱子虽也肯定仁者浑然与物同体，但他先要肯定仁为"心之德、爱之理"，而后以渐教的工夫不断扩充，才能由仁心之量无穷来肯定仁者浑然与物同体的意义。而明道由《易》《庸》而收归《论》《孟》，识仁非经验知识之累积事，必默而识之。既识得此理，则但以诚敬存之而已，不须防检，不须穷索。象山之学则直承孟子，并非由明道转手。但"为学先立其大"却与明道的思想相通。其与朱子之渐教之思想形态相左，事至显然。

总之，朱子自参悟中和有得，撰《仁说》而把握到自己思想的贞定处。其得力在伊川"涵养须用敬，进学则在致知"以及"仁性爱情"二语。但伊川并未自觉地把自己的观念与其老兄明白地分殊开来，到朱子才有系统地把这一条思路的全副理论效果展现出来。朱子在参悟中和的过程中，深深地感觉到气机鼓荡之难以找到贞定之所的困扰，最后作一思想上的跳跃，才在异质层的超越性理之上找到贞定的基础。在气的层面有情意、造作、计度，但理却只是一净洁空阔的世界，它要有作用就必须依傍于气而行。如此则无无气之理，也无无理之气，乃形成一理气二元不离不杂的架局。以上我们以类聚的方式广征文献，而后以比论的方式别异简滥，大体可以确定这一思想形态之特色与实义。

第三部　朱子的历史地位及其思想之现代意义

第七章

朱子与现实政治以及功利态度之对立

一、朱子的生命所开出的恢宏架局

从纯哲学的观点看，我们所偏重的自然在朱子对于儒学在义理层面的开拓。但朱子的造就实远不止于此，他的学问博极古今，兼通义理、考据、词章之学，他的人格孤峰突起，守正不阿。如果我们看不到这些方面，就无法深入把握朱子生命的本质，更无法了解为何这样一个局处边陲的穷儒，可以在当时以及后世产生那么巨大的影响。在这里我们自无法详论朱子在每一方面的造就，那既非作者的意图，也不是作者学力之所及。但我们却必须把朱子的中心关怀还原到当时现实历史的系统之中来看，才可以更深一层地看到朱子建立道学、道统的本旨，而进一步申论朱子思想可以有的现代意义，作为今日我们参考之用。

二、朱子生平的回顾①

朱子（1130—1200）的一生和他的家庭背景有很密切的关联。朱子的父亲和他早岁的师执如刘屏山、胡籍溪等都是因不满秦桧当国而走上了隐逸的道路。他们是伊洛的二传或三传，时与方外高士相往来。大概相信儒佛之间有沟通处。但朱子却由他们这里得不到满足，而转师延平，终于把握到了儒佛之间根本的分殊。他与延平最初论学并不相契，庚辰三十一岁时第三次见延平，才正式受学。壬午春，又迎谒其师，与同归延平。

就在这同一年（1162年），高宗内禅，孝宗即位，金势日盛，国事日非，孝宗乃诏求直言。朱子上封事说："帝王之学，必先格物致知，以极夫事物之变，使义理所存，纤悉毕照，则自然意诚心正，而可以应天下之务。"又说："修攘之计所以不时定者，讲和之说误之也。夫金人于我，有不共戴天之仇，则不可和也明矣。愿闭关绝约，任贤使能，立纪纲，厉风俗。俟数年之后，国富兵强，徐起而图之。"又说："四海之利病，系斯民之休戚；斯民之休戚，系守令之贤否。监司者，守令之纲；朝廷者，监司之本。本源之地，在于朝廷而已。"② 次年复召封，他又重申前议，并陈古先圣王所以强本折冲、威制远人之道，以及言路壅塞、佞幸鸱张之害。可

---

① 参见后面附录《朱子年谱要略》，引自钱穆：《朱子新学案》，第五册，411～420页。我在这里所选取的只是我认为朱子一生之中最富有意义的一些事件。

② 朱子所上封事，《宋元学案》所引，与《文集》之文字稍有出入，有省略或润饰处，而大意勿失。为方便起见，乃多转引自《宋元学案》，其下准此。

惜当时朝廷力主和议，他的意见未被采纳，遂由行在归。而就在这一年，延平逝世，学问未成而有山颓梁坏之叹，对于他的心理上的打击甚大。

此后数年之间，朱子对于中和的问题发生疑难。丁亥三十八岁时访张南轩于潭州，探求胡氏之学。后来又通信讨论中和问题，于翌年而有所谓《中和旧说》之四书。到了己丑四十岁时，与蔡季通言未发之旨，问辩之际，忽然自疑，遂急转直下，而有中和新说之发端与完成。至此而朱子自己的思想才趋于成熟与定型。然后在壬辰、癸巳两年则有有关仁说之论辩。

乙未四十六岁（1175年）吕东莱来访于寒泉精舍，同编《近思录》。及东莱归，他因送行，遂同游信州（今江西铅山县）鹅湖寺（在鄱阳湖滨），与陆子寿（复斋）、子静（象山）兄弟相会，互相质辩，双方意见未能一致。这就是有名的鹅湖之会。

戊戌（淳熙五年，1178年）四十九岁，差知南康军。是时朱子隐居已逾二十载。以屡辞不获命，己亥年初，候命于铅山，陆子寿来访。三月到任。十月复建白鹿洞书院。庚子南康军大旱，讲求荒政，全活甚多。并应诏上疏直谏曰："天下之大务，莫大于恤民，而恤民之本，在人君正心术以立纪纲。盖天下之纪纲不能以自立，必人主之心术公平正大，无偏党反侧之私，然后有所系而立；必亲贤臣，远小人，讲明义理之归，闭塞私邪之路，然后乃可得而正。今宰相、台省、师傅、宾友、谏诤之臣皆失其职，而陛下所与亲密谋议，不过一二近习之臣。上以蛊惑陛下之心者，使陛下不信先王之大道而悦于功利之卑说，不乐壮士之谠言而安于私赘之鄙态；

下则招集天下士大夫之嗜利无耻者，文武汇分，各入其门。交通货赂，所盗者皆陛下之财；命卿置相，所窃者皆陛下之柄。使陛下之号令黜陟，不复出于朝廷，而出于一二人之门。莫大之祸，必至之忧，近在朝夕，而陛下独未之知。"孝宗看了大怒，幸有人辩解，得免于罪。

辛丑五十二岁，陆子静来访，为其兄陆子寿教授求撰墓志铭。朱子请陆子静在白鹿洞书院讲解《论语》"君子喻于义，小人喻于利"一章，听者甚受感动。

这一年浙东闹饥荒，派朱子提举浙东，遂拜命不敢辞。冬奏事延和殿，去国二十年始得重见孝宗。极陈灾异之由与夫修德任人之说，又言"近习便嬖侧媚之态，既足以蛊心志，而胥吏狡猾之术，又足以眩聪明。邪佞充塞，货赂公行。人人皆得满其所欲，惟有陛下了无所得"。孝宗为之动容。拜命之后，即日单车就道，钧访民隐。于救荒之余，随事处画，必为经久之计。次年（壬寅）复奏曰："为今之计，独有责躬求言，然后君臣相戒，痛自省改。遴选贤能，责以荒政，庶几犹足以下结人心。不然，臣恐所忧者不止于饿莩，而在于盗贼，蒙其害者不止于官吏，而上及于国家也。"朱子并奏劾前知台州唐仲友不法，但彼有权臣一力相护，只不过夺其新任而已。朱子了解道之难行，乃坚决辞去官职，退而从事于经术与讲学，然忧世之意未尝忘也。

先是，在壬寅年初，永康陈同甫来访，吕东莱特重其人，至是来访于衢婺间，旬日而别。

癸卯五十四岁，结庐于武夷之五曲，正月经始，至四月武夷精舍落成，四方士友来者甚众。

甲辰五十五岁，是岁辩浙学。朱子由浙东回来，感觉士风习尚驰骛于外。于是要学者"且观孟子道性善、求放心两章,务收敛凝定,以致克己求仁之功,而深斥其所学之误。以为舍六经《论》《孟》而尊史迁,舍穷理尽性而谈世变,舍治心修身而喜事功,大为学者心术之害,力为吕祖俭(子约)辈言之"(《年谱》)。

乙巳五十六岁,辩陆学、陈学。鹅湖一会虽然结果不十分理想,但以后陆子寿态度改变。子寿逝世后,象山来访于白鹿洞书院,双方关系转趋良好,门弟子常常在两边同时学习。不幸朱子于癸卯撰曹立之墓表,本来或者并没有特别的用心,只不过直抒己见耳,然为陆学者却以为病己,颇不能平,终于导致两方面正式决裂,从此双方互相批评,不再有任何保留,遂造成儒学内部"朱陆异同"之一大公案。其时陈同甫则力倡义利双行、王霸并用之说,朱子站在道学的立场,对他的功利的说法有严厉的批评,但终不能折服同甫。朱子对于象山、同甫均雅敬其人,而学术、思想上则有极大距离。

戊申(淳熙十五年,1188年)五十九岁,又奏事延和殿。有人劝他不要讲正心诚意之论去烦渎上听,他说:"吾生平所学惟此四字,岂可隐默以欺吾君乎?"后以口陈之说有所未尽,乃上了有名的戊申封事。他说:"今天下大势,如人有重病,内自心腹,外达四支,无一毛一发不受病者。且以天下之大本与今日之急务为陛下言之。大本者,陛下之心。急务则辅翼太子,选任大臣,振举纲纪,变化风俗,爱养民力,修明军政,六者是也。……至于选任大臣,则以陛下之聪明,岂不知天下之事,必得刚明公正之人而后可以任哉?直以一念之间未能彻其私邪之蔽。若用刚明公正之人,则恐其有以妨吾之事，害吾之人，而不得肆。……至于振肃纪纲，变化风俗，则今日官省之间，禁密之地，而天下不公之道，不正之人，顾乃得以窟穴盘据于其间。是以纪纲不正于上，风俗颓弊于下。大率习为软美依阿，甚者以金珠为脯醢，以契券为诗文，惟得之求，无复廉耻。……诸将之求进也，必先掊克士卒以殖私财，然后以此自结于陛下之私人。……彼智勇材略之人，孰肯抑心下首于宦官宫妾之门？而陛下之所得皆庸夫走卒，而犹望其修明军政，激劝士卒，以强国势，岂不误哉？"疏入，孝宗已经就寝，特为起床秉烛，读完全篇。这时已经有许多人攻击朱子假称道学，欺世盗名，而孝宗虽加优容，终不能一日安其身于朝廷之上。

不久，孝宗崩，光宗接着又禅位，宁宗继立。赵汝愚为相，荐朱子为侍讲。当时韩侂胄用事，朱子忧其害政，上疏斥言窃柄之失，遂触侂胄之忌，任侍讲仅四十余日即被罢免。一干小人群起而攻朱学为伪学，朱党为逆党，甚至有人诬朱子窥伺神器，主张把他斩首。这样，朱子和他的同道受到莫大的打击，这就是所谓"庆元党祸"。但朱子却不屈不挠，不废讲学，一以阐扬大道为己任，其刚毅有如此者。

庚申（庆元六年，1200年）卒于福建建阳考亭家中，享年七十有一。临死以前改定《大学·诚意章》。时禁锢虽严，而参加葬礼者仍四方云集，人数达数千人之众。一直到侂胄伏诛，学禁才解。嘉定二年，赐谥文公。理宗宝庆三年（1227年）追封信国公，绍定三年（1230年）追封徽国公，淳祐元年（1241年）从祀孔庙，身后备极哀荣。元仁宗皇庆二年（1313年），科举条例规定考试以朱熹章句、集注为标准，明清仍沿元代之旧，一直到民国建立，废置科举为止，影响之大可谓孔子以后一人，其向学求道、教育后学之诚，足可以为万世师表也！

三、道学与现实政治的关系

　　由朱子生平的回顾，我们可以看出，朱子的思想决不只是一套抽象的哲学理论而已。一理化而为万殊，宇宙之间，品物流行，人事典章制度，莫不有法有则。人之心虚灵不昧，所以具众理而应万事者也，所以学贵自觉。一切称理而行，自不会为私欲所夺。为人君者尤其必须正心术，亲贤臣，远小人，推行各项设施，体恤民情，始可望政治清明，否则权臣当道，私欲肆虐，公义不行，国事当然日非，不免沦于无可救药之地。

　　由此可见，朱子一生，在野时多，五十年间，历事四朝，仕于外者仅九考，立于朝者四十日而已，然忧国之诚，则始终不衰。我们看有宋一代，道学鼎盛，然居高位者绝无仅有，而元祐学术（伊川被诬坐贬）、庆元党祸，无独有偶，难道是偶然的现象吗？

　　朱子本人在戊申封事固已慨乎言之，他痛击当时的风气曰："惟得之求，无复廉耻。父诏其子，兄勉其弟，一用此术，而不复知有忠义名节之可贵。其俗既成之后，则虽贤人君子亦不免习于其说。一有刚毅正直、守道循理之士出乎其间，则群讥众排，指为道学之人，而加以矫激之罪。上惑圣聪，下鼓流俗。盖自朝廷之上，以及闾里之间，十数年来，以此二字禁锢天下之贤人君子。复如崇宣之间，所谓元祐学术者,排摈诋辱,必使无所容措其身而后已。呜呼!此岂治世之事,而尚复忍言之哉?"

王谱引《行状》曰:"先生当孝宗朝,陛对者三,上封事者三。其初固以讲学穷理为出治之大原,其后则直指天理人欲之分,精一克复之义。其初固以当世急务一二为言,其后封事之上,则心术宫禁,时政风俗,披肝沥胆,极其忠鲠。盖所望于君父者愈深,而其言愈切。故于封事之末有曰:'日月逾迈,如川之流,一往而不复反,不独臣之苍颜白发,已迫迟暮,而窃仰天颜,亦觉非昔时矣。'忠诚恳恻,至今读者,犹为之涕下。先生进疏唯切,孝宗亦开怀容纳。……先生之尽忠,孝宗之受尽言,亦不为不遇也。然先生进言皆痛诋大臣近习,孝宗之眷愈厚,而嫉者愈深。是以不能一日安其身于朝廷之上,而孝宗内禅矣。"

由此看来,孝宗并不能算太坏的皇帝,他可以欣赏朱子的忠鲠直言,而终不能够用朱子。套在传统的方式之下来了解,则可谓朱子之不能用世,是未逢明主,不得时机,恰如孔孟之不能用世,情形似乎十分相仿。故钱穆先生说:"凡朱子指陈当时形势,规划兵财大计,不作高论,不落虚谈,坐而言,皆可起而行,其一切见解,多从史学中来。惜其一生出仕时少,居家时多,其仕亦在州郡。身居朝廷,不到百日。凡其所言,虽皆指陈精要,恰中机宜,然亦迄未见用。至谓兴起之事不可一日缓,维持之事只有渐正之,此乃最切实之言。故其毕生惟以讲学为急,其论时事,则除明快把捉恢复时机外,在时势不符,机会不到中,仍亦一一有其维持渐正之方。史学理学会合使用,此在千古大儒中,实亦难其匹俦。后人乃谓伊洛无救于靖康之难,朱子无救于南宋之亡,则孔子亦何补于春秋,孟子又何补于战国。正为不治史学,乃为此孟浪之谈。"①

吾人自不得以成败论英雄。钱先生依朱子辩称"理无不可为,而势有不可为"②,此固然矣!又说"延平与朱子平日讲论有素,又乌见儒学之无补于世道与治道哉。至于不获大用,则非学术之罪"③。言下之意,只要朱子得到机会,亦未始不可以大行于世。朱子自不如腐儒之迂阔,亦不为俗士之功利,见识超卓,非愚庸所及。然而深一层观察,乃可见朱子之所以不行时,决不能用"不逢明主"这一类简单的模式来解释。他所信守不渝的价值规范、思想形态,都与当时的现实政治所行,在根本上即有矛盾冲突,有不可以调停者在,此则不可以不作进一步的分析。

当时朝廷取士的根本制度在科举,而朱子却认为这样的制度是害道。不只他本人在年轻时对于举业之事不太措意,后乃明白地觉察到这和圣道所追求的目标根本背道而驰。《语类》有曰:

> 某常说今日学校科举不成法。上之人分明以盗贼遇士,士亦分明以盗贼自处。(一〇九)

又曰:

> 义理人心之所同然,人去讲求,却易为力。举业乃分外事,倒是难做。可惜举业坏了多少人。(十三)
>
> 士人先要分别科举与读书两件孰轻孰重。若读书上

---

① 钱穆:《朱子新学案》,第一册,202~203页。
② 同上书,201页。
③ 钱穆:《朱子新学案》,第五册,83页。

有七分志，科举上有三分，犹自可。若科举七分，读书三分，将来必被它胜，却况此志全是科举。所以到老全使不着，盖不关为己也。圣人教人只是为己。（十三）

科举累人不浅，人多为此所夺。但有父母在，仰事俯育，不得不资于此，故不可不勉尔，其实甚夺人志。（十三）

或问科举之学。曰：做举业不妨，只是把它格式檃括自家道理，都无那追逐时好回避忌讳底意思便好。（十三）

由此可见，科举可以夺志，为了生计，不得不为，然只有对那些把持得定的人而言，始得为无害，一般人乃易沦为功名利禄之辈。

朱子一生，出仕时少，全力集中于教育事业。而他所培育的学子，所提倡的风气，则适与时流背道而驰。兹录《白鹿洞书院揭示》如下：

父子有亲　君臣有义　夫妇有别　长幼有序　朋友有信

上五教之目，尧舜使契为司徒，敬敷五教，即此是也。学者学此而已。而其所以学之之序，亦有五焉。其别如下。

博学之　审问之　慎思之　明辨之　笃行之

上为学之序，学问思辨四者所以穷理也。若夫笃行之事，则自修身以至于处事接物，亦各有要。其别如下。

言忠信　行笃敬　惩忿窒欲　迁善改过

上修身之要。

正其谊不谋其利　明其道不计其功

上处事之要。

己所不欲勿施于人　行有不得反求诸己

上接物之要。

熹窃观古昔圣贤所以教人为学之意，莫非使之讲明义理以修其身，然后推以及人，非徒欲其务记览为词章，以钓声名取利禄而已也。今人之为学者，则既反是矣。然圣贤所以教人之法具存于经，有志之士固当熟读深思而问辨之。苟知其理之当然而责其身以必然，则夫规矩禁防之具岂待他人设之而后有所持循哉。近世于学有规，其待学者为已浅矣，而其为法又未必古人之意也。故今不复以施于此堂，而特取凡圣贤所以教人为学之大端条列如上而揭之楣间。诸君其相与讲明遵守而责之于身焉，则夫思虑云为之际，其所以戒谨而恐惧者，必有严于彼者矣。其有不然而或出于此言之所弃，则彼所谓规者必将取之，固不得而略也。诸君其亦念之哉。（《文集》卷七十四《杂著》）

其实反科举，认定教育有另外的目标，则又不只是朱子一人之私意，举凡致力于圣学者莫不如此。象山讲"君子喻于义，小人喻于利"，也力排科举，适与朱子相应和。如此蔚为风气，很明显地与当时追求功名利禄之辈形成一鲜明之对比，而对之成为一种实际的威胁。

了解这样的背景，再看朱子所上的封事或奏言，猛烈抨击皇帝左右的既得利益集团，那些人怎能不死命反扑，必将朱子一班人置之死地而后快，否则焉能安枕？朱子由于时代与意识形态的限制，没有法子看透皇帝实在是这个既得利益集团的魁首，乃徒托之于空言，昧死吁请皇帝正心术、用贤人，焉能动摇其基础于分毫？此外则当然也不免有些文人看不惯理学家那种把道都担在身上,摆出一副大宗师的姿态。

《年谱》于癸卯朱子五十四岁时有曰:

> 先生守南康,使浙东,始有以身殉国之意。及是知道之难行,退而奉祠,杜门不出。海内学者尊信益众,然忧世之意未尝忘也。

由此可见,朱子到五十多岁还有万一之想,但他很快知道根本不是这么回事,所以迅速斩断了与现实政治的关联,回到自己教育的岗位。庚申七十一岁朱子逝世,《年谱》有云:

> 平居惓惓,无一念不在于国。闻国政之阙失,则戚然有不豫之色,语及国势之未振,则感慨以至泣下。然自少时即以兴起斯文为己任,俯焉孜孜不知老之将至,若不屑于斯文者。及其出而事君,则竭忠尽诚,不顾其身。推以临民,则除其疾苦,而正其风俗,未尝不欲其道之行也。虽遇知于人主,而不容于邪枉。故自筮仕以至属纩,五十年间,历事四朝,仕于外者仅九考,立于朝者四十日而已。岂非天将以先生绍往圣之统,觉来世之迷,故啬之于彼,而厚之于此欤?

试想朱子之不得志于现实政治,岂只是"不容于邪枉"所能解释?而朱子毕生只能致力学术教育事业,岂不是一种必然的结果?绝不是偶然际遇的产物。

再往后看,以阳明之大才,竟只能作统治者平乱的工具,而见抑于阉党。一直到黄梨洲于国破家亡之际,才能拨开云雾,直透本源,写下《明夷待访录·原君》篇这样震撼人心的大文字。梨洲于古代禅让公天下的构想固不免过分理想化,

但他痛斥私天下之不义,在当时真如晴天霹雳,今日读之还不免戚然于心,所论非必完全过时也。他说:

> 后之为人君者不然,以为天下利害之权皆出于我,我以天下之利尽归于己,以天下之害尽归于人,亦无不可。使天下之人不敢自私,不敢自利,以我之大私为天下之大公,始而惭焉,久而安焉。视天下为莫大之产业,传之子孙,受享无穷。汉高帝所谓"某业所就,孰与仲多"者,其逐利之情,不觉溢之于辞矣。此无他,古者以天下为主,君为客,凡君之所毕世而经营者,为天下也;今也以君为主,天下为客,凡天下之无地而得安宁者,为君也。是以其未得之也,屠毒天下之肝脑,离散天下之子女,以博我一人之产业,曾不惨然,曰:我固为子孙创业也。其既得之也,敲剥天下之骨髓,离散天下之子女,以奉我一人之淫乐,视为当然,曰:此我产业之花息也。然则为天下之大害者,君而已矣。

这真是痛乎言之。梨洲又痛斥小儒之无识,其言曰:

> 今也天下之人怨恶其君,视之如寇仇,名之为独夫,固其所也。而小儒规规焉以君之义无所逃于天地之间,至桀纣之暴,犹谓汤武不当诛之,而妄传伯夷叔齐无稽之事。使兆人万姓崩溃之血肉,曾不异于腐鼠。岂天地之大,于兆人万姓之中,独私其一人一姓乎?是故武王圣人也。孟子之言,圣人之言也。后世之君,欲以如父如天之空名禁人之窥伺者,皆不便于其言,至废孟子而不立。非导源于小儒乎?

在传统儒家的规模之下,实不足以解决这一大问题。梨洲还只能托始于往古，并无实现儒家理想之良方。但至少他解开了一个钮：朝廷政治不必是唯一可遵行的方式。故中西文化接触之后，乃必走上民主法治的道路。

然扣在传统朝廷政治的规模之下，则真儒者的处境是极其艰难的。如朱子乃只能寄望以崇高的道德理想去指引君王，同时自培品德与识见，准备随时出仕以解黎民于倒悬。然而在实际上则往往权臣当道，有力难施，乃只有自觉地远离现实政治一线，致力于学术教育文化理想的拓展。如是不期然地形成了一股清流的力量，与恶浊的现实力量相制衡。真正儒者的理想似迂阔而不能行，兼之与既得利益集团相对反，故难大行于世，但却也发生一种阻抑的作用，同时担负了重大的教育、学术的责任，故在社会上也有它一定的影响。

朱子所代表的是一种中国传统知识分子的典型。他们以内圣之学为本，但却有强烈的政治意识，随时准备投入为朝廷、百姓服务。然而在实际上则崇高的理想与恶浊的现实格格不入，于是每每自觉地在野形成一股清流的舆论的力量，与当权的既得利益集团相对立，表现一种拒绝同流合污的态度（用现在的术语来说，可谓是表现一种不妥协的 Attitude of Civil Disobedience）。奇怪的是，历来人们都看到儒者对现实政治的关怀，准备积极参与的态度，却不能够看到，其实这些人自己也很明白，在现实政治上根本没有机会，于是在学术教育文化的阵地形成了一个不与现实力量妥协的压力团体。这在孔孟已开其端，到了宋明儒乃形成了一种架势。这不仅在程朱辈大儒为然，即在朱子的父亲、师执一班人也是如此。但人们每为一些外在的烟雾所迷惑，甚至为道学者本人的主观愿望所误导，乃每扼腕叹息真正儒者的不能行时，却不了解这些儒者在深心实在很清楚自己在现实上的处境,所以每次受召时必固辞,这确不只是一种姿态,而是有着一种自觉,要在现实政治之外另外建立一个壁垒,来卫护他们所坚持的理想。而事实上,他们在野所发挥的力量,实在远大于他们在朝所可能发挥的力量。

四、道德与功利的分殊:朱子与陈同甫的辩论

其实道学家的政治理想与价值标准,不只与恶浊的现实极不相能,就是与一般认为辉煌的现实政治成就如汉唐,也有很大的距离,这由朱子与陈同甫的辩论可以看出来。

陈亮,字同甫,世称龙川先生,是个豪杰型的人物,少有驰驱四方之志,而好为奇伟之论。朱子极不喜其义利双行、王霸并用之说,屡次写信给他加以辩驳规劝,然终不足以屈同甫。兹将甲辰(朱子五十五岁)、乙巳两年间二人的通信择其要者选录在下面,以看出道德与功利的分殊。

朱子甲辰与陈同甫书有云:

> 观老兄平时自处于法度之外,不乐闻儒生礼法之论。……老兄高明刚决,非吝于改过者,愿以愚言思之,绌去义利双行、王霸并用之说,而从事于惩忿窒欲、迁善改过之事,粹然以醇儒之道自律,岂独免于人道之祸,而其所以培壅本根,澄源正本,为异时发挥事业之地者,益光大而高明矣。(《文集》三十六《答陈同甫十三书》之第四书)

朱子虽是一番好意，站在内圣之学的一贯立场，要同甫改弦更张，多致力于为己之学。但同甫心目之中对于儒却另有一套完全不同的看法，对于朱子的规劝自完全听不入耳，在回信之中大发议论，其甲辰答书有曰：

> 自孟荀论义利王霸，汉唐诸儒未能深明其说。本朝伊洛诸公辨析天理人欲，而王霸义利之说于是大明。然谓三代以道治天下，汉唐以智力把持天下，其说固已不能使人心服。而近世诸儒遂谓三代专以天理行，汉唐专以人欲行，其间有与天理暗合者，是以亦能久长。信斯言也，千五百年之间，天地亦是架漏过时，而人心亦是牵补度日，万物何以阜蕃，而道何以常存乎？故亮以为汉唐之君，本领非不洪大开廓，故能以其国与天地并立，而人物赖以生息。惟其时有转移，故其间不无渗漏。……诸儒之论为曹孟德以下诸人设可也，以断汉唐，岂不冤哉？高祖、太宗岂能心服于冥冥乎？天地鬼神亦不肯受此架漏。谓之杂霸者，其道固本于王也。诸儒自处者曰义曰王，汉唐做得成者曰利曰霸，一头自如此说，一头自如彼做。说得虽甚好，做得亦不恶。如此却是义利双行，王霸并用……
>
> 夫人之所以与天地并立为三者，以其有是气也。孟子终日言仁义，而与公孙丑论勇一段，如是之详，又自发为浩然之气。盖担当开廓不去，则亦何有于仁义哉？气不足以充其所知，才不足以发其所能，守规矩准绳而不敢有一毫走作，传先民之说而后学有所持循，此子夏所以分出一门而谓之儒也，成人之道宜未尽于此。故后世所谓有才而无德，有智勇而无仁义者，皆出于儒者之

口。才德双行,智勇仁义交出而并见者,岂非诸儒有以引之乎?故亮以为学者,学为成人,而儒者亦一门户中之大者耳。秘书(指朱子)不教以成人之道,而教以醇儒自律,岂揣其分量则止于此乎?不然,亮犹有遗恨也。

同甫虽非排儒,承认儒也有其作用功能,然而在他的心目之中,儒者毕竟只是一些徒托空言、拘于绳墨之辈,他自己的重点早已转移到另一方面去了。同甫所激赏的是逞才使气、成功立业的英雄豪杰之辈,朱子却要他去做醇儒,无怪乎他的不耐之情几已溢于言表矣。其实在辛丑吕东莱逝世时,同甫祭文即有"孝弟忠信常不足以趋天下之变,而材术辨智常不足以定天之经"语,朱子见之大不契,诋为怪论。而同甫日后上孝宗书则曰"今世之儒士,自以为得正心诚意之学者,皆风痹不知痛痒之人也",盖以微讽朱子,双方之间的距离由此可见。同甫固不足以知朱子心目中之真儒者,彼以儒由子夏而分出之论也未为允当,但朱子的答复实也往往未能适切地照顾到同甫所关心的层面。朱子答陈同甫书有云:

> 尝谓天理人欲二字不必求之于古今王伯之迹,但反之于吾心义利邪正之间。察之愈密,则其见之愈明。持之愈严,则其发之愈勇。孟子所谓浩然之气者,盖敛然于规矩准绳不敢走作之中,而其自任以天下之重者,虽贲育莫能夺也,是岂才能血气之所为哉?老兄视汉高帝、唐太宗之所为而察其心,果出于义耶,出于利耶?出于邪耶,正耶?若高帝则私意分数犹未甚炽,然已不可谓无之。太宗之心,则吾恐其无一念之不出于人欲也。直以其能假仁借义以行其私,而当时与之争者才能知术

既出其下，又不知有仁义之可借，是以彼善于此而得以成其功耳。若以其能建立国家，传世久远，便谓其得天理之正，此正是以成败论是非，但取其获禽之多，而不羞其诡遇之不出于正也。千五百年之间，正坐如此。所以只是架漏牵补过了时日。其间虽或不无小康，而尧舜三王周公孔子所传之道，未尝一日得行于天地之间也。若论道之常存，却又初非人所能预。只是此个，自是亘古亘今常在不灭之物。虽千五百年被人作坏，终殄灭他不得耳。（《文集》卷三十六《答陈同甫十三书》之第六书）

王谱将此书系之于甲辰。朱子系纯粹由道德的立场评论现实政治，故贬抑汉唐。天理人欲的界限不能不有明确的分野，乃必须察其心，果出于义耶、利耶、邪耶、正耶？由此而触及一甚深吊诡：一方面尧舜周孔所传之道未尝一日得行于天地之间；而在另一方面道又常存，不因现实人事之黑暗而损害到它的价值，不由成败得失的衡量混淆了是非的标准。以此朱子乃老实不客气地肯认，千五百年之间只是架漏牵补过了时日。儒家的超越理想既掌握到，岂能把眼光只局限于现实之一隅，徒关切一时之成败。但这样的观点似乎把真实的历史世界置于无地，无怪乎要引起同甫的反感。同甫既把眼光放在现实功利方面，乃对此问题有一完全不同之视野。他在《与朱元晦秘书》之中说：

昔者三皇五帝与一世共安于无事。至尧而法度始定，为万世法程。禹、启始以天下为一家，而自为之。有扈氏不以为是也，启大战而后胜之。汤放桀于南巢而为商。

武王伐纣，取之而为周。武庚挟管蔡之隙，求复故业，诸尝与武王共事者，欲修德以待其自定，而周公违众议，举兵而后胜之。夏商周之制度定为三家，虽相因而不尽同也。五霸之纷纷，岂无所因而然哉。（中略）

夫心之用有不尽，而无常泯；法之文有不备，而无常废。人之所以与天地并立而为三者，非天地常独运，而人为有息也。人不立，则天地不能以独运，舍天地则无以为道矣。夫不为尧存，不为桀亡者，非谓其舍人而为道也。若谓道之存亡，非人所能与，则舍人可以为道，而释氏之言不诬矣。使人人可以为尧，万世皆尧，则道岂不光明盛大于天下？使人人无异于桀，则人纪不可修，天地不可立，而道之废亦已久矣。天地而可架漏过时，则块然一物也。人心而可牵补度日，则半死半活之虫也。道于何处而常不息哉？

惟圣为能尽伦，自余于伦有不尽，而非尽欺人以为伦也。惟王为能尽制，自余于制有不尽，而非尽罔世以为制也。欺人者人常欺之，罔世者人常罔之。乌有欺罔而可以得人长世者乎？

（中略）

至于以位为乐，其情犹可以察者，不得其位，则此心何所发于仁政哉？以天下为己物，其情犹可察者，不总之于一家，则人心何所底止？自三代圣人，固已不讳其为家天下矣。

天下，大物也。不是本领宏大，如何担当开廓得去？惟其事变万状，而真心易以汩没。到得失枝落节处，其皎然者终不可诬耳。高祖、太宗及皇家太祖，盖天地赖以常运而不息，人纪赖以接续而不坠。而谓道之存亡，非人之所能预，则过矣。汉唐之贤君，果无一毫气力，则所谓卓然不泯灭者，果何物耶？道非赖人以存，则释氏所谓千劫万劫者，是具有之矣。此论正在于毫厘分寸处较得失，而心之本体实非饾饤辏合以成。此大圣人所以独运天下者，非小夫学者之所能知。

（中略）

天地人为三才。人生只是要做个人。圣人，人之极则也。如圣人方是成人。……谓之圣人者，于人中为圣。谓之大人者，于人中为大。才立个儒者名字，固有该不尽之处矣。学者，所以学为人也，而岂必其儒哉……亮之不肖，于今世儒者无能为役，其不足论甚矣。然亦只要做个人，非专徇管萧以下规摹也。正欲搅金银铜铁镕作一器，要以适用为主耳。亦非专为汉唐分疏也。正欲明天地常运，而人为常不息，要不可以架漏牵补度时日耳。（下略）

同甫反对"道之存亡，非人之所能预"的说法。然而这根本不是朱子的原意。同甫这样的反对是因为他不了解必须以吊诡的方式始可形容道，不能用他这种一条鞭的方式。所提到的释氏之言全不相干。但他本人则确另有一条思路。他要的是当下的行动。他极注重事势之转移，故不喜欢老停在那里说三代之治，而有心无常泯、法无常废之说。同甫的意思是，现实之中自有理则；而反过来，若完全不能实现，则高远的理想也就根本没有作用。所以他不能用朱子的眼光看历史，而要为汉唐呼冤，故曰高祖、太宗及皇家太祖，盖天地赖以常运而不息，人纪赖以接续而不坠。若承认江山代有才人出，自不得下断语，以一千五百年的历史为黑漆一团。理想必有才有力，才能使之实现。同甫此处是有一慧识。但同甫完全把眼光放在历史的现实，取纯内在的观点，则超越的道德理想原则根本树立不起来。同甫式的思想的危险可以堕落到以凡现实者皆合理者。譬如他以现实的观点去卫护家天下制度之合理，实不能谓之无病。现实功利成为唯一标准，无怪乎朱子斥同甫是陷在利欲胶漆盆中。既然同甫之驳朱子有许多不谛处，也根本不了解朱子立论之层次，朱子自不能不再加以反驳，其答陈同甫书乃有云：

> 盖有是人则有是心，有是心则有是法，固无常泯常废之理。但谓之无常泯，即是有时而泯矣，谓之无常废，即是有时而废矣。盖天理人欲之并行，其或断或续，固宜如此。至若论其本然之妙，则惟有天理而无人欲。是以圣人之教，必欲其尽去人欲而复全天理也。若心则欲其常不泯，而不恃其不常泯也。法则欲其常不废，而不恃其不常废也。所谓人心惟危，道心惟微，惟精惟一，允执厥中者，尧舜禹相传之密旨也。夫人自有生而梏于形体之私，则固不能无人心矣。然而必有得于天地之正，则又不能无道心矣。日用之间，二者并行，迭为胜负，而一身之是非得失，天下之治乱安危，莫不系焉。是以欲其择之精，而不使人心得以杂乎道心。欲其守之一，而不使天理得以流于人欲。则凡其所行，无一事之不得其中，而于天下国家，无所处而不当。夫岂任人心之自危，而以有时而泯者为当然；任道心之自微，而幸其须臾之不常泯也哉？夫尧舜禹之所以相传者既如此矣，至于汤武，则闻而知之，而又反之以至于此者也。夫子之

所以传之颜渊、曾参者此也。曾子之所以传之子思、孟轲者亦此也。故其言曰：一日克己复礼，天下归仁焉。又曰：吾道一以贯之。又曰：道不可须臾离也，可离非道也。是故君子戒慎乎其所不睹，恐惧乎其所不闻。又曰：其为气也，至大至刚，以直养而无害，则塞乎天地之间。此其相传之妙，儒者相与谨守而共学焉。以为天地虽大，而所以治之者不外乎此。然自孟子既没，而世不复知有此学。一时英雄豪杰之士，或以资质之美，计虑之精，一言一行，偶合于道者盖亦有之。而其所以为之田地根本者，则固未免乎利欲之私也。而世之学者稍有才气，便自不肯低心下气，做儒家事业、圣学功夫。又见有此一种道理，不要十分是当，不碍诸般作为，便可立大功名，取大富贵。于是心以为利，争欲慕而为之，然又不可全然不顾义理，便于此等去处，指其须臾之间偶未泯灭底道理，以为只此便可与尧舜三代比隆，而不察其所以为之田地本根者之无有是处也。夫三才之所以为三才者，固未尝有二道也。然天地无心，而人有欲，是以天地之运行无穷，而在人者有时而不相似。盖义理之心顷刻不存则人道息。人道息则天地之用虽未尝已，而其在我者则固即此而不行矣。不可但见其穹然者常运乎上，颓然者常在乎下，便以为人道无时不立而天地赖之以存之验也。夫谓道之存亡在人而不可舍人以为道者，正以道未尝亡而人之所以体之者有至有不至耳。非谓苟有是身则道自存，必无是身然后道乃亡也。天下固不能人人为尧，然必尧之道行，然后人纪可修，天地可立也。天下固不能人人皆桀，然亦不必人人皆桀，而后人纪不可修，天地不可立也。但主张此道之人一念之间不似尧而似桀，即此一念之间便是架漏牵补过时矣。且曰心不常泯而未免有时之或泯，则又岂非所谓半生半死之虫哉？盖道未尝息而人自息之，所谓非道亡也，幽厉不由也，正谓此耳。惟圣尽伦，惟王尽制，固非常人所及，然立心之本，当以尽者为法，而不当以不尽者为准。故曰：不以舜之所以事尧事君，不敬其君者也，不以尧之所以治民治民，贼其民者也，而况谓其非尽欺人以为伦，非尽罔世以为制！是则虽以来书之辨固不谓其绝无欺人罔世之心矣。欺人者人亦欺之，罔人者人亦罔之，此汉唐之治所以虽极其盛而人不心服，终不能无愧于三代之盛时也。夫人只是这个人，道只是这个道，岂有三代汉唐之别？但以儒者之学不传而尧舜禹汤文武以来转相授受之心不明于天下，故汉唐之君虽或不能无暗合之时，而其全体只在利欲上。此其所以尧舜三代自尧舜三代，汉祖唐宗自汉祖唐宗，终不能合而为一也。今若必欲撤去限隔，无古无今，则莫若深考尧舜相传之心法、汤武反之之功夫以为准则而求诸身，却就汉祖唐宗心术微处痛加绳削，取其偶合而察其所自来，黜其悖戾而究其所从起，庶几天地之常经、古今之通义有以得之于我。不当坐谈既往之迹，追饰已然之非，便指其偶同者以为全体，而谓其真不异于古之圣贤也。(《文集》卷三十六《答陈同甫十三书》之第八书)

王谱将此书系之于己巳。朱子此时思想已经完全成熟，同甫攻击朱子论道与人之关系的那些误解，朱子都有详细谛当的答复。但朱子立言之根据是在儒者的内圣之学，故必归结在立心的修养工夫之上，而必肯定人心与道心之分殊。纯粹由这一个层次来立论，自然可以说，人在一念之间不似尧而似桀，即此一念之间，便是架漏度日牵补过时矣。然而这样的判断乃是道德理性的判断，并非真实历史的判断，故现实客观的历史在此并未得到真正的重视。同甫本人的思想固不明澈，他是要在当下来赤手承担的那种英雄主义的思想。但他却也谈理，表面上似乎也和朱子一样已先预设了理性的标准，只需生命的强度来真正具体实现此理耳。其实则在他的思想之中，超越的道德理性原则根本就树立不起来，故他之谈理也者，只不过应和着说说如已，不必真有实义。但他对真实历史的发展过程，当下的政治现实的担承，则确有实感，也非如朱子之所谓"坐谈既往之迹，追饰已然之非"，所以直觉地感到朱子对于他所真正关切的问题没有一个适当的答复，故又遗书朱子有云：

> 如亮之本意，岂敢求多于儒先？盖将发其所未备，以窒后世英雄豪杰之口而夺之气，使知千途万辙，卒走圣人样子不得。而来谕谓亮推尊汉唐，以为与三代不异；贬抑三代，以为与汉唐不殊。如此，则不独不察其心，亦并与其言不察矣。某大概以为三代做得尽者也，汉唐做不到尽者也。故曰：心之用，有不尽，而无常泯；法之文，有不备，而无常废。惟其做得尽，故当其盛时，三光全而寒暑平，无一物之不得其生，无一人之不遂其性。惟其做不到尽，故虽其盛时，三光明矣，而不保其常全；寒暑运矣，而不保其常平。物得其生，而亦有时而夭阏者；人遂其性，亦有时而乖戾者。本末感应，只是一理。使其田地根本，无有是处，安得有来谕之所谓

小康者乎？只曰获禽之多，而不曰随种而收，恐未免于偏矣。

孔子之称管仲曰：桓公九合诸侯，不以兵车，管仲之力也，如其仁，如其仁。又曰：一匡天下，民到于今受其赐，微管仲，吾其被发左衽矣。说者以为孔氏之门，五尺童子皆羞称五伯，孟子力论伯者以力假仁，而夫子称之如此，所谓如其仁者，盖曰：似之而非也。观其语脉，决不如说者所云。故伊川所谓如其仁者，称其有仁之功用也。仁人明其道不以其功，夫子亦计人之功乎？若如伊川所云，则亦近于来谕所谓喜获禽之多矣。功用与心而不相应，则伊川所论，心迹元不曾判者，今亦有时而判乎？

圣人之于天下，大其眼以观之，平其心以参酌之，不使当道有弃物，而道旁有不厌于心者。九转丹砂，点铁成金。不应学力到后，反以银为铁也。

（中略）

波流奔进，利欲万端，宛转于其中，而能察其真心之所在者，此君子之道所以为可贵耳。若于万虑不作，全体洁白，而曰真心在焉，此始学之事耳。一生辛勤于尧舜相传之心法，不能点铁成金，而不免以银为铁，使千五百年之间成一大空阙，人道泯息，而不害天地之常运，而我独卓然而有见，无乃甚高而孤乎？宜亮之不能心服也。（下略）

同甫之意盖谓功利之背后必涵是理，而三代之所以为三代，正因其有三代之手段。若徒托之于空言，则于现实何与？朱子自不可能以功利为价值之标准，故又答书有云：

常窃以为亘古亘今只是一体，顺之者成，逆之者败，固非古之圣贤所能独然，而后世之所谓英雄豪杰者，亦未有能舍此理而得有所建立成就者也。但古之圣贤从本根上便有惟精惟一功夫，所以能执其中，彻头彻尾，无不尽善。后来所谓英雄则未尝有此功夫，但在利欲场中，头出头没，其资美者，乃能有所暗合，而随其分数之多少以有所立，然其或中或否，不能尽善，则一而已。来谕所谓三代做得尽，汉唐做得不尽者，正谓此也。然但论其尽与不尽，而不论其所以尽与不尽，却将圣人事业去就利欲场中比并较量，见有仿佛相似，便谓圣人样子，不过如此，则所谓毫厘之差，千里之谬者，其在此矣。且如管仲之功，伊吕以下，谁能及之，但其心乃利欲之心，迹乃利欲之迹，是以圣人虽称其功，而孟子、董子皆秉法义以裁之，不少假借。盖圣人之目固大，心固平，然于本根亲切之地，天理人欲之分，则有毫厘必计，丝发不差者，此在后之贤所以密传谨守，以待后来，惟恐其一旦舍吾道义之正，以徇彼利欲之私也。今不讲此，而遽欲大其目，平其心，以断千古之是非，宜其指铁为金、认贼为子而不自知其非也。若夫点铁成金之譬，施之有教无类、迁善改过之事则可。至于古人已往之迹，则其为金为铁固有定形，而非后人口舌议论所能改易，久矣。今乃欲追点功利之铁，以成道义之金，不惟费却闲心力，无补于既往，正恐碍却正知见，有害于方来也。若谓汉唐以下便是真金，则固无待于点化，而其实又有大不然者。盖圣人者，金中之金也。学圣人而不至者，金中犹有铁也，汉祖、唐宗用心行事之合理者，铁中之金也，曹操、刘裕之徒则铁而已矣。夫金中之金乃天命之固然，非由外铄，淘择不净，犹有可憾。今乃无故必欲弃舍自家光明宝藏而奔走道路，向铁炉边渣矿中拨取零金，不亦误乎。帝王本无异道，王通分作两三等，已非知道之言。且其为道，行之则是，今莫之御而不为，乃谓不得已而两汉之制，此皆卑陋之说，不足援以为据者，若果见得不传底绝学，自无此蔽矣。今日许多闲议论，皆原于此学之不明。故乃以为笆篱边物而不之省，其为唤银作铁，亦已甚矣。（《文集》卷三十六《朱子答陈同甫三十六书》之第九书）

朱子复书乃坚持功利、道义之分殊，二者之间根本是性质的分别，不是数量的分别，绝对不容混淆。在函中朱子用语严峻，非同甫所能受，其乙巳又书乃大声呼冤，并全力反击：

亮大意以为本领闳阔，工夫至到，便做得三代，有本领无工夫，只做得汉唐。而秘书必谓汉唐并无些子本领，只是头出头没，偶有暗合处，便得功业成就。其实则是利欲场中走。使二千年之英雄豪杰不得近圣人之光，犹是小事，而向来儒者所谓只这些子殄灭不得，秘书便以为好说话，无病痛乎？来书所谓自家光明宝藏者，语虽出于释氏，然亦异于这些子之论矣。天地之间，何物非道？赫日当空，处之光明。闭眼之人，开眼即是。岂举世皆盲，便不可与共此光明乎？眼盲者摸索得着，故谓之暗合。不应二千年之间，有眼皆盲也。

亮以为后世英雄豪杰之尤者，眼光如黑漆。有时闭眼胡做，遂为圣门之罪人。及其开眼运用，无往而非赫日之光明。天地赖以撑柱，人物赖以生育。今指其闭眼胡做时，便以为盲，无一分眼光。指其开眼运用时，只以为偶合，其实不离于盲。嗟乎冤哉！彼直闭眼耳，眼光未尝不如黑漆也。一念足以周天下者，岂非其眼光固如黑漆乎？天下之盲者能几？赫日光明，未尝不与有眼者共之。利欲泊之则闭。心平气定，虽平平眼光，亦会开得。况夫光如黑漆者，开则其正也。闭则霎时浮翳耳，仰首信眉，何处不是光明？使孔子在时，必持出其光明以附于长长开眼者之后，则其利欲一时浣世界者，如浮翳尽洗而去之，天地清明赫日常在，不亦恢廓洒落、宏大而端正乎？今不欲天地清明，赫日长在。只是这些子殄灭不得者，便以为古今秘宝。因吾眼之偶开，便以为得不传之绝学。三三两两，附耳而语，有同告密。画界如立，一似结坛。尽绝一世之人于门外，而谓二千年之君子，皆盲眼不可点洗；二千年之天地日月，若有若无。世界皆是利欲，斯道之不绝者，仅如缕耳。此英雄豪杰所以自绝于门外，以为立功建业，别是法门。这些好说话，且与留着妆景足矣。若知开眼即是个中人，安得撰到此地位乎？

辩论至此是无须继续下去了。同甫是以其原始生命的跃动看现实历史的轨迹，自有一条线索，而朱子则由一超越的道德原则看问题，而坚持功利、道义之分殊，乃不得不贬汉唐。两方面各执一词，以缺乏互相的了解而根本不相交。彼此之间的辩论乃可以循环无已，永无终止之日。牟宗三先生说：

由朱子说,则谓:所以为之"田地根本"者全是利欲之私,并无是处。此固然也,然不能因其个人生命之不洁抹杀其客观之价值。若纯以主观道德论英雄,非真能正视生命者也。朱子之蔽在此。所谓"儒者失其指,不足以开物成务",失其指,实即是纯以主观道德衡一切。这里若分辨不谛,则孔子之称管仲与小其器,永远可引作一偏说。如陈同甫说:"管仲仅合有商量处,其见笑于儒家亦多,毕竟总其大体,却是个人,当得世界轻重有无。"此即说管仲虽不知礼,然却有本领,能担当世运,此即有客观价值,故引孔子曰:"微管仲,吾其被发左衽矣。如其仁,如其仁。"但朱子转过来说:"孔子固称管仲之功矣,不曰小器而不知礼乎?"但同甫仍可转过来说:"孔子固谓管仲不知礼矣,然不曰如其仁如其仁而大其功乎?"这将永远可以轻重说。重主观道德,则看重其"不知礼",虽有功业,亦不算大器。重客观功业,则看重其本领,虽有小疵,不掩大体。①

由朱子与同甫的辩论,我们诚然可以看到道学家的偏向与限制,但我们也可以清楚地看出道学家对现实功利的对立的态度。

五、结语

由朱子对汉唐的态度,我们可以想见朱子对于本朝(宋)

---

① 牟宗三:《政道与治道》,243 页。

的看法。《语类》有曰：

> 问：本朝大势是如何？曰：本朝监五代藩镇，兵也收了，赏罚刑政，一切都收了，然州郡一齐困弱。靖康之祸，寇盗所过，莫不溃散，亦是失斟酌所致。又如熙宁变法，亦是当苟且惰弛之余，势有不容已者，但变之自不中道。（二四）

> 近世王介甫，其学问高妙，出入于老佛之间，其政事欲与尧舜三代争衡。然所用者尽是小人，聚天下轻薄无赖小人作一处，以至遗祸至今。他初间也何尝有启狄乱华、率兽食人之意，只是本原不正，义理不明，其终必至于是耳。（五五）

> 今世有二弊：法弊、时弊。法弊但一切更改之却甚易，时弊则皆在人。人皆以私心为之，如何变得？嘉祐间法可谓弊矣。王荆公未几尽变之，又别起得许多弊，以人难变故也。（一〇八）

其实乾道元年乙酉朱子三十六岁时，即有与陈侍郎（名俊卿，时为吏部侍郎）书讨论时政：

> 熹尝谓：天下之事，有本有末。正其本者，虽若迂缓，而实易为力。救其末者，虽若切至，而实难为功。是以昔之善论事者，必深明夫本末之所在，而先正其本。本正，则末之不治非所忧矣。且以今日天下之事论之，上则天心未豫，而饥馑荐臻。下则民力已殚，而赋敛方急。盗贼四起，人心动摇。将一二以究其弊而求所以为图回之术，则岂可以胜言哉。然语其大患之本，则固有在矣。盖讲和之计决，而三纲颓，万事隳。独断之言进，

而主意骄于上。国是之说行，而公论郁于下。此三者，其大患之本也。然为是说者，苟不乘乎人主心术之蔽，则亦无自而入。此熹所以……深以夫格君心之非者有望于明公。盖是三说者不破，则天下之事无可为之理。而君心不正，则是三说者，又岂有可破之理哉？（《文集》卷二十四）

此书中所言平易中肯，则高远之道德理想又未始不可以翻译落实为实际可行之方策。但朱子之志既不得申，乃决定走归隐的道路，一直到五十岁始应南康军之命而出。其实朱子绝非完全不知事势的书呆子。《语类》有曰：

> 会做事底人，必先度事势，有必可做之理方去做。（一〇八）
>
> 圣人固视天下无不可为之时，然势不到，他做亦做不得。（一〇八）
>
> 问治乱之机。曰：今看前古治乱，那里是一时做得？少是四五十年，多是一二百年酝酿方得如此。遂俯首太息。（一〇八）

朱子又绝非不想用世。《语类》曰：

> 桧死，上（孝宗）即位，二大有为之机会。（一三三）

然势终不可为，一生乃表现一狷者之形态，但却又不是不能欣赏狂者的形态。《语录》有曰：

> 飞卿问孔子在陈，何故只思狂士，不说狷者。曰：狷底已自不济事，狂底却有个躯壳可鞭策。……狷者只是自守得些，便道是了。（二九）

又曰：

> 汉文帝谓之善人，武帝却有狂底气象。……文帝天资虽美，然止此而已。武帝多有病痛，然天资高，足以有为。使合下得真儒辅佐他，岂不可观。惜乎辅非其人，不能胜其多欲之私，做从那边去了。（四三）

如此则纯由现实观点着眼，朱子也未始不可以欣赏汉唐。《语类》潘时举录癸丑朱子六十四岁以后所闻：

> 亚夫问：管仲之心既已不仁，何以有仁者之功？曰：如汉高祖、唐太宗未可谓之仁人。然自周室之衰，更春秋战国以至暴秦，其祸极矣。高祖一旦出来，平定天下。至文景时，几致刑措。自东汉以下，更六朝五胡以至于隋，虽曰统一，然炀帝继之，残虐尤甚。太宗一旦扫除，以致贞观之治。此二君者，岂非是仁者之功耶？若以其心言之，本自做不得这个功业，然谓之非仁者之功可乎？管仲之功亦犹是也。（四四）

故朱子晚年虽仍把定道德之超越原则，然也非不知论史论现实要用一较宽松之标准，只不过不容许一开始就把志堕下来罢了，故《语类》有曰：

> 古人事事先去理会大处正处，到不得已处方有变通，今却要先去理会变通之说。（一一四）

又曰：

> 今日人才之衰，皆由于诋那道学。治道必本于正心修身，实见得恁地，然后从这里做出。如今士大夫但说，据我逐时怎地做，也做得事业。说道学，说正心修身，

都是闲说话，我自不消得用此。若是一人叉手并脚，便道是矫激，便道是邀名，便道是做崖岸。须是如市井中人，拖泥带水，方始是通儒实才。（一〇八）

故儒者之必言三代之治，实有其不得已之苦衷及其本质性之理由。《语类》曰：

> 至之问：程先生当初进说，只以圣人之说为可必信，先生之道为可必信，不狃滞于近规，不迁惑于众口，必期致天下如三代之世，何也？先生曰：也不得不恁地说。如今说与学者，也只得教他依圣人言语恁地做去，待他就里面做工夫有见处，便自知得圣人底是确然恁地。荆公初时与神宗语亦如此。曰：愿陛下以尧舜禹汤为法。今苟能为尧舜禹汤之君，则自有皋、稷、伊、傅之臣。诸葛亮、魏徵，有道者所羞道也。说得甚好。只是他所学偏，后来做得差了，又在诸葛亮、魏徵之下。（九三）

但传统儒家就是在此处碰到了它的最大问题所在，朱子有一语道破了此中根本症结之所在：

> 天下事须是人主晓得通透了自要去做方得。如一事，八分是人主要做，只有一二分是为宰相了做，亦做不得。（一三）

然千百年间，圣君难得一见。即三代之治，毕竟只是儒者理想化以后的形象。在传统的政治结构之下，现实上的人主绝难亲君子而远小人。并且即使是英明的人主也绝无可能去彻底改变既得利益集团之基本结构，故上焉者乃假仁借义，下焉者更残民以逞，置天下之人于水深火热之中。上行下效，一齐陷入利欲胶漆盆中，而道德理想彻底蒙尘矣！在这样的情形之下，道学者被逼得在野形成一与现实政治对立之清议集团，实为一必然之趋势。《语类》有曰：

> 自秦汉以来，讲学不明。世之人君固有因其才智做得功业，然无人知明德新民之事。君道间有得一二，而师道则绝无矣。（一三）

格于现实情势，道学者既根本不能用世，乃把全副精神放在教育文化方面，盖修身（正心诚意）才是齐家、治国、平天下的基础。实则完全由内圣之学的观点来看，政治已落于第二义，且不说汉唐，乃至连三代，甚至尧舜，终不过只是外现的"迹"而已。君子所过者化，所存者神，上下与天地同流。真正重要的是，如何作复性的工夫，使生生不已的天道当下体现于自己的生命之内，客观外在的成就则有赖于实际的机缘。故明道曰："虽尧舜事业，亦如太空中一点浮云过目。"

站在儒者的立场来看，所尊的实只是君之位，而不是现实人主之德。在现实政治结构之内，君之位虽为至尊，但师道却另有一种尊严，虽人主之尊，也不得不尊之。伊川之严责太子不可乱折花木以损害春天的生气，就是一个最具备象征意义的例子。而伊川之被诬而被贬，乃又决不是一个偶发的事件。《语类》曰：

> 因论司马、文、吕诸公当时尊伊川太高，自宰相以下皆要来听，遂致苏、孔诸人纷纷曰：宰相尊贤如此，甚好。自是诸人难与语。只如今赌钱吃酒等人，正在无礼，你却将《礼记》去他边读，如何不致他恶。（九三）

如此则朱子本人已看得很清楚,理想与现实两面是命定了要起冲突。理论上人君是政治以及道德的领袖,事实上则道德另有标准,而道学之担负过甚,乃必引起反激。连朱子本人,虽从不曾在朝受到如伊川之礼遇,还是逃不脱这种对立所引发的悲剧性的效果。在他晚年被诬为伪学之际,乃至有强大压力停止他的讲学生涯。《语类》曰:

> 有一朋友微讽先生云:先生有天生德于予底意思,却无微服过宋之意。先生曰:某又不曾上书自辩,又不曾作诗谤讪,只是与朋友讲习古书,说这道理,更不教做,却做何事?因曰:《论语》首章言:人不知而不愠,不亦君子乎。断章言,不知命,无以为君子。今人开口亦解说,一饮一啄,自有定分。及遇小小利害,便生趋避计较之心。古人刀锯在前,鼎镬在后,视之如无物者,盖缘只见得这道理,都不见那刀锯鼎镬。又曰:死生有命。如合在水里死,须是溺杀。此犹不是深奥底事,难晓底话,如今朋友都信不及,觉见此道日孤,令人意思不佳。(一〇七)

> 或劝先生散了学徒,闭户省事以避祸者。先生曰:祸福之来,命也。(一〇七)

> 先生曰:如某辈皆不能保,只是做将去,事到则尽付之人,欲避祸终不能避。(一〇七)

> 今为避祸之说者固出于相爱。然得某壁立万仞,岂不益为吾道之光?(一〇七)

朱子能够表现如此勇毅的精神,自不能不归之于他的修养工夫,然也不能不说是受到时代风气的影响。而时代风气的形成，则又不能说只是几个理学家提倡出来的结果，而实有其整个时代环境为背景。宋太祖杯酒释兵权，提倡文事。北宋立言官制度，固然不免也有一些故为忠谏姿态的沽名钓誉之徒，但确养成了在朝直言的习惯，而不得不为人主所优容。然言者谆谆而听者藐藐，故道学者终必在野发展一与现实政治对立之清议集团，实为一必然之结果。

其实朱子本人绝非不了解制度上的根本症结所在，故《语类》有曰：

> 黄仁卿问：自秦始皇变法之后，后世人君皆不能易之，何也？曰：秦之法尽是尊君卑臣之事，所以后世不肯变。（一三四）

这真正是一针见血之论。从本质上来看，朱子自也不必一定要沿袭过去的成法。故《语类》又曰：

> 问：后有圣贤者出，如何？曰：必须另有规模，不用前人硬本子。（一三四）

然理学家终偏于在内圣之学上用心，故多重在做律己的工夫，没有把心思放到客观制度的根本变革上面去。一直要到明末清初梨洲等惨遭亡国之痛，才能对宋儒由凌空的道德的立场所看到的私天下之蔽有一真正痛切的实存的了解。《宋元学案·龙川学案》梨洲对于朱子与同甫的辩论的评语曰：

> 止斋（陈傅良）谓功到成处，便是有德，事到济处，便是有理。此同甫之说也。如此则三代圣贤枉作功夫。功有适成，何必有德？事有偶济，何必有理？此晦庵之说也。如此则汉祖、唐宗于仆区不远。盖谓二家之说，

皆未得当。然止斋之意，毕竟主张龙川一边过多。夫朱子以事功卑龙川，龙川正不讳言事功，所以终不能服龙川之心。不知三代以上之事功，与汉唐之事功迥乎不同。当汉唐极盛之时，海内兵刑之气必不能免。即免兵刑，而礼乐之风不能浑同。胜残去杀，三代之事功也，汉唐而有此乎？其所谓功有适成事有偶济者，亦只汉祖、唐宗一身一家之事功耳。统天下而言之，固未见其成且济也。

梨洲还是以理想主义的观点称美三代，其思想为朱子之流亚。但他更深知问题症结之所在，故谓一身一家之事功，即当汉唐极盛之时，也不能谓之成且济，其识见远非全祖望之所及。① 王船山也亟攻私天下之害，其《黄书·古仪》篇有孤秦陋宋之说。自秦政坏古仪，而王道泯绝。下至陋宋，遗法全丧，而三维裂矣。其言曰：

> 宋以藩臣，暴兴鼎祚。意表所授，不寐而惊。赵普斗筲菲姿，负乘铉器。贡谋苟且，肘枕生猜。于是假杯酒以固欢，托孔云以媚下。削节镇，领宿卫。改易藩武，建置文弱。收总禁军，衰老填籍。孤立于强虏之侧，亭亭然无十世之谋。纵佚文史，拘法牵縶。一传而弱，再传而靡。赵保吉之去来，刘六符之恫喝。玩在廷于偶线之中，而莫之或省。城下受盟，金缯岁益。偷息视肉，崇以将阶。推毂建牙，遗风澌灭。狄青以枢副之任，稍自掀举，苟异一切。而密席未温，嫌疑指斥。是以英流屏足，臣室寒心。

---

① 参见《宋元学案·龙川学案》，谢山陈同甫论。

> 降及南渡，犹祖前谋。蕲、循仅存于货酒，岳氏遽陨于风波。挠栋触藩，莫斯为甚。
>
> 夫无为与者，伤之致也。交自疑者，殊俗之所乘也。卒使中区趋靡，形势解散。一折而入于女真，再折而入于鞑靼。以三、五、汉、唐之区宇，尽辨发负笠。澌丧残剐，以溃无穷之防。生民以来未有之祸，秦开之而宋成之也。
>
> 是故秦私天下而力克举。宋私天下而力自诎。祸速者绝其胄。祸长者丧其维。非独自丧也，抑丧天地分建之极。呜呼！岂不哀哉！

船山《宰制》篇又有曰：

> 圣人坚揽定趾，以救天地之祸，非大反孤秦陋宋之为，不得延固。以天下为神器，毋凝滞而尽私之。故《易》曰："圣人之大宝曰位，何以守位曰人，何以聚人曰财。"非与于贞观之道者，亦安足以穷其辞哉！

但传统中国知识分子终未能在外王的层次想出一套建立客观外在政治制度之可行之法。船山之斥陋宋，固宜矣。然视宋以后之朝代，事实又如何呢？宋之知识分子犹得以放言高论，慷慨陈词，虽受抑于群小，尚可以在野建立道学之规模。明之私天下乃大兴文字狱，立廷杖之陋习。清之私天下，以满族入主中原，更大兴文字狱，终于尽驱知识分子于考据之林。考据本身虽无罪，然在专制淫威之压迫之下，士人流为只知保身家性命之清客学问家。士风之败坏，莫此为甚，流毒至今未已。在这样的情形之下，即使传统中国的文化理想决不可弃，我们还可以讳言传统政制的阙失吗？而儒者从孔孟以至于顾、黄、王，莫不痛斥现实政治之非，而求以仁政公心之理想救之。其言则迂阔而不能用，凌空之道德理想终不能进入真实的历史而大行于世，充其量只能在消极的方面发生一点制衡、缓和虐政的作用。不意西方之汉学家如费正清辈竟谓中国之朝廷政治为"儒教之国"（The Confucian State），这真正是一个莫大的讽刺！

第八章

道统之建立与朱子在中国思想史上地位之衡定

一、引言

儒家思想之实现必贯注在人伦日用之内。但真正儒者的志向决不在博取一个功名，做一个外表循规蹈矩的缙绅先生。如不能澄澈自己的心怀，克制胸中大段私念，则仍不免陷在利欲胶漆盆中。此即真儒者与乡愿之分界线的所在。故儒者的思想是既超越而又内在，必建立超越，而内在所含藏之意义始得以充分呈现出来。故儒者必先立志，遮拨现实功利的思想，不能把眼光局限在眼前的一点利禄之上。然见道既真，知道之不可须臾离，乃必肯定全副人生之意义价值，此真所谓点铁成金，把超越的意义完全体现在内在之日用行常之内。理一而分殊，不可如二氏之高蹈避世，转陷入另一种偏枯的人生境界之中。故儒者之教育必始于小学，由洒扫应对进退开始，徒知其然而不知其所以然。然而到了一个阶段就必要求作一异质的跳跃，所谓"独上高楼，望尽天涯路"之体会是也。如此眼界既宽，心志既立，而磨砺日久，终于由绚烂而归于平淡，乃可以向往孔子所谓"从心所欲不逾矩"的境界，在超越与内在之间获致一种完美的平衡，则此生可以无憾矣。

但人生最自然的是顺躯壳起念，故身陷利欲胶漆盆中而不自知，此处必有一强烈震撼始能由现实功利的考虑之中解放出来，在此处佛道的思想确可以扮演一重要之功能。即至今日，科技文明先进国家如英美，反建制（Anti-establishment）之叛逆性之青年莫不向往老庄禅佛之思想。由内在而超越，修内圣之学的儒者与道佛实走上了一条十分相似的道路。此所以翻阅宋明儒的传记，莫不有出入老佛几十年的经验。然二氏则一去而不返，终不能从本质上肯定人伦日用的意义与价值。而儒者则由超越而回归于内在，完成了整个的圆周，故必辟二氏，以其弥近理而大乱真。由此而可以看到儒者的内圣之学与道佛实有一微妙之辩证的关系。就其同反现实功利之态度而言，则双方结为友军，就其终极体验或托付（Ultimate Concern or Commitment）而言，则又判若云泥。故此宋儒要建立道统就不能不接触到儒者与二氏的分殊的问题。由于道家的典籍较少，思想架构比较简单，声势也远不如禅佛之煊赫，所以不是问题的重心所在。而宋儒自横渠以降必辟佛，其辟佛之方式绝不止于韩愈式的由外在的文化社会的观点来辟佛，此间又牵涉到儒者内圣之学本身内部的分殊的问题。故我们必对下列三个问题加以详细的审查，才能真实了解宋儒道统观念建立的意义，并对朱子在中国思想史上的地位有一客观的衡定。这三个问题可以简述如下：

(1) 宋儒如何辟佛？儒佛之间之基本分殊究竟何在？
(2) 宋儒自濂溪以来，即吸纳道家之言，语录之内也不避讳而广泛应用佛家的话头，所涉猎的范围则远远超过先秦儒的范围。究竟宋明所谓的新儒学（Neo-Confucianism）与原始儒家有什么本质性上的关联？最严重的攻击是宋明儒根本是所谓阳儒阴释，挂羊头卖狗肉。比较温和一点的反应则谓，儒家在受到魏晋玄学以及隋唐佛学的冲击之后，对问题的视野已经有了根本的变革。所以虽则儒家的规模犹存，然已成套引进新的佛说，增富了儒家的内容，也歧异于原始儒家的方向。如此则根本问题在：新儒家之所以新，究竟新在何处？到底根本是另外一种儒家，还是在根本的慧识上仍继承原始儒家，只是在适应时代的挑战与冲击的情况之下而有了新的回应？抑或是在基本的慧识方面也有了相当修正，只不过还保存了一部分传统的规模而已？这些问题必须让我们来详细加以审查，才能对中国思想史上的一大公案提出一些合理的解释与公正的论断。

（3）即在新儒学的内部本身，也涉及微妙的体验与思想的分殊问题。象山攻击朱子的思想为支离而不见道，朱子更明白地指斥象山思想的根源是由禅学中来，而谓这些子恐是葱岭带来。宋明儒的习惯动辄将异己之学斥为由异学所借，如此则背后隐伏的仍是儒佛的基本分殊的问题。不在这里把握到定盘针，那么孰为正统，孰为旁支，孰为异端？根本就不可能得到一个清楚的答案。

正由于朱子对于这三个问题的探究都占有一枢纽性的地位，所以我们仍由朱子思想的省察着手，看他如何辟佛，如何建立道统，如何会产生"朱陆异同"的一大公案，最后对于上面提出的三个问题都有了解答，乃可以客观地衡定朱子在中国思想史上的地位。

二、朱子的辟佛

朱子在少年时代一度好佛，并以禅宗的意思答卷中举，这样的故事大家已经耳熟能详。朱子正式受学延平以后，始得辨明儒佛的分殊，从此大力辟佛。但他从不否认禅佛有所见，对于知识分子有巨大的吸引力，也对社会产生广大的影响，然终因废弃人伦，而造成极大的灾害。

《语类》曰：

> 佛家一向撒去许多事，只理会自身己。其教虽不是，其意思却是要自理会，所以它那下常有人，自家这下自无人。今世儒者能守经者，理会讲解而已，看史传计较利害而已。那人直是要理会身己，从自家身己做去。不理会自身己，说甚别人长短。（八）

> 佛家于心地上煞下工夫。（一二五）

> 某常说，怪不得今日士大夫，是他心里无可作做，无可思量，饱食终日，无所用心，自然是只随利欲走。间有务记诵为词章者，又不足以拔其本心之陷溺。所以个个如此，只缘无所用心。前辈多有得于佛学，当利害祸福之际而不变者。盖佛氏勇猛精进、清净坚固之说，犹足以使人淡泊有守，不为外物所移也。（一三二）

> 某见名寺中所画诸祖师人物，皆魁伟雄杰，宜其杰然有立如此。所以妙喜赞某禅师有曰：当初若非这个，定是做个渠魁，观之信然。其气貌如此，则世之所谓富贵利达，声色货利，如何笼络得他住？他视之亦无足以

动其心者。或问：若非佛氏收拾去，能从吾儒之教，不知如何？曰：他又也未是虽无文王犹兴底。只是也须做个特立独行底人，所为必可观。若使有圣人收拾去，可知大段好。只是当时吾道黑淬淬地，只有些章句词章之学，他如龙如虎，这些艺解都束缚他不住，必决去无疑。也煞被他引去了好人。可畏可畏！（四）

《文集》卷七十读大纪论释氏亦有曰：

> 以其有空寂之说而不累于物欲也，则世之所谓贤者好之矣。以其有玄妙之说而不滞于形器也，则世之所谓智者悦之矣。以其有生死轮回之说而自谓可以不沦于罪苦也，则天下之佣奴爨婢黥髡盗贼亦匍匐而归之矣。此其为说所以张皇辉赫，震耀千古。而为吾徒者方且蠢焉鞠躬屏气，为之奔走服役之不暇也。

由此可见，禅佛为当时之显学。而且这决不是偶然的结果，盖因其为一为己之学，高出于世俗一般的词章记诵之学、现实利禄的追求者远矣。如此不只是普通人，即程门高弟如游杨之徒不免入其彀中。《语类》曰：

> 问：程子曰：佛氏之言近理，所以害甚于杨墨。看来为我疑于义，兼爱疑于仁，其祸已不胜言，佛氏如何又却甚焉？曰：杨墨只是硬恁地做。佛氏最有精微动得人处。本朝许多极好人无不陷焉。（原注：如李文靖、王文正、谢上蔡、杨龟山、游先生诸人。）（二四）

佛家有一条修养工夫的途径，又有一套系统的理论架构，所以连高级知识分子都不免为其所吸引。士大夫间有辟佛者，自韩愈以来，至于欧阳修，只不过从文化的观点反对佛教，未能击中要害。《语类》曰：

> 今之辟佛者皆以义利辩之，此是第二义。正如唐人檄高丽之不能守鸭绿之险，高丽遂守之。今之辟佛者类是。佛以空为见，其见已错，所以都错，义利又何足以为辩。旧尝参究，后颇疑其不是。及见李先生之言，初亦信未及。亦且背一壁放，且理会学问看如何。后年岁间，渐见其非。（一二六）

由此可见，朱子要直接从理论的源头来辟佛。如此首先必须把握禅佛的本质。从朱子的了解来看，禅佛是由老庄杨墨列子推下去的一种极端形态。《语类》有曰：

> 味道问：只说释氏，不说杨墨，如何？曰：杨墨为我兼爱，做出来也淡而不能惑人。只为释氏最能惑人。初见他说出来自有道理，从他说愈深，愈是害人。（二四）

> 问：《集注》何以言佛而不言老。曰：老便只是杨氏。人尝以孟子当时只辟杨墨，不辟老，不知辟杨墨便是辟老。如后世有隐遁长往而不来者，皆是老之流。他本不是学老，只是自执所见，与此相似。（二四）

> 老子说他一个道理，甚缜密。老子之后有列子，亦未甚至大段不好。（中略）列子后有庄子，庄子模做列子，殊无道理，为他是战国时人，便有纵横气象，其文大段豪伟。列子序中说，老子、列子言语多与佛经相类，觉得是如此。疑得佛家初来中国，多是偷老子意去做经，如说空处是也。后来道家做清静经，又却偷佛家言语，

全做得不好。（中略）佛家偷得老子好处，后来道家却只偷得佛家不好处。譬如道家有个宝藏，被佛家偷去，后来道家只取得佛家瓦砾，殊可笑也。人说孟子只辟杨墨，不辟老氏，却不知道家修养之说只是为己，独自一身便了，更不管别人，便是杨氏为我之学。（下略）（一二六）

佛氏之失出于自私之厌，老氏之失出于自私之巧。厌薄世故而尽欲空了一切者，佛氏之失也。关机巧便尽天下之术数者，老氏之失也。（一二六）

问：佛法如何是以利心求？曰：要求清净寂灭超脱世界是求一身利便。（一二六）

释氏书其初只有四十二章经，所言甚鄙俚。后来日添月益，皆是中华文士相助撰集。（中略）笔之于书，转相欺诳，大抵多是剽窃老子、列子意思，变换推衍，以文其说。（中略）佛学其初只说空，后来说动静，支蔓既甚，达磨遂脱然不立文字，只是默然端坐，便心静见理。此说一行，前面许多皆不足道，老氏亦难为抗衡了。今日释氏其盛极矣。但程先生所谓攻之者执理反出其下，吾儒执理既自卑污，宜乎攻之而不胜也。（一二六）

有言庄老禅佛之害者，曰：禅学最害道。庄老于义理绝灭犹未尽，佛则人伦已坏，至禅则又从头将许多义理扫灭无余。以此言之，禅最为害之深者。顷之复曰：要其实则一耳，害未有不由浅而深者。（一二六）

谦之问：佛氏之空与老子之无一般否？曰：不同。佛氏只是空，豁豁然，和有都无了。所谓终日吃饭，不曾咬破一粒米，终日着衣，不曾挂着一条丝。若老氏犹骨是有，只是清净无为，一向恁地深藏固守，自为玄妙，

教人摸索不得，便是把有无做两截看了。（一二六）

朱子谓释氏剽窃老子、列子意思，这样的看法是站不住脚的。今日我们知道佛家源远流长，由印度传至中国，早期不免经过格义的阶段，佛经由中国文士润色成之是很自然的一件事，然不能据之而谓佛氏剽窃老子、列子。其实朱子本人也知道佛氏之空非老子之无可尽，根本是两个不同的义理系统。但朱子把老佛相提并论，认为佛氏空寂之论更为彻底，而与儒家的思想相对立，则又不无他的道理。朱子对于佛家义理并无深入的了解，但他在直觉上即知晓这两种思想是互不相容的。从表面的层次看，佛老终不能肯定人伦日用，对文明、礼法、制度采取一种消极乃至否定的态度。再追溯到源头，从儒家的观点看，显然佛老在一起步时便已走偏了。当然儒者也可以把眼前的事看作迹，然过化存神，最后彰显的是一生生而不容已的道体；佛老则必销归于空无。《语类》有曰：

> 或曰：吾儒所以与佛氏异者，吾儒则有条理，有准则，佛氏则无此尔。曰：吾儒见得个道理如此了，又要事事都如此。佛氏则说，便如此做也不妨，其失正在此。（五二）

佛氏也可以如此做，但一切终不过只是方便设施而已，儒家之必须如此做，是因为理当如此，盖有一积极的存有论、人性论上的根据，二者之间是不可以调和折中的。《语类》曰：

> 某人言，天下无二道，圣人无两心，儒释虽不同，毕竟只有一理。某说道，惟其天下无二道，圣人无两心，

所以有我底着他底不得，有他底着我底不得。若使天下有二道，圣人有两心，则我行得我底，他行得他底。（一二六）

而两方面最根本的差别在一实而一虚。《语类》曰：

释氏虚，吾儒实。释氏二，吾儒一。释氏以事理为不紧要而不理会。（一二六）

释氏只要空，圣人只要实。释氏所谓敬以直内，只是空豁豁地更无一物，却不会方外。圣人所谓敬以直内，则湛然虚明，万理具足，方能义以方外。（一二六）

吾儒心虽虚而理则实，若释氏则一向归空寂去了。（一二六）

儒释言性异处，只是释言空，儒言实；释言无，儒言有。（一二六）

问：释氏以空寂为本。曰：释氏说空，不是便不是，但空里面须有道理始得。（一二六）

吾以心与理为一，彼以心与理为二。亦非固欲如此，乃是见处不同。彼见得心空而无理，此见得心虽空而万理咸备也。虽说心与理一，不察乎气禀物欲之私，是见得不真，故有此病，大学所以贵格物也。（一二六）

释氏合下见得一个道理空虚不实，故要得超脱，尽去物累，方是无漏，为佛地位。其他有恶趣者，皆是众生饿鬼。只随顺有所修为者，犹是菩萨地位，未能作佛也。若吾儒合下见得个道理便实了，故首尾与之不合。（一二六）

问：佛氏所以差。曰：从劈初头便错了，如天命之谓性，他把做空虚说了。吾儒见得都是实。若见得到自家底从头到尾小事大事都是实，他底从头到尾都是空，怎地见得破，如何解说不通。（一二六）

照朱子的说法，释氏因为根本的见地错了，所以修养方面虽肯下功夫，终无实得。他们把心弄得精专，守住一点孤明，然捕捉不到实理，此是其根本差误处。《语类》有曰：

> 言释氏之徒为学精专。曰：便是某常说，吾儒这边难得如此。看他下工夫，直是自日至夜，无一念走作别处去。学者一时一日之间，是多少闲杂念虑，如何得似他。只惜他所学非所学，枉了工夫。若吾儒边人下得这工夫，是甚次第。（一二六）

> 举佛氏语曰，千种言、万般解，只要教君长不昧，此说极好。问：程子曰：佛氏之言近理，所以为害尤甚，所谓近理，指此等处否？曰：然。它只是守得这些子光明，全不识道理，所以用处七颠八倒。吾儒之学则居敬为本，而穷理以充之，其本原不同处在此。（一二六）

> 儒者以理为不生不灭，释氏以神识为不生不灭。龟山云，儒释之辩，其差眇忽。以某观之，真似冰炭。（一二六）

> 释氏先知死。只是学一个不动心。告子之学则是如此。（一二六）

> 禅只是一个呆守法，如麻三斤、干屎橛，他道理初不在这上，只是教他麻了心，只思量这一路，专一积久，忽有见处，便是悟。大要只是把定一心，不令散乱，久后光明自发，所以不识字底人才悟后便作得偈颂。悟后

所见虽同，然亦有深浅。某旧来爱问参禅底，其说只是如此。其间有会说者，却吹嘘得大，如杲佛日之徒，自是气魄大，所以能鼓动一世，如张子韶注圣锡辈，皆北面之。（一二六）

但朱子认为其结果只是误心为性。《语类》有曰：

徐子融有枯槁有性无性之论。先生曰：性只是理，有是物斯有是理，子融错处是认心为性，正与佛氏相似。只是佛氏磨擦得这心极精细，如一块物事，剥了一重皮，又剥一重皮，至剥到极尽无可剥处，所以磨弄得这心精光，它便认做性。殊不知此正圣人之所谓心。故上蔡云，佛氏所谓性，正圣人所谓心，佛氏所谓心，正圣人所谓意。心只是该得这理。佛氏元不曾识得这理一节，便认知觉运动做性。（一二六）

朱子乃进一步斥禅家作用见性之说。《语类》有曰：

作用是性，在目曰见，在耳曰闻，在鼻嗅香，在口谈论，在手执捉，在足运奔，即告子生之谓性之说也。且如手执捉，若执刀胡乱杀人，亦可为性乎。龟山举庞居士云，神通妙用，运水搬柴，以比徐行后长，亦坐此病。不知徐行后长，乃谓之弟，疾行先长，则为不弟。如曰运水搬柴即是妙用，则徐行疾行皆可谓之弟耶？（一二六）

释氏弃了道心，却取人心之危者而作用之。遗其精者，取其粗者以为道。如以仁义礼智为非性，而以眼前作用为性是也。此只是源头处错了。（一二六）

人心是个无拣择底心，道心是个有拣择底心，佛氏

也不可谓之邪,只是个无拣择底心。(一二六)

把禅宗的"当下即是"解成告子的"生之谓性",这是一种误解。但儒家重分殊,与禅家之所重,显然有本质性的差别,此则不可掩者。禅宗的体认是一切是空,故随缘安住,不作虚妄分别,乃无适而非道。朱子驳斥这样的看法有曰:

> 杨通老问《中庸或问》引杨氏所谓无适非道之云,则善矣,然其言似亦有所未尽,盖衣食作息视听举履,皆物也,其所以如此之义理准则乃道也。曰:衣食动作只是物,物之理乃道也,将物便唤做道则不可。且如这个椅子有四只脚,可以坐,此椅之理也。若除去一只脚,坐不得,便失其椅之理矣。形而上为道,形而下为器,说这形而下之器之中便有那形而上之道。若便将形而下之器作形而上之道,则不可。(中略)所谓格物,便是要就这形而下之器,穷得那形而上之道理而已,如何便将形而下之器作形而上之道理得?饥而食,渴而饮,日出而作,日入而息,其所以饮食作息者,皆道之所在也。若便谓食饮作息者是道,则不可。与庞居士神通妙用运水搬柴之颂一般,只是此病。(中略)须是运得水搬得柴是,方是神通妙用。若运得不是搬得不是,如何是神通妙用?佛家所谓作用是性,便是如此,他都不理会是和非,只认得那衣食作息视听举履便是道。说我这个会说话底、会作用底、叫着便应底便是神通妙用,更不问道理如何,儒家则须是就这上寻讨个道理方是道。(下略)(一二六)

谈到理则不可以空。故《语类》又曰:

无极是有理而无形,如性何尝有形?太极是阴阳五行之理皆有,不是空底物事。若是空时,如释氏说性相似。又曰:释氏只见得个皮壳,里面许多道理,他却不见。他皆以君臣父子为幻妄。(九四)

释氏与宋儒内圣之学都在心地上下工夫,故有貌同处,但其实质则颇有差别。《文集》卷五十九答吴斗南有云:

佛学之与吾儒虽有略相似处,然正所谓貌同心异、似是而非者,不可不审。明道先生所谓句句同、事事合,然而不同者,真是有味,非是见得亲切,如何敢如此判断耶。圣门所谓闻道,闻只是见闻,玩索而自得之之谓道。只是君臣父子日用常行当然之理,非有玄妙奇特不可测知,如释氏所云豁然大悟、通身汗出之说也。如今更不可别求用力处,只是持敬以穷理而已。参前倚衡,今人多错说了,故每流于释氏之说。先圣言此,只是说言必忠信、行必笃敬,念念不忘,到处常若见此两事,不离心目之间耳。如言见尧于羹,见尧于墙,岂是以我之心还见我心,别为一物而在身外耶?无思无为,是心体本然,未感于物时,有此本领,则感而遂通天下之故矣,恐亦非如所论之云云也。所云禅学悟入,乃是心思路绝,天理尽见,此尤不然。心思之正便是天理。流行运用,无非天理之发见,岂待心思路绝而后天理乃见耶?且所谓天理,复是何物?仁义礼智岂不是天理?君臣父子兄弟夫妇朋友岂不是天理?若使释氏果见天理,则亦何必如此悖乱,殄灭一切,昏迷其本心而不自知耶?凡此皆近世沦陷邪说之大病,不谓明者亦未能免俗而有此

言也。(《文集》卷五十九《答吴斗南四书》之第三书)

依钱穆先生考证，此函当在辛亥朱子在漳州任年六十二岁时。① 朱子拒绝以禅学附会儒家之说，语极明晰。当时援释阐儒蔚为一时风气。《语类》有曰：

> 广因举释子偈有云：世间万事不如常，又不惊人又久长。曰：便是它那道理也有极相似处，只是说得来别。故某于《中庸章句序》中著语云：至老佛之徒出，则弥近理而大乱真矣。须是看得它那弥近理而大乱真处始得。

（六二）

宋儒内圣之学最中心处即心性问题，而禅宗也昌言明心见性之说，此其易于互相混淆耳。但朱子则确认两方面有不可调停者在焉。《文集》卷七十读大纪有云：

> 宇宙之间一理而已。天得之而为天，地得之而为地，而凡生于天地之间者，又各得之以为性，其张之为三纲，其纪之为五常，盖皆此理之流行，无所适而不在。（中略）若夫释氏则自其因地之初而与此理已背驰矣。乃欲其所见之不差，所行之不谬，则岂可得哉！盖其所以为学之本心，正为恶此理之充塞无间，而使己不得一席无理之地以自安。厌此理之流行不息，而使己不得一息无理之时以自肆也。是以叛君亲、弃妻子、入山林、捐躯命，以求其所谓空无寂灭之地而逃焉。其量亦已隘，而其势亦已逆矣。然以其立心之坚苦，用力之精专，亦有以大过人者，故能卒如所欲而实有见焉。但以其言行求

---

① 参见钱穆：《朱子新学案》，第三册，526 页。

之,则其所见虽自以为至玄极妙,有不可以思虑言语到者,而于吾之所谓穷天地、亘古今,本然不可易之实理,则反瞢然其一无所睹也。虽自以为直指人心而实不识心,自以为见性成佛而实不识性。是以殄灭彝伦、堕禽兽之域而犹不自知其有罪,盖其实见之差有以陷之,非其心之不然而故欲为是以惑世而罔人也。至其为说之穷,然后乃有不舍一法之论,则似始有为是遁词以盖前失之意。然亦真秉彝之善有终不可得而殄灭者,是以剪伐之余而犹有此之仅存。又以牵于实见之差,是以有其意而无其理,能言之而卒不能有以践其言也。

所谓遁辞,《语类》中有释,其言曰:

> 如释氏论理,其初既偏,反复譬喻,其辞非不广矣,然毕竟离于正道,去人伦,把世事为幻妄,后来亦自行不得。到得穷时,便说走路,如云治生产业,皆与实相不相违背,岂非遁辞乎。(五二)

朱子极不慊禅宗识心见性之说,其根本症结之所在是把性与用分为两截。《语类》有曰:

> 因论释氏。先生曰:自伊洛君子之没,诸公亦多闻辟佛氏矣,然终竟说他不下者,未知其失之要领耳。释氏自谓识心见性,然其所以不可推行者何哉?为其于性与用分为两截也。圣人之道,必明其性而率之,凡修道之教无不本于此,故虽功用充塞天地,而未有出于性之外者。释氏非不见性,及到作用处,则曰无所不可为,故弃君背父,无所不至者,由其性与用不相管也。(一二六)

这一段说话还承认释氏于性不无所见，其实从一个严格的观点看，释氏根本不能说是见性。《文别集》卷八有释氏论上下篇，惜上篇已残缺，但有一些鞭辟入里之论可资注目，兹撮录其文句完整者如下：

或问：孟子言尽心知性、存心养性，而释氏之学亦以识心见性为本，其道岂不亦有偶同者耶？朱子曰：儒佛之所以不同，正以是一言耳。曰：何也？曰：性也者，天之所以命乎人而具乎心者也。情也者，性之所以应乎物而出乎心者也。心也者，人之所以主乎身而以统性情者也。故仁义礼智者性也，而心之所以为体也。恻隐羞恶恭敬辞让者情也，而心之所为以用也。（中略）至其（指佛氏）所以识心者，则必别立一心以识此心，而其所谓见性者，又未尝睹夫民之衷物之则也。既不睹夫性之本然，则物之所感、情之所发皆不得其道理，于是概以为己累而尽绝之，虽至于反易天常、殄灭人理而不顾也。然则儒术之所以异，其本岂不在此一言之间乎！

曰：释氏之不得为见性，则闻命矣。至于心，则吾曰尽之存之，而彼曰识之，何以不同而又何以见其别立一心耶？曰：心也者，人之所以主于身而统性情者也，一而不二者也，为主而不为客者也，命物而不命于物者也。惟其理有未穷而物蔽之，故其明有所不照，私有未克而物或累之，故其体有所不存。是以圣人之教，使其穷理以极其量之所包，胜私以去其体之所害，是其所以尽心而存心者，虽其用力有所不同，然皆因其一者以应乎万，因其主者以待夫客，因其命物者以命夫物，而未尝曰反而识乎此心、存乎此心也。若释氏之云识心，则必收视反听以求识其体于恍惚之中，如人以目视目，以口龁口，虽无可得之理，其势必不能不相汝尔于其间也，此非别立一心而何哉？夫别立一心，则一者二，而主者客，（中阙）分矣，而又块然自守，灭情废事，以自弃君臣父子之间，则心之用亦息矣。

禅宗之性是虚说，其要在制心。朱子既斥禅家以心觅心之非，更斥儒者之用禅意者。《语类》有曰：

> 顷年张子韶之论，以为当事亲，便当体认取那事亲者是何物，方识所谓仁。当事兄，便当体认取那事兄者是何物，方识所谓义。某说，若如此，则前面方推这心去事亲，随手又便去背后寻摸取这个仁；前面方推此心去事兄，随手又便着一心去寻摸取这个义，是二心矣。禅家便是如此。其为说曰：立地便要你究得，坐地便要你究得。他所以撑眉努眼，使棒使喝，都是立地便拶教你承当识认取，所以谓之禅机。（中略）或问：上蔡爱说个觉字，便是有此病了。曰：然。张子韶初间便是上蔡之说，只是后来又展上蔡之说，说得来放肆，无收杀耳。或曰：南轩初间也有以觉训仁之病。曰：大概都是自上蔡处来。（三五）

宋代儒者如张子韶确有杂糅儒佛处。朱子极不喜以反身的方式去了解心，但是否即可以此而批评上蔡、南轩，并进一步批评象山，这是宋代儒学内部一个重要问题，后面会有详细的解析。但儒佛间有重大的分殊，此则不可掩者。释氏既也是为己之学，故确有弥近理处。但差之毫厘，谬以千里，所把握的心性之实乃可谓南辕北辙，并本末而皆异。《语类》

有曰：

> 问：《遗书》云：释氏于敬以直内则有之，义以方外则未也，道夫于此未安。先生笑曰：前日童蜚卿正论比，以为释氏大本与吾儒同，只是其末异。某与言，正是大本不同。因检《近思录》有云：佛有一个觉之理，可以敬以直内矣，然无义以方外，其直内者，要之其本亦不是，这是当时记得全处，前者记得不完也。又曰：只无义以方外，则连敬以直内也不是了。又曰：程子谓释氏唯务上达而无下学，然则其上达处岂有是耶？亦此意。佛者尝云儒佛一同。某言你只认自家说不同，若果是，又何必言同，只这靠傍底意思便是不同，便是你底不是，我底是了。（一二六）

由此可见，朱子是要严儒佛之分别者。朱子对于佛说并无深刻研究或造诣，但他的确看过当时流行的一些佛书，也知道禅家接人的一些方法，可能是当时儒者对于佛氏比较有理解者。他对于禅佛的批评以其剽窃老子、列子，作用见性之说近于告子之类，都未见中肯。然当时学者极少有作纯学术性的客观研究者，所以我们对于朱子也实难有所苛求。但朱子在直觉上清楚地把握到儒佛有根本分殊处，这是不错的。他以虚实判分二者或嫌略粗，但佛家的空理与儒家的实理确是两条不同的思路，大概崇信佛理的人也不能不肯认两边的分野。问题的根本症结在，能不能正面肯定一生生不已之天道，而以人道即天道之落实与延伸；形而下之器即形而上之道的直接表现，乃在本质上有积极正面之价值者。于此，儒佛的根本见地，践履行为，都有本质层面上的差别，彼此虽也有一些共法相通,但决不可以随便和稀泥,勉强加以调和折中。朱子在当时拒绝跟风,一定要严分儒释的疆界,这决不只是意气之争而已,实有一基本之慧识为其背景,其见识远超过当时一班倡导和会论者,其间自也包括程门后学的一些缺乏清晰的思辨能力的学者在内。

三、朱子建立道统的理据

据陈荣捷先生的观察,道统之说乃源于孟子,以后韩愈、李翱重述斯旨,至宋程伊川撰明道先生行状,谓其兄"求道之志未至其要,泛滥于诸家,出入于老释者几十年,返求诸六经而后得之。……谓孟子没而圣学不传,以兴斯文为己任",朱子继之,而后道统得以确立。①

《文集》卷七十六《中庸章句序》有云:

> 道统之传有自来矣。其见于经,则允执厥中者,尧之所以授舜也。人心惟危,道心惟微,惟精惟一,允执厥中者,舜之所以授禹也。……自是以来,圣圣相承,若成汤、文、武之为君,皋陶、伊、傅、周、召之为臣,既皆以此而接夫道统之传。若吾夫子则虽不得其位,而所以继往圣开来学,其功反有贤于尧舜者。然当是时,见而知之者,惟颜氏、曾氏之传得其宗。及曾子之再传,而复得夫子之孙子思。……又再传以得孟氏。……及其

---

① 参见陈荣捷:《朱子道统观之哲学性》,载《东西文化》,第 15 期,25~32 页。

没而遂失其传焉。……故程夫子兄弟者出,得有所考,以续夫千载不传之绪。

由是而由尧舜而二程,道统一贯。朱子且上溯伏羲黄帝①,道统予以确立。《文集》卷七十六《大学章句序》则曰:

> 河南程氏两夫子出,而有以接乎孟氏之传。……虽以熹之不敏,亦幸私淑,而与有闻焉。

于此可见朱子显然有担承道统之意。及后黄榦书朱子行状,乃曰:

> 道之正统,待人而后传。自周以来,任传道之责,得统之正者,不过数人,而能使斯道章章较著者,一二人而止耳。由孔子而后,周、程、张子继其绝,至先生而始著。

以后《宋史》引其说,列代学者宗之不乏其人。陈荣捷先生指出,朱子之立道统,是以哲学性的理由排除汉唐诸儒,特尊二程,首标周子,旁置张子,而不及邵子,其言是也。②

我们查考宋儒的基本观念,与先秦儒比较,差别当不在小。随便举几个例。子贡说,夫子之言性与天道,不可得而闻也,宋儒则最爱谈论性与天道的问题;子在川上之叹,宋儒说是在谈道体;居处恭,执事敬,与人忠,宋儒说此彻上彻下语也。从纯考据的观点看来,实在找不出这些说法与原典有什么确定的关联。而宋儒与先秦儒之间的主要差别,好

---

① 参见《朱子文集》卷八十六,《沧洲精舍告先圣文》。
② 参见陈荣捷:《朱子道统观之哲学性》,载《东西文化》,第15期。钱穆先生指出朱子尊信康节之先天图,然康节与二程道不同,故不收于《伊洛渊源录》之中。参见钱穆:《朱子新学案》,第三册,82~96页。然朱子却因哲学性的理由排除邵子于道统之外,此无可辩者,陈先生之言是也。

像在宋儒大幅地引入了许多佛老的观念。再随便举几个例来说。宋儒最基本的观念是"理",但在孔孟,理并不是十分重要的观念,反而是华严才昌言理事无碍的境界;又如太极在先秦也不是重要的观念,在宋儒之中,濂溪首倡之于《太极图说》,到朱子才变成了一个中心的观念,但朱子并未否认《太极图》的来源是出于道家的陈抟。其实朱子从不否认宋儒曾受到佛老的影响,《语类》曰:

> 近看石林过庭录载上蔡说,伊川参某僧后有得,遂反之,偷其说来做己使,是为洛学。某也尝疑,如石林之说固不足信,却不知上蔡也恁地说,是怎生地?向见光老示及某僧与伊川居士帖,后见此帖乃载山谷集中,后又见有跋此帖者,乃僧与潘子真帖,其差谬类如此。但当初佛学只是说,无存养底工夫,至唐六祖始教人存养工夫。当初学者亦只是说,不曾就身上做工夫,至伊川方教人就身上做工夫,所以谓伊川偷佛说为己使。(一二六)

据钱穆先生考据,此条某僧指灵源,其与潘淳子真一帖,人误谓之与伊川,朱子辨之。① 但奇怪的是,朱子于伊洛偷佛学为己使一语,却似不甚反对。在这样的情形之下,我们势必被逼得要问以下的两个问题:

(1) 宋儒是否大段都是佛老之说?而且宋儒往往互相攻讦异己为佛说,此处究竟是否确有阳儒阴释之嫌?

(2) 宋儒与先秦儒之关联究竟如何?究竟彼此之间是否有本质性的一脉相传的线索如道统说之所宣称者?抑或宋儒

---

① 参见钱穆:《朱子新学案》,第三册,511页。

只是借古籍做幌子，骨子里是在说一套与先秦儒十分不同的新东西？

这样的问题根本涉及道统的观念究竟是否可以成立的问题，所以值得我们仔细来考虑。

先就第一个问题来说，由上节的解析，我们已经可以看到，宋儒与佛老之间确有一定的分殊。宋儒无疑是受到佛老的刺激而不能满足于传统的窠臼之内，此所以程朱诸儒多必须出入老佛有年而后返归六经，始知吾道自足。儒学要扩大，要应付佛老方面来的强大的冲击，就必须直捣虎穴，在不违背自己的基本精神的前提之下，汲取佛老的灵泉，来恢复自己的活力，这不是一件可羞愧、要隐瞒的事实。其实朱子对于当时儒学之不振感怀极深，批评不遗余力。《语类》有曰：

> 或问子在川上。曰：此是形容道体。（中略）问明道云自汉以来诸儒皆不识此，如何？曰：是他不识如何却要道他识。此事除了孔孟，犹是佛老见得些形象。譬如画人一般，佛老画得些模样，后来儒者于此全无相着，如何教他两个不做大。祖道曰：只为佛老从心上起工夫，其学虽不是，然却有本。儒者只从言语文字上做，有知此事是合理会者亦只做一场话说过了，所以输与他。曰：彼所谓心上工夫本不是，然却胜似儒者多，公此说却是。（三六）

> 正淳云：某虽不曾理会禅，然看得来圣人之说皆是实理，故君君臣臣父父子子夫夫妇妇皆是实理流行，释氏则所见偏，只管向上去，只是空理流行尔。曰：他虽是说空理，然真个见得那空理流行。自家虽是说实理，然却只是说耳，初不曾真个见得那实理流行也。释氏空

底却做得实，自家实底却做得空，紧要处只争这些子。（六三）

问：老子之言似有可取处。曰：它做许多言语，如何无可取？如佛氏亦尽有可取，但归宿门户都错了。（一二六）

由此可见，宋代程朱等大儒都是心胸开阔、不拘门户的豪杰之士，绝非抱残守缺之辈可比。佛老有长处，何不取之于佛老，只要儒者自己的基本精神不流失即可。其实朱子自受学延平以来，儒佛之分殊对他而言即为一重要问题。延平所指点的理一分殊固然是一大关键，但问题所牵涉的绝非止此而已。朱子用心反省这一个问题，孝宗隆兴二年甲申三十五岁时有答李伯谏书，既辨儒释之相异，而又申伊洛与孔孟之相同。书中所论所包极广，兹摘录数节如下：

详观所论大抵以释氏为主，而于吾儒之说，近于释者取之，异于释者，在孔孟则多方迁就以曲求其合，在伊洛则无所忌惮而且斥其非。夫直斥其非者固未识其旨，而然所取所合，亦窃取其似是而非者耳，故语意之间不免走作。（中略）

来书谓圣门以仁为要，而释氏亦言正觉，亦号能仁，又引程氏之说为证，熹窃谓程氏之说以释氏穷幽极微之论观之，似未肯以为极至之论，但老兄与儒者辨，不得不借其言为重耳。然儒者言仁之体则然，至语其用则毫厘必察，故曰：仁之实，事亲是也。又曰：孝弟也者，其为仁之本与。此体用一源而显微所以无间也。释氏之云正觉、能仁者，其论则高矣美矣，然其本果安在乎？

来书引天下归仁以证灭度众生之说，熹窃谓恐相似而不同。伊川先生曰：克己复礼则事事皆仁，故曰天下归仁。试用此意思之毫发不可差，差则入于异学矣。

来书云：夫子语仁以克己为要，佛氏论性以无心为宗，而以龟山心不可无之说为非。熹谓所谓己者，对物之称，乃是私认为己而就此起计较、生爱欲，故当克之。克之而自复于理，则仁矣。心乃本有之物，虚明纯一，贯彻感通，所以尽性体道，皆由于此，今以为妄而欲去之，又自知其不可，而曰有真心存焉，则又是有心矣。如此则无心之说何必全是，而不言无心之说何必全非乎？若以无心为是，则克己乃是有心，无心何以克己？若以克己为是，则请从事于斯而足矣，又何必克己于此，而无心于彼，为此二本而枝其辞也。（中略）

来书云：形有死生，真性常在。熹谓性无伪冒，不必言真；未尝不在，不必言在。盖所谓性即天地所以生物之理，所谓维天之命於穆不已，大哉乾元万物资始者也，曷尝不在，而岂有我之所能私乎？释氏所云真性，不知其与此同乎否也？同乎此，则古人尽心以知性知天，其学固有所为，非欲其死而常在也。苟异乎此，而欲空妄心，见真性，惟恐其死而失之，非自私自利而何？是犹所谓廉贾五之，不可不谓之货殖也。伊川之论，未易遽非，亦未易晓。他日于儒学见得一个规模，乃知其不我欺耳。

来书谓伊川先生所云内外不备者为不然，盖无有能直内而不能方外者。此论甚当。据此正是熹所疑处。若使释氏果能敬以直内，则便能义以方外，便须有父子，有君臣，三纲五常，阙一不可。今日能直内矣，而其所以方外者果安在乎？又岂数者之外，别有所谓义乎？以此而观，伊川之语可谓失之恕矣。然其意不然，特老兄未之察耳。所谓有直内者，亦谓其有心地一段工夫耳。但其用功却有不同处，故其发有差，他却全不管著此，所以无方外之一节也。固是有根株则必有枝叶，然五谷之根株则生五谷之枝叶华实而可食，稊稗之根株则生稊稗之枝叶华实而不可食，此则不同耳。参术以根株而愈疾，钩吻以根株而杀人，其所以杀人岂在根株之外而致其毒哉？故明道先生又云：释氏惟务上达而无下学，然则其上达处岂有是也？元不相连属，但有间断，非道也。此可以见内外不备之意矣。（中略）

来书云：儒佛见处既无二理，其设教何异也？盖儒教本人事，释教本死生，本人事故缓于见性，本死生故急于见性。熹谓既谓之本，则此上无复有物矣。今既二本，不知所同者何事，而所谓儒本人事缓见性者，亦殊无理。三圣作《易》，首曰乾元亨利贞，子思作《中庸》，首曰天命之谓性，孔子言性与天道，而孟子道性善，此为本于人事乎，本于天道乎？缓于性乎，急于性乎？（原注：然著急字亦不得。）俗儒正坐不知天理之大，故为异说所迷，反谓圣学知人事而不知死生，岂不误哉！圣贤教人尽心以知性，躬行以尽性，终始本末，自有次第，一皆本诸天理，缓也缓不得，急也急不得，直是尽性至命方是极则，非如见性之说，一见之而遂已也。（《文集》卷四十三《答李伯谏三书》之第一书）

此书虽朱子思想尚未完全成熟时作品，然论儒佛分殊处，则与晚年《语类》中言，并无二致。朱子拒绝和会之论是有很强的理据的。依儒者之言，则人伦日用不可废，仁义礼智根于心，性理之实即本之于生生而不容已之天道。其体用本末，皆与佛氏迥异，焉能以名言之相类而遂讳言彼此之间有本质性之差别。

我们再看儒者之借佛老之说，取舍之间，极有分寸，绝非自弃其立场者。而运用之妙，存乎其人。如濂溪之借用太极图，道家之本旨是做修养工夫的引导，以归于无极，而濂溪却将之倒转过来，讲出一套符合生生之旨的形上学、宇宙论，肯定人伦日用，这在基本上是儒家的精神，绝非道家的精神。又如二程吸纳佛家做修养的工夫，然所涵养体证为儒家的性理，绝非佛家的空理。而周、张、程、朱由佛老吸取灵泉的结果，则为儒家打开了一些全新的视域，增辟了一些重要的层面，复苏了儒学的生命，岂云少补？同时儒佛之分殊并不因此而泯灭，且正因为新儒家作出了可以和佛家匹敌的心性论、宇宙论，遂使得儒释之对比分外清明，让后来的学者可以在其间作自觉的抉择，或者尝试一种更高的综合。

如此，我们对于上面所提的第一个问题的答复是，新儒家的确是儒家思想，绝非老佛思想。儒释的分界线是不能不加以确定地维持的。事实上程朱等大儒确自觉地把握住儒佛之间根本的分殊，不容混淆。由此而阳儒阴释之论不攻自破，不值得我们重视。

其次，我们要查究宋儒与先秦儒究竟有怎样的关联，以及道统的观念究竟能否成立的问题。

从纯考据的观点看，道统的观念显然是难以成立的。譬如朱子《中庸章句序》追溯道统的根源，引"危""微""精"

"一"的心传，经清儒考证，乃出于伪古文《尚书》；《诗经》原典维天之命於穆不已根本未必包含性即天地所以生物之理的意思；子思是否《中庸》的作者也有疑问，近世学者更多以《中庸》成书乃在孟子之后者。再从考古的观点看，中国的信史断自商代起，则伏羲、黄帝、尧、舜还是属于神话传说的时代，未能确证实有其人。由此看来，道统之说是根据许多未证实的传说所构筑成的一种主观信念，未足采信。

但有趣的是，正在这里，我们可以看到宋儒与先秦儒的连贯性。把时间推回到远古正是先秦儒的一贯作风，所谓仲尼祖述尧舜、宪章文武是也。其实孔子本人已经知道得清楚，谈过去的事有文献不足征的问题，所谓夏礼吾能言之，杞不足征也，殷礼吾能言之，宋不足征也。三代尚且如此，更何况尧舜！但孔子却相信这里有一条一脉相承的线索，所以说殷因于夏礼，所损益可知也，周因于殷礼，所损益可知也，由这样推下去，虽十世可知也。孟子更演绎出一套五百年必有王者兴的历史哲学观。宋儒所继承的正是这一类的观念。所以针对戴震的问题：朱子生于孔子之后一千多年，他怎么能够知道孔子的想法是什么？尊信宋学的人的回答是：千圣相传，只是此心，以心印心，自然不难了解圣人的命意所在。就《论语》所显露的孔子的性格看来，孔子不会是像今文学家所说，故意虚构出一套古代的理想的图画来托古改制。述而不作，信而好古，孔子是在真心向往尧、舜的盛世，所继承的是文、武周公的理想。而这是把道德融贯入现实政治的理想。朱子所崇信的也还是同样的理想，朱子自也不免过分理想化远古的历史，但当时疑古之风未盛，朱子所接受的只不过是大家所共同接受的古史的图像而已。而朱子的坚强的信念的真正根源是在千圣相传之心,以及此心所把握之实理,这些是用切问而近思的方式,当下即可以体证的道理,不是时代淹远不可追索的上古遗迹。由此可见,道统成立的真正基础在于此心此理之体认。我们之所以尊崇伏羲、黄帝,只是因为大家一般共认,道曾经具现于伏羲、黄帝而已。其实朱子在《中庸章句序》中已经点穿:若吾夫子则虽不得其位,其功反有贤于尧、舜者。由此可见,师道之尊犹有甚于君道,在教育文化上的开拓还更重要于现实政治上的建树。如此则伏羲、黄帝、尧、舜之功自可给人一种源远流长的感觉,同时也说明了创新自有传承为基础。然而即使退一步承认伏羲、黄帝、尧、舜不属于信史范围,也不能因此就完全推翻了道统的观念。因为道统说真正的枢纽点实在是在孔子。从宋儒的观点看,孔子比先王更亲切更明白地表现了道,在孟子则直接继承了孔子,故此我们不能不进一步考虑宋儒与孔孟之间的关系。

如果我们只许以一言来概括宋儒的中心理念,或者我们可以说,在宋儒的理解中是以生生之仁为天道与人道的根本。问题在我们能否在孔孟找到这样的思想的根据。

就表面来说,以生生言仁始于程子,不见于先秦之典籍,自可以说是宋儒之创见。但就此而言,则孟子道性善,也是孟子之创见,不见于孔子的《论语》。故问题的症结在,后儒之创发,是否与先儒在精神上一贯,这才是真正最中心的关键所在。

孔子之所以在儒家占有一最特殊之地位,是在于他首先提出仁为全德,为儒家思想指点了一个确定的方向。孔子虽不曾为仁下一个定义。但君子不可于终食之间违仁,造次必于是，颠沛必于是，仁显然是孔子的终极关怀之所在。故孔子虽未明言他的一贯之道究竟是什么，仁显然就是他的一贯之道，曾子以忠恕释之，朱子解释为尽己之谓忠、推己之谓恕，二者显然为仁的表现之一体的两面，似乎不失曾子原意。而尽己可以与明明德配合，推己可以与亲民配合，《大学》显然也是发扬孔子的儒家思想的一项重要的典籍。孔子本人虽也未明言性善，但他指点出礼后乎，显然肯定礼仪在人性之中有一自然之基础。孔子一生学不厌、教不倦，就是相信人性之中有极大的潜能以向善。从孔子的思想看来，仁义不能是外铄的，到孟子乃明言仁义内在，性由心显，则宋儒之归本于孔子，奉孟子为正统，决不能只是一件偶然的事情。

其次再谈生生的体证。《论语》虽绝少有关性与天道的讨论，但子贡不可得而闻的证词并不表示孔子一定没有关于性与天道的思想。孔子描写自己学修的经过就曾明言"五十而知天命"，又曾有"朝闻道，夕死可矣"的说法。宋儒以子在川上叹曰的一段是形容道体，固不免想象力过分丰富。但孔子本人确曾倡导无言之教，所谓"天何言哉？四时行焉，百物生焉"，显然孔子的确相信天壤间有一无穷生力在作用，这样的思想与《大易》生生的思想是互相呼应的。在今日，我们自不可能再相信《十翼》皆孔子所作，但我们却不能够排除《十翼》之中有孔子思想的可能性，至少《十翼》之中大部分是儒门后学发挥孔子这一线索所传承的思想。在今天我们研究孔子，自必以《论语》为最主要的资料，但不能以《论语》为唯一的资料。最可靠的方法是我们用《论语》为间架去网罗其他相关的资料。而《论语》所提供给我们的是一条践仁以知天的线索。孔子的教诲虽把重点放在前者，却不能完全排除了后者的可能性。孟子更明言尽心知性知天而指点了一条更为确定的进路。宋儒顺着这一个方向去推进，不能不说的确是孔孟的苗裔。

再讲到《学》《庸》。《礼记》之中当然大部分是儒门后学的作品。或曰《大学》之中讲定静安虑得，不见得纯是儒家的思想，但这样的说法所犯的错误是把儒家思想当作一个静止的常体。事实上儒家的思想不断在发展变化的过程中，没有理由不受其他思想的影响，也没有理由不向别的思想汲取新的灵泉。问题是这些文献的中心究竟是发挥儒家的思想，还是别派的思想。《大学》讲三纲领八条目，这明显是儒家的思想，增加了定静安虑得的修养工夫的次第，一点不显得突兀，也不使之变质成了非儒家的思想。同理，《中庸》讲天命之谓性，诚的天道观，都是在本质上属于儒家的思想，与孔孟有着一脉相承的线索。《易传》之中成分当然更芜杂。但天地之大德曰生；一阴一阳之谓道，继之者善也，成之者性也；这些都是显明地与儒家的天道观完全符合的思想。宋儒再更进一步发挥出理、太极的崭新的概念，有什么不可以？

事实上，朱子把《学》《庸》与《论》《孟》放在一起，组成四书，实在是深具卓识。四书之说自不始于朱子，但基于哲学性的理由把它们组合在一起，并化了那么大的力气为之作集注，使它们成为一个整体，这却是朱子的功劳。朱子之立道统，显然是以内圣之学为规模。故于孔门特重颜曾，并谓孟子没后而遂失其传焉，汉魏以来，只得传经之儒而已。历代大儒如董仲舒、扬雄、文中子、韩愈辈，均于内圣之学并无贡献，故不包括在道统之内。一直要到明道，"天理二字，却是自家体贴出来"。伊川赞其兄之学贵自得，始为宋儒尊为道之正统。但朱子在二程之前又推尊濂溪，此则其煞费苦心处。盖二程缺乏宇宙论的兴趣，中心虽牢固，而缺少集大成的意味。濂溪则别立蹊径，其《通书》与《太极图说》打通了《易》《庸》之间的通道，而归本于孔颜。这是儒学可以开展的一条新途径。横渠之《西铭》，二程极推尊，对于《正蒙》乃不无微词。横渠分别德性之知、见闻之知，天地之性、气质之性，固无乖于正道。但他所消融的清、虚、一、大等观念乃不免歧出，思想表达也不完全圆熟，故只能放在辅翼的地位。至于康节则重象数，其思想的道家意味太重，故既未采入《近思录》，也不见于《伊洛渊源录》。钱穆先生谓朱子并非不看重邵子[1]，此则固然，然朱子也非不看重司马温公，但温公为史家，故也不包括在道统之中。《文集》卷八十五有六先生画像赞，即将康节、涑水与濂溪、二程、横渠平列。由此可见，朱子的容量大，架局广，但取舍之间层次分明，法度极为谨严。朱子一生基本用心究竟何在，于此可以思过半矣。

讨论至此我们可以对前面所提出的第二个问题作一个答复。宋儒的思想与先秦儒的思想之间的确有一种本质的关联。我们至少可以说，宋儒是在不违背孔孟的基本精神之下，受到佛老的冲击，所发展出来的一套新儒家的思想。

但我们这样立论，并不是说儒家就不可以发展出另外的不同思想。事实上，孔子的后学也可以发展出荀子的性恶论，由荀子的思想再推进一步乃可以发展出韩非的法家的思想。但这样的思想却已经脱离了儒家的基本的规模。

---

[1] 参见钱穆：《朱子新学案》，第三册，94～95页。

我们也不是说，所有的儒家都要同意朱子这种儒家正统的意见。孔子之后，早就有儒分为八的说法。秦火之后，则有今文学派与古文学派的对立。嗣后又有汉宋的差别。清儒即有以反宋明儒为职志者，好像颜元即以之为丧失了原始儒家的精神。儒家的思想本可以有不同发展的可能性，我在这里只是说明，宋儒是有一条线索可以声言他们是由孔孟以来一脉相承的发展。他们也提出了一定的标准，把某些思想包含在道统的范围之内，或排拒在道统之外。这一个标准即宋儒体证得最真切的内圣之学的规模。以此而汉唐号称盛世，在思想的层面上却于儒者内圣之学无所增益而被弃置一旁。同样，宋明儒的慧识到了清朝既已经无以为继，则由宋明儒的标准看乃不能不谓之为一种堕落。一直要到当代熊十力先生出来，才致力于重新恢复这一个传统的思想。

如果以宋学为标准，则内在中心的体证是最重要的一件事，章句的解释其余事耳，学问的目的是在见道，其目的本不在辞章记诵，更不在客观的饾饤考据的工作。对于文字的解释，一以主观的体验为基础，故此对于文义的引申，不只不当作一种错误或过失，反而被当作一种慧解的印证看待。只有在这样的一种背景之下，我们才可以了解宋儒对于"维天之命，於穆不已""子在川上""居处恭、执事敬、与人忠"一类的新释。这样的新释可能是越出了古典的原义（正如海德格尔所谓的 doing violence to the text），但却不一定违反原典的精神。而慧识的传递，比章句的传递，对宋儒来说，显然具有更重要的价值。

我并不是说，采取这样一种态度不会产生一些问题，或者构成一些缺点。在这样的精神的主导之下，客观的学统是不可能建立起来的。然而我们必须了解，道统与学统本属于两个不同的层面。若纯由道统的观点来看，我们只能够问，生生之仁的体证是不是反映了生命的真理，其余有关考古、历史、考据的问题都不是十分相干的问题。

当代西方神学家蒂利希（Paul Tillich）在"耶稣的研究"（Jesusology）与"基督的信仰"（Christology）之间所作的区分①，可以帮助我们来了解当前我们所面临的问题。依蒂利希的说法，有关耶稣生平的研究，譬如耶稣是否生在一个木匠之家，他的许多事迹是否真实的问题，这是历史研究的范围，所得到的结论至多只有较低或较高的盖然性。但是基督道成肉身，十字架的象征所宣泄启示的是，一个生命（现实）的终结是另一个生命（精神）的开始，这里所传达的消息却是绝对的真实，它根本不是知识的对象，只是信仰的对象。同样，我们也可以说，伏羲、黄帝的传说的真实性只有较低或较高的盖然性，这些是历史、考古可以研究的对象。但肯定仁道遍满，建立道统之说所牵涉的却根本是儒家终极信仰的问题，非知识所行境。

我们的经验知识，用宋儒的术语来说，也就是我们的见闻之知，只能够用来发现现象世界内部的关联，而不能够处理有关我们的终极托付的问题。要真正安心立命，却只能够仰赖于我们的德性之知。在这一个层次的体识乃必须存乎其人，的确如人饮水，冷暖自知。用蒂利希的话来说，人追问生命的意义的问题时，可谓一无凭依，只有倚赖生存的勇气（courage to be），跳进他所谓的"神学之环"（the theological

---

① 参见 Paul Tillich, *Systematic Theology*, three volumes. 特别是第二卷讨论 Christology，对于此点发挥得很详尽。

circle) 以内，基督所提供的信息才有一种实存的意义。同样，超越性理之内在于人的生命，这在一般人来说，好像十分玄妙而不可解。只有在阅历万般之后，终于体会到吾道自足，而进入儒家内圣之学的"解释之环"（the hermeneutical circle），宋儒所讲的那些道理，才好像赤日当空，纤毫毕露，无所遁形。在这样的有关生命的终极意义的追求之中，所牵涉的是根本的慧识，吾人所积累的经验知识于此至多只不过有一种参考的价值而已，最后乃必须作一实存性的抉择，究竟是为无神、为基督、为佛老、为儒家，此间必涉及一异质的跳跃。道统之说正是这一个超越信仰层次的问题，故所以对于圈内的人来说，却自有一确定的义理规模，尽可以还出它的理据来，层次分明，秩序井然，步骤深浅，有一定的理路线索可以遵循，绝非武断随意编织的结果。

四、"朱陆异同"的一重公案：宋代儒学内部的分殊问题之省察

朱子的容量大，架局广，对于考据、辞章之学，无所不窥。但是他基本用心之处乃在为己之学，少年时代先依违于老佛之间，最后才返归儒学，建立道统。但他回过头来审查当时儒学的内容，就立刻发现其每易为异学所借，不能够维系儒佛的分殊。他与湖湘学者辩，就感觉到胡氏之学讲性无善恶，邻近于告子禅佛之说。而胡氏之学系由上蔡转手；上蔡以觉训仁，则又易与禅家作用见性之说混淆。他自己受学于延平，溯回到龟山默坐澄心之教，似易有滞寂之病。朱子

晚年乃以之为一时入处,而感到龟山也未严儒释之别,故深致其不满之辞。总之,朱子晚年乃以程门高弟以下传授,虽非全同佛说,然一转手,乃每易为异学所借。故立道统之说时,乃跳过延平、龟山,而直接私淑二程。事实上他真正承继的是伊川,然伊川推尊明道,无论如何,明道对于伊川以及程门后学是有开启引导的作用,故朱子对于明道所说虽不甚契合,乃每为贤者讳。如此则儒佛之分殊问题转成为宋代儒学内部的分殊问题,于此我们不能不加以详细省察,看看朱子所言是否称理。而其中牵涉到的一个最富有关键性的大问题,即为"朱陆异同"这一大公案。

大概朱子见象山之时,自己的思想已经成熟,与象山的接触并未改变他思想的基本形态。鹅湖之会仅为一不愉快之小插曲,故朱子本人对之并未特别看重。在象山则为其生平得意之作,故今日有关鹅湖之会之详细叙述仅见之于象山之《年谱》《语录》。大概朱子早就听到象山的名誉,虽承认其为吾道中人,但觉得其太狂,颇思有以针砭之,使其纳入正途。哪知鹅湖一会,象山气势凌人,自信之甚,连朱子也为之失色。但朱子倒是的确对于自己作了检讨,承认自己是在道问学方面多些,陆子则在尊德性方面多些,而克己努力减少向来支离之病。后复斋死,象山为其兄向朱子求墓志铭,朱子也趁机请象山在白鹿洞演讲,双方关系转趋良好,学生也有往来问学者。但不幸朱子撰曹立之墓表,引起波澜。后象山与朱子激辩《太极图说》,双方终于决裂。自此以往,彼此批评攻击,不留余地,自是极可憾的一件事。然双方在本质上确有差别,有不可以调停者在。以下我们就对"朱陆异同"这一重公案,作一番比较详细的省察,始得明其底蕴。

象山（1139—1192）比朱子小九岁。乾道八年壬辰象山登进士第，为东莱所识拔。翌年乾道九年癸巳，东莱与朱子通信即谈到陆氏兄弟。东莱与朱子书有云：抚州士人陆九龄子寿，笃实孝友，兄弟皆有立。旧所学稍偏，近过此相聚累日，亦甚有问道四方之意。朱子《文集》卷三十三有答书曰：

陆子寿闻其名甚久，恨未识之。（刘）子澄云：其议论颇宗无垢，不知今竟如何也？（《文集》卷三十五《答吕伯恭四十九书》之第二十六书）

又翌年，淳熙元年甲午，《文集》卷四十七有答东莱弟祖俭子约书云：

陆子静之贤，闻之盖久。然似闻有脱略文字直趋本根之意，不知其与《中庸》学问思辨然后笃行之旨又如何耳？（《文集》卷四十七《答吕子约二十八书》之第十五书）

同年，又答吕子约书云：

近闻陆子静言论风旨之一二，全是禅学，但变其名号耳。竞相祖习，恐误后生。恨不识之，不得深扣其说，因献所疑也。然想其说方行，亦未必肯听此老生常谈。徒窃忧叹而已！（《文集》卷四十七《答吕子约二十八书》之第十七书）

再下一年，淳熙二年乙未，乃有鹅湖之会。由此可见，鹅湖之会前一年，朱子即因传闻而臆想象山为禅。

鹅湖之会的因缘是，东莱访朱子于寒泉精舍，编定《近思录》。东莱踏上归程，朱子送行到信州（今江西广信）之鹅湖寺，江西陆子寿、子静兄弟来会。关于鹅湖一会比较详细的记录，不见于朱子《文集》《语类》，而仅见之于象山之《年谱》《语录》。

象山《年谱》于象山三十七岁（朱子四十六岁）记鹅湖之会引朱亨道书云：

> 鹅湖讲道切诚当今盛事。伯恭盖虑陆与朱议论犹有异同，欲会归于一，而定其所适从，其意甚善。伯恭盖有志于此，语自得则未也。临川赵守景明邀刘子澄、赵景昭。景昭在临安，与先生相款，亦有意于学。
>
> 鹅湖之会，论及教人，元晦之意欲令人泛观博览而后归之约，二陆之意欲先发明人之本心而后使之博览。朱以陆之教人为太简，陆以朱之教人为支离，此颇不合。先生更欲与元晦辩，以为尧舜之前何书可读，复斋止之。赵、刘诸公拱听而已。（《象山全集》卷三十六）

象山《语录》有更详细的报道：

> 吕伯恭为鹅湖之集。先兄复斋谓某曰：伯恭约元晦为此集，正为学术异同。某兄弟先自不同，何以望鹅湖之同。先兄遂与某议论致辩，又令某自说，至晚罢。先兄云：子静之说是。次早，某请先兄说。先兄云：某无说，夜来思之，子静之说极是。方得一诗云：孩提知爱长知钦，古圣相传只此心。大抵有基方筑室，未闻无址忽成岑。留情传注翻榛塞，着意精微转陆沉。珍重友朋相切磋，须知至乐在于今。某云：诗甚佳，但第二句微有未安。先兄云：说得恁地，又道未安，更要如何？某云：不妨一面起行，某沿途却和此诗。及至鹅湖，伯恭

首问先兄别后新功，先兄举诗才四句，元晦顾伯恭曰：子寿早已上子静船了也。举诗罢，遂致辩于先兄。某云：途中某和得家兄此诗云：墟墓兴哀宗庙钦，斯人千古不磨心。涓流积至沧溟水，拳石崇成泰华岑。易简工夫终久大，支离事业竟浮沉。举诗至此，元晦失色。至欲知自下升高处，真伪先须辩只今，元晦大不怿。于是各休息。翌日，二公商量数十折议论来，莫不悉破其说。继日凡致辩，其说随屈。伯恭甚有虚心相听之意，竟为元晦所尼。（《全集》卷三十四）

这些报道自有着强烈的象山的主观色彩，但由之也可以看出整个经过的情况。鹅湖之会显然是东莱主动约会的，主角当然是朱子、象山二人，其余不过陪衬而已。象山气势凌人，自信极坚，朱子当时为之错愕，有一些不愉快，乃是想当然事。

朱亨道函中所云不免失之于笼统，所谓"论及教人"云云，词义不免含混。如果问题在教人作自觉的道德修养工夫，那么做小学的洒扫进退应对式的涵养工夫，读书致知穷理至多不过是助缘而已，不足以立本心。则象山所谓易简工夫终久大，支离事业竟浮沉，绝对是对的。但若教人是指一般的教育程序而言，劈头就讲本心，那么人根本摸不到头脑，只有随事指点为是。事实上，即明道这样的大儒，也要出入佛老几十年，才能够悟到吾道自足。且立本心德性之知，也并不是要人尽废见闻，象山当时立言或不免太过。由这样的角度看来，朱子显然是对的。到了后世，即倾向于象山之王阳明都不得不说象山粗些。《传习录》卷下载陈九川与阳明关于陆子之学之问答。兹录如下：

（九川）又问：陆子之学如何？

先生曰：濂溪、明道之后还是象山，只还粗些。

九川曰：看他论学，篇篇说出骨髓，句句似针膏肓，却不见他粗。

先生曰：然。他心上用过工夫，与揣摩依仿求之文义自不同。但细看，有粗处；用功久，当见之。

所谓象山粗些，阳明终究未说出一个道理来。象山自于心地上有实见，所以论学能够鞭辟入里，直透本源。但他似孟子，显英气，乃不似孔子之浑圆。而粗者，略也。他直指本心，乃完全不能以分解的方式讲义理，只讲践履，使得追随者易成为不能在概念上有所开拓之闷葫芦。如阳明之格除物欲，致良知于事事物物，毕竟为学者指点了一条途径，象山却只欲在先天上立本心，他之所谓存养，也只是存此养此而已，完全忽略了后天做工夫遭逢到的种种艰难，不似阳明之指点体证良知，乃由百死千难中得来，比较有一种实存的感觉。易简到了看不见人在体道的过程中就是会兜圈子走许多冤枉路，只是一味要人猛利向上，辨分义利，践履笃行，自不免是粗了。

但由本质程序言，真正要自觉作道德修养工夫，当然首先要立本心。二陆举诗，完全是孟子学之精神，不知朱子为何暌隔如是？子寿诗云"孩提知爱长知钦"，这明是本于孟子"人之所不学而能者，其良能也；所不虑而知者，其良知也。孩提之童，无不知爱其亲也。及其长也，无不知敬其长也。亲亲仁也，敬长义也。无他，达之天下也"。吾人之所以能作后天之修养工夫，推源即在人人所本有之四端，问题在知皆扩而充之，则可以保四海，不能够扩而充之，则无以保妻子。

朱子竟说"子寿早已上子静船了也"。实则子静船即孟子船，正是古今儒学血脉一贯相通处。由此可见，朱子于孟学之基本精神，未能真正相契。子寿诗第二句云"古圣相传只此心"本亦不错，象山却曰："微有未安。"象山虽未说出理由，但由其所和诗可以推知，象山要由古圣相传之心更进一步完全收归到自己之心。而象山诗尤警策，更能够表现孟学之精神。"墟墓兴哀宗庙钦，斯人千古不磨心"，见墟墓而有哀思，见宗庙则起钦敬之心，如此表现之道德的心正是每个人有的共同的千古不磨心。言传心，只是方便言之，其实体证的只是自己固有之良心。"涓流积至沧溟水，拳石崇成泰华岑"，此两句源出《中庸》："今夫山，一卷石之多，及其广大，草木生之，禽兽居之，宝藏兴焉。今夫水，一勺之多，及其不测，鼋鼍蛟龙鱼鳖生焉，货财殖焉。"《中庸》此喻则承上文"天地之道可一言而尽也。其为物不贰，则其生物不测"而来。"易简工夫终久大，支离事业竟浮沉"，"易简"二字之根据乃在《易传》："乾知大始，坤作成物。乾以易知，坤以简能。"由此可见，象山之诗，字字有根，与禅决无关系。只不过象山作诗，多多少少是针对朱子而发，故令朱子不免失色。但朱子若真能正视《孟子》《中庸》《易传》之含义，则亦何至于大不怿。但朱子在当时心理上有些反应，不能够一下子适应过来，此亦人之常情，这也可能是后来《文集》《语录》不提鹅湖之会详情的原因，然其会后致友人书，则表现相当风度，虽不同意陆氏兄弟之说，但也感到讲论有益，并不全是否定之词。《文集》卷四十九答王子合书有曰：

> 前月末送伯恭至鹅湖，陆子寿兄弟来会，讲论之间，深觉有益。此月八日，方分手而归也。(《答王子合十八

书》之第一书)

这大概是当时朱子的实感。象山《年谱》引朱子鹅湖之会后一书可以印证,此书《文集》未收,书云:

> 某未闻道学之懿,兹幸获奉余论,所恨匆匆别去,彼此之怀,皆若有未既者。然警切之诲,佩服不敢忘也。还家无便,写此少见拳拳。

由此可见,朱子在会后并无所谓不平之气。南轩曾来信相询陆子寿兄弟如何?肯相听否?朱子答书见《文集》卷三十一,其书曰:

> 子寿兄弟气象甚好,其病却是尽废讲学,专务践履,却于践履之中,要人提撕省察,悟得本心,此为病之大者。要其操持谨质,表里不二,实有以过人者。惜乎其自信太过,规模窄狭,不复取人之善,将流于异学而不自知耳。(《文集》卷三十一《答张敬夫二十一书》之第十八书)

这封信很能反映出当时朱子对陆氏兄弟的态度。朱子并不是看不到他们的长处,他们的挺拔,秀出群伦,显然对于朱子也有相当冲击。朱子以其病在尽废讲学,专务践履,这当然是偏了些。但在践履之中,要人提撕省察,悟得本心,这却是孟子学的精神,如何可以说为病之大者。象山自信太过,不太能够看到别人的观点,此则有之,但如何便谓之将流于异学而不自知,这完全是不相干的联想。至少在这个阶段,朱子还并未直斥之以为禅学,只谓其流弊可能如此耳。事实上象山的问题在其过于收缩在本心一点,不能推拓开去,这与异学并没有什么关联。

当时与会诸人或也以象山为太偏,至少东莱是站在朱子一边的,且不必如象山所想象的为朱子所尼。东莱答邢邦用书曰:

> 祖谦自春末为建宁之行,与朱元晦相聚四十余日,复同出至鹅湖,二陆及子澄诸兄皆集,甚有讲论之益。前书所论甚当,近已尝为子静详言之。讲贯诵绎,乃百代为学通法,学者缘此支离泛滥,自是人病,非是法病。见此而欲尽废之,正是因噎废食。然学者苟徒能言其非,而未能反已就实,泛泛汩汩,无所底止,是又适所以坚彼之自信也。

此函也在乙未鹅湖之会后。这些显然是东莱自己的看法,不能说是为朱子所尼所产生的结果。到辛丑年,东莱逝世,象山作祭文,其辞有曰:"鹅湖之集,已后一岁,辄复妄发,宛尔故态。公虽未言,意已独至,方将优游,以受砭剂……比年以来,日觉少异,更尝差多,观省加细。追维曩昔,粗心浮气,徒致参辰,岂足酬义。"(《全集》卷二十六)如此则象山也追悔当时之意态太过。人即使以本心作主宰,落实下来的行为也未必即完全称理者,此则不可以不察。在朱子方面,因一向偏好读书讲论,受到象山的冲击以后,至少更进一步自觉到支离之为病,也不能不说有一些好处。鹅湖之会的本来目标虽达不到,双方意见终不能合,此间也发出一些不愉快的小插曲,但总结起来说,却是当时倡道学者的一次有建设性的聚会。

其实,鹅湖之会上,二陆意态已自不同,复斋远不如象山之激昂。鹅湖之会后，复斋之态度似有改变。己亥年陆子寿访朱子于信州之铅山，朱子追和鹅湖相会时诗云：

> 德义风流夙所钦，别离三载更关心。偶扶藜杖出寒谷，又枉篮舆度远岑。旧学商量加邃密，新知培养转深沉。只愁说到无言处，不信人间有古今。（《文集》卷四）

别离三载指丙申、丁酉、戊戌三年，实则由乙未到己亥前后已历五个年头。朱子的重点仍在商量旧学，培养新知；无言之境，则雅不欲深谈耳。这次的相会双方相处甚欢，其实在见面之前彼此已有书函往来。《文集》卷三十四答吕伯恭书有曰：

> 近两得子寿兄弟书，却自讼前日偏见之说，不知果如何？（《文集》卷三十四《答吕伯恭四十五书》之第七书）

此书在戊戌，可惜二陆之书在今象山集已无可考。子寿与朱子别后，又见吕东莱。东莱有书致朱子曰：

> 子寿前日经过，留此二十余日，幡然以鹅湖所见为非，甚欲着实看书讲论，心平气下，相识中甚难得也。

如此则复斋也以鹅湖时之尽废讲论为非，此刻乃不欲各走极端，而取一种调和折中之态度。己亥十月朱子有答吕伯恭书曰：

> 子寿相见，其说如何？子静近得书，其徒曹立之者来访，气质尽佳，亦似知其师说之误。持得子静近答渠书，与刘淳叟书，却说人须是读书讲论，然则自觉其前说之误矣。但不肯翻然说破今是昨非之意，依旧遮前掩

后，巧为词说，只此气象，却似不佳耳。(《文集》卷三十四《答吕伯恭四十五书》之第二十八书)

其实象山也不必真要人完全不读书讲论，只非其重点所在耳。鹅湖一会，大概持论过甚，故遭各方反击。

庚子又有答吕伯恭书曰：

> 子寿学生又有兴国万人杰字正纯者亦佳。见来此相聚，云子静却教人读书讲学。亦得江西朋友书，亦云然。此亦皆济事也。(《文集》卷三十四《答吕伯恭四十五书》之第三十一书)

同年六月又有答吕伯恭书云：

> 子寿兄弟得书。子静约秋凉来游庐阜，但恐此时已换却主人耳。渠兄弟今日岂易得，但子静似犹有些旧来意思。闻其门人说，子寿言其虽已转步而未曾移身，然其势久之亦必自转。回思鹅湖讲论时是甚气势，今何止十去七八耶。(《文集》卷三十四《答吕伯恭四十五书》之第三十三书)

大概鹅湖一会之后，象山的作风确略有改变，比较多作读书讲论之事，但其学之本质则不必有任何改变，朱子听到传闻之辞所作的解释只是想当然耳。但朱子始终雅重陆氏兄弟其人，子寿居间调停，显然发生一些作用。然不幸子寿即于此年九月间逝世。朱子答吕伯恭书云：

> 陆子寿复为古人，可痛可伤，不知今年是何气数，而吾党不利如此也。(《文集》卷三十四《答吕伯恭四十五书》之第三十七书)

这一年南轩先逝，子寿又逝，无怪朱子有"吾道不振，此天也，奈何奈何"（《文集》卷三十四《答吕伯恭四十五书》之第四十书）之叹。朱子为子寿作《祭文》，其文曰：

> 学匪私说，惟道是求。苟诚心而择善，虽异序以同流。是我与兄，少不并游。盖一生而再见，遂倾倒以绸缪。念昔鹅湖之下，实云识面之初。兄命驾而鼎来，载季氏而与俱。出新篇以示我，意恳恳而无余。厌世学之支离，新易简之规模。顾予闻之浅陋，中独疑而未安。始听莹于胸次，卒纷缴于谈端。徐度兄之不可遽以辩屈，又知兄必将返而深观。遂逡巡而旋返，怅犹豫而盘旋。别来几时，兄以书来。审前说之未定，曰子言之可怀。逮予辞官而未获，停骖道左之僧斋。兄乃枉车而来教，相与极论而无猜。自是以还，道合志同。何风流而云散，乃一西而一东。盖旷岁以索居，仅尺书之两通。期杖履之肯顾，或慰满乎予衷。属者乃闻，兄病在床。亟函书而问讯，并裹药而携将。曾往使之未还，何来音之不祥。惊失声而陨涕，沾予袂以淋浪。呜呼哀哉！今兹之岁，非龙非蛇。何独贤人之不淑，屡兴吾党之深嗟。惟兄德之尤粹，俨中正而无邪。至其降心以从善，又岂有一毫骄吝之私耶。呜呼哀哉！兄则已矣，此心实存。炯然参倚，可觉惰昏。孰泄予衷，一恸寝门。缄辞千里，侑此一尊。（《文集》卷八十七《祭文》）

这篇文章含着真挚的情感，而详述彼此交游之经过，始于不合，而终于志同道合，自也是合其所合，然双方之情好，与互相之推尊，则跃然纸上矣。同时象山与朱子之交谊，关系也大有改善。复斋既卒,象山庐阜游约也取消。翌年淳熙八年辛丑,象山来访,请书其兄教授墓志铭,朱子率僚友诸生,与俱至白鹿洞书院,请升讲席,象山以君子小人喻义利章发论。朱子《文集》卷八十一跋金溪陆主簿白鹿洞书堂讲义后谓:

> 其所以发明敷畅则又恳到明白,而皆切中学者隐微深锢之病,盖听者莫不竦然动心焉。熹犹惧其久而或忘之也,复请子静笔之于简而受藏之。凡我同志,于此反身而深察之,则庶乎其可以不迷于入德之方矣。(《文集》卷八十一《跋》)

此可谓对于象山推崇备至。而象山之宣讲,直下把握到问题的症结,也确可以有为朱子所叹服者。《文集》卷三十四朱子答吕伯恭书曰:

> 子静到此数日,所作子寿埋铭已见之。叙述发明,此极有功。卒章微婉,尤见用意深处。叹服叹服。子静近日讲论比旧亦不同,但终有未尽合处,幸其却好商量,亦彼此有益也。(《文集》卷三十四《答吕伯恭四十五书》之第四十三书)

彼此学问立场有本质上的差别,自难尽合,然而彼此都在一种好商量、互相攻错、求取进益的心境之中,气氛就完全不同了。稍后又有答吕伯恭书云:

> 子静旧日规模终在,其论为学之病,多说如此即只是意见,如此即只是议论,如此即只是定本。熹因与说,既是思索,即不容无意见;既是讲学,即不容无议论;

统论为学规模,亦岂容无定本。但随人材质病痛而救药之,即不可定本耳。渠却云:正为多是邪意见,闲议论,故为学者之病。熹云:如此即是自家呵叱亦过分了。须着邪字闲字,方始分明,不教人作禅会耳。又教人恐须先立定本,却就上面整顿,方始说得无定本底道理。今如此一概挥斥,其不为禅学者几希矣。渠虽唯唯,终亦未竟穷也。来喻十分至当之说,岂所敢当。功夫未到,则乃是全不曾下功夫,不但未到而已也。子静之病恐未必是看人不看理,自是渠合下有些禅底意思,又是主张太过,须说我不是禅而诸生错会了,故其流至此。如所喻陈正己亦其所诃以为溺于禅者,熹未识之,不知其果然否也。大抵两头三绪,东出西没,无提撮处,从上圣贤无此样辙。方拟湖南,欲归途过之,再与仔细商订。偶复蹉跌,未知久远竟如何也。然其好处自不可掩覆,可敬服也。他时或约与俱诣见,相与剧论尤佳。俟寄书扣之,或是来春始可动也。(《文集》卷三十四《答吕伯恭四十五书》之第四十四书)

此书在辛丑六月,而八月东莱即过世。朱子痛悼良朋相继谢世,象山祭文也略有悔意。双方门人有往来问学者,然双方学风有差别,则殊有不可掩者。大概象山要空无依傍,内求诸己,当下即可以堂堂正正做一个人。这和禅学根本没有关系,无怪朱子提及禅,象山只是唯唯,根本无从辩起也。但禅宗不立文字,直指见性,则与陆学确有一表面之相似。然此性(性空)非彼性(德性),则朱子要求作分解的展示以别异,也不是完全没有道理。要之这两家的差别是道学内部的顿渐二教的差别。故有相合处,也有相刺谬处,读者不可以不察。

象山之斥闲议论，自有其根据。作圣学的修养践履，这正是唯一的事，其余都不甚相干。就这一个层次来说，象山对易简的体证是深入的，朱子则老在外缘上盘旋，未能足够鞭辟入里，犹有一间之隔。然象山只此一事，其门庭不免过于狭窄，既不需哲学上之思辨，也不需在文化活动上有所开拓。内在虽壮实，然外面却推拓不开去，也不能说没有严重的缺陷。

癸卯朱子有答项平父书云：

> 所喻曲折，及陆国正语，三复爽然，所警于昏惰者为厚矣。大抵子思以来，教人之法惟以尊德性、道问学两事为用力之要。今子静所说专是尊德性事，而熹平日所论，却是道问学上多了。所以为彼学者多持守可观，而看得义理全不仔细，又别说一种杜撰道理遮盖，不肯放下。而熹自觉虽于义理上不敢乱说，却于紧要为己为人上，多不得力。今当反身用力，去短集长，庶几不堕一边耳。（《文集》卷五十四《答项平父八书》之第二书）

既曰象山是尊德性，则是儒学正统，与禅有什么关系？内在的体证毕竟为第一义，所说是否与经典相合，其余事耳。只有陆学末流之辈，于自家身心上无实见，却又闭眼胡说，这才会有杜撰一种道理的情形发生。朱子也自承自己道问学的道路，于身心不得力，故对学者吁其集两家之长、去两家之短，用意未始不善。朱子又有答陈肤仲书有云：

> 陆学固有似禅处，然鄙意近觉婺州朋友专事闻见，而于自己身心全无功夫，所以每劝学者兼取其善，要得

身心稍稍端静，方于义理知所抉择。非欲其兀然无作，以冀于一旦豁然大悟。吾道之衰，正坐学者各守己偏，不能兼取众善，所以终有不明不行之弊，非是细事。（《文集》卷四十九《答陈肤仲六书》之第一书）

由此可见，朱子总觉得陆学近禅，他自己仍是心静理明的思路，所取于陆学者也非必陆学之精粹。陆学所继承是孟子学，仁义由本心流出，朱子心静理明之说，反近荀学。但朱子要学者超越门户之见，兼取众善，确表示一广大之胸襟。朱陆门人，来往于两家之门，本可传为儒林佳话，不意正因此而终于导致双方之决裂，岂是预料所及，这实在是一种不幸的发展。

自陆子寿主动与朱子修好之后，二陆门人来访朱子者，络绎不绝。庚子年朱子答吴茂实书云：

近来自觉向时工夫，止是讲论文义，以为积集义理，久当自有得力处，却于日用功夫全少点检。诸朋友往往亦只如此做工夫，所以多不得力。今方深省而痛惩之，亦愿与诸同志勉焉，幸老兄偏以告之也。陆子寿兄弟近日议论与前大不同，却方要理会讲学。其徒有曹立之、万正淳者来相见。气象皆尽好，却是先于情性持守上用力，此意自好。但不合自主张太过，又要得省发觉悟，故流于怪异耳。若去其所短，集其所长，自不害为入德之门也。然其徒亦多有主先入，不肯舍弃者。万、曹二君却无此病也。（《文集》卷四十四《答吴茂实二书》之第一书）

由此可见，朱子确实一贯感觉到陆学有不可弃处，但病其偏。对于象山门人之肯相听者,也多奖掖之辞,但不许其有主先入、不肯舍弃、流于怪异之徒。象山门人傅子渊,深于辨志,严分义利,为象山所称许,朱子则极不喜其人。《文集》卷三十六有答陆子静书曰:

> 子渊去冬相见,气质刚毅,极不易得,但其偏处亦甚害事。虽尝苦口,恐未必以为然。今想到部,必已相见。亦尝痛与砭剂否?道理虽极精微,然初不在耳目见闻之外。是非黑白即在面前,此而不察,乃欲别求玄妙于意虑之表,亦已误矣。熹衰病日侵,去年灾患亦不少,此数日来,病躯方似略可支吾,然精神耗减,日甚一日,终非能久于世者。所幸迩来日用功夫颇觉有力,无复向来支离之病。甚恨未得从容面论,未知异时相见尚复有异同否耳?(《文集》卷三十六《答陆子静六书》之第二书)

象山《年谱》亦载此书,在淳熙十三年丙午。象山《文集》有答书云:

> 大抵学者病痛,须得其实。徒以臆想称引先训,文致其罪,斯人必不心服。纵其不能辩白,势力不相当,强勉诬服,亦何益之有?岂其无益,亦以害之,则有之矣。(《象山全集》卷十三《与朱元晦》)

显然关于此事,象山对于朱子颇不谓然。钱穆先生《朱子新学案》有云:

> 朱、陆二人,并世大贤,其有所争,固在学术。然当时陆门弟子来见朱子,如曹立之,朱子特所欣重,而

象山严加深斥。如傅子渊,朱子特所不喜,而象山备致回护。虽亦同出于恳切传道之公心,扶导后学之至意,然彼此意气参商,终使情好不能融洽,此亦易于想见。①

这样的观察是非常符合当时的事实情况的,而朱、陆晚年之交恶即导源于朱子为曹立之作《墓表》,其文有云:

> 立之幼颖悟,日诵数千言,少长,知自刻厉,学古今文皆可观。一日得河南程氏书读之,始知圣贤之学为有在也,则慨然尽弃其所为者,而大覃思于诸经。历访当世儒先有能明其道者,将就学焉。闻张敬夫讲道湖湘,欲往见之,不能致。有告以沙随程氏学古行高者,即往从之,得其指归。既又闻陆氏兄弟,独以心之所得者为学,其说有非文字言语之所及者,则又往受其学,久而若有得焉。子寿盖深许之,而立之未敢以自足也。则又寓书以讲于张氏,敬夫发书亦喜曰:是真可与共学矣。然敬夫寻没,立之竟不得见。后至南康,乃尽得其遗文,考其为学始终之致,于是喟然叹曰:吾平生于学无所闻而不究其归者,而今而后,乃有定论而不疑矣。自是穷理益精,反躬益切,而于朋友讲习之际,亦必以其所得者告之。盖其书有曰:学必贵于知道,而道非一闻可悟,一超可入也。循下学之则,加穷理之工,由浅而深,由近而远,则庶乎其可矣。今必先期于一悟,而遂至于弃百事以趋之,则吾恐未悟之间,狼狈已甚,又况忽下趋高,未有幸而得之者耶,此其晚岁用力之标的程度也。(《文集》卷九十《墓表》)

---

① 钱穆:《朱子新学案》,第三册,338页。

此表作于癸卯，朱子大概是直抒己见，不意引起波澜。《文续集》卷第四上答刘晦伯书有云：

> 立之墓文已为作矣，而为陆学者以为病已，颇不能平。鄙意则初无适莫，但据实直书耳。

此书也在癸卯。象山《年谱》淳熙十年癸卯先生四十五岁在国学，载朱子来书两通，略云：

> 比约诸葛诚之在斋中相聚，极有益。浙中士人贤者皆归席下，比来所得为多，幸甚。
>
> 归来臂痛，病中绝学捐书，却觉得身心收管，似有少进处。向来泛滥，真是不济事，恨未得款曲承教，尽布此怀也。

则朱子与象山情好尚笃。朱子是年又有前引之答项平父书，意存折中，也载象山《年谱》，但象山闻之曰：

> 朱元晦欲去两短，合两长。然吾以为不可。既不知尊德性，焉有所谓道问学。（《象山》卷三十六）

象山与朱子意态之不同，由此可见。但学术上虽有异同，象山与漕使尤延之书则为朱子辩护，谓不能以朱子之政为太严而攻之，并称赞朱子浙东救旱之政。翌年甲辰象山《年谱》又载朱子一书，亦朱子《文集》所未收。函中关怀到象山上殿轮对之事，并附立之《墓表》一通，征询象山的意见。可见朱子在当时还未感觉有什么大问题。象山复函要朱子看他以前写给立之的信，该信中对于立之颇多砭剂，则象山对于朱子的意见不很同意，事至显然。象山《语录》中又有一条，谓立之"因读书用心之过成疾，其后疾与学相为消长。初来见某时亦是有许多闲言语。某与之荡涤，则胸中快活明白，病亦随减。殆一闻人言语，又复昏蔽……其后因秋试闻人闲言语，又复昏惑。又适有告之以某乃释氏之学。渠平生恶释老如仇雠，于是尽叛某之说，却凑合得元晦说话。后不相见，以至于死"（《全集》卷三十五）。

这简直是说，立之之死即由叛已误从朱子而然。而朱子方面则始终一贯以象山为近禅。

是年（甲辰），象山有上殿轮对五札。朱子来书曰：

> 奏篇垂寄，得闻至论，慰沃良深。其规模宏大而源流深远，岂腐儒鄙生所能窥测。不知对扬之际，上于何语有领会，区区私忧，正恐不免万牛回首之叹，然于我亦何病。语圆意活，浑浩流转，有以见所造之深，所养之厚，益加叹服。但向上一路，未曾拨转处，未免使人疑着恐是葱岭带来耳，如何如何，一笑。（《文集》卷三十六《答陆子静六书》之第一书）

象山轮对五札犹存，为粹然儒者之言，不知如何朱子会有"恐是葱岭带来"的联想？大概朱子此时已经有了先见，只劈头说尊德性，便是禅了。《文集》卷三十五与刘子澄书有云：

> 近年道学外面被俗人攻击，里面被吾党作坏。婺州自伯恭死后，百怪都出。至如子约别说一般差异底话，全然不是孔孟规模，却做管商见识，令人骇叹。然亦是伯恭自有些拖泥带水，致得如此，又令人追恨也。子静一味是禅，却无许多功利术数，目下收敛得学者身心，不为无力。然其下梢无所据依，恐亦未免害事也。（《文

集》卷三十五《答刘子澄十六书》之第十一书)

王谱将此书系之于乙巳。此函浙学、陆学并举,排击浙学尤在陆学之上,但已直截以陆学为禅,以其下梢无所依据。同年稍后又有一书云:

> 子静寄得对语来,语意圆转,浑浩无凝滞处,亦是渠所得效验,但不免些禅底意思。昨答书戏之云:这些子恐是葱岭带来。渠定不伏,然实是如此,讳不得也。近日建昌说得动地,撑眉努眼,百怪俱出,甚可忧惧。渠亦本是好意,但不合只以私意为主,更不讲学涵养,直做得如此狂妄。世俗滔滔,无话可说。有志于学者又为此说引去,真吾道之不幸也。(《文集》卷三十五《答刘子澄十六书》之第十二书)

此则直以象山之学即禅家作用是性之说。朱子一方面还看到它的好处,心存折中之念;另一方面则忧惧之念日深,也不免见之于言词,其心境甚苦也。

翌年丙午有答诸葛诚之书云:

> 示喻竞辩之端,三复悯然。愚意比来深欲劝同志者兼取两家之长,不可轻相诋訾。就有未合,亦且置勿论,而姑勉力于吾之所急。不谓乃以曹表之故,反有所激,如来喻之云也。不敏之故,深以自咎。然吾人所学吃紧着力处,正在天理人欲二者相去之间耳。如今所论,则彼之因激而起者,于二者之间果何处也。子静平日所以自任,正欲身率学者一于天理,而不以一毫人欲杂于其间,恐决不如贤者之所疑也。义理天下之公,而人之所见有未能尽同者,正当虚心平气,相与熟讲而徐究之,

以归于是，乃是吾党之责。而向来讲论之际，见诸贤往往皆有立我自是之意。厉色忿词如对仇敌，无复长少之节，礼逊之容。盖尝窃笑，以为正使真是仇敌，亦何至此。但观诸贤之气方盛，未可遽以片辞取信，因默不言，至今常不满也。今因来喻，辄复陈之，不审明者以为何耳？（《文集》卷五十四《答诸葛诚之二书》之第一书）

诚之为象山门人。此时距曹表之作，已三年矣。而不意曹表所激起之风波，不仅未趋平息，反有各走极端之势。此时东莱、南轩俱逝，无形中形成朱陆门户之对立，此亦不得不然之势也。稍后又有答诚之书曰：

所喻子静不至深讳者，不知所讳何事？又云销融其隙者，不知隙从何生？愚意讲论义理，只是大家商量，寻个是处，初无彼此之间，不容更似世俗遮掩回护，爱惜人情，才有异同，便成嫌隙也。（《文集》卷五十四《答诸葛诚之二书》之第二书）

调和折中既不可能，学术异同为本质事，是年乃有答程正思书云：

所论皆正当确实，而卫道之意又甚严，深慰病中怀抱……祝汀州见责之意，敢不敬承。盖缘旧日曾学禅宗，故于彼（象山）说虽知其非而不免有私嗜之意。亦是被渠说得遮前掩后，未尽见其底蕴。譬如杨墨，但能知其为我兼爱，而不知其至于无父无君，虽知其无父无君，亦不知其便是禽兽也。去冬因其徒来此，狂妄凶狠，手足尽露，自此乃始显然鸣鼓攻之，不复为前日之惟阿矣。（《文集》卷五十《答程正思二十书》之第十六书）

至此而朱子意态乃大变，王懋竑所谓"诵言攻之"（《朱子年谱考异》卷二），不留余地矣。然朱子谓象山说得遮前掩后，未尽见其底蕴，则其然岂其然哉！象山自始至终是孟子学，何用遮掩？朱子是由其门人之狂肆而有所反激，本来双方就有距离，至此而坐实象山为禅，以其害道，乃不能不加以痛击。

翌年，淳熙十四年丁未，象山精舍始建，门徒四集，风声日张。朱子于是年则有答赵几道书云：

> 所论时学之弊甚善。但所谓冷淡生活者，亦恐反迟而祸大耳。孟子所以舍申商而距杨墨者，正为此也。向来正以吾党孤弱，不欲于中自为矛盾，亦厌缴纷竞辩若可羞者，故一切容忍，不能极论。近乃深觉其弊，全然不曾略见天理，仿佛一味只将私意东作西捺，做出许多诐淫邪遁之说。又且空腹高心，妄自尊大，俯视圣贤，蔑弃礼法。只此一节尤为学者心术之害，故不免直截与之说破。渠辈家计已成，决不肯舍。然此说既明，庶几后来者免堕邪见坑中。亦是一事耳。（《文集》卷五十四《答赵几道二书》之第一书）

朱子既以陆学为异端攻之，是年象山适来书，重提以前其兄子美与朱子争辩太极之旧公案，可能是隐指朱子有些观念是来自异端。由此而引发二人有关无极太极的辩论，终于双方决裂，关系无可弥缝。关于这场辩论的主要书函在下年戊申朱子年五十九时，象山则刚好是五十岁。象山之第一书曰：

> 梭山兄谓《太极图说》与《通书》不类，疑非周子

所为，不然则或是其学未成时所作，不然则或是传他人之文，后人不辨也。盖《通书》《理性命》章言：中焉止矣。二气五行，化生万物。五殊二实，二本则一。曰一曰中，即太极也。未尝于其上加无极字。《动静》章言五行阴阳太极，亦无无极之文。假令《太极图说》是其所传，或其少时所作，则作《通书》时不言无极，盖已知其说之非矣。此言殆未可忽也。

又曰：

且极字亦不可以形字释之。盖极者中也，言无极则是犹言无中也，是奚可哉？若惧学者泥于形器而申释之，则宜如《诗》言上天之载，而于下赞之曰无声无臭可也，岂宜以无极字加于太极之上。

朱子发谓濂溪得太极图于穆伯长，伯长之传出于陈希夷，其必有考。希夷之学，老氏之学也。无极二字出于老子知其雄章，吾圣人之书所无有也。老子首章言无名天地之始，有名万物之母，而卒同之，此老氏宗旨也。无极而太极即是此旨。老氏学之不正，见理不明，所蔽在此。兄于此学用力之深，为日之久，曾此之不能辨何也……二程言论文字至多，亦未尝一及无极字，假令其初实有是图，观其后来未尝一及无极字，可见其道之进而不自以为是也。兄今考订注释表显尊信如此其至，恐未得为善祖述者也。（《象山全集》卷二）

象山从好几个方面攻朱子之《太极图说解》，一则以《太极图说》与《通书》不类；再则以"极"字只能训作中，不可训作形；三则曰太极图之来源出于老氏；四则曰二程亦未尝一及"无极"字。这正是由道统的观点来攻击朱子的说法为异学。但象山的批评并不称理，他只是抓着"无极"一词做文章，实则《太极图说》与《通书》之思想并无不贯通处①，《通书》多言无思无虑无为，也可谓为通于老子，然周子并未讳言，则《太极图说》言无极，又何独不可？"极"字为何一定要训作中字？本无是理。太极图源出道家，朱子固未否认，但《太极图说》之义理却是儒家的义理，这一点是无疑问的。至谓二程未尝一及"无极"字，更不能构成理由规定别人不能说无极。象山平时本不重视文义解释，空所依傍，直由本心流出，此则黏滞如是，殊不可解。朱子答书乃曰：

> 伏羲作《易》自一画以下，文王演《易》自乾元以下，皆未尝言太极也，而孔子言之。孔子赞《易》自太极以下，未尝言无极也，而周子言之。夫先圣后圣岂不同条而共贯哉。若于此有以灼然实见太极之真体，则知不言者不为少，而言之者不为多矣，何至若此之纷纷哉。

又曰：

> 且夫《大传》之太极者何也，即两仪四象八卦之理，具于三者之先而蕴于三者之内者也。圣人之意正以其究竟至极无名可名，故特谓之太极。犹曰：举天下之至极无以加此云尔，初不以其中而命之也。

又曰：

> 至于《大传》既曰形而上者谓之道矣，而又曰一阴

---

① 《太极图说》与《通书》义理相通，参见牟宗三：《心体与性体》，第一册，404～413页。唐君毅的《中国哲学原论：导论篇》也有同样的论断。

> 一阳之谓道，此岂真以阴阳为形而上者哉？正所以见一阴一阳虽属形器，然其所以一阴而一阳者是乃道体之所为也。故语道体之至极则谓之太极，语太极之流行则谓之道，虽有二名，初无两体。周子所以谓之无极，正以其无方所无形状。以为在无物之前而未尝不立于有物之后，以为在阴阳之外而未尝不行乎阴阳之中。以为通贯全体无乎不在，则又初无声臭影响之可言也。(《文集》卷三十六《答陆子静六书》之第五书)

朱子以他自己的方式解析形而上、形而下之两层，是否切合《易传》原义，这是一个问题。但道器两层的分别必须维持住，此则无疑问者。象山平时用力于本心之体证，概念之分殊非其所长，故在这场辩论之中立于一不利之地位。其复书又辩曰：

> 至如直以阴阳为形器而不得为道，此尤不敢闻命。易之为道，一阴一阳而已。先后始终，动静晦明，上下进退，往来阖辟，盈虚消长，尊卑贵贱，表里隐显，向背顺逆，存亡得丧，出入行藏，何适而非一阴一阳哉？奇偶相寻，变化无穷。故曰：其为道也屡迁，变动不居，周流六虚，上下无常，刚柔相易，不可为典要，惟变所适……今顾以阴阳为非道，而直谓之形器，其孰为昧于道器之分哉？

象山此辩非是。由阴阳以识道则可，而直以阴阳为道则不可。其思路实不如朱子之明澈。但象山此辩只是借题发挥，故在此前曰：

> 今阅得书，但见文辞缴绕，气象褊迫，其致辩处类

皆迁就牵合，甚费分疏，终不明白。无乃为无极所累，反困其才耶？不然以尊兄之高明，自视其说，亦当如白黑之易辩矣。尊兄尝晓陈同父云：欲贤者百尺竿头进取一步，将来不作三代以下人物，省得气力为汉唐分疏，即更脱洒磊落。今亦欲得尊兄进取一步，莫作孟子以下学术，省得气力为无极二字分疏，亦更脱洒磊落。古人质实，不尚智巧。言论未详，事实先著。知之为知之，不知为不知，所谓先知觉后知、先觉觉后觉者，以其事实觉其事实，故言即其事，事即其言，所谓言顾行、行顾言。周道之衰，文貌日胜，事实湮于意见，典训芜于辨说。揣量模写之工，依仿假借之似，其条画足以自信，其习熟足以自安。以子贡之达，又得夫子而师承之，尚不免此多学而识之之见。非夫子叩之，彼固晏然而无疑。先行之训，予欲无言之训，所以觉之者屡矣，而终不悟。颜子既没，其传固在曾子，盖可观已。尊兄之才，未知与子贡如何？今日之病，则有深于子贡者。

此函末段又谓：

夫乾，确然示人易矣，夫坤，隤然示人简矣，太极亦曷尝隐于人哉？尊兄两下说无说有，不知漏泄得多少。如所谓太极真体不传之秘，无物之前，阴阳之外，不属有无，不落方体，迥出常情，超出方外等语，莫是曾学禅宗，所得如此。平时既私其说以自妙，及教学者则又往往秘此而多说文义，此漏泄之说所从出也。以实论之，两头都无着实，彼此只是葛藤。未说气质不美者乐寄此以神其奸，不知系绊多少好气质底学者。既以病己，又以病人,殆非一言一行之过。兄其毋以久习于此而重自反也。区区之忠,竭尽如此。流俗无知,必谓不逊。《书》曰:有言逆于汝心,必求诸道。谅在高明,正所乐闻。若犹有疑,愿不惮下教。政远惟为国自爱。(《象山全集》卷二)

如此则象山亦以禅学攻朱子。彼此实见虽不同,但象山之人身攻击处未免太过。朱子有一长函复之,一开始即说:

熹谓天下之理有是有非,正学者所当明辩。或者之说诚为未当,然凡辩者亦须平心和气,仔细消详,反复商量,务求实是,乃有归著。如不能然,而但于匆遽急迫之中,肆支蔓躁率之词,以逞其忿怼不平之气,则恐反不若或者之言,安静和平,宽洪悠久,犹有君子长者之遗意也。

其辨阴阳与道器问题则曰:

若以阴阳为形而上者,则形而下者复是何物?更请见教。若熹愚见则曰:凡有形有象者皆器也,其所以为是器之理者则道也。如是则来书所谓始终、晦明、奇偶之属,皆阴阳所为之器,独其所以为是器之理,如目之明、耳之聪、父之慈、子之孝,乃为道耳。如此分别,似差明白,不知尊意以为如何?

朱子自己的思路十分明彻,其问题并不在象山所攻击者。对于象山之斥其为禅,朱子也有辨如下:

太极固未尝隐于人,然人之识太极者则少矣,往往只是于禅学中认得个昭昭灵灵能作用底,便谓此是太极,而不知所谓太极乃天地万物本然之理，亘古亘今，颠扑不破者也。迥出常情等语只是俗谈，即非禅家所能专有，不应儒者反当回避。况今虽偶然道著，而其所见所说即非禅家道理，非如他人阴实祖用其说，而改头换面，阳讳其所自来也。如曰私其说以自妙而又秘之，又曰寄此以神其奸，又曰系绊多少好气质底学者，则恐世间自有此人可当此语，熹虽无状，自省得与此语不相似也。

朱子学本非禅，故言之侃侃，振振有词，其动机也不如此鄙陋。自教育程序言，为学本有次第，小学为先，性与天道之体悟分解在后，故朱子《西铭解义》成于壬辰四十三岁时，《太极图说解》成于翌年癸巳，而迟迟未行于世。至戊申见儒者多议两书之失，始出《太极图说》《西铭解义》以授学者，或者多少乃是由于象山方面的压力也未可知。

函尾乃曰：

如曰未然，则我日斯迈而月斯征，各尊所闻，各行所知亦可矣，无复可望于必同也。（《文集》卷三十六《答陆子静六书》之第六书）

则朱子已雅不欲再辩，情见于辞矣。朱子此函在己酉春正月，然象山又有复书曰：

不谓尊兄遽作此语，甚非所望。君子之过也，如日月之食焉，过也人皆见之，及其更也，人皆仰之。通人之过，虽微箴药，久当自悟，谅今尊兄必涣然于此矣。愿依末光，以卒余教。（《象山全集》卷二）

此则断定朱子有过，朱子不再有辩，象山《年谱》己酉记八月六日元晦答书云：

> 荆门之命，少慰人意。今日之计，惟僻且远，犹或可以行志，想不以是为厌。三年有半之间，消长之势又未可以预料，流行坎止，亦非人力所能为也。闻象山垦辟架凿之功益有绪，来学者亦益甚。恨不得一至其间，观奇览胜。某春首之书词气粗率，既发即知悔之，然已不及矣。

此函《文集》未收。朱子终以词气粗率为悔，结束了这一番辩论。象山《年谱》又记曰：

> 包显道侍晦庵。有学者因无极之辩贻书诋先生者，晦庵复其书云：南渡以来，八字着脚，理会着实工夫者，惟某与陆子静二人而已。某实敬其为人，老兄未可以轻议之也。（《象山全集》卷三十六）

无极之辩，双方极不愉快，而朱子还能够克己如此，自属难能。但象山虽不免于意气，然主要还是在本质上有差别，不能纯以意气之争目之也。《象山集》卷十五有与陶赞仲二书，言及与朱子辩无极事。其第二书曰：

> 荆公祠堂记、与元晦三书，并往，可精观熟读。此数文皆明道之文，非止一时辩论之文也。元晦书偶无本在此，要亦不必看，若看亦无理会处。吾文条析甚明，所举晦翁书辞皆写其全文，不增损一字。看晦翁书，但见糊涂没理会，观吾书坦然明白。吾所明之理乃天下之正理、实理、常理、公理，所谓本诸身，证诸庶民，考诸三王而不谬，建诸天地而不悖，质诸鬼神而无疑，百

世以俟圣人而不惑者也。学者正要穷此理，明此理。今之言穷理者，皆凡庸之人不遇真实师友，妄以异端邪说更相欺诳，非独欺人诳人，亦自欺自诳。谓之谬妄，谓之蒙暗。何理之明，何理之穷哉？

又曰：

> 古人所谓异端者，不专指佛老。异端二字出《论语》，是孔子之言。孔子之时，中国不闻有佛，虽有老氏，其说未炽，孔子亦不曾辟老氏，异端岂指老氏哉？天下正理不容有二，若明此理，天地不能异此，鬼神不能异此，千古圣贤不能异此。若不明此理，私有端绪，即是异端，何止佛老哉？近世言穷理者，亦不到佛老地位。若借佛老为说，亦是妄说。其言辟佛老者，亦是妄说……理须是穷，但今时即无穷理之人。

由此可见，问题真正的症结在，象山不以为朱子真正能够把握到理，故判之为异端。事实上，象山心即理之系统，与朱子心具众理之系统有根本差别。故象山之排朱子也非全基于情绪上之理由也。象山《语录》卷三十四有曰：

> 一夕步月，喟然而叹。包敏道侍问曰：先生何叹？曰：朱元晦泰山乔岳，可惜学不见道，枉费精神，遂自担搁，奈何？

则象山也非不能欣赏朱子格局之宏大，然不免有一间之隔，遂学不见道，枉费精神。《语录》曰：

> 或谓先生之学是道德性命形而上者，晦翁之学是名物度数形而下者，学者当兼二先生之学。先生云：足下

如此说晦翁，晦翁未伏。晦翁之学，自谓一贯，但其见道不明，终不足以一贯耳。吾尝与晦翁书云：揣量模写之工，依放假借之似，其条画足以自信，其节目足以自安，此言切中晦翁之膏肓。

故象山看朱子是弥近理而大乱真，最中心一点把握不住，故见道不明。象山的工夫恰完全在这一点。《语录》有曰：

吾之学问与诸处异者，只是在我全无杜撰。虽千言万语，只是觉得他底在我不曾添一些。近有议吾者云，除了先立乎其大者一句，全无伎俩。吾闻之曰：诚然。

象山就是在这一点上体会得真切，故自信极坚，以学问为余事，斥朱子为支离。他一点也不自觉到，在无极之辩上，自己所作概念的分析、文献的解释是有问题的。他只是以朱子见道不明，故必加以驳斥。但在朱子的感觉，却完全不是这么回事。己酉有答程正思书曰：

答子静书，无人写得，闻其已誊本四出久矣。此正不欲暴其短，渠乃自如此，可叹可叹。然得渠如此，亦甚省力，且得四方学者略知前贤立言本旨，不为无益。不必深辩之云，似未知圣贤任道之心也。（《文集》卷五十《答程正思二十书》之第十九书）

同年又有答邵叔义书云：

子静书来，殊无义理，每为闭匿，不敢广以示人，不谓渠乃自暴扬如此。然此事理甚明，识者自当知之。当时若便不答，却不得也……大率渠有文字，多即传播四出，惟恐人不知，此其常态，亦不足深怪。吾人所学

却且要自家识见分明,持守正当,深当以此等气象举止为戒耳。(《文集》卷五十五《答邵叔义四书》之第四书)

再越三年,壬子腊月,象山卒于荆门。朱子《语类》曰:

> 象山死。先生率门人往寺中哭之。既罢,良久,曰:可惜死了告子。(原注:此说得之文卿。)(一二四)

王懋竑《朱子年谱考异》卷三疑此语太轻,必非朱子语。传闻之说自不必实,但朱子以告子目象山却是其一贯看法。《文集》卷五十四有答项平父书曰:

> 告子之病盖不知心之慊处即是义之所安,其不慊处,即是不合于义,故直以义为外而不求。今人因孟子之言,却有见得此义,而识义之在内者,然又不知心之慊与不慊,亦有必待讲学省察而后能察其精微者,故于学聚问辩之所得皆指为外,而以为非义之所在,遂一切弃置而不为。此与告子之言虽若小异,然其实则百步五十步之间耳。以此相笑,是同浴而讥裸裎也。由其所见之偏如此,故于义理之精微、气质之偏蔽,皆所不察,而其发之暴悍狂率无所不至,其所慨然自任以为义之所在者,或未必不出于人欲之私也。(《文集》卷五十四《答项平父八书》之第六书)

此书王谱系之于壬子。朱子讥象山与告子为五十步笑百步。实则由朱子的看法,这与禅家作用是性之说亦同是一丘之貉。朱子是由行为之狂肆把这些归于一类,加以讥弹,而为其所深排。此则朱子始终一贯者,并无改变。《文集》卷四十六有答詹元善书曰:

> 子静旅榇经由，闻甚周旋之，此殊可伤。其平日大拍头、胡叫唤，岂谓遽至此哉！然其说颇行于江湖间，损贤者之志，而益愚者之过，不知此祸又何时而已耳。（《文集》卷四十六《答詹元善三书》之第三书）

王谱将此书系于癸丑，象山卒之翌年。《文集》卷五十五又有答赵然道书曰：

> 荆门之讣，闻之惨怛。故旧凋落，自为可伤，不计平日议论之同异也。来喻又谓恨不及见其与熹论辩有所底止，此尤可笑。盖老拙之学，虽极浅近，然其求之甚艰，而察之甚审，视世之道听途说于佛老之余而遽自谓有得者，盖尝笑其陋而讥其僭，岂今垂老，而肯以其千金易人之敝帚者哉？

此书亦在癸丑。朱子态度虽无象山之激越，然自信亦坚，决无晚年自悔折从象山之事。《语类》中材料多抨击象山，口说之间，更无保留，兹选录数条如下：

> 禅学炽则佛氏之说大坏。缘他本来是大段着工夫收拾这心性，今禅说只恁地容易做去。佛法固是本不见大底道理，只就他本法中是大段细密，今禅说只一向粗暴。陆子静之学，看他千般万般病，只在不知有气禀之杂，把许多粗恶底气，都把做心之妙理，合当恁地自然做将去。向在铅山，得他书云：看见佛之所以与儒异者，止是他底全是利，吾儒止是全在义。某答他云：公亦只见得第二着。看他意只说吾儒绝断得许多利欲，便是千了百当，一向任意做出，都不妨。不知初自受得这气禀不好，今才任意发出许多不好底，也只都做好商量了。只

道这是胸中流出自然天理，不知气有不好底夹杂在里一齐滚将去，道害事不害事！看子静书，只见他许多粗暴底意思，可畏。其徒都是这样。才说得几句，便无大无小、无父无兄。只我胸中流出底是天理，全不着得些工夫。看来这错处只在不知有气禀之性。（一二四）

陆子静之学只管说一个心本来是好底物事，上面著不得一个字。只是人被私欲遮了。若识得一个心了，万法流出，更都无许多事。他却是实见得个道理恁地，所以不怕天、不怕地，一向胡叫胡喊。又曰：如东莱便是如何云云，不似他见得恁地直拔俊伟。下梢东莱学者，一人自执一说，更无一人守其师说，亦不知其师紧要处是在那里，都只恁地衰塌不起了。其害小。他学者是见得个物事，便都恁地胡叫胡说，实是卒动他不得。一齐恁地无大无小。便是天上地下，惟我独尊。若我见得，我父不见得，便是父不似我。兄不见得，便是兄不似我，更无大小。其害甚大。不待后世，即今便是。（一二四）

吴仁父说及陆氏之学，曰：只是禅。初间犹自以吾儒之说盖覆，如今一向说得炽，不复遮护了。渠自说有见于理，到得做处，一向任私意做去，全不睹是。人同之则喜，异之则怒，至任喜怒胡乱便打人骂人。后生才登其门，便学得不逊无礼出来。极可畏。世道衰微，千变百怪如此。可畏可畏！（一二四）

极高明须要道中庸。若欲高明而不道中庸，则将流入佛老之学……他是过于高明，遂至绝人伦……陆子静天资甚么高明，却是不道中庸，后其学便误人。某尝说陆子静说道理，有个黑腰子。其初说得澜翻，极是好

听。少间到那紧要处,却又藏了不说,又别寻一个头绪澜翻起来,所以人都捉他那紧处不着。(六四)

子静说话常是两头明,中间暗。或问,暗是如何?曰:是他那不说破处。他所以不说破,便是禅所谓鸳鸯绣出从君看,莫把金针度与人。他禅家自爱如此。(一〇四)

陆子静说克己复礼云,不是克去私欲之类,别自有个克处,又却不肯说破。某尝代之下语云,不过是要言语道断、心行处灭耳。因言此是陷溺人之深坑,学者切不可不戒。(一二四)

因看金溪与胡季随书中说颜子克己处,曰:看此两行议论,其宗旨是禅尤分晓。此乃捉着真赃正贼。惜方见之,不及与之痛辩。其说以忿欲等皆未是己私,而思索讲习却是大病,乃所当克治者。如禅家干屎橛等语,其上更无意义,又不得别思义理,将此心都禁遏定,久久自有明快处,方谓之得。此之谓失其本心。故下梢忿欲纷起,恣意猖獗,如刘淳叟辈所为,皆彼自谓不妨者也……金溪学问真正是禅。钦夫、伯恭缘不曾看佛书,所以看他不破,只某便识得他。试将楞严、圆觉之类一观,亦可粗见大意。(一二四)

江西学者偏要说甚自得,说甚一贯,看他意思只是拣一个笼统的说话将来笼罩。其实理会这个道理不得。且如曾子,日用间做了多少工夫,孔子亦是见他于事事物物上理会得这许多道理了,却恐未知一底道理在,遂来这里提省他。然曾子却是已有这本领,便能承当。今江西学者实不曾有得这本领,不知是贯个什么?尝譬之,一便如一条索,那贯底物事便如许多散钱,须是积得这许多散钱了,却将那一条索来一串穿,这便是一贯。若陆氏之学,只是要寻这一条索,却不知道都无可得穿。且其为说吃紧是不肯教人读书,只恁地摸索悟处。譬如前面有一个关,才跳得过这一个关,便是了,此煞坏学者。某老矣,日月无多,方待不说破来,又恐后人错以某之学亦与他相似。今不奈何,苦口说破。某道他断然是异端,断然是曲学,断然非圣人之道。但学者稍肯低心向平实处下工夫,那病痛亦不难见。(二七)

此条虽不知何人所录,所学穿索之例则与前条辅广录甲寅朱子六十五岁以后所闻若合符节。而朱子自谓日月无多,此真朱子晚年之定论也。而《文集》卷六十三有答孙敬甫书曰:

> 如陆氏之学,则在近年一种浮浅颇僻议论中,固自卓然非其俦匹。其徒传习,亦有能修其身,能治其家,以施之政事之间者。但其宗旨本自禅学中来,不可掩讳。当时若只如晁文元、陈忠肃诸人,分明招认,着实受用,亦自有得力处。不必如此隐讳遮藏,改名换姓,欲以欺人,而人不可欺,徒以自欺,而自陷于不诚之域也。然在吾辈,须但知其如此,而勿为所惑。若于吾学,果有所见,则彼之言,钉钉胶粘,一切假合处,自然解拆破散,收拾不来矣。切勿与辨,以起其纷拏不逊之端,而反为卞庄子所乘也。少时喜读禅学文字,见杲老与张侍郎书云,左右既得此把柄入手,便可改头换面,却用儒家言语说向士大夫,接引后来学者。后见张公(即张侍郎横浦)经解文字,一用此策。但其遮藏不密索,漏露

处多，故读之者一见便知其所自来，难以纯自托于儒者。若近年，则其为术益精，为说浸巧，抛闪出没，顷刻万变，而几不可辨矣。然自明者观之，亦见其徒尔自劳，而卒不足以欺人也。（《文集》卷六十三《答孙敬甫六书》之第四书）

王谱将此书系之于丙辰朱子六十七岁时，距象山卒已四年，而下距朱子卒亦仅四年，诚是朱子晚年之定论。如此则《文集》与《语录》之间并无本质上之差别。钱穆先生说：

> 凡是陆非朱者，必喜为朱陆中异晚同之论。其所以证成之，则必取之于《文集》，而不用《语类》。谓《文集》出于亲笔，《语类》则门人弟子所记录，其中多不可信。阳明《朱子晚年定论》序亦曰：《语类》之属，又其门人挟胜心以附己见，固于朱子平日之说犹有大相缪戾者。然今就《文集》言，实未见所谓中异晚同之说。《语类》与《文集》，亦多互相发明。抑且《语类》多出晚年，有书函文章所不能详，而面谈之顷，自然流露，转为畅竭无遗者。①

这是的论。阳明《朱子晚年定论》之说是站不住脚的。朱子《年谱》记载：

> 先生尝曰：海内学术之弊不过两说：江西顿悟，永康事功，若不极力争辩，此道无由得明。

这确反映了朱子晚年的心境。

以上我们把朱陆交游论辩整个经过叙述了一个梗概。这

---

① 钱穆：《朱子新学案》，第三册，423页。

里显然牵涉到道统继承的根本问题。我们在此首先必须解答下列两个先决问题，始能对此一根本问题有一明白的交代。

（1）朱陆双方均互斥对方为禅，这样的批评是不是有充分的理据可以站得住脚？

（2）接着，无可逃避即是评价的问题，就先秦儒到宋儒发展的一贯线索，究竟是象山抑或朱子代表了儒者内圣之学的正统？

让我们先从第一个问题说起。象山之攻击朱子为老氏，为禅，见于其与朱子辩无极之书函中。象山只是抓着"无极"一词做文章，实则这一观念首倡自周子，朱子只不过尝试给予一合理之解释而已。太极图周子虽取之于道家，然《太极图说》却粹然为儒者之言，决无疑问。如果后儒于先儒所言不许创新，则象山言心言理既不落古人窠臼，也不得不在排斥之列。朱子之辩是也。其实朱子的问题不在"无极而太极"的了解，他的理气二元的方式实不能给"太极动而生阳"以一个符合于周子原意的解释。然而象山见不及此，以其中心兴趣本不在宇宙论这一方面，多所暌隔故也。至于象山攻击朱子曾学禅学，用禅宗的话头，这些更是夹带出来、出于反激之语，并无实义。其实象山真应该辩的是朱子不识本心，失落了孟学的真精神，所谓不见道是也。由象山的观点，则朱子始终是歧出、支离，鹅湖一会时即看出其问题症结所在。以后朱子从他自己的观点力求对治支离，自己虽觉有进境，其实则始终有一间之隔，未能真正克服困难也。但象山却攻朱子为老，为禅，甚是无谓，无怪朱子不伏，理所当然也。

但反过来，朱子之攻象山似乎言之凿凿，则又如何？大概朱子于象山之真正精神不能有相应之了解，未相识时却依传闻臆想其为禅，后见其学有实效，可以收管身心，故作调和之论，但终不以为然。后见象山与其徒众不免发为粗恶之气，复因无极太极之争辩，终于决裂，至晚年乃诵言攻之，不遗余力，坐实其为禅。其实仍不过从效果上看，以其与禅学末流一般，乃痛加抨击耳。朱子读象山轮对札子，戏称其恐是由葱岭带来，结果引起大不怿。《语录》又谓读象山与胡季随书论克己，抓着其真赃实据，合下便是禅门宗旨。象山这些文献具在，读之何尝发现有一点禅味。朱子是对什么是禅已有一先见，然后把象山之说打上印字，硬栽进去，未见其是。牟宗三先生谓象山本人无分解，其所预设之分解尽在孟子，其言是也。其所指点启发以示之者则如下列六端①：

（Ⅰ）辨志：此则本于孔孟义利之辨以及孟子之言"士尚志"；

（Ⅱ）先立其大：此则本于孟子大体小体之辨；

（Ⅲ）明"本心"：此则本于孟子之言四端之心；

（Ⅳ）"心即理"：此则本于孟子之言"仁义内在"以及"心之所同然"乃至"理义悦心"等；

（Ⅴ）简易：此则《易传》虽有明文，而精神实本于孟子之言良知良能，"道在迩而求诸远，事在易而求诸难"，以及"学问之道无他，求其放心而已矣"，"尧舜之道孝弟而已矣"等语；

（Ⅵ）存养：此则本于孟子之"操则存，舍则亡"，"存其心，养其性"，以及"苟得其养，无物不长"等语。

凡此六端并本孟子而说，分明是彻底的孟学精神，不知

---

① 参见牟宗三：《从陆象山到刘蕺山》，4～5页。

朱子为何有那么多有关禅的联想。故宋儒之斥他儒为禅,实是一种陋习。这证明了禅在当时势力之大,影响之深远,使得儒者饱受威胁,四顾而莫非禅。实则这是在概念上缺少分殊,但凭测度联想,结果儒家内圣之学的本质固不得见,并禅之本质而未晓。以此要在宋代儒学的内部找分殊,实在是一笔糊涂账。宋儒只是在直觉之上知道彼此在精神上不相契合耳。其实儒学内部的分殊的关键本不在其近禅不近禅,而必须另立标准,此则有待我们作进一步的省察。

五、道统之分殊与朱子在中国思想史上地位之衡定

这样的标准究竟如何建立?问题看似棘手,然而在前面我们借朱子之辟佛与建立道统讨论到儒佛的分殊以及宋儒与先秦儒的关联的问题,已经可以掌握到一些线索来处理这一个大问题。首先,我们仍可以由儒佛的分殊问题着手,而后再考虑宋代儒学内部的分殊问题,根据前面的讨论,我们可以提议举出下列三项作为儒佛分殊的标准:

(1) 本心的体证与实理的摄握;
(2) 人道即天道之延续与表现,尽心知性即所以知天;
(3) 肯定礼法人伦日用与典章制度的积极价值。

我想儒学者与佛教徒或者都不会反对用这三项作为儒释分野的指标。

先由最明显的说起,儒者自肯定礼法人伦日用与典章制度的积极价值,此不在话下。有些大乘佛教徒或者也不否定这些东西,承认它们也有某种程度的"积极"价值,但追根

究底则毕竟不外只是一些方便设施而已，并无实义。就俗谛来说是"众因缘生法"，就真谛来说则"我说即是空"。这样的说法即中土圆顿之教也不能违背。佛家许多诡辞不外在体证如此之慧识。六祖慧能曰：佛法在世间，不离世间觉。此固然矣。但他首先必须悟到"本然无一物"之旨，才能像以后禅门大德所谓挑水担柴莫非妙道。如此则大乘佛学在表层上与儒家是可以有和会处，然其本质则终有异，不可混同。

再看儒佛的宇宙论。儒家是一生生不已之天道观，《易传》所谓一阴一阳之谓道，继之者善也，成之者性也，整个宇宙是一个价值与存在的创造实现的过程。佛家显然不是这样的看法，十二因缘追溯生老病死最后的根源在于无明，唯识宗则归结到阿赖耶识的变化，对世界人生所取的态度绝非儒家继之者善、成之者性的看法。大乘圆教如华严虽对世界人生转而采取一种积极正面的看法，倡理事无碍、事事无碍观，竟至"不坏一尘而遍十方世界"的境界，其体会与原始佛教之怖生死海自不可同日而语，然依中土华严初祖杜顺之说，则理事无碍、事事无碍观之基础仍在真空观。反观儒家，所过者化，所存者神，上下与天地同流，乃是一种真实饱满的呈现，绝非只是一种观法而已。儒佛的出发点与终结点都有巨大的差异，由此可见。

最后接触到形而上的终极问题。儒家顺着孟子提供的线索体证本心，满心而发，莫非至理，故心性皆实，所体证者通是实理。而禅宗虽曰明心见性，其实只是虚说。即真常心系统，也不可以言心体；而缘起性空，所悟者为空理，非儒家所谓性理、实理。朱子所谓"释氏虚，吾儒实"，确是不刊之论。无论哪一派的儒家，哪一宗的佛徒，都不能不以此为分别之纲领。尽管儒者也可以说尧舜事业如太空一点浮云过目而不滞于迹，佛徒也可以说诸法实相来遮拨顽空、断空之邪见，两方面的体会也确有某种程度的相通，然终不能抹去二者之间本质上之差别。

故宋儒虽不深于佛理，在直觉上则由张载起，经历二程到象山、朱子，莫不辟佛，固知两方面有不可调停者在。而佛徒在某一程度以内诚也可以接受部分儒家的价值，如在家必须作忠臣孝子之类，但若与儒家真无差别，则也无须出家，为人宣讲一套不同的道理了。总之佛家的出发点在怖苦，跳越生死海；最后虽体证到涅槃即世间的至理，然必以诡辞的方式出之。此确是另一形态的义理，不能与儒家的形态混为一谈。

有了以上的分辨，则吾人不只可以严儒释的分别，抑且对于儒学内部的分辨，也就掌握到了一个指路的南针。一位儒者的说法究竟是不是禅，我们用上面提出的三个标准去检验，就容易水落石出了。如此则象山以朱子为禅固非是，朱子之以象山为禅也非是。不仅如此，朱子之以上蔡之"以觉训仁"、龟山一脉之"默坐澄心"、五峰之"性无善恶"为近禅，均非是。而后世因阳明四句教首言"无善无恶心之体"乃斥之为禅，此与梭山、象山之因无极一词而遂疑及周子之《太极图说》，在义理上同样犯了缺少分殊的毛病。盖儒者有许多共法，若单以第三项为标准，则荀、扬、董、文中子、韩愈，也不能不谓其属于儒家之传统。然由宋儒的标准，则必对于心性（第一项）、天道（第二项）有所体验，方得归之于道之正统，则我们不能不跳越过上述诸子，而直接由孟轲讲到周、张、二程、朱子、象山。此即宋儒心性（内圣）之学之传统。举凡属于这一传统的儒者,则莫不肯认心性、天道为共法,但体会有深有浅,说法有贴切有不贴切,我们要在这里来判别孰为正统孰为旁支,方为正理。譬如朱陆,莫不肯定超越的心性、天道,问题在,谁在这里有更真切的体会、更圆满的表达,此完全是属于宋儒心性之学内部的分殊问题,与禅根本拉不上关系。我们在这里必须有眼力,戳破外在的烟幕,始能直透问题的本源。

让我们还是先由象山开始。象山《语录》曰:

> 先生言万物森然于方寸之间,满心而发,充塞宇宙无非此理。孟子就四端上指示人,岂是人心只有此四端而已。又就乍见孺子入井皆有怵惕恻隐之心一端指示人,又得此心昭然。但能充此心足矣。乃诵:诚者自成也,而道自道也,诚者物之终始云云。天地之道可一言而尽也。
>
> 道外无事,事外无道,先生常言之。
>
> 道理只是眼前道理,虽见到圣人田地,亦只是眼前道理。
>
> 道在宇宙间,何尝有病?但人自有病。千古圣贤只去人病,如何增损得道?
>
> 宇宙不曾限隔人,人自限隔宇宙。
>
> 千古圣贤若同堂合席,必无尽合之理。然此心与理万世一揆也。

此皆见于《全集》卷三十四。又,象山《年谱》十三岁下记曰:

> 因读古书,至宇宙二字,解者曰:四方上下曰宇,

往古来今曰宙。忽大省曰：元来无穷。人与天地万物皆在无穷之中者也。乃援笔书曰：宇宙内事乃己分内事，己分内事乃宇宙内事。又曰：宇宙便是吾心，吾心即是宇宙。东海有圣人出焉，此心同也，此理同也。西海有圣人出焉，此心同也，此理同也。南海、北海有圣人出焉，此心同也，此理同也。千百世之上至千百世之下有圣人出焉，此心此理亦莫不同也。

由此可见，象山学纯为孟子学之发挥。只要体现本心，自然"源泉混混，不舍昼夜，盈科而后进，放乎四海"。而象山也有道统之自觉。其《语录》曰：

夫子以仁发明斯道，其言浑无罅缝。孟子十字打开，更无隐遁。盖时不同也。（《全集》卷三十四）

韩退之言：轲死不其传，固不敢诬后世无贤者。然直是至伊洛诸公得千载不传之学，但草创未为光明。到今日若不大段光明，更干当甚事。（《全集》卷三十五）

象山与侄孙濬书曰：

由孟子而来，千有五百余年之间，以儒名者甚众，而荀、扬、王、韩独著，专场盖代，天下归之，非止朋游党与之私也。若曰传尧舜之道，续孔孟之统，则不容以形似假借，天下万世之公亦终不可厚诬也。至于近时伊洛诸贤，研道益深，讲道益详；志向之专，践行之笃，乃汉唐所无有，其所植立成就可谓盛矣。然江汉以濯之，秋阳以暴之，未见其如曾子之能信其皓皓；肫肫其仁，渊渊其渊，未见其如子思之能达其浩浩；正人心，息邪说，距诐行，放淫辞，未见其如孟子之长于知言而有以

承三圣也。(《全集》卷一)

与路彦彬书则曰：

窃不自揆，区区之学，自谓孟子之后，至是而始一明也。(《全集》卷十)

象山之担负由此可见一斑。而其发明孟学，则直标举出心即是理之义，盖心外无物，道外无事，此心此理充塞宇宙，无能逃之。此义实本之于孟子"万物皆备于我矣，反身而诚，乐莫大焉"。由孔子之践仁知天，到孟子之尽心知性知天，再进一步之发展则必至于心性与天之合一。象山也自承认气禀之杂害事，人之自蔽可以自绝于道。然既体现本心，则心即是理，无所亏欠。此儒者应可发展出圆教体悟也。故吾人若肯定孟子继承孔子为儒学之正统，则自也不能不把象山归之于儒学之正统。

但将象山判归儒学之正统，并不意谓象山之学即无病、无严重之局限性或流弊。简而言之，象山之学确实太粗略，故大本虽立，然推拓不开去，体道之艰难困苦、细密精微处均不足，故朱子对象山之批评虽不足以知其实，而要不可谓之无见。象山学之局限不足处至少可由下列三个方面言之。

(1) 象山之思想完全缺乏分解以立义的思路。若已走上内圣之学的道路，易简工夫之为久大，此应无诤。然只标举得本心，请问一般读者如何可以凑泊？人天生多理障，则分解式之展示虽不必一定能引导至本心之体证，然也不可谓之曰闲议论。对于未能进入情况的人来说，所谓心即理、吾心即宇宙、宇宙即吾心，只是一些意义含混、内容空洞的话头。学者是有权追问：心是怎样的心（本心、习心）？理是怎样的理（物理、玄理、空理、性理）？在怎样的意义下吾心即宇宙、宇宙即吾心？若无善解，则立即产生差之毫厘、谬以千里的结果。理论理性诚不足以见体，但把其功用推扩到其极限，则也可以帮助人作异质之跳跃。而已经证道者也要借理论理性作一仿佛之现象学之描述以接引后学。象山之自傲于只此伎俩，纯则纯矣，然不免过分拘执一途，缺少因材施教、容纳其他变化以接引后学的手段。

（2）象山之存养似孟子之养吾浩然之气，英气迫人，正大光明，而艰难困苦、细密精微之体证则不足。本心之体验诚然是人同此心，心同此理。但人因气禀、私欲所限，常常不能发现自己的本心。就是圣贤也往往要不断追寻，兜了好多冤枉圈子，最后才体悟到吾道自足。此所以人心惟危，道心惟微，乃是一种实感。人的怀疑、缺乏自信正是发展成长的一个必然的现象，不是说要去除就去除得了的。很少人能像象山那样十几岁就为人生找到了一个定向。而见道既真，则又当知，道理虽一，具体表现出来的则还是要通过自己气禀的限制。象山是反时流而有所担当，自卓然有所立，然过犹不及，他与门人自信过坚，须知道德担负并不穷尽天下所有事。不该自信处自信，乃不免发为一种粗恶之气。朱子要人注重气禀，要人穷理，虽落在第二义，却并没有错。事实上也确得要有法子砭剂对治陆学末流之狂肆才行，只不该误斥以为禅耳。

（3）象山之学先立其大，在作自觉之道德修养工夫上，斩断枝蔓，自极有功。但人生之内容丰富多端，不能一概斩绝，以为余事。人有理论学术的追求，文学艺术创作的冲动，现实层面开拓的需要。当然我们也可以替象山辩说，他也不一定排斥这些活动。然而事实上，跟象山走的人决不会把心思放在这些活动上面。本心之体证要易要简，但性智之发用则无远弗届，不必是采取一直桶子的方式。象山之病在不能致曲。宇宙人生要有任何具体的成就，就必须致曲。曲成万物而不遗，人生的内容才得以丰富，文化、现实层面的活动才得以受到正视而有所开拓。象山的门庭太狭太窄，不能不说是有严重的局限性。

相形之下，朱子的规模宏大，义理、考据、辞章无一不精，而概念分析十分细密精详。朱子于儒家心性、天道之说确有新的创发，可惜对于最中心的一点把握得不牢，犹有一间之隔。如果我们以孟子所开出的思路为标准，则朱子的确"不能正视本心"，"歧心理为二"，而有所憾。以下即就这两点略加发挥。

（1）从教育程序言，朱子主张由小学而大学，由涵养而致知而力行，本无过失，但朱子是一顺取的心态，乃以为格物穷理，只要今日格一物，明日格一物，正如《大学补传》所谓"至于用力之久，而一旦豁然贯通焉，则众物之表里精粗无不到，而吾心之全体大用无不明矣"。朱子的说法既未在一般经验知识（所谓见闻之知）与德性之知之间作一明白之分殊，又未能察觉到后天的修养对真正的自觉道德而言只是做一种助缘工夫而已，要真正体证本心，还必须作一异质的跳跃才行。朱子自己讲豁然贯通，似乎对于这一点不应一无所知。然而他却拒绝正视这一跳跃之异质性。只要一说为学先立其大，一说本心，他就丑诋之以为禅。朱子一定要把心扑到一个对象之上，才感到有依托。他不容许心的自反、逆觉体证的进路，而一概斥之以为以心觅心，一律当作禅看待。

但他不了解，渐教之所以能成立，必先已经预设了顿教。从内圣之学的出发点来看，象山拒绝朱子调停之说而坚持"不知所以尊德性，如何可以道问学"，是有他的理由的。打个比方说，朱子只能由池中的倒影看到月亮，却拒绝与月亮本身面面相对，其未臻究竟之义可知。

（2）由孟子到象山，并非不知气禀之杂可以造成不良的后果。但本心呈现，则尽心知性知天一贯而下，心性即天，这是传统中国哲学的一大特色，不似西方基督教的观念，把上帝（超越）与世界及人（内在）打成两橛。象山心即理之说直接由孟子仁义内在、心之所同然的思想引申而出。心是本心，理是实理，既超越而内在。道外无事，事外无道；吾心即宇宙，宇宙即吾心。但朱子却以理气二元解析心性，性固是理，而心则成为气之精爽者，乃堕为一经验实然之心而旁落。朱子虽也可以言心与理一，但这即是后天修养工夫的结果，并非自本质上言心与理一。朱子固也可以说仁义内在，但这又只是说仁义之理之内具于心，心与理乃一认知衡摄的关联。故由本体论言，乃一理气二元不离不杂之局面；在修养上始可以通过后天的工夫使得心（气）与理一。然后天修养工夫之所以可能，必预设先天心与理在本质上之为一。再由天道论来说，一故神，两故化，太极与阴阳非有两体，形上形下互相穿透；而朱子终只能说太极（理）不离阴阳（气）、阴阳不离太极，然（形下）必有其所以然（形上），则将双方转为一静摄的关系，生生不已之天道乃被肢解而为理、气之二元：前者无造作、无营为，后者始有作为，有具体的存在。故朱子有理弱气强之说，其优点在能正视现实之恶而思有以对治之，其缺点却在超越面提不上去，终于失落一贯之旨。故象山不许其为见道。象山之斩截固然太过分，然朱子对于终极之体验则确有一间之隔，此固不容讳言者。

总结起来说，我们自可以完全不承认宋儒内圣之学的标准，或根本否定道统之说，此无伤，人应该有充分自由选择自己的终极的托付。但如我们姑同意此一标准，则荀、扬、董、文中子、韩愈等虽隶属于儒家，而无与于道统，以其由《孟子》《中庸》《易传》所开出的心性论、天道论的思想线索脱落了开去，理属自然。同样，在宋儒之中，我们不能不排除司马光，尽管朱子对司马光有相当的敬意。邵康节之被排除则是由于其思想近道家，其易学乃象数之学，非义理之学，故朱子对康节虽也欣赏尊重，却不将之置之于道统之列。朱子之取濂溪而弃康节是有他的理由的。

如此，用心性论与天道论做标准，无疑濂溪、横渠、明道、伊川、朱子、象山都应属于这一统系之内。而朱子之特别推尊周子，是有他的眼光的。二程虽不承认周子为师，但周子是启其绪，对于二程的思想有相当的启发。横渠虽为二程舅氏，然闻道迟，观念上有创发而未臻圆熟之境，其兴趣在天道论，故朱子将之旁置，也是有相当理由的。二程之居正统，是因为二程把思想更往内收一步，心性之学始真成为新儒学之主流。明道首先揭出"天理二字，却是自家体贴出来"。伊川继之，斯道大张。至南宋乃有朱子与象山，泰山北斗，秀出群伦，朱子所谓"南渡以来，八字着脚，理会着实工夫者，惟某与陆子静二人而已"！

就现实历史发展线索看，道统之立，无疑是出于朱子的倡导，功劳也最大。朱子也以担承道统自命，不作第二人想。

事实上也只有他肯下死工夫作《四书集注》，广收门徒，遍说群经，法乳流传，广被四海。至元仁宗皇庆二年（1313），诏行科举，采用朱学。明清仍元之旧，一直到清廷颠覆，民国肇始废止科举为止，五六百年间，朱学居于正统之地位，影响之大，无与伦比。

然而吊诡的是，朱学虽事实上被奉为儒学之正统，但仔细审查之以宋儒心性论、天道论的标准，朱子的正统的地位却是相当有问题的。朱子自居继承《孟子》《易》《庸》之正统，然《孟子》心性情一贯之论被朱子肢解成为一心性情之三分架局，《易》《庸》生生不已之天道观也为朱子分析成为理气之二元。朱子在实际上是继承伊川而开创了一条新的思路，实已脱落了濂溪、横渠、明道的线索，而与直承孟子学的象山立于对跖的地位。这一层烟雾一直到最近才为牟宗三先生所穿透，而为朱子断定了其"别子为宗"的地位。① 仔细审查朱子的书、文、语录的直接证据，我不能不支持牟先生这一前无古人的论断。

现在我们再放大到整个中国思想史来看朱子的地位。春秋战国之际，周文疲弊，百家争鸣。儒家只不过诸子百家之一而已，并未占一特殊地位。一直到汉武帝用董仲舒之策，独尊儒术，罢黜百家，这才确定了儒学在中国历史上的正统地位。但儒者的真正理想并未在朝廷的政治下实现，汉朝的实际是儒法并用、王霸杂之。而汉儒不是传经之儒，即是惑于谶纬、阴阳、杂家之说，不能对儒家的思想有所真正的开创。到了魏晋南北朝，儒家的典章制度虽已被广泛采用，但

---

① 参见牟宗三：《心体与性体》，第一册，42~60页。

知识分子的兴趣则已转移到《易》《老》《庄》三玄。隋唐之世，佛学成为显学。思想界第一流的才智集中在佛家，而不在儒家。韩愈文起八代之衰，固为一世之雄，但他的贡献在辞章，不在义理；其辟佛乃基于文化的考虑，而缺乏哲学思想的基础。宋代禅宗普遍，知识分子趋之若鹜。是在这样的背景之下，新儒学崛起，正面接受了佛老思想的挑战。一方面受到佛老思想的刺激，用转借的方式吸收、消融了一些可为我用的新概念；另一方面则跳越汉唐，返归先秦，继承孔孟所开出的慧识，赋予了它新的生命，打开了新的境界，建立了宋明内圣之学的规模，使儒家在思想方面重新取得主导的地位。在芸芸诸儒之中，牟宗三先生特别选出了九人作为斯学之代表人物。以濂溪、横渠、明道为一组，伊川、朱子为一组，象山、阳明为一组，五峰、蕺山为一组，并制简图指示其相对关系如下①：

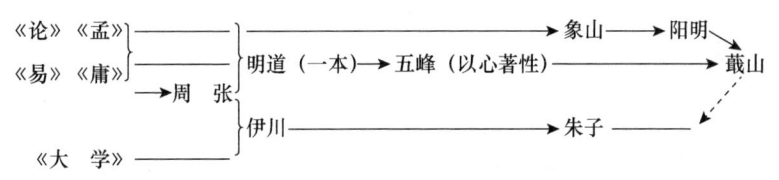

```
《论》《孟》┐
           ├─────明道（一本）→ 五峰（以心著性）────→ 象山 ──→ 阳明
《易》《庸》┤                                                    ↘ 蕺山
           └→周 张                                               ↗
                   ├伊川──────────────────────→ 朱子 ─ ─ ─ ─┘
《大 学》───┘
```

（蕺山对于朱子处之虚线箭头表示未有融摄好，亦无积极之关系。）

这一简表不免过分简单，也不必人皆可以同意，然却富有参考价值。依牟先生之见，即活动即存有之纵贯系统（图上之七人）乃是上承先秦之大宗，伊川、朱子只存有而不活动之横摄系统是此大宗之歧出。朱子力敌千军，独全尽而贯彻地完成此横摄系统，此其所以伟大。宋明以后，清儒又失其绪，一直要到民国以后，熊十力先生才重新开出当代新儒

---

① 参见牟宗三：《心体与性体》，第一册，415 页。

家的端绪。①

从思想史的脉络来看，华严、天台、禅是中华民族消融印度哲学智慧的第一个步骤，而宋明儒学是吸收异己、返归本位，表现中华民族智慧的一项更为超卓、难能的成就，在先秦之后开创了中国哲学第二个黄金时代。北宋儒学，周、张、二程自扮演了十分重要的角色，但朱子的综合各家、建立道统，尤其占据了一个更关键性的地位。也是通过朱子的消融与稳定，把道学所创发的成就传承到后世去。然而可惜的是，朱子所完成的综合并不是一个真正的、成功的综合。朱子的渐教已失落了儒者内圣之学的一些重要的成分。而他的不完全斩断外在的牵连，其实并不是他的哲学的长处，而是由于在他的思想之中，见闻之知与德性之知缺少一种明白的分殊。在今日，我们不能把中国不能发展出西方现代经验科学的责任放在阳明一人身上，而梦想复兴朱子哲学的精神即可以在传统的基础上消融西方现代经验科学的成就。其实从朱子的哲学之中，并不能真正产生出现代科学的思想。见闻之知与德性之知本属于两个不同的层次，离之则双美，合之则两伤。我们需要的是断定二者不同的特质，而在一个更广阔的格局之中，同时肯定这两个不同层次的价值和地位；这不是留在朱子哲学思想的架局以内所可以做得到的。但朱子的哲学思想的确在中国哲学上打开了一些不同的视域，提

---

① 熊先生主要著作有《新唯识论》《十力语要》《读经示要》《原儒》等。当代新儒家代表人物，如唐君毅、牟宗三、徐复观多出其门下。冯友兰著《新理学》《新原道》等书，表面上也倡新儒家之说，但所得甚浅，以新实在论凑泊朱子，未见其是，且不断改易其说，令人遗憾；他也实未能如熊十力、梁漱溟辈之能够表现出传统士人之风骨也。业师方东美先生则倡原始儒家之旨，一向对宋明儒有微词，和这一条线索没有直接的关系。

出了一些有意义的问题，不容我们忽视。他的许多思想也不缺少现代的意义。而我们在今天，能够像以往那样成功地吸收消融印度哲学智慧一样地吸收消融西方的哲学智慧，有所新的创造、新的综合，以超越我们今日在思想上的空虚与危机，这正是中华民族的智慧在今天所面临的一个最严重的挑战。

第九章

王学与朱学：阳明心学之再阐释

一、引言

阳明（1472—1529）倡心即理之说，以心外无理，心外无事，其精神与象山显然是互相呼应的，故世称陆王之学，良有以也。阳明重刻《象山文集》，为之作序（庚辰四十九岁时），断定其为孟子学，不可诬为禅学，而阳明在当时提倡象山学实另有一番苦心，其在壬午五十一岁时答徐成之的第二书有曰：

> 仆尝以为晦庵之与象山，虽其所为学者若有不同，而要皆不失为圣人之徒。今晦庵之学，天下之人，童而习之，既已入人之深，有不容于论辩者。而独惟象山之学，则以其尝与晦庵之有言，而遂藩篱之。使若由赐之殊科焉则可矣，而遂摈放废斥，若碔砆之与美玉，则岂不过甚矣乎？夫晦庵折中群儒之说，以发明六经《论》《孟》之旨于天下，其嘉惠后学之心，真有不可得而议

者。而象山辨义利之分，立大体，求放心，以示后学笃实为己之道，其功亦宁可得而尽诬之？而世之儒者附和雷同，不究其实，而概目之以禅学，则诚可冤也已。故仆尝欲冒天下之讥，以为象山一暴其说，虽以此得罪无恨。仆于晦庵亦有罔极之恩，岂欲操戈而入室者。顾晦庵之学，既已若日星之章明于天下，而象山独蒙无实之诬，于今且四百年，莫有为之一洗者，使晦庵有知，将亦不能一日而享于庙庑之间矣。(《王阳明全书·书录》卷四)

这封信所说是阳明中心之实感。阳明的本意只不过要为象山辩诬，他并不像象山那样严斥朱子。他看得清楚，象山和朱子的异同是儒学内部的分殊，与禅没有关系，而两方面都有不可磨灭的价值：道问学的渐教，尊德性的顿教，分别有其地位。事实上阳明是在朱学的熏陶下翻出来的一条思路，所以提出问题的方式像朱子，而在精神上则接上象山。既要跳出朱子的窠臼，自不能不与朱子的思想对反，但又不可以完全抹杀这一背景；虽说是接上象山的精神，但象山的思想完全缺少分解的展示，故以之为粗些而极少加以征引。王学乃是在这样的情形之下产生出来的新思想。

阳明是在戊辰三十七岁时在龙场始悟格物致知，戊寅四十七岁时刻《大学》古本，晚年出征思田以前授《大学问》。阳明之悟显然是与朱子即物穷理的思想之一对反。他在少年时格竹子的故事现在大家都耳熟能详，这个样子来格物，自不能说是善会朱子的意思，但他却由此而打开了一条全新的思路。致知不外就是致良知，格者，正也，物者，事也。阳明还是用解文义的方式来肯定自己的体验，其实阳明这样解释《大学》的原义是很有问题的。如果格致果真是这样子的意思，那么正心诚意就够了，何必再另说格致。但这不是说朱子的解释就一定合乎古典的原义，朱子另作《大学补传》也就是在发挥自己的思想；而用他的理气二元的方式去解析明德，就不免产生许多吊诡，极不顺适。要之，朱子和阳明都是在儒家的思想的范围以内，就着古典，借题发挥，创造一些新思想。而象山直接诉之于本心，大概不会走这种弯曲的道路。又，在《传习录》卷中所录阳明答陆原静书讨论到中和、已发、未发的问题，显然是阳明对于朱子所提出的中和问题的解答，思入精微，用词圆活流转，决不是象山可以写得出来的东西，实在，象山的心思也不用在这一类的问题上面。由此可见，由对反而来说，朱学实是王学的一个重要的渊源，此则不可掩者。

大概正因为朱学与王学之间有这样一种微妙的关系，遂引致阳明在戊寅四十七岁时刻《朱子晚年定论》。《年谱》摘录序略曰：

> 昔谪官龙场，居夷处困，动心忍性之余，恍若有悟，证诸六经四子，洞然无复可疑。独于朱子之说，有相抵牾，恒疚于心，切疑朱子之贤，而岂其于此尚有未察，及官留都，复取朱子之书而检求之，然后知其晚岁故已大悟旧说之非，痛悔极艾，至以为自诳诳人之罪，不可胜赎。世之所传《集注》《或问》之类，乃其中年未定之说，自咎以为旧本之误，思改正而未及。而其诸语录之属，又其门人挟胜心以附己见，固于朱子平日之说，犹有大相缪戾者。而世之学者，局于见闻，不过持循讲习于此，其于悟后之论，概乎其未有闻，则亦何怪乎予言之不信，

而朱子之心无以自暴于后世也乎。予既自幸说之不缪于朱子，又喜朱子之先得我心之同然，且慨夫世之学者，徒守朱子中年未定之说，而不复知求其晚岁既悟之论，竞相呶呶，以乱正学，自不知其已入于异端。辄采录而裒集之，私以示夫同志，庶几无疑于吾说，而圣学之明可冀矣。

阳明的初意是"取朱子晚年悔悟之说，集为定论，聊借以解纷耳"，哪知因此而启更大的纷争。从考据的观点言，此书实在一无是处，所取不只有些是朱子早年的书信，而且断章取义，牵以从己，弊漏百出，不一而足。如果不了解阳明的用心，恐怕只能说他非愚即诬。但事实上宋明儒确疏于考证，也不以考证为标准，所以才有此失，不免为其盛名之累。事实上当时罗整庵就已提出怀疑，《传习录》卷中录阳明答罗整庵少宰书有曰：

> 其为《朱子晚年定论》，盖亦不得已而然。中间年岁早晚，诚有所未考，虽不必尽出于晚年，固多出于晚年者矣。然大意在委曲调停，以明此学为重。平生于朱子之说，如神明蓍龟，一旦与之背驰，心诚有所未忍，故不得已而为此。知我者谓我心忧，不知我者谓我何求。盖不忍抵牾朱子者，其本心也。不得已而与之抵牾者，道固如是，不直则道不见也。执事所谓决与朱子异者，仆敢自欺其心哉？（《传习录》中：一七六）①

---

① 书中引《传习录》各条之编号系取自陈荣捷先生之英译本，参见 Wang Yang-ming, Instructions for *Practical Living and Other Neo-Confucian Writings*. Tr. Wing-tsit Chan (New York and London: Columbia University Press, 1963)。

阳明此函直承有所未考，但还是相信自己所辑录朱子的信函多出于晚年。然这只是一主观的信念，经不起事实的考验。但由这封信所透露出来阳明主观的心境则不是不可以了解的。君子之过，如日月之食，人皆见之，我们在这里又何须替阳明掩遮。朱子晚年思想与象山、阳明思想确有相当距离，此间不容委曲调停，也不需委曲调停。程（伊川）朱、陆王之学之差距自非一主理学、一主心学之简单，这些只不过是方便的称呼罢了。其实只需看到王学（心即理）与朱学（心具众理）之对反处，即可确定两系思想在本质上之差别。在前面我们既已详述朱子的思想，在下面我们将解析阳明心学所涉之理论效果，以资双方对比之用。

阳明心学在阳明生时即已引起许多误解，中间虽曾盛极一时，后因王学末流之累，有清一代乃受到严厉的批评。民国以后学者颇多撷拾西方哲学之名词与观念阐释古籍，每以唯心论视阳明心学，而于其实义不必真有所窥，反而增加不少无谓缭绕，亟待澄清。本章即拟针对阳明心学的一些基本观念加以一番再阐释，了解其学问之入手处，其思想内部的不同层次，以确定其认识论与形上学之意蕴。

凡是谈阳明唯心哲学的总喜欢引下面这两段话：

> 先生游南镇，一友指岩中花树问曰："天下无心外之物，如此花树，在深山中，自开自落，于我心亦何相关？"先生曰："你未看此花时，此花与汝心同归于寂。你来看此花时，则此花颜色一时明白起来，便知此花不在你的心外。"（《传习录》下：二七五）

> 问："人心与物同体。如吾身原是血气流通的，所以谓之同体；若于人，便异体了，禽兽草木益远矣，而何

谓之同体?"先生曰:"你只在感应之几上看,岂但禽兽草木,虽天地也与我同体的,鬼神也与我同体的。"请问。先生曰:"尔看这个天地中间,什么是天地的心?"对曰:"尝闻人是天地的心。"曰:"人又什么教做心?"对曰:"只是一个灵明。"曰:"可知充天塞地,中间只有这个灵明。人自为形体自间隔了。我的灵明,便是天地鬼神的主宰。天没有我的灵明,谁去仰他高?地没有我的灵明,谁去俯他深?鬼神没有我的灵明,谁去辨他吉凶灾祥?天地鬼神万物离却我的灵明,便没有天地鬼神万物了。我的灵明离却天地鬼神万物,亦没有我的灵明。如此便是一气流通的,如何与他间隔得?"又问:"天地鬼神万物千古见在,何没了我的灵明,便俱无了?"曰:"今看死的人,他这些精灵游散了,他的天地万物尚在何处?"(《传习录》下:三三七)

冯友兰著《中国哲学史》引了这两段文字,后有按语说:"朱子以为吾人之心,具有太极之全体,故心亦具有众理。然心但具众理而已,至于具体的事物,则不具于吾人心中也。阳明则以为天地万物皆在吾人心中。此种唯心论,朱子实不持之。"① 但阳明持的究竟是怎样的一种唯心论,则冯氏漫忽过去,未及深论,帮助不大。

侯外庐主编的《中国思想通史》论及"王阳明的主观唯心主义哲学思想"就不那么笼统,而且批评得非常尖刻,不那么客气了。关于阳明游南镇的谈话,侯书的批评是:"王阳明否认有独立于人的意识之外的客观存在,而认为一切都存

---

① 冯友兰:《中国哲学史》,下册,958 页。

在于'心'中。""这是背离事实的捏造。我们知道,感觉只是客观存在作用于人的感觉器官的结果……然而王阳明却从感觉出发,把人的主观感觉'片面地、夸大地、过分地发展(膨胀、扩大)为脱离了物质、脱离了自然、神化了的绝对'。""这样的理论必然要导致唯我主义,正如列宁曾经指出,'如果物体……像贝克莱所说的是"感觉的结合",那么不可避免地会得出这个结论:整个世界不过是我的表象而已。从这个前提出发,除自己以外,就不能有其他人的存在:这是最纯粹的唯我主义'。"① 然后又引王阳明论我的灵明一段作证来看"王阳明的唯心主义是怎样达到唯我主义的荒谬结论"②。这些议论都被用来支持他们在前面对王学的一般诊断:"王阳明的世界观的出发点和基本前提,即他所提出的'心外无物'、'心外无理',一切都是从'心'派生出来的。这是陆象山的'宇宙便是吾心,吾心即是宇宙'、'道无有外于吾心者'的发展。也正是禅宗'心是道,心是理,则是心外无理,理外无心'的再版。"③ 这样的论调显然是把陆王之说与禅宗视为相同,也和西方贝克莱的主观唯心论没有差别,而一起加以痛诋。

对阳明思想颇有同情的陈荣捷先生在其《传习录》的英译本导言之中也说:"从哲学方面说,王阳明的立场是薄弱的,因为它完全忽略客观的研究并将实在与价值混淆,《传习录》的读者会发现,王阳明的唯心论的确是非常的幼稚(na-

---

① 侯外庐主编:《中国思想通史》,第四卷,下册,884～885 页。
② 同上书,885 页。
③ 同上书,884 页。

ive)。"① 为了证明他的论点,陈先生也引了王阳明游南镇的对话为例。但接着他下转语说:"但如王阳明的哲学在逻辑的锐利方面不行,在道德的睿见方面是深刻的。"② 这样的判断自与侯外庐辈完全不同了,因为后者把王阳明的思想当作蒙昧主义的反动派看待,陈先生则认为王阳明深于道德睿见。尽管如此,陈先生还是认为王阳明的唯心论的立场是薄弱而幼稚的。这至少指明一点,阳明的立言显有引人误解之处。

但我不能把阳明心学与贝克莱的主观唯心主义哲学混为一谈,因为二者所感受的问题、所运用的方法与所达到的结论是完全不同的;也不认为阳明的哲学立场是薄弱而幼稚的,阳明固然深于道德睿见,但他的唯心哲学也可以言之成理,自成体系,我们既不必接受它,也不能以浅薄视之。而且这两方面息息相通,不能够勉强加以分割开来。阳明所持诚是一种唯心哲学观点,但这种唯心哲学系基于中国儒家传统所表现的特殊方式,在西方还找不到相同的理路。问题的困难在:中国传统哲学的表达方式不是通过系统的论证,而是随机指点,所重视的是道理的解悟,而不是概念的分殊。中国的传统思想根本就缺乏西方那种纯认识论的探究,也无兴趣于这一类的问题。故此从纯西方的标准来看,这样的思想不免有憾。其实这根本是另一种形态的哲学,其入手的进路与西方哲学完全不同,一开始就戴着西方哲学的有色眼镜来看,自不免到处格格不入。但它既完成以后自也可以有其深刻的认识论与形上学的意蕴,如能把它潜在的概念系统与理论层

---

①② Wang Yang-ming, Instructions for *Practical Living and Other Neo-Confucian Writings*. Tr. Wing-tsit Chan (New York and London: Columbia University Press, 1963), p. xxxiii. 中文是由刘述先翻译的。

次解剖出来，也可以与西方的认识论与形上学作比观。这自决不是一件容易的工作，要牵涉到精微的解释学的技巧，不可自浮面上抓到几个观念胡乱比附就可算数。文中乃是企图由《传习录》《大学问》的材料整理出一条线索来，看王阳明的所谓唯心哲学究竟实义何在。

二、阳明唯心哲学的第一义：
"心外无物"之阐释

贝克莱的主观唯心主义哲学是洛克的哲学的进一步发展。这些英国经验论者认为知识的唯一来源在感官知觉，而感觉印象或观念之来源是在个别的感官，所以"观念的联合"成为他们的一个主要的课题。但儒家的传统从来不着重感官知觉，感觉的联合在他们也根本不成为问题。谈"心"则着重在心灵的主宰义，这从孟子到象山以至于阳明一贯都是如此。他们的中心问题不是一认识论的问题，而是一道德体验的问题。[1] 由此可见侯外庐辈之勉强将两方面牵合起来，根本是缺乏哲学常识。

阳明心学的起点在于他对朱子格物学说的不满。在《年谱》和《传习录》中都曾记载他在年轻时格竹子的故事。朱子之学由元明以来一直是显学，而阳明由这一条线索入手，却无所得，但他本人对这问题也没有一个妥善的解答。一直到他被谪居龙场以后，万般寂寥之中，这才突然解悟，不知

---

[1] 关于儒家哲学思想所表现的特殊形态，牟宗三先生在他的大著《心体与性体》第一册的综论之中有极深刻而透辟的分析。

所以手之舞之、足之蹈之。从表面上说，阳明所不同意的乃是朱子对于《大学》章句的解释。就骨子里论，阳明所未能契合的乃是朱子对于道德问题的体验。照阳明的理解，朱子所谓格物，乃是格的外在之物，如此不免失于义外之讥，将心物打成两截。就道德的体验上说，依儒家由孟子以来"为学之道无他，求其放心而已矣"的大传统，阳明当然可以下断语说：心外无物，心外无理，心外无事。关于这一层的道理，在《传习录》内许多地方都发挥得极为淋漓尽致。

在答顾东桥书中阳明说：

> 朱子所谓格物云者，在即物而穷其理也。即物穷理，是就事事物物上求其所谓定理者也。是以吾心而求于事事物物之中，析心与理而为二矣。夫求理于事事物物者，如求孝之理于其亲之谓也。求孝之理于其亲，则孝之理其果在于吾之心邪？抑果在于亲之身邪？假而果在于亲之身，则亲没之后，吾心遂无孝之理欤？见孺子之入井，必有恻隐之理。是恻隐之理，果在于孺子之身欤？抑在于吾心之良知欤？其或不可以从之于井欤？其或可以手而援之欤？是皆所谓理也。是果在于孺子之身欤？抑果出于吾心之良知欤？以是例之，万事万物之理，莫不皆然。是可以知析心与理为二之非矣。夫析心与理而为二，此告子义外之说，孟子之所深辟也。务外遗内，博而寡要，吾子既已知之矣，是果何谓而然哉！谓之玩物丧志，尚犹以为不可欤？若鄙人所谓致知格物者，致吾心之良知于事事物物也。吾心之良知，即所谓天理也。致吾心良知之天理于事事物物，则事事物物皆得其理矣。致吾心之良知者，致知也。事事物物皆得其理者，格物也。

是合心与理而为一者也。(《传习录》中：一三五)

在这一段论辩之中，阳明还是用"事物"词的一般的意义，而极言向外追求之未能称理。事实上阳明对传统的物的观念即深致不满，而对于物提供一全新的解释。他说："物即事也。如意用于事亲即事亲为一物；意用于治民，即治民为一物；意用于读书，则读书为一物；意用于听讼，即听讼为一物。凡意之所用，无有无物者。有是意，即有是物；无是意，即无是物矣。物非意之用乎！"（《传习录》中《答顾东桥书》：一三七）这一段言简意赅，不能轻易将之看过。首先，"物即事也"，这是一个全新的观念。物一般当作对象（Object）解，但对象从非一孤离的对象，它必在一系络（Context，一语境）之中，才能显发其意义。这样看来，物不外是事（Event）。20世纪如罗素辈由物理方面的考虑而了解不能孤离谈物，只能谈事，才能避免理论上的困难。不意王阳明在四百多年前由道德的体验入手就发现了同样的道理。其次，"意之所用，必有其物"，用当前现象学的术语来说，物必在一意向性（Intentionality）的结构之内，主客乃是互相对待的观念，无主也无所谓客。这是破斥素朴实在论（Naive Realism）的观点，当代自胡塞尔以来论之详矣。阳明自道德体验入手，也找到一意向性的架构。当然阳明之学并不像一般现象论者那样停留在现象构造的解析的阶段，而要为意找一形而上的根源，乃建立其唯心之学。他说："心者，身之主也。而心之虚灵明觉，即所谓本然之良知也。其虚灵明觉之良知应感而动者谓之意。有知而后有意，无知则无意矣。知非意之体乎！"（《传习录》中《答顾东桥书》：一三七）《传习录》上在他和徐爱的问答中有一段极为扼要的陈述："'爱昨晓思，格物的物字，即是事字，皆从心上说。'先生曰：'然。身之主宰便是心，心之所发便是意，意之本体便是知，意之所在便是物。如意在于事亲，即事亲便是一物；意在于事君，即事君便是一物；意在于仁民爱物，即仁民爱物便是一物；意在于视听言动，即视听言动便是一物。所以某说无心外之理，无心外之物。《中庸》言不诚无物，《大学》明明德之功，只是个诚意；诚意之功，只是个格物。'"（《传习录》上：六）

物之意义既如上述，阳明又训格为正，如此做格物工夫乃由外而内，由博返约，实不外乎致良知的工夫。① 良知重在建立心的主宰，与外在见闻之无限追求了无相涉。知若指的是良知，则知行合一之观念既顺适且必然，故曰：

> 知之真切笃实处，即是行。行之明觉精察处，即是知。知行工夫本不可离，只为后世学者分作两截用功，失却知行本体，故有合一并进之说。真知即所以为行，不行不足谓之知。……专求本心，遂遗物理，此盖失其本心者也。夫物理不外于吾心，外吾心而求物理，无物理矣！遗物理而求吾心，吾心又何物邪？心之体，性也，性即理也。故有孝亲之心，即有孝之理，无孝亲之心，即无孝之理矣；有忠君之心，即有忠之理，无忠君之心，即无忠之理矣；理岂外于吾心邪？晦庵谓人之所以为学者，心与理而已！心虽主乎一身，而实管乎天下之理；理虽散在万事，而实不外乎一人之心。是其一分一合之间，而未免已启学者心理为二之弊。此后世所以有专求

---

① 参见《传习录》下：三一七，该条对此意有很透彻的分析。

本心，遂遗物理之患，正由不知心即理耳！夫外心以求物理，是以有暗而不达之处。此告子义外之说，孟子所以谓之不知义也。心一而已，以其全体恻怛而言，谓之仁；以其得宜而言，谓之义；以其条理而言，谓之理。不可外心以求仁，不可外心以求义，独可外心以求理乎？外心以求理，此知行之所以二也。求理于吾心，此圣门知行合一之教，吾子又何疑乎？（《传习录》中《答顾东桥书》：一三三）

如此阳明致良知、心即理、知行合一之说一贯而下，将数百年来学者支离外逐的陋习一扫而空。质诸阳明的生平，所谓"良知之说，从百死千难中得来"，洵非虚语。其拔本塞源之论，非于道德真有体验实证者，不能出此。无怪乎陈荣捷先生译《传习录》为英文时，于其导言之中盛赞王阳明之深于道德睿见。

三、阳明唯心哲学的第二义："人是天地的心"之阐释

如阳明的心学只限于我们在上节所阐述的那些思想，则王学与朱学虽仍有尊德性与道问学的入手之差异，可以引起一些争论，但因其理路显豁，可以引起误解之处并不多。但阳明的心学并不仅为一道德哲学，而有其认识论与宇宙论的意蕴。由于阳明立言不够善巧，而读者也未能善解其意，所以引起许多不必要的误解与批评，使得其学之实义反被掩埋。本节的工作即是要针对这一问题详加解析，以剖明其理论效果。

就阳明在南镇的那一段答问看来（参见《传习录》下：二七五），显然是一认识论的反省，似与上节所谈的道德体验并无直接关联。由此可见，阳明哲学的主要进路虽是道德体验，但其理论效果却不止于道德伦理的范围。由于南镇的这一段答问过于简截，不易由之看出阳明哲学的实义，故先由解析其他资料着手，而后再回头来审查其理论效果。且让我们先来检讨被侯外庐辈所举证为唯我主义的那一段谈话。（参见《传习录》下：三三七）侯辈的批语是："在'天地……万物，千古见在'与'我的灵明便是天、地、鬼、神的主宰'之间存在着不可调和的矛盾。对于这一矛盾，王阳明用极其武断的诡辩来掩盖起来了，他说，人死以后，他的天地万物也都不存在了，这是躲避问题，问的是'天地……万物，千古见在'，答时却加了'他的'二字，这分明是答非所问了。同时，王阳明的所谓'答'也是不值一驳的，在人类的历史发展的长流中，无数辈人死去了，然而大地山河却依然存在着！"①

阳明岂不知道在人死后大地山河依然存在的事实，他特别标举出"他的"二字，实有深意存在；侯外庐辈未能了解其意，乃攻击之为"诡辩"，为"躲避问题"。这一番意思本也不容易说得清楚，所幸现代存在主义哲学者发展出"在世界中之存有"(being-in-the-world)的观念，例如海德格尔指出，人之既生，被投掷在那里，他与他的世界一方面是一互相对立的关系，另一方面又是一互相依存的关系。个人的世界一方面为他自己所专有，另一方面却又可以与他人的世界

---

① 侯外庐：《中国思想通史》，第四卷，下册，886页。

互相沟通。由此可见,"世界"乃一意义结构,并非死体。它的所谓客观,乃与人的主观相对待。到人的主观没有了,它的客观也就没有意义。故个人生时,他的世界虽不能听他随意驱遣,但到他死后,这一世界结构也就重归于寂,他人的世界决没有与这一世界完全相同的。自当代现象学的潮流兴起,素朴实在论的思想彻底倒塌,阳明在近五百年前即有了这样的思路的种子,其卓识甚不可及,侯外庐辈的结语是由素朴实在论的思想观点出发,这才是真正的头脑简单(naive),不值一驳。

但我们这样释阳明是否有据呢?在《传习录》中尽可找到许多证据,例如阳明说:

> 这视听言动,皆是汝心。汝心之视,发窍于目;汝心之听,发窍于耳;汝心之言,发窍于四肢;若无汝心,便无耳目口鼻。所谓汝心,亦不专是那一团血肉,若是那一团血肉,如今已死的人,那一团血肉尚在,缘何不能视听言动?所谓汝心,却是那能视听言动的,这个便是性,便是天理。有这个性,才能生这性之生理,便谓之仁。这性之生理,发在目,便会视,发在耳,便会听,发在口,便会言,发在四肢,便会动,都只是那天理发生,以其主宰一身,故为之心。这心之本体原只是个天理,原无非礼。这个便是汝之真己,这个真己,是躯壳的主宰。若无真己,便无躯壳,真是有之即生,无之即死。汝若真为那个躯壳的己,必须用着这个真己,便须常常保守着这个真己的本体。(《传习录》上:一二二)

由这一段谈话，我们可以看得清清楚楚，阳明何尝否认"已死的人，那一团血肉尚在"，阳明之所谓"无耳目口鼻""无躯壳"岂是在说人死以后这些东西忽然化为乌有那种违背常识的话。考阳明之意似谓耳不能听则不能谓之耳，目不能视则不能谓之目，躯壳之无主宰也不能谓之躯壳。如此阳明下一"无"字，便没有任何吊诡可言。顺常识说话，当然不能说人死以后便无耳目口鼻、无躯壳、无世界。但阳明另辟蹊径，其体会自较常识的进路深刻得多。就阳明的看法，不只一个死的物质宇宙没有意味，更进一层说，这个宇宙从来就是活泼泼的，根本没有死物存在于其中。此所以他要用"事"来界定"物"。而事有粗有精，就精微处来说，则天地之间只是一个感与应而已！这样谈感与应，并不是神话。众人所见只是成为形躯以后的粗重相，而儒者哲人乃必须省察到感应之机，这才可以谈内圣的修养工夫。这样看来，阳明的认识论、形上学仍与他的道德体验打成一片，两下不可分割。兹再就其理论效果略为申论如下。

不只个人的世界随个人生命的终结而归于寂，就在个人也常经历不同的世界。阳明在《传习录》中有一段很有趣的谈话：

> 人一日间，古今世界都经过一番，只是人不见耳。夜气清明时，无视无听，无思无作，淡然平怀，就是羲皇世界。平旦时，神清气朗，雍雍穆穆，就是尧舜世界。日中以前，礼仪交会，气象秩然，就是三代世界。日中以后，神气渐昏，往来杂扰，就是春秋战国世界。渐渐昏夜，万物寝息，景象寂寥，就是人消物尽世界。学者信得良知过，不为气所乱，便常做个羲皇以上人。（《传

习录》下：三一一）

存在主义者只描写人的世界架构，但儒者如王阳明就必须在这些世界之中作拣别选择的工夫，其中自有规范可循。人如相应于天理是一番世界，相应于人欲又是一番世界；相应于道心是一番世界，相应于人心又是一番世界。但人心、道心并非二源，阳明曰：

> 心一也。未杂于人，谓之道心，杂以人伪，谓之人心。人心之得其正者即道心，道心之失其正者即人心，初非有二心也。程子谓人心即人欲，道心即天理，语若分析，而意实得之。今曰道心为主，而人心听命，是二心也。天理人欲不并立，安有天理为主，人欲又从而听命者。（《传习录》上：十）

依阳明之见，儒家所重乃在建立心的主宰，并非佛氏所谓断灭种性，入于槁木死灰之谓。故一方面必须分辨良知与见闻，而另一方面，"良知不由见闻而有，而见闻莫非良知之用，故良知不滞于见闻，而亦不离于见闻"（《传习录》中《答欧阳崇一书》：一六八）。又曰"至善是心之本体，只是明明德到至精至一处便是，然亦未尝离却事物"（《传习录》上：二）。

综上所论，圣贤的世界与常人的世界是隔离得很远；常人崇尚功利，去道日远，而圣人之心，以天地万物为一体，其视天下犹一家，中国犹一人焉。然而在另一方面，"天下之人心，其始亦非有异于圣人也。特其间于有我之私，隔于物欲之蔽，大者以小，通者以塞，人各有心，至有视其父子兄弟如仇雠者。圣人有忧之，是以推其天地万物一体之仁以教天下，使之皆有以克其私，去其蔽，以复其心体之同然"（《传习录》中《答顾东桥书》：一四二）。所谓"恶人之心，失其本体"，意即良知失其主宰的地位，相应于一私欲宰制往来杂扰的世界，非谓恶人即真无良知也。盖"良知者，心之本体，即前所谓恒照者也。心之本体，无起无不起。虽妄念之发，而良知未尝不在，但人不知存，则有时而或放耳；虽昏塞之极，而良知未尝不明，但人不知察，则有时而或蔽耳。虽有时而或放，其体实未尝不在也，存之而已耳；虽有时而或蔽，其体实未尝不明也，察之而已耳"（《传习录》中《答陆原静书》：一五二）。阳明另外还有一段极警策的话："未发之中，即良知也，无前后内外，而浑然一体者也。有事无事，可以言动静，而良知无分于有事无事也。寂然感通，可以言动静，而良知无分于寂然感通也。动静者所遇之时，心之本体固无分于动静也。理，无动者也，动即为欲。循理，则虽酬酢万变，而未尝动也。从欲，则虽槁心一念，而未尝静也。动中有静，静中有动，又何疑乎。有事而感通，固可以言动，然而寂然者未尝有增也；无事而寂然，固可以言静，然而感通者未尝有减也。动而无动，静而无静，又何疑乎，无前后内外，而浑然一体，则至诚有息之疑，不待解矣。"（《传习录》中，《答陆原静书》：一五七）这还是在体验上立论，但却可以有其认识论与形上学的意蕴。阳明在南镇观花，是"寂然感通……动静者所遇之时"事，若就心之本体言之，则寂照何异，而寂也照也，又何尝离却心之本体，此阳明南镇谈话的真意，惜其言简而意赅，所以每不易为人所了解。

　　现在我们再略为讨论唯我主义的问题。唯我主义的困难在于在认识论上取经验主义的进路，以个人的感官知觉为唯一知识的来源，乃产生佩里（R. B. Perry）所谓"自我中心的难局"(ego-centric predicament)。但阳明是儒家的传统，从来不可以个人的感官知觉为唯一知识的来源，不知如何与贝克莱的主观唯心论所引出的唯我主义的问题牵合得上。阳明的痛切工夫乃在去私蔽，复其心体之同然。仁者之心既与天地万物为一体，怎可与小人之间形骸而分尔我者混为一谈。阳明的问题根本非一纯认识论上在我以外还有没有人、有没有世界的问题，他的问题在有了人有了世界，吾人是否可以仁为主导原则而与众人世界成为一体。此心一方面自立主宰，另一方面随感随应，并无特定的内容可以枯守。故阳明说："目无体，以万物之色为体；耳无体，以万物之声为体；鼻无体，以万物之臭为体；口无体，以万物之味为体；心无体，以天地万物感应之是非为体。"（《传习录》下：二七七）此心既与天地万物感应之是非息息相通，如何谓之为唯我？岂非驴头不对马嘴！

由此可见，一定要把阳明心学解为主观唯心论的见解，这是断章取义不善读书之过。我们通常只注意阳明谈论心，而不注意阳明谈论性。事实上阳明从未违背儒家自孟子谈良知到《中庸》肯定"天命之谓性"的一贯的传统。他说："良知者，孟子所谓是非之心，人皆有之者也。是非之心，不待虑而知，不待学而能，是故谓之良知，是乃天命之性，吾心之本体自然灵昭明觉者也。"（《大学问》）在《传习录》中也载有一段问答："惟乾问：'知如何是心之本体？'先生曰：'知是理之灵处，就其主宰处说，便谓之心，就其禀赋处说，便谓之性。孩提之童，无不知爱其亲，无不知敬其兄，只是这个灵能不为私欲遮隔，充拓得尽，便完完是他本体，便与天地合德。自圣人以下，不能无蔽，故须格物以致其知。'"（《传习录》上：一一八）阳明既谈天命，谈禀赋，可见人是受于天，并非自我作古，而其言必称圣人，可见我之外有圣人，且圣人为我所不能及，也为我终身之楷模。这种儒家形态的形上基设与唯我主义之只能肯定一个自我的说法怎么可以拉得上关系？人们只是抓到一句话头："今看死的人，他这些精灵游散了，他的天地万物尚在何处？"根本不了解这段话的意思，就硬说王阳明是主观唯心论、唯我主义，这样的态度何其草率！

但本节末段既提出"天"的观念，必须对其详加解析，才能透彻了解王阳明的所谓唯心哲学的全副意蕴。关于这一件工作，我们将留待下一节来做。

四、阳明唯心哲学的第三义： "良知是造化的精灵"之阐释

阳明既依儒家的传统谈"存天理，去人欲"，则天理俨然为一规范或标准，又谈天命，此皆涵摄对于天之了解。而儒家的大统也确肯定人对天有真切的了解。就阳明的体验来说，能透彻地致良知，也就能透彻地知天，在这一义下，人在物之中确占一极特殊的地位。但依阳明的思想线索，人并非无条件地知天。虽然人人都有良知的禀赋，但若人顺躯壳起念，失其本体，认贼作子，则对于天也就不能有真确的认知或了解。由此可见，人对天的知识既非通过归纳，也非通过演绎的步骤得来。要归纳则无共认的事例为凭借，要演绎也无共

许的公理作依据。人要知天,首先必须做修养工夫,变化气质,与自己存在的最深处相应,才有实得。这样建立的真理是体验的真理,在经验的层次上既不能肯定,也不能否定。而儒家于此却充满了自信,好像是玄,也好像是怀抱着一种很独断的态度。但人只要肯做修养工夫,肯去放开心怀体证,自然有所如实相应,并非玄谈,此种体证既然人人可以奋勉而得,可以对证,也就无所谓独断。儒家于此是有一形而上之体验,但其形上学的进路不是概念式的,乃是体验式的,这是中土儒学所开创出来的一条极独特的途径。到了体验真切之时,乃如赤日当空,纤毫毕露,却又不离日用行常,一无吊诡可言。但用寻常话语说来,却是千言万语说它不尽,正如阳明所谓:"人心天理浑然,圣贤笔之书,如写真传神,不过示人以形状大略,使之因此而讨求其真耳。其精神意气,言笑动止,固有所不能传也。后世著述,是又将圣人所画,摹仿誊写,而妄自分析加增,以逞其技,其失真愈远矣。"(《传习录》上:二十)

就修养工夫说,阳明解孟子,以"尽心知性知天,是生知安行事;存心养性事天,是学知利行事;夭寿不贰,修身以俟,是困知勉行事"①。这样划分成为三级:圣人、贤人与学者。但就性分上说,则圣凡无异,看阳明所举金之成色之例可知(参见《传习录》上:九九、一〇七),所谓"一两

---

① 《传习录》上:六,又见《传习录》中《答顾东桥书》:一三四。牟宗三先生在谈话中谓阳明在此处硬要分为三段,甚为别扭,我也深具同感。尽心知性知天也未始不可以解释作一种工夫或方向之指引。但朱子把这三段一定要讲作格致,诚意正心修身,与知至仁尽,也同样无道理。这些处不宜讲得如此死煞,阳明把朱子的程序倒转了过去,却不知也犯了同样的毛病,甚不可取。又,参见牟宗三:《从陆象山到刘蕺山》,23页。

之金，比之万镒，分两虽悬绝，而其到足色处，可以无愧，故曰人皆可以为尧舜者，以此"(《传习录》上：九九)。圣人固然与天不隔，而学者也可奋勉而得。且人不知天则已，既知天即是全副地知，无所亏欠。在《传习录》中有一段记载说：

> 黄以方问："先生格致之说，随时格物以致其知，则知是一节之知，非全体之知也，何以到得溥博如天，渊泉如渊地位？"先生曰："人心是天渊。心之本体，无所不该，原是一个天，只为私欲障碍，则天之本体失了；心之理无穷尽，原是一个渊，只为私欲窒塞，则渊之本体失了。如今念念致良知，将此障碍窒塞，一齐去尽，则本体已复便是天渊了。"乃指天以示之曰："比如面前见天，是昭昭之天。四外见天，也只是昭昭之天。只为许多房子墙壁遮蔽，便不见天之全体，若撤去房子墙壁，总是一个天矣。不可道眼前天是昭昭之天，外面又不是昭昭之天也。于此，便见一节之知，即全体之知，全体之知，即一节之知，总是一个本体。"(《传习录》下：二二二)

但此处所谓知，乃见道语，与吾人之经验见闻之知无涉，故阳明说：

> 圣人无所不知，只是知个天理，无所不能，只是能个天理。圣人本体明白，故事事知个天理所在，便去尽个天理。不是本体明后，却于天下事物，都便知得，便做得来也。天下事物，如名物度数、草木鸟兽之类，不胜其烦。圣人须是本体明了，亦何缘能尽知得。但不必

知的，圣人自不消求知，其所当知的，圣人自能问人，如子入太庙每事问之类。先儒谓虽知亦问，敬谨之至，此说不可通。圣人于礼乐名物不必尽知。然他知得一个天理，便自有许多节文度数出来，不知能问，亦即是天理节文所在。(《传习录》下：二二七)

阳明明白了当地否定圣人全知，这是何等爽利的手段。圣人所把握的是天的本体、天的神用，并非天的化迹。故阳明说：

> 道无方体，不可执著，却拘滞于文义上求道，远矣。如今人只说天，其实何尝见天。谓日月风雷即天，不可。谓人物草木不是天，亦不可。道即是天。若识得时，何莫而非道。人但各以其一隅之见，认定以为道止如此，所以不同。若解向里寻求，见得自己心体，即无时无处，不是此道，亘古亘今，无终无始，更有甚同异。心即道，道即天，知心则知道知天。又曰：诸君要实见此道，须从自己心上体认，不假外求始得。(《传习录》上：六六)

由此可见，人要把握天，必须通过内在的体证才行。心、良知与天理的关系是："心之官则思，思则得之，思其可少乎。沉空守寂，与安排思索，正是自私用智，其为丧失良知，一也。良知是天理之昭明灵觉处，故良知即是天理。思是良知之发用。"(《传习录》中《答欧阳崇一书》：一六九) 又说："天理在人心，亘古亘今，无有终始。天理即是良知，千思万虑，只是要致良知。"(《传习录》下：二八四)

良知与天的关系，阳明曾明白规定如下："先天而天弗违，天即良知也。后天而奉天时，良知即天也。"(《传习录》

下：二八七）由上半句可以立形而上学，由下半句可以立道德修养工夫。大抵儒家喜欢谈的是修养工夫，因为这一方面切近实际，比较容易凑泊得上。人的行为若循天理，则无过无不及，也无所偏倚，且不着一分意思，乃返归良知的中和。（参见《传习录》上：四四、七六、一〇一，《传习录》下：三〇四诸条。）但体验既真，乃也未始不可以谈性与天道。然这一方面的谈论不免于惊奇骇俗，不必为世情所喜，所以阳明也不赞成用来接引初学，诚恐学者好高骛远，玩弄光景，或只是在知解上转，无实得也。但就儒家的义理结构而言，则必有天道论之一环。既然先天而天弗违，天即良知，也未始不可以直下对天作有意义的讨论。考阳明之意，大率谓良知虽内在于人，然性原于天，尽心知性即所以知天，天既呈现于天理，绝非漫荡而无所归，故也绝非绝对不可得而闻也。阳明的根本体证是天人之间有一种相应关系，他说：

> 天地气机，元无一息之停，然有个主宰，故不先不后，不急不缓，虽千变万化，而主宰常定。人得此而生，若主宰定时，与天运一般不息，虽酬酢万变，常是从容自在，所谓天君泰然，百体从令。苦无主宰，便只是这气奔放，如何不忙。（《传习录》上：一〇四）

人的主宰是良知，天地的主宰何尝不是良知。在这一意义下，良知即是天地的本体，它不只具有认识论的意义，同时也具有存有论的意义。了乎此，则阳明所说许多似古怪的话头都可得其解。例如他说：

> 良知是造化的精灵。这些精灵，生天生地，成鬼成帝，皆从此出，真是与物无对。人若复得他，完完全

全，无少亏欠，自不觉手舞足蹈，不知天地间更有何乐可代。(《传习录》下：二六一)

如此，良知之为存有本体明矣！它不只是认识原理，同时也是创生原理、实现原理。良知既为心之本体，换句话说，也可以说心存有本体，在此义下，阳明确是一唯心论者。但这样的唯心论，不只与贝克莱的主观唯心论无关，并且与西式种种形态的唯心论都有差别，因其由道德体验工夫入手，而表现儒家思想之一特殊形态。阳明对体的了解与传统《易》《庸》对体的了解并无差别。且看下面这一段问答：

> 问先儒谓鸢飞鱼跃，与必有事焉同一活泼泼地。先生曰："亦是天地间活泼泼地无非此理，便是吾良知的流行不息。致良知，便是必有事的工夫，此理非惟不可离，实亦不得而离也。无往而非道，无往而非工夫。"(《传习录》下：三三一)

他又说：

> 诚是实理，只是一个良知。实理之妙用流行就是神，其萌动处就是几。诚神几曰圣人。(《传习录》下：二八一)

> 良知即是易，其为道也屡迁，变动不居，周流六虚，上下无常，刚柔相易，不可为典要，惟变所适，此知如何捉摸得，见得透时，便是圣人。(《传习录》下：三四一)

阳明的特殊贡献只在他认定此体即是良知，故其本体论与修养论彻底打成一片，这在儒家的义理结构之下是一新的转进。故阳明必说心在物为理，心理合一，始无二本之病。他答复学者的问题："圣贤言语许多，如何却要打做一个？"曰："我不是要打做一个，如曰'夫道一而已矣'，又曰'其为物不二，则其生物不测'，天地圣人皆是一个，如何二得？"（《传习录》下：三二二）

由这一段问答可见，阳明只是把传统儒家的义理弄得精熟，而在概念上有所创进罢了。宇宙万象，看似繁杂，其实就体上了解则不外一理，故曰："万象森然时，亦冲漠无朕，冲漠无朕，即万象森然。冲漠无朕者一之父，万象森然者精之母。一中有精，精中有一。"（《传习录》上：八二）

而此体在阳明看即是良知，阳明曾明白指出："夫良知一也，以其妙用而言，谓之神，以其流行而言，谓之气，以其凝聚而言，谓之精，安可形象方所求哉？"（《传习录》中《答陆原静书》：一五四）

阳明对宇宙论之反省莫详于其致陆原静之二书。其中可注意的是他的理气一元论。他说：

> 精一之精，以理言，精神之精，以气言。理者气之条理，气者理之运用，无条理则不能运用，无运用，则亦无以见其所谓条理者矣。精则精，精则明，精则一，精则神，精则诚；一则精，一则明，一则神，一则诚，原非有二事也。（《传习录》中《答陆原静书》：一五三）

这样的看法自与朱子的理气二元论有很大的差别。依阳明，则精气神皆不外乎良知，无怪乎把握良知即把握到天地造物之奥妙，故阳明咏良知诗谓："无声无臭独知时，此是乾坤万有基。"

就世间之表象言，则有真妄、寂照、动静、阴阳等等的差别，但就本体而言，则唯一良知。故曰：

> 良知者，心之本体，即前所谓恒照者也。心之本体，无起无不起，虽妄念之发，而良知未尝不在，但人不知存，则有时而或放耳；虽昏塞之极，而良知未尝不明，但人不知察，则有时而或蔽耳。虽有时而或放，其体实未尝不在也，存之而已耳；虽有时而或蔽，其体实未尝不明也，察之而已矣。若谓良知亦有起处，则是有时而不在也，非其本体之谓耳。（《传习录》中《答陆原静书》：一五二）

如此则可以谈体用一源，动静一如，对此阳明都有极透辟的议论：

> 未发之中，即良知也，无前后内外，而浑然一体者也。有事无事，可以言动静，而良知无分于有事无事也。寂然感通，可以言动静，而良知无分于寂然感通也。动静者所遇之时，心之本体固无分于动静也。理无动者也，动即为欲。循理，则虽酬酢万变，而未尝动也。从欲，则虽槁心一念，而未尝静也。动中有静，静中有动，又何疑乎。有事而感通，固可以言动，然而寂然者未尝有增也。无事而寂然，固可以言静，然而感通者未尝有减也。动而无动，静而无静，又何疑乎。无前后内外，而浑然一体，则至诚有息之疑，不待解矣。未发在已发之中，未尝别有未发者在。已发在未发之中，而未发之中未尝别有已发者存。是未尝无动静，而不可以动静分者也。（《传习录》中《答陆原静书》：一五七）

这又是通过内在的体验去把握本体之一例。无此体验，也自无法谈什么本体了。他又说：

> 太极生生之理，妙用无息，而常体不易。太极之生生，即阴阳之生生。就其生生之中，指其妙用无息者而谓之动，谓之阳之生，非谓动而后生阳也。就其生生之中，指其常体不易者而谓之静，谓之阴之生，非谓静而后生阴也。若果静而后生阴，动而后生阳，则是阴阳动静，截然各自为一物矣。阴阳一气也，一气屈伸而为阴阳；动静一理也，一理隐显而为动静。春夏可以为阳为动，而未尝无阴与静也；秋冬可以为阴为静，而未尝无阳与动也。春夏此不息，秋冬此不息，皆可谓之阳，谓之动也。春夏此常体，秋冬此常体，皆可谓之阴，谓之静也。自元会运世岁月日时以至刻秒忽微，莫不皆然，所谓动静无端，阴阳无始，在知道者默而识之，非可以言语穷也。若只牵文泥句，比拟仿像，则所谓心从法华转，非是转法华矣。（《传习录》中《答陆原静书》：一五七）

良知既为形上本体，则阳明可以说：

> 人的良知，就是草木瓦石的良知。若草木瓦石无人的良知，不可以为草木瓦石矣。岂惟草木瓦石为然，天地无人的良知，亦不可为天地矣。盖天地万物，与人原是一体，其发窍之最精处，是人心一点灵明。风雨露雷，日月星辰，禽兽草木，山川土石，与人原只一体，故五谷禽兽之类，皆可以养人，药石之类，皆可以疗疾，只为同此一气，故能相通耳。（《传习录》下：二七四）

此地所谓人的良知，不可以从认识论的观点去了解，否则立构成一诡论。考阳明之意，实谓良知既为万事万物本体，彼又内在于人而为其性，人的良知在此与天地的良知即是一个，故也可以说为万事万物的良知。此段与前所引"我的灵明，便是天地鬼神的主宰"同一理论效果。此处阳明的立言是不够善巧，所谈的论域未经界划，乃有唯我主义的误解，但既了解其立论之根据，乃知这是无谓的缭绕。知良知为体，则良知自然通死生昼夜（参见《传习录》上：一二六，《传习录》下：二六七诸条），阳明的似乎奇诡之论乃失去其奇诡性了。他的《大学问》也乃得到一坚实的形而上学的基础。

总之，阳明断定："良知是天理之昭明灵觉处，故良知即是天理，思是良知之发用，若是良知发用之思，则所思莫非天理矣。"（《传习录》中《答欧阳崇一书》：一六九）阳明这一套看法，自有其本体论、宇宙论、修养论的一贯理论效果。如能把这些思想的层次一一界划清楚，他的说法自然明白简易，并无吊诡处。

根据以上三节的分析，我们把握到阳明唯心哲学的三层意蕴，我们自可以只接受其第一义，而否定其余二义，也可以接受其前二义，而否定其第三义。但就阳明本身的思路来看，则三义一贯而下，十分顺适。我们能否接受阳明的说法是一回事，但阳明的这一套显然言之成理，持之有故，并有对人道与天道的深刻体验为基础。这与人们误解他的那些论点无关，也看不出有任何浅陋幼稚的地方。故特不惮其烦，寻章摘句尽量引用阳明本人的话而加以再阐释，以期还出他这一套思路的理论根据及分际。

五、阳明"四句教"的再阐释

讨论阳明心学而不谈到他的"四句教"似乎不够完备，也嫌对于他的心的观念的理解交代得不够清楚，故另辟一节，对于这一问题略加解析。关于这"四句教"，在《传习录》中有如下的记载：

> 丁亥年九月，先生起复征思田。将命行时，德洪与汝中论学。汝中举先生教言曰："无善无恶是心之体，有善有恶是意之动，知善知恶是良知，为善去恶是格物。"德洪曰："此意如何？"汝中曰："此恐未是究竟话头。若说心体是无善无恶，意亦是无善无恶的意，知亦是无善无恶的知，物亦是无善无恶的物矣。若说意有善恶，毕竟心体还有善恶在。"德洪曰："心体是天命之性，原是无善无恶的，但人有习心，意念上见有善恶在，格致诚正修，此正是复那性体工夫。若原无善恶，功夫亦不消说矣。"是夕，侍坐天泉桥，各举请正。先生曰："我今将行，正要你们来讲破此意。二君之见，正好相资为用，不可各执一边。我这里接人，原有此二种。利根之人，直从本源上悟入人心，本体原是明莹无滞的，原是个未发之中。利根之人，一悟本体，即是功夫人，已内外一齐俱透了。其次不免有习心在，本体受蔽，故且教在意念上实落为善去恶，功夫熟后，渣滓去得尽时，本体亦明尽了。汝中之见，是我这里接利根人的，德洪之见，是我这里为其次立法的，二君相取为用，则中人上下，

皆可引入于道。若各执一边，眼前便有失人，便于道体各有未尽。"既而曰："以后与朋友讲学，切不可失了我的宗旨：无善无恶是心之体，有善有恶是意之动，知善知恶的是良知，为善去恶是格物。只依我这话头，随人指点，自没病痛。此原是彻上彻下功夫。利根之人，世亦难遇，本体功夫，一悟尽透，此颜子、明道所不敢承当，岂可轻易望人。人有习心，不教他在良知上实用为善去恶功夫，只去悬空想个本体，一切事为，俱不着实，不过养成一个虚寂，此个病痛，不是小小，不可不早说破。"是日，德洪、汝中俱有省。（《传习录》下：三一五）

《年谱》所载与《传习录》无大出入，大概俱为钱德洪所记。此外《龙溪集》有《天泉证道记》也载此事，则有出入，既谓"四无说"不可轻以示人，又不提"四有说"为彻上彻下之教。① 我同意牟宗三先生的看法，以德洪所记较近师门之教。② 至黄宗羲《明儒学案》疑"四句教"为阳明未定之见，钱穆先生自考据观点指出梨洲的论据至为薄弱。③ 如果《传习录》与《年谱》所记确为阳明教法，我们这里的工作是就阳明的理论间架看出"四句教"立言的根据与意义。

大体梨洲所疑是"四句教"的第一句，他说蕺山先师尝疑阳明天泉之言与平时不同，平时每言至善是心之本体，有时说无善无恶者理之静，亦未尝径说无善无恶是心之体。梨

---

① 关于这两种思想形态的差别，牟宗三先生在《心体与性体》之中论之详矣，读者请予参看。
② 参见牟宗三：《王阳明致良知教》，64～71页。
③ 参见钱穆：《王守仁》，97～100页。梨洲以"四句教"出自龙溪，并引邹东廓《青原赠处记》言之不同为证。钱先生指出，"四句教"非龙溪一人私见，吾人只应以绪山语校东廓，不应以东廓语疑绪山。

洲这种怀疑是无据的。我们试检阅阳明谈无善无恶理之静在《传习录》的原文，阳明是这样说的："无善无恶者理之静，有善有恶者气之动，不动于气即无善无恶，是谓至善。"(《传习录》上：一〇一) 阳明本人既明言，不动于气，即无善无恶，是谓至善，可见阳明显然未像梨洲那样把无善无恶与至善看作截然不同的两件事。其实阳明与薛侃的这一段话中已把他所谓无善无恶的意思说得很明白透彻。薛侃疑佛氏亦无善无恶，何以异？阳明的答语是："佛氏着在无善无恶上，便一切都不管，不可以治天下。圣人无善无恶，只是无有作好，无有作恶，不动于气，然遵王之道，会其有极，便自一循天理，便有个裁成辅相。"(《传习录》上：一〇一) 又说："不作好恶，非是全无好恶，却是无知觉的人；谓之不作者，只是好恶一循于理，不去又着一分意思，如此即是不曾好恶一般。""诚意只是循天理，虽是循天理，亦着不得一分意，故有所忿懥好乐，则不得其正，须是廓然大公，方是心之本体，知此即知未发之中。"(《传习录》上：一〇一) 阳明在他处又说："为学工夫有浅深，初时若不着实用意去好善恶恶，如何能为善去恶，这着实用意，便是诚意。然不知心之本体，原无一物，一向着意去好善恶恶，便又多了这分意思，便不是廓然大公。《书》所谓无有作好作恶，方是本体，所以说有所忿懥好乐，则不得其正。正心只是诚意工夫里面当自家心体，常要鉴空平衡，这便是未发之中。"(《传习录》上：一一九) 阳明这些话的意思实在至为显豁。到了至善的境地，必定连为善的念头也不着始得，否则就还有一个功利的心在作祟，则未臻至善境地。阳明在修证工夫之上实有极深体验。《传习录》内还有以下两条可以参证：

> 先生尝语学者曰:"心体上着不得一念留滞,就如眼着不得些子尘沙。些子能得多少,满眼便昏天黑地了。"又曰:"这一念不但是私意,便好的念头亦着不得些子,如眼中放些金玉屑,眼亦开不得了。"(《传习录》下:三三六)

> 黄勉叔问:"心无恶念时,此心空空荡荡的,不知亦须存个善念否?"先生曰:"既去恶念,便是善念,便复心之本体矣。譬如日光被云来遮蔽,云去光已复矣。若恶念既去,又要存个善念,即是日光之中添燃一灯。"(《传习录》下:二三七)

这些都是很具体活泼的说明,至善必定是无善无恶的。了乎此,乃可进一步了解阳明所谓善恶一物之说。

> 问:"先生尝谓善恶只是一物。善恶两端,如冰炭相反,如何谓只一物?"先生曰:"至善者,心之本体。本体上才过当些子,便是恶了,不是有一个善,却又有一个恶来相对也。故善恶只是一物。"直因闻先生之说,则知程子所谓善固性也,恶亦不可不谓之性。又曰善恶皆天理,谓之恶者,本非恶,但于本性上过与不及之间耳,其说皆无可疑。(《传习录》下:二二八)

阳明又有良知无知无不知之说,也还是同一条线上的思路。

> 先生曰:"无知无不知,本体原是如此。譬如日未尝有心照物,而自无物不照,无照无不照,原是日的本体。良知本无知,今却要有知。本无不知,今却疑有不知。只是信不及耳。"(《传习录》下:二八二)

由此可见，就阳明的系统来说，谓无善无恶心之体并无过错，理应如此。但龙溪必谓四无为实理，四有是权法，这却略失阳明的宗旨。若谈本性，当言四无，若论工夫，当言四有，两面不可偏废。阳明说："若论圣人大中至正之道，彻上彻下，只是一贯，更有甚上一截，下一截。一阴一阳之谓道，但仁者见之便谓之仁，知者见之便谓之智，百姓又日用而不知，故君子之道鲜矣！仁智岂可不谓之道。但见得偏了，便有蔽病。"（《传习录》上：四十九）这些议论虽非针对此一公案而发，即颇可以援用于此以见阳明之主不落两边为其一贯宗旨。盖天泉证道时，德洪与汝中各执一偏，阳明相机指点以四句为彻上彻下之教，兼摄顿渐之教，最后两面殊途同归，终于本体工夫打成一片，乃无偏颇之弊。① 后天的修养工夫适足以证成先天的心体，而先天的心体正所以为后天的修养工夫作形上根据。喜谈工夫的人固不可以遗了究竟体验，而喜论究竟的人也不可以轻忽工夫过程。

阳明的思想是属于体用兼顾的圆教形态，这也正是儒家思想的大方向。在《传习录》中有一段问答具有甚深意趣。

问："大人与物同体，如何《大学》又说个厚薄？"先生曰："惟是道理自有厚薄，比如身是一体，把手足捍头目，岂是偏要薄手足，其道理合如此。禽兽与草木同是爱的，把草木去养禽兽，又忍得。人与禽兽同是爱的，宰禽兽以养亲与供祭祀燕宾客，心又忍得。至亲与路人同是爱的，如箪食豆羹，得则生，不得则死，不能

---

① 唐君毅先生论阳明"四句教"谓：四句之第一句，须透过后三句而了解，方见其体用一源之旨。其说见所著：《中国哲学原论：原性篇》，435~451页。

两全,宁救至亲,不救路人,心又忍得。这是道理合该如此。及至吾身与至亲,更不得分别彼此厚薄。盖以仁民爱物,皆从此出,此处可忍,更无所不忍矣。《大学》所谓厚薄,是良知上自然的条理,不可逾越,此便谓之义。顺这个条理,便谓之礼。知此条理,便谓之智。终始是这条理,便谓之信。"(《传习录》下:二七六)

如果了解为何可以说同体,又可以同时说厚薄,说分限,这才能够全副体现儒家理一分殊、体用一源之旨。这才回到阳明心学的本旨:"虚灵不昧,众理具而万事出,心外无理,心外无事。"(《传习录》上:三十二)此心正因其虚灵不昧(理一,体),方才可以众理具而万事出(分殊,用)。这两面恰是相需相成的。

总之,阳明"四句教"讲的道理与他平时所论是一贯的,一点不突兀,本节所论与前面几节所论彼此是互相呼应的,殆无可疑。

六、阳明心学的渊源与评价

阳明之学自隶属于儒家思想的大传统,所尊也在四书五经,只是他的解释与当时所流行的官学或朱学大相径庭耳。论者每谓阳明心学之渊源在孟子与象山,此极显然,应无疑义。阳明自最得力于孟子,然孟子虽言良知良能,学问之道无他,求其放心而已矣,也有万物皆备于我的说法,然毕竟少谈心体,阳明于良知之为心体则有透彻的发挥,其学显然有进于孟子处。阳明思想也受到象山的启发,自象山开始才正式开辟心学的道路，故世称陆王之学。但阳明虽重刻《象山文集》，为之作序，以其"简易直截，直有以接孟子之传"，却对象山甚少征引，其原因在陆子之学略粗（参见《传习录》下：二〇五），不如干脆重新来过。说来也是有趣，阳明之学虽与朱学格格不入，其学始于格物新解，即以朱子为批评之对象，晚年写《大学问》，对其本身的体验自有更透彻的发挥，然其理论之规模却仍需要借朱学之对反而益显。在此义下，也可谓朱学为王学之一重要渊源。

至于王学与禅的关系，我们可以作以下分析。阳明与许多其他道学家一样出入二氏多年，而后才体会到吾道自足。要说他完全不受二氏的影响，这是不可能的。例如在《传习录》中阳明有些答问确实有些禅味，这是无可讳言的。宋明儒的哲学确系受到佛老的刺激，这才趋于精微。但说宋明儒学，尤其阳明的心学，曾受到佛家的影响，并不意味阳明乃是阳儒阴佛。两种思想的基本形态是截然有异的，关于这一点，牟宗三先生曾详论儒佛两种基本形态之不同，不用我在这里再多饶舌。① 此所以阳明还是不断批评佛说，此非有心立异，实在是有些体验虽仅有相同处，基本的体证却两下里不可以互相混同，所谓差之毫厘、谬以千里是也。我们可以了解道学家之所以力攻佛老，实在有其不得已的理由：对于相似法流有极深的恐惧之故。如此习以成风，乃至在儒家内部的争论之中也总喜欢斥对手为佛为禅。此处阳明虽仍辟佛，

---

① 参见牟宗三先生的《心体与性体》与《智的直觉与中国哲学》这两部大著。关于阳明与禅的关系问题，还可以参见陈荣捷先生以英文著的论文：Wing-tsit Chan, "How Buddhistic Is Wang Yang-ming?", *Philosophy East and West*, Vol. XII, No. 3 (1962), 203–214。

却承认俗儒醉心功利之流毒直把人赶到二氏的怀抱里去，至少公开承认佛家确有其吸引力在，此处阳明是比较大方。至阳明高弟王龙溪乃有三间屋之喻，对晚明流行的三教同源之说当有很大的影响。

至于王学的影响风靡一时，自不在小，而阳明在世之日已见到王学末流之病害。世每谓阳明只重良知，不重见闻，乃有蹈空之病。然阳明本人绝非空谈心性之辈，一生事功即可驳斥此等责难。良知与见闻之属两层，此不能不明白加以分殊，而且此一分殊也不自阳明始，儒家整个传统即重德性之知过于见闻之知，而未尝轻见闻，只是强调必须建立德性主宰耳。今日科学昌明之世，以朱夫子之未遗知解，乃每尊朱黜王，要阳明来负责我国三百年来不重视外在实测之学的病害，殊不知朱子又何尝真正谈的是经验科学层面的知识。而阳明所谈良知之学，本是外在经验知识以外之一层次，又何尝必定与之互相冲突。所谓体（形上）用（经验）一源本宜双管齐下才好，但这不是要人来混淆两边的层次。阳明坚持要把德性、见闻两下分殊开来，实有其不可磨灭的贡献在。今人不了解阳明心学为儒家内部义理架构之一应有发展，而每以不相干的外在标准加以痛诋，故不能不加以再阐释而为之辩。

第十章

朱子哲学思想的现代意义

一、引言

衡定一种哲学思想在历史上的地位，并不只具有历史的意义，它也有它现代的意义。克罗齐说，历史即哲学，这固然是过甚其词，却并不是完全没有道理。我们研究思想史，自决不容许我们去曲解过去历史的真相，尊重历史客观的证据是任何治史者必须遵守的第一天职。但思想的了解必牵涉到解释，而解释必牵涉到我们自己的视域。现代人已经清楚地了解到，完全客观的历史只是神话。卡西勒在《论人》中说，历史是属于解释学（Hermeneutics）的范围[①]，信然。伽达默尔（Gadamer）坚持，人不可能跳出自己的时代客观地来看历史[②]，这又落入了另一形态的极端。在历史中我们掌握到的客观普遍性，是通过了我们的主观以及时代的局限所把握

---

① Cf. Ernst Cassirer, *An Essay On Man*, p.195. 对解释学一般性之介绍，参见 Richard E. Palmer, *Hermeneutics*。
② Cf. Hans-Georg Gadamer, *Truth and Method*.

到的普遍客观性，也可说是一种辩证的客观性。卡西勒有决定性地驳斥了真理的模拟说（Copy Theory），因为如果知识是对于对象的模拟，那么人类根本没有知识，只有虚假。只有我们转换一个角度，才能看到人类知识的创造性；而人的知识的客观普遍性正是人的创造所收获的成果。①

从一个方面来说，我们既无法回到过去的时代，似乎永远无法了解过去时代的真相。然而从另一个方面来说，吊诡的是，康德就曾经说过，我们了解柏拉图，竟比柏拉图自己了解自己还要更清楚。其实说穿了，在这里并没有什么神秘可言。当事人往往看不见自己思想的理论效果，也不能够分别开自己的客观的认识和主观的向往。是历史给予了这些当事人看不到的答案。然而历史的过程永远没有一瞬刻的停息。所以每一个时代有每一个时代不同的苏格拉底的形象，却又没有一个是完全虚假的形象，它是各个不同时代所发掘出来的有关苏格拉底的真实。当然，我在这里决不是在散播历史相对主义的谬见。解释的手腕自有高有下，解释得不够善巧立刻可以产生误解，同时更有人在故意歪曲历史的真相。尤其是一些当权派，最喜欢篡改历史以屈从一人一党的私心，一时一刻的利害，历史家必须穿透这些烟雾，就自己的角度来还出历史客观的真相。

如果说历史家首要的职责是在如实地记述历史的真相，那么哲学家的职责却是要解析这些思想的预设，并培养心灵的慧识，而加以价值的评断。历史家自也不是不评断，但他所展示的是内在于历史本身的评断。哲学家却要把这样的评

---

① Cf. Ernst Cassirer, *An Essay On Man*, and *Philosophy of Symbolic Forms*, three volumes.

断外显化,提其神于太虚而俯之,才能得一合情合理的简择,建立崇高的理想,以寄望于未来。但评断以前必先了解,否则也就难免错误的评断。故治哲学者终不可以忽视思想史,而治思想史也终不甘只限于治思想史,而求有以跳越出去,作普遍性的哲学的论断。

我们研究朱子,也正碰到类似的问题。首先我们要确定朱子在中国思想史上的地位,然后我们要检讨朱子哲学思想的现代意义。而两方面又有彼此不可分割的紧密相连的关系。举例说,冯友兰《中国哲学史》以新实在论与柏拉图的观念来重新解释朱子,这已经证明是一种误释,对于中西哲学两方面都缺少深刻的认识所作的一种外在的比附。而冯氏自己造新理学,也就不是一种很好的融摄,当年即曾为业师陈康先生所讥:到了20世纪还犯了两千年前希腊人犯过的理(形上)事(形下)分离的错误。

再举例说,英人李约瑟以著《中国科技文明史》而蜚声国际,曾以朱子之宇宙论为一种有机自然观,接近于怀特海的思想,跳越过西方近代之机械自然观。① 对于当代几乎完全丧失自信的中国学人来说,闻李氏之伟论,不啻如打了一剂强心针,好像祖宗遗产之中居然还有这样的好东西,不觉与有荣焉。但朱子思想之中虽有这一环节,却非其中心思想所在,而且李约瑟对中国传统思想所取有一些错误的视域。他讲张载的气化论以其继承王充,而以太和为唯物论思想②,其

---

① Cf. Joseph Needham, *Science and Civilization in China*, Vol. II, 458, 472-485.

② Ibid., p.471. 李约瑟研究中国科技文明史,的确大有贡献,但他对中国哲学思想则有一些外行话,此不可以不察。

于宋儒之思想暌隔之情形可以想见。他不能清楚看到,横渠、朱子的思想都是宋代新儒者内圣之学的两个重要的分支,舍本就末,如何可以还出宋代哲学思想史的本来面目。李约瑟这样有影响力的思想家对于传统中国哲学的根本误解、轻重倒置的情形,有识者应该引以为忧才是,不意反倒色然而喜,现代中国知识分子这种识短、崇洋的现象,委实令人感到可哀。

我们如今确定朱子思想之本质为宋代新儒家心性(内圣)之学之一重要分支,还出了他在思想史上的真面目,始可以分辨出哪些是他应得之毁、应得之誉。我们从他思想的有缺失处乃知所以改进之道,而我们从他思想的有真知灼见处乃知所以传承甚至发扬光大之道,如此我们才可以检讨朱子哲学思想在现代的意义。以下分作形上学、践履论、宇宙论、知识论、政治论等五目来讨论此间所关涉到的种种理论效果。

二、由现代的观点看朱子建立道德形而上学之不足

朱子的本意是要建立一成德之学,他的入手方法是先假定了小学的涵养工夫,到了大学的阶段,不断格物穷理,久之自然可以到达一豁然贯通的境界。显然朱子所取的是一渐教的方式,我们目前的工作是,通过了西方哲学的洗礼,回过头来检查朱子的思想,看看采用了他的方式,能不能建立起一个坚稳的道德形上学的规模?不幸的是,我们似乎无法不对这个问题给予一个否定的答案。

西方的伦理思想发展到康德,可谓一重要的分水岭。康

德明白宣称，在经验知识、纯粹理性的范围之内，不能建立道德意志自由的观念。只有在实践理性的要求之下，始不能不肯定意志自由为基设（Postulate），否则人的自觉道德行为乃变为无意义。康德坚持假言命令（Hypothetical Imperative）与定言命令（Categorical Imperative）的分别，前者只是功利计算的考虑，后者才是真正道德行为的标志。康德又严分德俗学与德性学，前者是对于人的不同道德习俗的经验实然的学问，后者才是关于道德行为的超越普遍必然原则的探究。我们由经验实然的考察，决不能建立超越的道德原理。也就是说，我们经验知识的积累，并无助于我们对于道德主体的肯认。两者根本属于完全不同的层次。但康德的思想只能建立检讨道德行为成立之先验条件的道德底形上学（Metaphysics of Morals），然以其缺乏智的直觉的肯定，故终只能建立一道德的神学，而不能建立一道德的形上学（Moral Metaphysics），与儒家正统的心性论思想亦有别。[①]

康德以后的西方哲学，对于康德之肯定道德主体意志自由不免有所怀疑，但对于道德问题不能通过经验知识来解决的慧识却是紧守不渝，少有违逆者。英美分析哲学如逻辑实证论根本把道德问题摒弃到知识范围以外，而归之于情意所行境；日常语言分析则肯定道德语言的表意模式不同于知识语言的表意模式，而致力于所谓"后设伦理学"（Metaethics）的研究。欧陆的存在主义自克尔恺郭尔（Kierkegaard）开始，即宣称"主观性为真理"，萨特辈所强调的是，在一无客观凭借的情形下人的实存的抉择。问题的争点不是在科学的发明

---

① 参见牟宗三：《心体与性体》，第一册，134～189页。又参见下面第四节的论点。

如原子弹、现代医药等有没有道德上的相干性，而是说主导的道德原则不能直接由经验知识建立起来。由此可见，西方哲学也断定德性之知与见闻之知有本质上的差异，不可将二者混为一谈。

而朱子之病正在他之不能真正正视德性之知与见闻之知二者之间的差别。浮泛来说，朱子自亦非不知宋儒自横渠以来即有此一重要之差别，但却并不能真切地领略其意义，他教人即物穷理，总说一草一木，莫不有理，由这里开始，慢慢积累，久自有得。问题是在，这样的积累究竟得到的是怎样的知识？朱子在此乃根本缺少明白的分殊。考朱子之意，大概是说，一理化而为万殊；就分殊之事事物物去了解其分殊之理，其本身就是一件有意义的工作。但对分殊的理解积累得多了，然后观其会通，久之脱然自有贯通处。盖举凡然必有其所以然，而天地间生物最后之所以然超越的形而上的根据却不外即同一生理、生道。吾人之心必捕捉此理，才能找到其最后之安立之所。而人之所以能做到这一步则因为人心乃气之精爽者，其本质至虚至灵，故可以具万理而应万事。只要不断做后天的工夫，心静（涵养）理明（致知），克己复礼，然后可以克服人的气禀之杂、人欲之私，一依天理做去。故《语录》有曰：

> 礼是那天地自然之理。理会得时，繁文末节，皆在其中。礼仪三百，威仪三千，却只是这个道理。千条万绪，贯通来只是一个道理。夫子所以说吾道一以贯之，曾子曰忠恕而已矣是也。盖为道理出来处只是一源，散见事物都是一个物事做出来底。一草一木，与他夏葛冬裘、渴饮饥食、君臣父子、礼乐器数，都是天理流行，

> 活泼泼地，那一件不是天理中出来。见得透彻后，都是天理。理会不得，则一事各自是一事，一物各自是一物，草木各自是草木，不干自己事。(《语类》卷四一)

由此可见，朱子并非不知，要把握一贯之道，最后终必须经一异质的跳跃。但他的入手方法则必须先有一屋散钱，然后用一条索子穿起来，工夫才有落脚处；若只空有一条索，把什么来穿？

朱子这样的途径，看似平稳，其实忒没分晓。所以从游的学者问问题，亦每以外驰为病。而朱子本人则终不能面对这一问题。人心外驰，去把握一草一木之理，这样积累的乃是经验见闻之知。在这里找到条贯，翻上一层，成就的也只能是物理、化学、生物的系统科学知识，并不是朱子心目中所想象的超越的性理之知。而在道德的领域之内，用这样的方式，则只能训练人去合模，符合社会共许的外在规范，并不能建立真正的道德良知。了解熟悉这些规范如何运作，实在只是有关一个社会传统德俗的了解，并非真正有关德性的了解。两者之间还隔着一道鸿沟，并没有必然的关联性。

由此可见，朱子走顺取的途径，假定人自幼及长，有良好的德俗的训练，久而久之，就终必能建立德性的自觉，这是一种过分单纯的想法。事实上要建立这样的自觉，必须经历一逆觉体证，彻底由见闻之知、经验对象知识的模式翻出来，作一异质的跳跃，始有所得，否则若只是依样画葫芦，所立只不过是一套习熟足以自安的他律道德而已。如果朱子真能安于这样的他律道德自也罢了，但他显然是真要作自觉道德的工夫，所以他也必须道性善，说回复天理之本然，却又不肯正视在这里必须做的异质的跳跃的步骤，于是产生了一个不可解的难局。其实朱子已先预设了象山所说的本心，为学先立其大，但象山言之，他又攻之以为禅，无怪乎象山要斥他为不见道了。从这个角度来看，朱子可以说是新儒学内部的始教，所以多看到气禀之杂的害事，同时有强烈的外在宇宙论的兴趣。而象山可以说是新儒学内部的终教，当下体证到本心。但枝干虽实，而过分斩断枝蔓，乃不见儒学之丰富壮丽，也不能不显示出巨大的局限性。然象山确体证到心即理，朱子犹以理气二元的方式在本质上析心与理为二，故在终极的体验上确有一间之隔，不可讳言。

由现代的观点来衡量，现代人卑之无甚高论，于超越之性理、本心，或不容易凑泊得上，但却清楚地认识到，在经验科学知识的层次上，无法建立起道德本心，也无法建立起超越的形而上学。故在此处唯一剩下来的路即诉之于吾人内在本心的信念作异质之一跃（an act of leap of faith）。此处人必须作实存的抉择：是否打通或斩断自己与超越的关联，此则存乎其耳。然人之建立超越，绝非依凭外在理智之勾画，也非诉之于反理性之情意。蒂利希谓乃诉之于超理性（Supra-rational）之体证，其源出于理性之深层（Depth of Reason）。① 其言与熊十力先生之拒量智（理智）之勾画而归之于性智之发用②，彼此若合符节，只不过一皈依于超越的上帝，一反归于与天地参之仁心，此则反映出基督教之传统与儒家传统的差别。这是人在终极关怀上显现的差别。朱子无疑是怀抱一儒家之终极关怀，但在他的方式下，这一终极关怀乃不能全副透显出来，只能以折光的方式显现一鳞半爪。故在

---

① Cf. Paul Tillich, *Systematic Theology*, Vol. I & III.
② 参见熊十力：《新唯识论》《十力语要》。

今日要建立道德的形上学，朱子的方式不足为吾人取法。本心的体证自靠助缘而显，但既立即必为全盘建立，不立即是不立，此中没有七折八扣可言。此间之托付是完全的托付，朱子的方式是有憾有隔，在根本体验处有所虚歉，故不能作为新儒学正统的模型。

三、由现代的观点看朱子对于践履论的贡献

人之本心之立虽无条件，一无依傍（即找不到充分的经验科学知识的基础来支持），而当下即是，无可怀疑，否则人的自觉道德行为即全无意义，整个宇宙也成为黑漆一团，不见一点光明。但在实然层面上言，则人心确如孟子所言，操则存，舍则亡，出入无时，莫知其向。

正因为人心不似一物，所以不易为言。它不像一张桌子，开眼的人都看得到，所以不能对之形成感官知觉。又正由于人心的作用千变万化，缺少齐一的反应，所以我们对之也不能形成概念的知识。盖人心不似原子，可以取同略异，在实验室观察其齐一的效果。往往一念之间所作的决定，所产生的结果，遂判如河岳，正所谓差之毫厘、谬以千里是也。

也正因为如此，在经验实然的层面，我们并不能够肯定本心的存在，也不能够提出决定性的证据证明本心一定优于习心，或者道心一定优于人心（此处用于与道心相对之义）。所以纯粹由外在的观点看来，我们的论调与当代伦理的情绪论者（Emotivist）如史蒂文森（C. L. Stevenson）的说法似乎

无大差别。① 在一个伦理的陈述之中，人们可以同意的是有关事实描述的部分，对于价值的态度则诉之于主观的情绪，只能用一种劝诱（Persuasive）的方法来转移人们对于价值的态度。然而在实质上则两说根本完全不同。儒者所谓汝安则为之，实在肯定了一个安心的超越、普遍、必然的客观标准。只是此处的客观既不是感官知觉层面的客观，也不是概念知识层面的客观，而是通过纯粹实践理性（Pure Practical Reason）所把握的客观。人的思想行为若与道心（天理）相应（此非与对象之对应），自然心安理得；反之，人的思想行为若与人心（私欲）相应，则不免于昏念妄动，发而为诐辞、邪行，表面上久假不归，似亦未始不可以自安，实际上则弊漏百出，终不可以安，此绝非属于完全主观情绪之事。如果我们用感官知觉、概念知识做标准，则道德的价值判断自无可征验（Verify），但若以实存的体证来相应，则又未始不可以征验，所谓如人饮水，冷暖自知是也。此中自有一相应架构，只需人以慧识仔细去认取罢了，但在实然经验层面上，则人往往顺躯壳起念，故有人心唯危、道心唯微之说。朱子对于这个层次的问题有极深的体验。《文集》卷三十九答许顺之书有云：

> （操则存，舍则亡，出入无时，莫知其向。）孟子此四句只是说人心是个活物，须是操守，不要放舍……心一也，操而存则义理明而谓之道心，舍而亡则物欲肆而谓之人心。（原注：亡不是无，只是走出逐物去了。）自人心而收回便是道心，自道心而放出便是人心。顷刻之

---

① Cf. C. L. Stevenson, *Ethics and Language*.

间，恍惚万状，所谓出入无时，莫知其向也。(《文集》卷三十九《答许顺之二十七书》之第十九书)

《语录》亦曰：

> 问操则存。曰：心不是死物，须把做活物看，不尔则是释氏入定坐禅。操存者，只是于应事接物之时事事中理，便是存。若处事不是当，便是心不在。若只管兀然守在这里，蓦忽有事至于吾前，操底便散了，却是舍则亡也。仲思问：于未应接时如何？曰：未应接之时，只是戒谨恐惧而已。又问：若戒谨恐惧便是把持？曰：也须是持，但不是硬捉在这里，只要提教他醒便是操，不是块然自守。(《语类》卷五九)

> 或问求放心，愈求则愈昏乱，如何？曰：即求便是贤心也，知求则心在矣。今以已在之心复求心，即是有两心矣。虽曰譬之鸡犬，鸡犬却须寻求乃得，此心不待宛转寻求，即觉其失，觉处即心，何更求为？自此更求，自然愈失。此用力甚不多。但只要常知惺惺尔。惺则自然光明，不假把捉。今言操之则存，又岂在用把捉。亦只是说欲常常惺觉，莫令放失便是。此事用力极不多，只是些子力尔。然功成后却应事接物，观书察理，事事赖他。如推车子，初推却用些力，车既行后，自家却赖他以行。(《语类》卷五九)

> 求放心非以一心求一心，只求底便是已收之心。操则存，非以一心操一心，只操底便是已存之心。心虽放千百里之远，只一收便在此，他本无去来也。(《语类》卷五九)

由这些话可以看出，朱子是做了工夫，而且深有所造，才能有这样的体验。以心觅心，兀然持守，确可以是一种病。朱子的错只在把为学先立其大当作禅。其实即禅也不可以以心觅心，兀然持守，朱子于此并禅而不晓。朱子因早年学禅形成忌讳，后来又对陆学末流之狂肆有所反感，始有此失。只要是儒家自决不容许避世以为高，终必肯定人伦日用之正面价值。但本心之立，由不自觉跳跃到自觉的层次，却有待个人的气质与实际的机缘而定。有人可以用朱子这种内在体证即事以求的方式，久之脱然有贯通处。有人却要暂时隔离开来，不随着俗事一起滚，才能建立中心的主宰，而必须采用隔离体证的方式。有人则需要像象山那样简截，当下斩尽枝蔓，乃卓然有所立。但无论走哪一条路，只要是真正体现自律道德，则必须经一异质的跳跃。逆觉是自觉作道德实践之一必要条件，朱子预设此一逆觉，却终不能正视此一逆觉，是其不足处。但他用力至勤，探索至苦，自有许多可供吾人参味处，不可似象山之尽斥其为闲议论。

朱子要人求得放心，仍当穷理，不只克己，还要复礼，此则固然。既体悟得本心，自不是空守着此心，事理都不讲求，若此，则体悟者必非本心。象山又何尝教人兀然守在那里。其实陆王一系是直接由孟子的大体小体之辨自然发展出来的思路，不必有朱子所批评的毛病。阳明就有极明白的分殊，圣人所把握的只是天理（仁心之生生不已），岂能够无所不知，无所不能（要打仗岂能够不学行军布阵），而良知不滞于见闻，却也不离于见闻。事实上没有人要你去截断见闻，只是必须要有大小、本末之别罢了。此则朱子也不能违背者。而良知之发用必借见闻，但二者的层次则不容许错乱。事实上正是在这个最紧要的关头上朱子却缺少了分殊，此其病也。穷理究竟是穷的什么理？若穷的是天理，则在求放心之外不能再另外说穷理（朱子晚年之说非也），若穷的是事理、物理，则不必与求放心（立大本）有任何直接的关联，盖天理虽不外事理、物理，却与之分属两个不同的层次，不可混在一起说。朱学想说得密，结果反而说得疏了，这也是一有趣的吊诡。

但朱子于现实气禀之杂、人欲之私，则确有体验，不可轻易加以抹杀。后生才看几句宋明语录，就要奢谈通体透明，这岂不是笑话。其实整个儒家是过分强调人性的光明面，故也不能谓之无蔽。相形之下，基督教对现实人性之阴暗面实有更深刻的体验。故蒂利希以此世之内充满了含混暧昧（Ambiguities），只有在绝对超越的上帝那里才有完全的清明。这样的思想虽不免仍有偏于他世之嫌，但绝不会像传统儒家那样把纲常的内容也当作绝对，由现代的观点看来，显不能谓之无病。于此，我们只有改造传统儒家义理的规模才行，理一而分殊，真正超越绝对处只在理一，分殊处乃有局限性，不可以绝对化。朱子的理气二元放在形上学的本质层面看是一个错误，但由实体而转为功能，移在践履论上讲，却表现了很深的睿识。本心是一，心即理，此处不容析心与理为二。但就气化之迹上看，则天理、人欲、德性、见闻，不容不作分殊，此正陆王之学必先立其大之微意所在，朱子在践履上的扎实、细密的工夫必以此为前提，才能显出其意义，但他却在这样重要的节骨眼处反而有了间隔，岂不可惜。但诚如阳明所言，朱子嘉惠于后学有不可得而议者，岂可以全盘加以抹杀！

而道德的践履工夫，在今日看来，似乎迂阔不切实际，只是少数人事，与多数群众无关，但其然岂其然哉？西风东渐之后，现代人强调的是人权观念，不再是责任观念。然而即在西方，教育子女仍不能不讲究训练（Discipline）。过分高压的手段，过分的道学气，自不免令人反感厌弃。但一个社会真要完全缺乏了道德自律，还成怎样一个社会，所谓不诚无物，一切都要垮台。人自不能人人为圣人，但也不能个个是自然人，在利欲胶漆盆中翻腾，没有半点理想的向往。现代人对传统的反激自非无因可起，但全盘抹杀传统，这却造成了我们现代的一个主要的问题，还需要我们由传统重新汲取慧识来找到对治之道，以克服并转移时代的衰颓的风气。

四、由现代的观点检讨朱子建立宇宙论的方式之得失

朱子对于天道宇宙观的问题一向有强烈的兴趣，此所以他推尊濂溪为北宋儒学的创始人。横渠自也对这一方面有强烈的兴趣，但他多滞辞，二程对于《正蒙》不太满意，大概清、虚、一、大的表达方式容易为人误解，所以当时少有继承其思路者。宋儒的宇宙论思想大体是跟着濂溪的思想下来，朱子之倡导尤其功不可没。当然，朱子以理气二元的方式解释《太极图说》《通书》的思想是有问题的。周子是一元论的思想，故说无极而太极，太极动而生阳，一贯而下，思路十分顺适，并无任何吊诡。但朱子以理（太极）气（阴阳）分属二元，则太极动而生阳乃成为不可解，故必须强为之说，

不必符合周子的原意。但朱子的思想受到周子之启迪，则是无疑问的一件事。

或者我们可以这样说，生生不已的宇宙观乃是宋代新儒学的一项共法，此则连对宇宙论问题并无强烈兴趣的二程也不例外，大家都肯定通天下间只是一个生理、生道在作用。这样的思想是继承《中庸》《易传》的天道观之一极自然的发展，其渊源可以溯回到孔子的无言之教。然而在内容方面，则各家的解释有所不同，譬如周子与朱子，只不过是在共法上之相合，细按内容，则两家的思想实不必尽同。

朱子之思想规模宏大，不拘于一家一派之说，其心量实有足以为人效法之处。他不在乎太极图之源出于道家，而且尽管二程对康节象数之学无所措意，评价不高，朱子则特尊信其先天图，且毫不讳言此图也出于道家，由陈抟传来，只不过康节给予了它全新的解释。朱子有时也兼采汉儒之说。其说乃融合各家以为言，《语类》有曰：

> 一动一静，互为其根。动而静，静而动，辟阖往来，更无休息。分阴分阳，两仪立焉。两仪是天地，与画卦两仪意思又别。动静如昼夜，阴阳如东西南北，分从四方去。一动一静以时言，分阴分阳以位言。方浑沦未判，阴阳之气混合幽暗。及其既分，中间放得宽阔光朗，而两仪始立。康节以十二万九千六百年为一元，则是十二万九千六百年之前，又是一个大辟阖，更以上亦复如此。直是动静无端，阴阳无始。小者大之影，只昼夜便可见。五峰所谓一气大息，震荡无垠，海宇变动，山勃川湮，人物消尽，旧迹大灭，是谓洪荒之世。常见高山有螺蚌壳或生石中，此石即旧日之土，螺蚌即水中之物，下者

却变而为高，柔者变而为刚。此事思之，至深有可验者。阳变阴合，而生水火木金土。阴阳，气也，生此五行之质。天地生物，五行独先，地即是土，土便包含许多金木之类。天地之间，何事而非五行？五行阴阳，七者滚合，便是生物底材料。五行顺布，四时行焉。金木水火分属春夏秋冬，土则寄旺四季。……五行一阴阳也，阴阳一太极也，太极本无极也。（九四）

朱子的宇宙论极为复杂，此处所引仅为一例，以见其思想之一斑。朱子以阴阳五行解释一切，而以五行配四时。不仅此也，他又以气化的过程解释人物之生，并以人德配天德。这里自有许多汉儒思想之痕迹，但他绝非迷信，他只是要为宇宙万物找到一个自然而合理的解释罢了。他对宇宙间许多怪异之事的记载，既不轻信，也不加以一笔抹杀，而采取一种审慎开明的态度，可以解释的尽量加以解释，解释不了的则暂存疑以待来者。

很明显地，朱子是有很强烈的外在宇宙论的兴趣，他的观察入微，思想富综合力，这在当时儒者来说，已属难能。他的宇宙论思想自受到他的时代的局限性，我们很容易宣称这些思想是过时了，而将之弃置一旁，不再加以理会。但这里面实在牵涉到一些更复杂的理论效果，需要我们作更深一层的反省，才能对朱子的宇宙论思想的得失有更深一层的了解，对我们今日哲学思想之再造还有重要的参考价值。以下仍让我们用比观的方式对此问题作进一步的探讨。

关于宇宙论思想的反省，中西思想最大的分别在，传统中国思想未经过康德哲学之一大折曲，所以视域也就完全不同了。康德的纯粹理性批判断定，人类理解只能建立有关现象世界的知识，而不能够把握本体。在纯粹理性批判第三部分超验之辩证学之中，康德明白地指出了纯粹理性的限制。人的理性虽有不可抑止的形而上学的要求，但一讨论到宇宙根源的问题就不能不产生二律背反（Antinomies），而得不到定论。理性论、经验论各各言之成理、持之有故，却也各有其不可克服的困难。人的科学知识的极限在于现象世界的了解，而不能及于本体。只有翻出纯粹理性的范围，到了实践理性批判，康德才断定，乃是由于实践理性的要求，始不得不预设意志自由与上帝存在，而在实理的范围内打破了现象与本体的隔阂。

康德是因受到休谟怀疑论思想的影响而警醒了其独断的迷梦。康德的批评哲学等于是宣判了传统玄想性的形上学与宇宙论的死刑。精确的科学知识与形上学、宇宙论的玄想乃分属异质的两层，决不可以一贯而下，混为一谈。依康德，则我们要重建形上学，乃必须依凭实践理性，走逆觉体证的道路，而不可以走顺取的途径。外在的勾画只能引生种种吊诡，得不到确定的结论。借牟宗三先生的术语来说，实有形上学是无法建立的，唯一可能建立的是诉之于内在体证的境界形上学。西方现代哲学思想自与康德哲学有了很大的差别，康德积极正面的建树并不为西方现代哲学所接受，但从消极方面看来，西方现代哲学却继承了康德的思想。逻辑分析学派根本以传统玄想的形上学为认知地无意义，而存在主义的思想家根本不认为科学量化的思想可以见体或建立本体论（Ontology）。换句话说，这两种互相对立的思想，一派极端崇仰科学知识的成就，另一派则看到科学思想的严重的缺失，却一致同意形上学不能通过科学知识来建立。这几乎可以说是西方思想由康德以来到现代可以作成的定论。

由这样的观点回过头来检讨朱子的思想，显然朱子所走的是一条顺取的途径。他并未真正觉察到经验知识与形上学的体证、宇宙论的玄想有什么本质性的差别。朱子之不斩断外在的牵连，这是他思想规模的宏大处。但他的思想却缺少了必要的分殊，而混淆在一起的结果，使得纯粹理性、实践理性都不能得到充量的发展。在这里，我们不能顺着朱子讲下去，而必须对他的思想采取一种批判的态度。

但康德的分殊虽立起了一块重要的里程碑，但却又不是没有他的局限性。也就是说，我们不能不通过康德，却又不能不超过康德。其实康德对科学知识、形上学、宇宙论三方面的了解都不足，我们必须对之作进一步的分殊才行。

首先，从科学知识说起，康德以吾人之科学知识之极限在现象界，此则固然。但康德以为人的数理知识，如高斯的数学、牛顿的物理学已经到达了巅峰状态，这却是一个错误。人类知识是没有涯岸的。康德对于人类知识的超验的解析自有其慧识，但因他所根据的材料已经过时，所以必须重新加以再造才行。[①]

其次，从形上学的观点来看，康德指出，独断性的玄想宇宙论根本不能够建立，这是不刊之论，他又打开由实践理性的内在体证来重建形上学的道路，更是特具卓识。但他因受到西方近代偏重知识的传统之累，只能把意志自由当作基设（Postulate）看待，所以道路迂曲而遥远，道德的形上学终未能建立起来。而他依基督教的传统，在自由意志以外，

---

① 新康德派再造康德式的知识论最有成就者为卡西勒。Cf. Ernst Cassirer, *Substance and Function*, *The Problem of Knowledge*, Vol. IV.

又立灵魂不朽与上帝存在为基设,尤属歧出。中国的传统于科学知识的层面诚有所虚歉,但道德方面的体证却饱满而无所憾。由孟子以降,亲切地体证到本心(仁心、赤子之心)为一种呈现(Presence),不只是一理性上不得不假定之基设而已!宋儒之分别见闻之知与德性之知,乃以德性之知为大,不似康德之以纯粹理性为起点。陆王一系的思想对于大本的把握尤其直截,其途易简而正大,由尽心知性以知天,天人本自不隔。这正是中国文化的瑰宝,而陋识者却由知识闻见的层面来遮拨这种由内在体证相应得来的道德的形上学的智慧,其不相应可知。

最后,从宇宙论的角度来看,儒者所体认的良知、天理、生理、生道,虽是绝对的,然一理既化而为万殊,宇宙之间品物之繁,变化之富,则绝非我们有限的理智所可以穷尽的。我们自可以通过我们的经验见闻,触类引申,建立经验科学知识;我们也可以驰骋我们的宇宙论的玄想,用我们的想象力,编织成为一些世界假设(World Hypotheses)。① 这些假设虽不能在知识上充分可以证成,却绝非认知地无意义。像古希腊柏拉图、亚里士多德的形式主义,原子论者的机械(唯物)主义,黑格尔的有机主义,杜威的实用主义或晚近的系络主义(Contextualism,一语境)。虽彼此互相抵牾,表面上无可折中,却可以帮助我们发现真实的许多新向度。科学进入到经验证实的阶段,是到了一种比较成熟的境地,但罗素却反对逻辑实证论者完全排斥哲学玄想,而坚持哲学的玄想对知识有一种启发的作用,不可一笔加以抹杀。杀死了玄

---

① Cf. S. C. Pepper, *World Hypotheses*.

想等于切断了科学的一个重要的灵泉。罗素的想法有相当真知灼见，不容我们忽视。

然而我们必须了解，宇宙论的玄想还不是知识，所以没有认识的确定有效性。有些特定的假设，却还未升进到世界假设的阶段，既只是外在勾画、想象的结果，所以也只有较低或较高的盖然性，并没有必然性。它是位置在科学知识和形上学的体证中间的一种东西，却不是没有它的意义。就儒家思想的规模来说，一故神，两故化，这是儒者通过内在体证相应得来的形上学思想，就儒者的信念来看，必有其普遍必然性。维天之命，於穆不已。宇宙间有一生生不已的天道瞬息不断的作用，遍满于世界人间，而不竭其神用。它的化迹则通过阴阳来表现。故从儒家的思想来看，太极（一）与阴阳（两）是有其必然性。但阴阳究竟如何在实际上变化，则只能通过观察、知识的积累，加上玄想所作的一种合理的猜测或构想来解说，并无一定的必然性。儒者阴阳五行的宇宙观是属于这一个层次的东西。从内圣之学的核心看来，此其余事。所以二程虽也讲天道观，但不特别重视宇宙论，象山更少这方面的兴趣，然既推拓开去，儒者也不必一定不可以有这方面的兴趣。如此朱子可以构筑一套宇宙论，也自有其意义。然其内容则有许多到今日已被推翻，并不像朱子本人所想象的那样有必然性。但此无伤。一则朱子的宇宙论自有其时代的意义，那代表了当时儒者有关宇宙发展的知识的综合与科学的构想。而其内容到今日虽过时，其世界假设的基本理念则到今日仍可以有启发的作用，此所以今人如李约瑟盛赞朱子的有机自然观，彼实胜过西方近代的机械自然观，而与现代科学的思想若合符节。朱子的宇宙论思想，由现代的观点看来，自还只是前科学的思想，然而当作一种可能的世界假设来看，则不失其有参考之价值。朱子一定要把五行与四时、人德与天德配起来讲，当时可能是一种大家承认的说法，从今天看来，却有好多勉强牵合的成分。如何在其间作是非得失的评判，这就要靠我们智慧的抉择了。

五、由现代的观点看朱子建立概念性的科学知识之不足

我们在前面已经说过，朱子的本旨仍是建立一成德之学，只是他不斩断外在知识的牵连。我们既已论朱子建立成德之学之不足，现在要进一步来检讨，用朱子的思想做基础来建立概念性的科学知识，也一样地不足够。

由现代的观点来看，经验科学或事实科学首先必研究一特定的题材，如物理、化学、生物之类。科学所用的基本方法则是观察、实验之类。我们必须训练自己排除自己的主观的偏见或情绪的反应，对于所研究的对象有一客观如实的了解，而进一步希望能够发现现象世界以内的一些恒常的关联。现代科学成功的最大秘密在其能够以简驭繁，建立法则或定律，以数量的方法来处理问题，有强大的说明与预测的力量，始可以如培根所谓的"知识即力量"。

由这样的观点来看朱子，他的主要心态显然不是一个科学家的心态。不错，朱子的确对各种自然人文的现象都有相当兴趣，对于一草一木之微也觉得有理，值得加以研究。但是他的主要目的并不在积累一些有关名物度数的知识，他的

读书也不只在积累一些有关古典的知识，他的根本目的毕竟在明道。只是在方法的步骤上，他是由事物之然推究其所以然。他虽然不斩截外在知识的牵连，但他的终极目的却不是要为事物现象找到一个科学的说明。朱子对于分殊的事物之理的探究只不过是一个跳板。最后体现到通天下实在只是同一生理、生道的表现。此所以他必然要讲豁然贯通。这种贯通并不是科学层面上找到一个统一的理论来说明事象的关联，而是隐指一异质的跳跃，为世间的万事万物找到一超越的形上学的根据，朱子的宇宙论则在阐明此一生理、生道通过一气化过程所表现的神用。在创造的生生不已的过程中，产生了作为万物之灵的人类，而人的责任就是要通过后天的修养工夫来实现他性分中所含的仁德。这在基本上无疑是儒学的思想。在这种思想规模之下，科学知识的追求终只占据第二义的地位。我们没有理由假定，在朱子思想的规模之下，可以发展出现代科学知识的根芽。反过来我们也不能把中国不能发展出现代科学知识的责任完全放在阳明身上。阳明思想也并不斩截见闻，事实上阳明本人有多方面的兴趣，而且有军事的天才，决不是一个空谈心性、不能见之于行事的书呆子。事实上，德性之知、见闻之知决不可混为一谈，把两个层次分开，则两方面可以相反相成，不必互相矛盾、冲突。若两方面各得其适当定位，则分别都可以得到其充量发展。如此，吊诡地说，我们用阳明的思想间架去吸收西方科学思想，反而比朱子的容易，正因为朱子的思想缺少了一些必要的分殊，混在一起说的结果，使得德性之知与见闻之知都不能充量地发展出来。所以我们在吸纳西方哲学重建中国哲学的过程中，我们只能学朱子宏阔的心量，而不能恢复朱子的思想为基本的模型，事至显然。

事实上，中国文化之不能够发展出西方现代科学的成就，的确是与中国人的思维方法有根本关系，这牵涉到民族的共命慧的形态的问题，不能够归咎于三两个个人。中土三教儒、释、道都以解决人生的安心立命问题为中心，把研究对象的经验知识放在第二线的地位。儒家自不必反对科学性的研究，但其目的是为了利用厚生，道家的炼丹则为了长生，基本的目的是实用性的。传统中国的科技已发展到相当的高度，但却没法子作进一步的突破，像西方近代发展出数学、物理的观念。而正当西方一日千里，走上工业化的道路的时候，中国自清初以来却闭关自守，自此距离越拉越远。终于引致帝国主义之侵凌，造成了罪恶的后果，至今犹有余痛。未来的问题如何解决，尚有待我们作智慧的抉择，不容许我们再失足，以遗百世之忧。

传统中国思想是自觉地拒绝作纯粹抽象的思考。在世界三大哲学源流——西方、印度、中国——之中，只有中国没有发展出逻辑推理的论式，这决不是一个完全偶然的现象。先秦名家之说邻近于诡辩，被视为无益之戏论；墨家的逻辑也很快就失传；儒家只荀子有统类的观念，但也不居于正统的地位，并未受到重视，其实其思想也未到达一高度抽象的境地。印度因为注重辩论的缘故，所以有正理派之五支论法，以后简化为三支论法，又有佛教之因明，但在印度，演绎与归纳缺少完全的分化。形式逻辑的发展唯有在西方一枝独秀，古希腊时即有亚里士多德的三段论法，到近代发展出符号逻辑乃至数理逻辑，蔚为一时之盛。近代，培根力主用新工具，提倡归纳法。17世纪笛卡儿已经有数学、物理的构想，到18

世纪牛顿建立了古典物理学的规模。演绎复用之于归纳科学之中,从此科技之发展一日千里,使西方各国顿时成为天之骄子,一直到今日,仍居于先进于现代文明国家的地位。

西方这一套思想诚然有着凌越千古的突破性的成就,但却绝非没有它的流弊。怀特海即痛斥其犯了"错置具体性的谬误"(Fallaly of Misplaced Concreteness),也就是误把抽象的东西当作具体的真实,在哲学的视域方面犯了严重的错误。如果不知道抽象概念科学知识的适当定位,遂容易造成一种非人性化(Dehumanization)的倾向,计算机的普遍应用,更使得活泼具体的个人沦为抽象的数字,而人的价值也完全通过经济的价值数量来衡量。其害之大,有不可胜言者,久已为有识者所忧虑。

现在由现代慢慢进入到后现代(Post-modern)的世代,我们重新回过头来检讨中国的思想,乃发觉其并不如上一个世代如五四时人所想象的一无是处。中国文化在抽象概念科学知识层面的开拓诚有憾,而亟待我们吸收西方的长处,但中国哲学思想如能保持其传统的慧识,却决不会犯误把抽象的东西当作具体的真实的错误,也决不会丧失了人性的尊严与自信。中国思想之所长是在人(仁)道的践履与天道的体证层面的反省。这里需要的是内在的修养、当机的指点,此中的关键恰如周子在《通书·圣第四》所谓的:

> 寂然不动者诚也,感而遂通者神也,动而未形、有无之间者几也。诚精故明,神应故妙,几微故幽。诚神几曰圣人。

在这个范围之内,道德的具体践履要当机,道体之体悟则神妙不可方物，不是演绎、归纳的科学方法可以用武之地。所以今日我们必须要做的是清楚地划分各个层次的范围，明白地了解各种方法的应用的特定的范围与限制，这样才可望冶东西哲学家的智慧于一炉而试图做成一更高的综合。

从中国文化本身的发展来看，则梁漱溟先生在《东西文化及其哲学》一书中提出中国文化过于早熟的看法实不为无见。中国文化的根本是深厚的、健康的、正大的、合乎中庸之道的，但在致曲的方面则不免有所憾。一个个体、一个文化真正要体现生生之旨，要发皇自己的生命，则必须要有一开放的、广大的胸襟，对于现实有深刻的了解，对于理想有坚固的执持，才可以向往成就一个含容光大的境界。传统中国哲学的理想往往陈义过高，在德性方面锐于求进，所以往往未能真正正视人性的阴暗面，照察到如西方基督教所体验最深的罪恶感，或西方心理学所挖掘出来的人心之中种种的情意结，西方文学所暴露的现实社会的丑恶面，以及痛摧心肺的悲剧的体会与感受。同时中国人也不耐烦对物理、生物、人文作客观的科学性的探测与研究。故此中国文化虽已开拓了一宏大的规模，但在其与西方文化的对比之下，则仍不免有所憾、有所缺，而有许多可以为我们扩大、改进的地方。

中国文化对于道德的体验是深刻而有其普遍性的。所谓不诚无物，缺少了最低限度的道德的自觉，不只一个社会整个垮了下来，科学家也不能追求他的真，艺术家也不能创造他的美。圣人的成就更是人应得而向往尊崇的，我们显然不能把自然人的标准当作价值最后的标准，否则天下乌鸦一般黑，价值哲学也必垮台无疑。但在现实上我们却不能不认识到，人的气质、环境确有差别，各个人在各个不同的阶段体会也不同，我们在事实上不可能也无须要把他们铸成同一个模子。世界人生各个方面各个阶段的探察，只要出之于内心之至诚，都可以有其积极正面的价值。道德的价值的确是人生最中心的价值，但我们却不需要泛道德主义的泛滥，尤其不能容忍乡愿的害德。传统中国思想的理念是开放、富创造性的，落实下来却成为闭锁、富保守性的：习惯于尊崇权威，因循苟且，乃至外面一套、里面一套，阳奉阴违，在骨子里使坏，种种怪异，不一而足。今日我们在与西方的对比之下，绝不可讳言自己的病痛，否则不只不能造成自我的扩大，应付不善，乃至可以遭逢亡国灭种的危险，此不可以不戒慎。纯粹概念性的思考是我们传统思想中所缺乏的东西，我们不要因为听说莱布尼茨的逻辑受到《易经》的影响，就色然而喜，宣称这样的东西我们古亦有之。要知道发展完成的东西，与未发展完成的思想的萌芽，完全是两回事，决不可混为一谈。民族固有的瑰宝是不容我们轻弃的，民族自尊心的培养更刻不容缓。但义和团式心态的反激却最易害事。中国文化可以向西方文化吸收的自不只科学一端，以下我们将接着反省如何吸收西方民主的观念与实施的问题。

六、由现代的观点看朱子之政治论之必指向一民主的道路

由朱子与陈同甫的辩论，我们可以看到，在政治上，朱子是以三代为标准，而贬抑汉唐。二者间的差别即在公心与私心的问题。同甫反对千五百年之间天地只是架漏过时，人

心也是牵补度日，自决不为无见。但同甫看不到朱子的苦心。在朝廷政治统治下，只有维持一超越的理想，才能对现实政治产生一规约制衡的力量。如果在政治论上完全肯定出之于私心的家天下，则人君自可以为所欲为，而知识分子随着现实政治一路滚下去，真不知要堕落到怎样的田地。

但在传统朝廷政治的规模之下，朱子也心知肚明，真正的政治理想是难以实现的。如若汉唐是私，赵宋岂不是私？尤其南渡以后，君父之仇都可以撇在一旁，偏安一隅，岁纳贡以求和，不是私是什么？南宋士大夫清流都反对秦桧，两方面实在是有本质上的矛盾与冲突。

朱子看得很清楚，在朝廷政治的规模之下，一切的枢纽点在人君，不能把责任推卸到旁人身上。所以他每次上封事或陛见，都必言正心诚意、亲君子远小人的一套，结果在现实政治上当然不能得志，于是退而专心从事教育文化事业。道学者同气相求，自然而然形成一清议集团，令人侧目。当权派虽视为眼中钉，但也因此多少在消极方面发生一点制衡阻抑的作用。

但朱子的政治思想由于时代的限制，终难在根本处有所突破。他深刻地了解，秦以后之法缺少大的变革，以其都是尊君卑臣之事。这样自然而然在儒家的政治论上形成一个死结。一方面儒者把政治理想实现的希望完全寄托在人君身上；另一方面事实摆得清清楚楚的，世间极少明君，如果上焉者如唐太宗还只不过是假仁借义，下焉者更不堪闻问矣。但儒者既必尊君之位，故现实上的人君虽识量短隘，进言时的修辞却还是必须有天王圣明的一套，而内容上则又必对居位者痛加劝谏，尤其对包围着他的现实既得利益集团猛烈抨击，于是形成一实际上的尖锐的矛盾。在现实的政治斗争之中，道学君子由于难投人君之所好，通常乃是失败的一方。于是不得不被摈弃在现实政治的主流之外，充当朝廷政治之一点缀品；若逾越了进言的范围，甚至不免于囹圄乃至杀身之危险。传统知识分子之命运亦惨矣，而终不免于迂阔之讥。真正干练的法家者流挂着儒家的招牌还可以做一点事，而中心信持理想主义的大儒，无论其实际能力如何，其命运必被摈弃在现实政治的主流之外，只能够发抒其思古之幽情，临风陨涕而已，不可能在现实上有真正的作为。

如果我们作进一步的分析，则同甫以朱子不必过分理想化三代也不为无理。同甫诚然对超越的理想缺乏认识，但他认定任何改善现实的理想必通过行动才能实现，每一个时代凭借自己的努力都可以爆出火花来。朱子则还是凌空地谈理想，根本未能照顾到同甫这个层次的问题，宜乎同甫之终未为朱子所折服。从现代的观点看来，尧舜甚至禹还是属于传说时代的阶段，并不属于信史的范围。三代之建立，是否没有一点私意的成分？这是谁也没法保证的事实。这些只是儒者共同承认的历史，焉知没有掺入了许多理想化的成分？至少由孔孟起，真正的儒者并不能用世。到了汉朝，统治者利用儒术的幌子来治理天下，其秘诀是阳儒阴法、王霸杂之。从此，儒家与统治者乃有着一种奇特的互相依赖、互相制衡的关系。到了这种平衡完全失去的时候，就逼得要改朝换代，周而复始，一幕一幕地演出轰轰烈烈的历史的戏剧。

只有到明末清初，黄梨洲辈身遭亡国之痛，才能畅所欲言，写出《原君》的大文章，痛陈私天下之病害，但儒者还是找不出一套新的制度来解决根本的问题。一直到西风东渐，这才知道西方有民主制度，而在五四时代提出了"德先生"的口号。

其实即使在西方，民主的实施也是一个后来的产物。古希腊时代，柏拉图构想了一个理想国的图像，而没法将之实施。亚里士多德深切地知道，没有一种政治制度是十全十美的。君主政治可以堕落为暴君专制，贵族政治可以堕落为寡头政治，民主政治可以堕落为暴民政治。一直到工业革命以后，人民普遍生活水准提高，印刷术发达，知识传播迅速，民智普遍提高，现代西方式的民主才有可能实施。但即如此，在西方，也只有在英、美，民主才真正实施得很成功，法、德、意都有问题，到第二次世界大战以后才比较有一点进展。很明显，民主政治即使是做得很成功，也仍非没有它的问题，各种各样利益压力团体互相牵制，向各个不同的方向拉扯，同时也不能避免少数特权阶级运用金钱舆论的力量来操纵选票民意，但不论它有多少缺点，至少有了民主法则，它确可以避免专制的荼毒。世间如果真正有圣君贤相，像儒家所想象的那样，问题自简单得多。但权力是有很强大的腐蚀力量的，若听其集中在一人、一家、一姓之手，其害之大，实不可以胜言。儒家的政治论的根本缺陷在无法设计一套有效的机栝来限制君权，光凭一些道德的教条是不足以拘束一个统治者的，尤其不能拘束那些残暴专制的独夫。要想在传统的政治规模下实现儒家的理想实如缘木求鱼，而且对于真正相信儒家理想的知识分子来说，简直后必有灾。如果有可能找到一个更好的制度的话，没有任何理由必定要抱残守缺，死守着传统的规模，拒绝往一个新的方向迈进。

无疑，传统儒家的政治思想是一种民本思想，孟子就已明言，民为贵，社稷为次，君为轻。然而后世却有本末倒置的现象，但人君的责任在爱民，这却是统治者都不能违逆的原则，尽管事实上不必一定是那么回事，但民本思想离民主思想毕竟还有一大段距离。传统儒家心目中真正的政治理想是禅让，由有智慧、有道德、有能力的人居位来领导民众，由人君到士大夫到老百姓，形成一个阶层秩序。禅让不行，然后才有家天下。当然中国所实施的绝非印度式的种姓制度，所谓布衣卿相，上下多多少少有流动的可能性。然而这样的流动性毕竟不会很大。只不过在传统农业社会的规模之下，以考试取士，不让世袭贵族专权，就是一种最合理的安排了。无怪乎在18世纪时，欧洲还在羡慕中国式的开明的君主政治。然而传统儒家思想最大的一个错误在，把社会的阶层秩序当作千年万世永远不可改变的应然秩序，于是有所谓纲常的观念。其实真正有普遍性的只是人人内在本具的仁心，而不是外在的君臣一类的架构。然而数千年的文化崇拜权威的心习已成，中华民国建立以后，一些传统的思想与习惯还没法子改得过来，所以一直到今日，民主的精神还没有在人们的心目中生根，领导者也还缺少彻底的觉悟，走向民主的目标，还是一条漫长而遥远的道路。

但政治是众人之事，在下的人民才知道自己的痛痒是什么。由下而上，是使得人民有机会过幸福的生活更有效的方法。政府的官吏是人民的公仆，不是骑在人民头上作威作福的官僚政客。为了防止上下脱节，必须建立选举的制度，隔了一段时期，就把不尽责的总统或首相与国会代表赶下台来。立法、司法、行政互相独立、互相制衡，使大多数人喜欢的政策得以实施，而少数人的人权则得到一定程度的保障。事过境迁，发现当前的政策有了偏差，再重新选举时，少数就可以变为多数，失败者可以变为成功者，权力在和平中转移。是制度使得当权者不能够私天下，不许他做独夫，徒逞一时之快意，陷千千万万生灵于涂炭之中。由此可见，民主的施行最重要的是建立制度，缺少了有效的选举与制衡的机栝，徒托之于空言是无益的，届时吃苦的还是老百姓。

但民主制度虽然解决了逼使政治领袖必须为公众服务的问题，但并没有解决所有的问题。正由于政治领袖必须敷衍各种不同的压力团体，拉到多数选民的选票，他必须是一个优秀的政客，但不必是一个突出的个人。而政教分离的结果，使得政治领袖不必再担任道德领袖的责任，他自必须有相当道德的操守，但他不必是一个万人敬仰的圣者。政治的民主，经济机会的平等，在不妨害他人的限度之下每个人可以享受自己最大的自由，这样自然而然会造成一个多元的社会。每个人尽量追求自己的兴趣，发挥自己的创造力，不受到外在的干涉，这是现代西方民主社会最大的好处。但它的危机在把政治权利的平等推广成为一切的平等，而产生了铲平一切的不良效果。

保障人权的结果，使得多数人满足于做他的自然人，唯一的关怀是自己欲望的追求与生活的快乐。这种社会最大的危机是对成功的崇拜，把金钱当作衡量人的价值的唯一标准，文化与道德的水准日益低落。而更可虑的是，人的欲望是永远不会满足的，所以反而造成了许多挫折的个人，也构成了许多严重的社会问题。

事实上人的成就是永远不会平等的。当我们生病时，一定会去找医生；修理水管时，一定会去找熟手的技工。但不幸的是，我们容易接受各行各业的权威，却不愿意承认，在道德、精神修养方面，也有人可以有常人不可企及的成就和造诣，足可以为我们的引导。在以往宗教、道德的价值为中心的时候，的确产生了泛宗教主义、泛道德主义的弊害，现在却不幸走上了另一极端，传统的宗教、道德日益式微，却没有一套新的像样的东西来代替，而落入了一种真空状态之中。人不是变得无所适从，怀疑彷徨，就是变得古怪邪僻，自以为是。现代人突然发现自己落入一种危机状态之中，急于谋求一条合理的出路。

在这样的情形之下，我们不得不反省，是不是我们确是走过头了，必须重新回头恢复一些已经摒弃的价值。当然单纯的复古是不可能的，因为正是由于旧传统的不足才引导我们走上了今日的道路。但现代又出现了新问题，我们就需要重新后顾与前瞻，找到一种新的综合。今日我们面临的一大问题在，如何在一个政治民主、思想自由的社会之中重新建立道德与宗教的价值。在这个探索的过程之中，研究八百多年前朱子的思想，也可以给我们莫大的启示。

七、结语

以上我们由现代的观点，通过了形上学、践履论、宇宙论、知识论、政治论等五个不同的角度，对于朱子哲学思想所牵涉的理论效果，提出了一些我个人的见解，并指点了一个未来的方向。这些意见自不必人皆可以同意。而指点出一个方向，与真正以现代的方式造出一套现代哲学，也还有好大一段距离。但至少这是一个起点的契机，继往以开来，知道了自己的取舍，才能够把握到自己在未来努力的方向。

近三十年来，我所念兹在兹的一件事是，中国文化将如何应付现代西方的挑战而重建其智慧与价值。① 但中国哲学之重建又不只具有中国的价值，同时也具有世界的价值。当今世界由现代慢慢走入后现代的世代，上一个世代那种乐观、迷信进化的情调已经荡然无存。这是一个一切动摇、失去自信的世代。整个世界正面临着一个重要的转型期，哲学家在这里应扮演一个重要的角色。现代人需要的是一些新视域，而只有从事比较哲学研究的人，对于古今中外的哲学慧识都尝试做过一番有深度的反省，才更有机会探索到一条新的途径，不落以往的窠臼。

在一个意义之下，中国哲学在今日所面临的危机，正好像在宋代儒家面临佛学的挑战，情形正相仿佛。中华民族必须重新恢复自己的智慧，以消融新时代以及外来文化的冲击，始得以完成一自我的扩大。但在另一个意义之下，情形又并非完全相同。南宋虽被迫偏安一隅，但异族并未提供一优势文化威胁到中华的文化，相反是中华的文化同化了外来的侵略者，也是出于中华文士自己的努力去吸纳消融了佛家的慧识。但今日我们所面临的却是西方优势的科技文明的冲击，应付不善，即有亡国灭种的危险。同时科技虽把人类的物质文明带进了空前的繁荣的境地，但它也包含了毁灭世界的种子。它的威胁是对于全人类的威胁，不只是对于中华民族以及中华文化的威胁。所以我们今日所面临的危机只有比宋代

---

① 参见拙著：《中国哲学与现代论》，时报文化出版事业有限公司，1980。里面有许多思想与本章所论互相呼应，读者可以参看。

更为严重、紧急，不能不为有识者虑。

但我们却有信心，中国人比任何人更有资格为时代的问题找寻到解决的途径。其理由在，西方文化显示一两极性。举例来说，它一方面是近代科学背后隐涵的机械唯物论，另一方面则是超自然的基督教的神学，天人互相暌隔。但中国文化却固执一种中庸之道，它的缺点在，不免过分早熟，使得许多潜在的可能性没有发展出来。但在理上，生生不已的天道与人道的实现，却没有理由不能更进一步加以扩大来包含科技的物质文明与宗教的精神的体验。故此，中国哲学在今日的发展，决不能跑到西方后面去跟风，走哗众取宠、趋炎附势的道路，而必须耐得住寂寞，平章古今中外的智慧，以寄望于未来找到一新的综合来解救今日人类思想的危机。此则还有待于未来哲学者不懈的努力。

附录一

朱子年谱要略[*]

朱子卒后,先有门人李果斋方子辑其言行,为年谱三卷。今已失传。及明代嘉靖间,有李默古冲重修,于果斋本颇多删窜。清康熙时,又有洪璟去芜本,收载较繁。乾隆时王白田懋竑据李、洪两本重定《年谱》四卷,《考异》两卷,最称审密。兹撮王本为要略,以便读本书者随时检阅。其详当读王本。本书与王异者,论证皆详本书各篇,此不具。

高宗建炎四年庚戌秋九月,朱子生。

绍兴四年甲寅,五岁。始入小学。

十三年癸亥,十四岁。丁父韦斋先生忧。韦斋卒年四十七。

禀遗命,受学于刘屏山彦冲、刘白水致中、胡籍溪原仲三人,皆韦斋故友。屏山字以元晦。白水以女妻之。而事籍溪最久。

十四年甲子,十五岁。葬韦斋。

十七年丁卯,十八岁。举建州乡贡。

十八年戊辰,十九岁。登科中第五甲第九十人,为进士。

---

[*] 摘自钱穆《朱子新学案》。以西历计算,朱子生卒年份为1130—1200年。

二十一年辛未，二十二岁。铨试中等，授泉州同安县主簿。

二十三年癸酉，二十四岁。赴同安任，始见延平李侗愿中。愿中为罗仲素门人，韦斋同门友。

秋至同安。

子塾生。

二十四年甲戌，二十五岁。子埜生。

二十六年丙子，二十七岁。秋，秩满。

二十七年丁丑，二十八岁。候代不至。罢归。

二十八年戊寅，二十九岁。春正月，再赴延平，见李愿中。

冬，以养亲请祠，差监潭州南岳庙。

二十九年己卯，三十岁。校定谢上蔡语录。

三十年庚辰，三十一岁。冬往延平，三见李愿中，正式受学。

三十二年壬午，三十三岁。春，迎谒李愿中于建安，与同归延平。

六月，高宗内禅，孝宗即位。祠秩满，复请祠，仍差监南岳庙。

秋八月，应诏上封事。

孝宗隆兴元年，癸未，三十四岁。冬，至行在，奏事垂拱殿。除武学博士，待次。

《论语要义》《论语训蒙口义》成。

十月，李愿中卒于闽帅汪应辰治所。

十一月由行在归。

二年甲申，三十五岁。春正月至延平，哭李愿中之丧。

比葬，又往会。

秋九月，如豫章哭张魏公之丧，自豫章送至丰城。

《困学恐闻编》成。

乾道元年乙酉，三十六岁。执政方主和议，辞武学博士不就，复请祠，仍差监南岳庙。

三年丁亥，三十八岁。崇安大水，奉府檄行视水灾。

八月，访张栻敬夫于潭州。十一月，偕登南岳衡山。是月归，十二月至家。

除枢密院编修官，待次。

四年戊子，三十九岁。崇安饥，请府粟以赈。

编《程氏遗书》成。

与张敬夫书论中和。（述先案：王谱系之于丙戌三十七岁时，误。）

五年己丑，四十岁。子在生。

九月，丁母祝孺人忧。

六年庚寅，四十一岁。春正月，葬祝孺人。

秋七月，迁父韦斋墓。

七年辛卯，四十二岁。始立社仓于五夫里。

八年壬辰，四十三岁。《论孟精义》成。

《资治通鉴纲目》成。

《八朝名臣言行录》成。

《西铭解义》成。

《太极图说通书解》成。

《程氏外书》成。

《伊洛渊源录》成。

（述先案：王谱系上三书于九年癸巳四十四岁时，疑要略误。)

淳熙元年甲午，四十五岁。历年屡辞枢密院编修不就，改差主管台州崇道观，又屡辞，于六月拜命。

编次《古今家祭礼》。

二年乙未，四十六岁。吕祖谦伯恭来访于寒泉精舍，同编《近思录》。

偕吕伯恭同会陆子寿、子静兄弟于信州鹅湖寺。

秋七月，云谷晦庵成。

授秘书省秘书郎，辞，并请祠，差管武夷山冲祐观。

冬，令人刘氏卒。

(述先案：上二条王谱系之于三年丙申四十七岁时，疑要略误。)

四年丁酉，四十八岁。《论孟集注或问》成。

《诗集传》成。

《周易本义》成。

五年戊戌，四十九岁。秋八月，差知南康军。

六年己亥，五十岁。以屡辞不获命，候命于铅山，陆子寿来访。

三月到任。

十月，复建白鹿洞书院。

七年庚子，五十一岁。张敬夫卒。

应诏上封事。

南康军旱灾，大修荒政。

八年辛丑，五十二岁。陆子静来访，与俱至白鹿洞书院，请升讲席。

三月，除提举江南西路常平茶盐公事，待次。

闰三月，去郡东归。

七月，除直秘阁。八月，又改除提举两浙东路常平茶盐公事。

吕伯恭卒。

十一月，奏事延和殿。

十二月视事。

九年壬寅，五十三岁。陈亮同甫来访。

奏劾前知台州唐仲友不法。

除直徽猷阁，改除江南西路提点刑狱公事。又诏与江东两易其任。

九月，去任归。辞新任，并请祠。

十年癸卯，五十四岁。差主管台州崇道观。

四月，武夷精舍成。四方士友来者甚众。

十一年甲辰，五十五岁。辨浙学。

十二年乙巳，五十六岁。祠秩满，复请祠，差主管华州云台观。

辨陆学陈学。

十三年丙午，五十七岁。

《易学启蒙》成。

《孝经刊误》成。

十四年丁未，五十八岁。

《小学书》成。

差主管南京鸿庆宫。

除江南西路提点刑狱公事，待次。

十五年戊申，五十九岁。奏事延和殿。

除直宝文阁，主管西京嵩山崇福宫。

上封事。

除主管西太乙宫，兼崇政殿说书。

始出《太极图说西铭解义》以授学者。

十六年己酉，六十岁。除秘阁修撰，依旧主管西京崇福宫。

孝宗内禅，光宗即位。

序《大学章句》《中庸章句》。

辞职名，许之，依旧直宝文阁。

除江南东路转运副使，辞。

改知漳州。

光宗绍熙元年庚戌，六十一岁。到郡，修画经界事宜。

刊四经四子书于郡。

二年辛亥，六十二岁。长子塾卒。丐祠，归治丧葬。

复除秘阁修撰，主管南京鸿庆宫。

四月，去郡。

九月，除荆湖南路转运副使。辞不赴。

三年壬子，六十三岁。始筑室于建阳之考亭。

除知静江府广南西路经略安抚使，辞。

《孟子要略》成。

四年癸丑，六十四岁。差主管南京鸿庆宫。

除主潭州荆湖南路安抚使。

五年甲寅，六十五岁。五月至镇。

七月，光宗内禅，宁宗即位。

八月，赴行在。

除焕章阁待制，兼侍讲。

十月，奏事行宫便殿。

受诏进讲《大学》。以上疏忤韩侂胄，罢。

十一月至玉山，讲学于县庠。

还考亭，竹林精舍成。后更名沧洲。来学者益众。

宁宗庆元元年乙卯，六十六岁。提举南京鸿庆宫。

二年丙辰。六十七岁。落职罢祠。

始修礼书，名曰《仪礼经传通解》。

三年丁巳，六十八岁。

《韩文考异》成。

四年戊午，六十九岁，集《书传》。

引年乞休。

五年己未，七十岁。

《楚辞集注·辨证后语》成。

有旨致仕。

六年庚申，七十一岁。

三月辛酉改《大学·诚意章》，甲子卒。

十一月，葬建阳县大林谷。

附录二

朱子的师承[*]

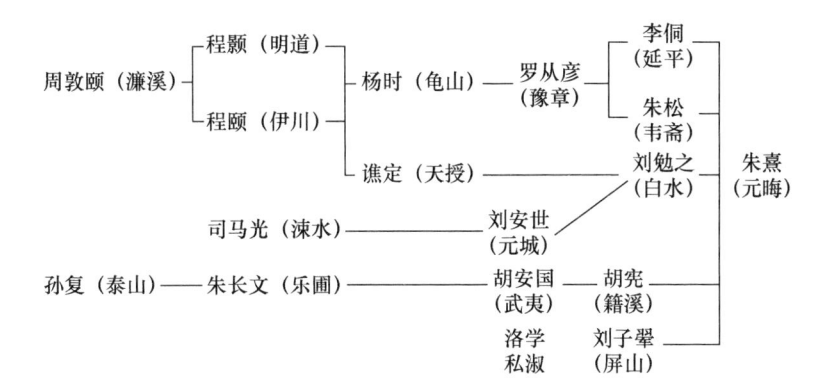

```
周敦颐（濂溪）┬─程颢（明道）┐
              └─程颐（伊川）┴─杨时（龟山）──罗从彦（豫章）┬─李侗（延平）┐
                                                            └─朱松（韦斋）┤
                            谯定（天授）──────────────────刘勉之（白水）┤
                                                                          ├─朱熹（元晦）
              司马光（涑水）──────────────刘安世（元城）─────────────┤
孙复（泰山）──朱长文（乐圃）────────────胡安国（武夷）──胡宪（籍溪）─┤
                                          洛学私淑──────刘子翚（屏山）────┘
```

---

[*] 摘自范寿康的《朱子及其哲学》。

附录三

朱子的学派及影响*

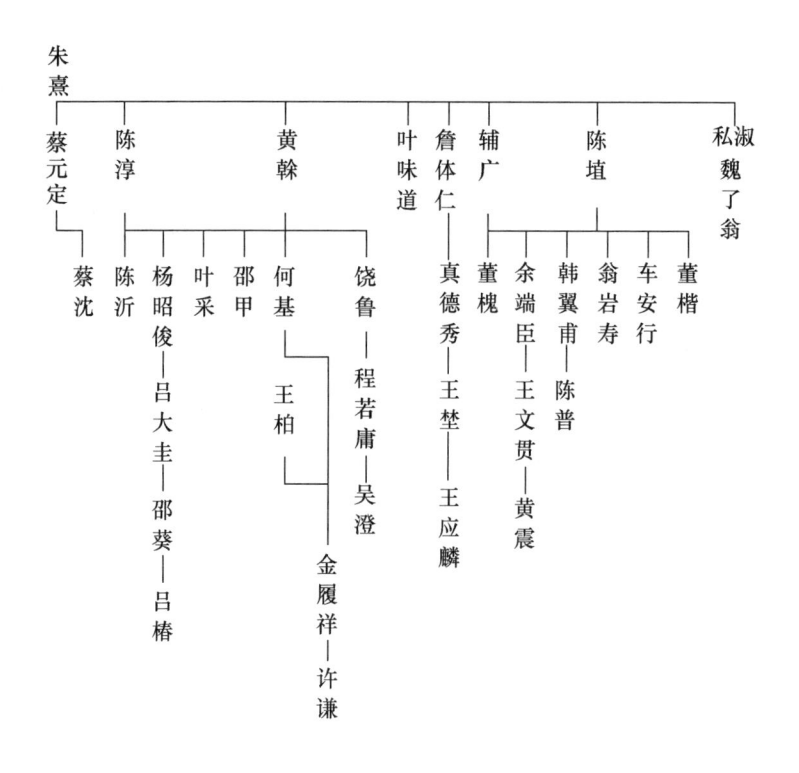

朱熹
├─ 蔡元定 ── 蔡沈
├─ 陈淳 ─┬─ 陈沂
│   ├─ 杨昭俊 ── 吕大圭 ── 邵葵 ── 吕椿
│   ├─ 叶采
│   └─ 邵甲
├─ 黄榦 ─┬─ 何基 ── 王柏 ── 金履祥 ── 许谦
│   └─ 饶鲁 ── 程若庸 ── 吴澄
├─ 叶味道
├─ 詹体仁 ── 真德秀 ── 王埜 ── 王应麟
├─ 辅广 ── 董槐
├─ 陈埴 ─┬─ 余端臣 ── 王文贯 ── 黄震
│   ├─ 韩翼甫 ── 陈普
│   ├─ 翁岩寿
│   ├─ 车安行
│   └─ 董楷
└─ 私淑魏了翁

---

* 摘自范寿康的《朱子及其哲学》。

附录四

论阳明哲学之朱子思想渊源

阳明哲学的精神与象山十分接近,这一点是没有任何疑问的,故世称陆王,良有以也。但要把陆王等同,却是一个错误。《传习录》记有陈九川与阳明的一段谈话:

> 又问:"陆子之学何如?"先生曰:"濂溪、明道之后,还是象山,只是粗些。"九川曰:"看他论学,篇篇说出骨髓,句句似针膏肓,却不见他粗。"先生曰:"然。他心上用过功夫,与揣摹依仿之文义自不同。但细看,有粗处。用功久,当见之。"①

在这段谈话里,阳明既明言象山粗,显然认为象山之学有不足处。他虽未说明象山之学粗在何处,但他的大意可以推知。所谓粗者,略也。象山的思想太直截,缺乏曲折,好多细腻的地方照顾不到。据门人钱德洪的报道,阳明自谓良知之说乃"从百死千难中得来",钱德洪在《刻文录叙说》之

---

① 《传习录》下,见《王阳明全书》(一),77页,台北,正中书局,1953。

中又曰：

> 先生之学凡三变，其为教也亦三变。少之时，驰骋于辞章；已而出入二氏；继乃居夷处困，豁然有得于圣贤之旨；是三变而至道也。居贵阳时，首与学者为知行合一之说；自滁阳后，多教学者静坐；江右以来，始单提致良知三字，直指本体，令学者言下有悟；是教亦三变也。读文录者，当自知之。①

由此可见，阳明思想之发展历尽曲折，其体验与思想表达之方式均与象山不同，显然另有渊源。我著《朱子哲学思想的发展与完成》一书曾说：

> 事实上阳明是在朱学的熏陶下翻出来的一条思路，所以提出问题的方式像朱子，而在精神上则接上象山。②

又说：

> 阳明之学虽与朱学格格不入，其学始于格物新解，即以朱子为批评之对象。晚年写《大学问》，对其本身的体验自有更透彻的发挥，然其理论之规模却仍需要借朱学之对反而益显。在此义下，也可谓朱学为王学之一重要渊源。③

但当时语焉未详，故撰文就此论题作进一步的发挥，以澄清此一公案。

阳明重刻《象山文集》，为之作序云：

---

① 《传习录》下，见《王阳明全书》（一），10页。梨洲《明儒学案》也有类似的说法。
② 刘述先：《朱子哲学思想的发展与完成》，486页，台北，学生书局，1982。
③ 同上书，517页。

附录四 论阳明哲学之朱子思想渊源

圣人之学，心学也。尧舜禹之相授受曰："人心惟危，道心惟微，惟精惟一，允执厥中。"此心学之源也。中也者，道心之谓也。道心精一之谓仁，所谓中也。孔孟之学，惟务求仁，盖精一之传也。盖当时之弊固已有外求之者……迨于孟子之时……心学大坏。孟子辟义外之说而曰："仁，人心也。学问之道无他，求其放心而已矣！"又曰："仁义礼智，非由外铄我也，我固有之，弗思耳矣。"盖王道息而伯术行，功利之徒外假天理之近似以济其私，而以欺于人曰：天理固如是。不知既无其心矣，而尚何有所谓天理者乎。自是而后，析心与理而为二，而精一之学亡。世儒之支离外索于刑名器数之末，以求明其所谓物理者，而不知吾心即物理，初无假于外也。佛老之空虚，遗弃其人伦事物之常，以求明其所谓吾心者，而不知物理即吾心，不可得而遗也。至宋周（濂溪）程（明道）二子，始复追寻孔颜之宗……庶几精一之旨矣。自是而后，有象山陆氏，虽其纯粹和平若不逮于二子，而简易直截直有以接孟子之传。其议论开辟时有异者，乃其气质意见之殊，而要其学之必求诸心，则一而已。故吾尝断以陆氏之学，孟氏之学也。而世之议者，以其尝与晦翁之有同异，而遂诋以为禅。夫禅之说，弃人伦，遗物理，而要其归极，不可以为天下国家。苟陆氏之学而果若是也，乃所以为禅也。今禅之说与陆氏之说，其书具存，学者苟取而观之，其是非同异，当有不待于辩说者，而顾一倡群和，剿说雷同，如矮人之观场，莫知悲笑之所自，岂非贵耳贱目，不得于言而勿求诸心者之过欤！夫是非同异，每起于人持胜心，便旧习，而是己见。故胜心旧习之为患，贤者不免焉……惟读先生之文者，务求诸心，而无以旧习己见先焉，则糠秕精凿之美恶，入口而知之矣。①

阳明这篇序（庚辰四十九岁时作），不啻说出了他自己对于道统的了解。象山虽粗，其精神乃直承孟子，不能以耳食之辞，误会之以为禅。而字里行间，对于朱子似不无微词。但若真正了解阳明的意旨，则他为象山辩冤的意味浓，贬抑朱子的意味淡。此由两年之后阳明致徐成之二函（壬午）可以清楚看出来。

承以朱陆同异见询，学术不明于世久矣，此正吾侪今日之所宜明辨者。细观来教，则（王）舆庵之主象山既失，而吾兄之主晦庵亦未为得也。是朱非陆，天下之论定久矣，久则难变也。虽微吾兄之争，舆庵亦岂能遽行其说乎！故仆以为二兄今日之论，正不必求胜。务求象山之所以非，晦庵之所以是，穷本极源，真有以见其几微得失于毫忽之间……而可以俟圣人于百世矣！……凡论古人得失，决不可以意度而悬断之。今舆庵之论象山曰，虽其专以尊德性为主，未免堕于禅学之虚空，而其持守端实，终不失为圣人之徒，若晦庵之一于道问学，则支离决裂，非复圣门诚意正心之学矣。吾兄之论晦庵曰，虽其专以道问学为主，未免失于俗学之支离，而其循序渐进，终不背于《大学》之训，若象山之一于尊德性，则虚无寂灭，非复《大学》格物致知之学矣。夫既曰尊德性，则不可谓堕于禅学之虚空，堕于禅学之虚空，

---

① 《王阳明全书》（一），190页。

则不可谓之尊德性矣。既曰道问学,则不可谓失于俗学之支离,失于俗学之支离,则不可谓道问学矣。二者之辩,间不容发。然则二兄之论,皆未免于意度也。昔者子思之论学,盖不下千百言,而括之以尊德性而道问学之一语,即如二兄之辩,一以尊德性为主,一以道问学为事,则是二者固皆未免于一偏,而是非之论,尚未有所定也,乌得各持一是而遽以相非为乎!故仆愿二兄置心于公平正大之地,无务求胜。夫论学而务以求胜,岂所谓尊德性乎?岂所谓道问学乎?以其所见,非独吾兄之非象山,舆庵之非晦庵,皆失之非;而吾兄之是晦庵,舆庵之是象山,亦皆未得其所以是也。……①

阳明思想之透辟,远非其二友之所及。而他的态度显然不落两边,直返《中庸》原义。但有趣的是,他这样的态度,其实比较接近朱子,而远于象山。朱子有答项平父书云:

大抵子思以来,教人之法惟以尊德性、道问学两事为用力之要。今子静所说专是尊德性事,而熹平日所论,却是道问学上多了……今当反身用力,去短集长,庶几不堕一边耳。②

但象山闻之却曰:

朱元晦欲去两短,合两长。然吾以为不可。既不知尊德性,焉有所谓道问学?(《象山文集》卷三十六)

---

① 《王阳明全书》(二),73~74 页。《年谱》将此一争论系于辛未先生四十岁时,但今《书录》所收辛未答徐成之函,则系与此一辩论完全无关者,或者因此误编在此年之下,也未可知。

② 《朱子文集》卷五十四《答项平父八书》之第二书。朱子是到晚年才断定象山为禅而诵言攻之,参见拙著:《朱子哲学思想的发展与完成》,450 页。

象山之强调尊德性自不无其理据，但阳明之态度显不似象山之激越，他并不认为道问学就必走上支离的道路，两方面互相补足，不可偏废。哪知成之接信，竟攻击阳明漫为含胡两解之说，有帮助舆庵的嫌疑，阳明乃不得不另作长书，作进一步的辩解。他说：

> 舆庵是象山而谓其专以尊德性为主。今观《象山文集》所载，未尝不教其徒读书穷理，而自谓理会文字颇与人异者，则其意实欲体之于身。其亟所称述以诲人者，曰"居处恭，执事敬，与人忠"。曰"克己复礼"。曰"万物皆备于我，反身而诚，乐莫大焉"。曰"学问之道无他，求其放心而已"。曰"先立其大者，而小者不能夺"。是数言者孔子、孟轲之言也，乌在其为空虚者乎。独其易简觉悟之说，颇为当时所疑。然易简之说，出于《系辞》。觉悟之说，虽有同于释氏，然释氏之说，亦自有同于吾儒，而不害其为异者，惟在于几微毫忽之间而已，亦何必讳于其同而遂不敢以言，狃于其异而遂不以察之乎。是舆庵之是象山，固犹未尽其所以是也。①

此则明言舆庵虽宗陆，然对其了解根本不透。象山非不主读书穷理，只不过更着重亲证，这是儒学的正统，与佛学有同有异，故不必形成忌讳。阳明接着说：

> 吾兄是晦庵，而谓其专以道问学为事。然晦庵之言曰"居敬穷理"，曰"非存心无以致知"，曰"君子之心，常存敬畏，虽不见闻，亦不敢忽，所以存天理之本，然

---

① 《王阳明全书》（二），74～75页。

而不使离于须臾之顷也"，是其为言虽未尽莹，亦何尝不以尊德性为事，而又乌在其为支离者乎？独其平日汲汲于训解，虽《韩文》《楚辞》《阴符》《参同》之属，亦必与之注释考辨，而论者遂疑其玩物；又其心虑恐学者之躐等而或失之于妄作，使必先之以格致而无不明，然后有以实之于诚正而无所谬。世之学者，挂一漏万，求之愈繁，而失之愈远，至有敝力终身，苦其难而卒无所入，而遂议其支离，不知此乃后世学者之弊，而当时晦庵之自为，则亦岂至是乎？是吾兄之是晦庵，固犹未尽其所以是也。①

由此可见，宗朱的成之对于朱子思想的了解并不透彻。反而阳明对于朱子的一套不仅十分熟悉，而且对于朱子的存心更有深刻的同情的了解。虽然他觉得朱子之言犹未尽莹，却又何尝不以尊德性为事，决不能因后世俗儒之失，而遂议其支离。阳明为朱子的辩护十分自然，没有半点勉强，即起朱子于地下，也会许其知言。阳明所不乐见的是学者挟求胜之心而囿于门户之见。他倡议建立论学之原则曰：

> 夫君子之论学，要在得之于心。众皆以为是，苟求之心而未会焉，未敢以为是也。众皆以为非，苟求之心而有契焉，未敢以为非也。心也者，吾所得于天之理也，无间于天人，无分于古今。苟尽吾心以求焉，则不中不远矣。学也者，求以尽吾心也。是故尊德性而道问学，尊者，尊此者也，道者，道此者也。不得于心而惟外信

---

① 《王阳明全书》（二），75页。

于人以为学,乌在其为学也已?①

这一段话说得极美,以此而平章朱陆,他说:

> 仆尝以为晦庵之与象山,虽其所为学者若有不同,而要皆不失为圣人之徒。今晦庵之学,天下之人,童而习之,既已入人之深,有不容于论辩者。而独惟象山之学,则以其尝与晦庵之有言,而遂藩篱之。使若由、赐之殊科则可矣,而遂摈放废斥,若碔砆之与美玉,则岂不过甚矣乎。夫晦庵折中群儒之说,以发明六经《语》《孟》之旨于天下,其嘉惠后学之心,真有不可得而议者。而象山辨义利之分,立大本,求放心,以示后学笃实为己之道,其功亦宁可得而尽诬之?而世之儒者,附和雷同,不究其实,而概目之以禅学,则诚可冤也已。故仆尝欲冒天下之讥,以为象山一暴其说,虽以此得罪无恨。仆于晦庵,亦有罔极之恩,岂欲操戈入室者。顾晦庵之学,既已若日星之章明于天下,而象山独蒙无实之诬,于今且四百年,莫有为之一洗者,使晦庵有知,将亦不能一日而安享于庙庑之间矣。此仆之至情终亦必为吾兄一吐者。②

这一段话里最重要的是,阳明把朱陆都看作圣人之徒,而表现出不同的面相,不可依耳食之辞、胸臆之见而排斥之。阳明特别要为象山辩冤,是因为象山之学久遭压抑,无禅学之实,而担了这样的恶名,不可以不彻底校正过来。至于朱学,既已是学术之正统,自不必特别为之表彰。但阳明对朱

---

① 《王阳明全书》(二),75页。
② 同上书,75~76页。

子学说的启迪推誉为"罔极之恩",这是用语很重的话,决不能当作装门面的敷衍之辞看待。事实上,阳明认为朱子对圣人之学的贡献是不容抹杀,但他说若朱子有知会不能安于庙庑的话是有问题的。因朱子晚年确断定象山为禅,始诵言攻之,则象山学在身后之不得昌明于世,正是朱子所乐见者,有何不安之有?故阳明必须进一步指明朱子的判断是错误的,始得为象山辩冤。适成之攻击象山,谓其太极之辨,并文义而不晓,阳明自不必为象山的弱点辩护,然朱子也有弱点,故后人的责任是必须超越二者以进于道,决不可文过饰非,自己既无进益,抑且厚诬古人,此不足为训者。故他说:

> 夫谓其文义之有未详,不害其为有未详也,谓其所养之未至,不害其为未至也。学未至于圣人,宁免太过不及之差乎?而论者遂欲以是而盖之,则吾恐晦庵禅学之讥,亦未免有激于不平也。夫一则不审于文义,一则有激于不平,是皆所养之未至。昔孔子大圣也,而犹曰假我数年以学《易》,可以无大过。仲虺之赞成汤,亦惟曰改过不吝而已。所养之未至,亦何伤于二先生之为贤乎!此正晦庵、象山之气象所以未及于颜子、明道者在此。吾侪正当仰其所以不可及,而默识其所未至者,以为涵养规切之方,不当置偏私于其间,而有所附会增损之也。夫君子之过也,如日月之食,人皆见之;更也,人皆仰之。而小人之过也必文。世之学者,以晦庵大儒,不宜复有所谓过者,而必曲为隐饰增加,务诋象山于禅学,以求伸其说,且自以为有助于晦庵,而更相倡引,谓之扶持正论。不知晦庵乃君子之过,而吾反以小人之见而文之。晦庵有闻过则喜之美,而吾乃非徒顺之,又

从而为之辞也。晦庵之心，以圣贤君子之学期后代，而世之儒者，事之以事小人之礼。是何诬象山之厚，而待晦庵之薄邪！仆今者之论，非独为象山惜，实为晦庵惜也。兄祖仆平日于晦庵何如哉？而乃有是论，是亦可以谅其为心矣。惟吾兄去世俗之见，宏虚受之诚；勿求其必同，而察其所以异；勿以无过为圣贤之高，而以改过为圣贤之学；勿以其有所未至者为圣贤之讳，而以其常怀不满者为圣贤之心；则兄与舆庵之论，将有不待辩说而释然以自解者。孟子云，君子亦仁而已，何必同。惟吾兄审择而正之。①

这一段话乃断定朱陆并世大贤，但缺点限制也至为明显，不只离开圣人境界尚远，气象不及颜子、明道之处亦甚多。象山之不审于文义，是象山的所养未至。但朱子以象山为禅，阳明乃直以"君子之过"形容之，不许后世俗儒曲为之护的做法。阳明是以朱子之心之所应然来校正其实然，始得谓晦庵不能安于其过，听任象山受诬为禅。阳明以"常怀不满"来了解圣贤之心的不果于自画，这是有极深的实证体验工夫，绝非俗儒妄议圣贤者可以企及。阳明由这个角度出发，希望对于朱陆有所匡正。阳明的批评不囿于门户之见，他清楚地了解朱陆追求圣人之学的实际限制与真正立脚点之所在，故此我们若仅谓象山为阳明思想之一重要渊源，而不谓朱子亦阳明思想之一重要渊源，实在是难以自圆其说的。

有了以上的分析做背景，回头看阳明刻《朱子晚年定论》，就可以从一个新的角度来看这一重公案。根据《年谱》，

---

① 《王阳明全书》（二），76～77页。

阳明刻此书是在戊寅,时年四十七岁,与刻《古本大学》同时,同年八月门人薛侃刻《传习录》,这时期阳明思想已经到了相当成熟的阶段。阳明有序曰:

> 洙泗之传,至孟氏而息,千五百余年,濂溪、明道始复追寻其绪,自后辨析日详,然亦日就支离决裂,旋复湮晦。吾尝深求其故,大抵皆世儒之多言有以乱之。守仁早岁业举,溺志词章之习,既乃稍知从事正学,而苦于众说之纷挠疲苶,茫无可入。因求诸老释,欣然有会于心,以为圣人之学在此矣。然于孔子之教,间相出入,而措之日用,往往缺漏无归,依违往还,且信且疑。其后谪官龙场,居夷处困,动心忍性之余,恍若有悟。体念探求,再更寒暑,证诸五经四子,沛然若决江河而放诸海也。然后叹圣人之道,坦如大路。而世之儒者,妄开窦径,蹈荆棘,坠坑堑,究其为说,反出二氏之下,宜乎世之高明之士厌此者趋彼也,此岂二氏之罪哉!间尝以语同志,而闻者竞相非议,目以为立异好奇,虽每痛反深抑,务自搜剔斑瑕,而愈益精明,的确洞然无复可疑。独于朱子之说,有相抵牾,恒疚于心,切疑朱子之贤,而岂其于此尚有未察?及官留都,复取朱子之书而检求之,然后知其晚岁固已大悟旧说之非,痛悔极艾,至以为自诳诳人之罪,不可胜赎。世之所传《集注》《或问》之类,乃其中年未定之说,自咎以为旧本之误,思改正而未及。而其诸《语类》之属,又其门人挟胜心以附己见,固于朱子平日之说犹有大相缪戾者。而世之学者,局于见闻,不过持循讲习于此,其于悟后之论,概乎其未有闻,则亦何怪乎予言之不信,而朱子之心无以

自暴于后世也乎。予既自幸其说之不缪于朱子，又喜朱子之先得我心之同然。且慨夫世之学者徒守朱子中年未定之说，而不复知求其晚岁既悟之论，竞相呶呶，以乱正学，不自知其已入于异端。辄采录而哀集之，私以示夫同志，庶几无疑于吾说，而圣学之明可冀矣。①

从考据的观点看，阳明编纂《朱子晚年定论》可谓一无是处。此函提及朱子自悔"自诳诳人之罪，不可胜赎"语，乃引自答何叔京书（《朱子文集》卷四十《答何叔京三十二书》之第十三书）。此书成于戊子，是年朱子三十九岁，此时朱子中和新说尚未发展完成，焉能谓之晚年定论？② 阳明把《集注》《或问》之类视为中年未定之说，放在此前，可谓毫无道理。他又以《语类》反映门人挟胜心之偏见，不代表朱子本人的意见，把朱子《文集》《语类》一分为二，这样的做法也是不称理的。钱穆先生说：

> 凡是陆非朱者，必喜为朱陆中异晚同之论。其所以证成之，则必取之于《文集》，而不用《语类》。谓《文集》出于亲笔，《语类》则门人弟子所记录，其中多不可信。阳明《朱子晚年定论》序亦曰：《语类》之属，又其门人挟胜心以附己见，固于朱子平日之说犹有大相缪戾者。然今就《文集》言，实未见所谓中异晚同之说。《语类》与《文集》亦多互相发明。抑且《语类》多出晚年，有书函文章所不能详，而面谈之顷，自然流露，转为畅

---

① 《王阳明全书》（一），107～108 页。此文写于乙亥阳明四十四岁时。
② 参见拙著：《朱子哲学思想的发展与完成》，第三章"朱子参悟中和问题所经历的曲折"。

竭无遗者。①

这是的论，我完全支持钱先生这样的论断。②但阳明这样的错误，正是他所谓象山不审于文义的错误，我们不必曲为之讳。君子之过也，如日月之食。我们指出阳明之失，又何害于阳明之贤，不必因此而怀疑到阳明人格的真诚。阳明断不至故意窜改朱子书函之日期以曲遂其私意。盖有明一代学术，颇疏于考据之事，阳明望文生义，错把答何叔京书当作朱子晚年定论的成熟见解，这是情有可原的过失。其实正如阳明本人所说，由于他对朱子的尊崇，不忍其于此尚有未察，乃适见朱子有自讼之辞，遂检求其书中之合于自己认为洞然无疑之理道者，而臆断之为朱子的晚岁既悟之论，阳明的错误正在于他之勉强求同。他断定朱子的中心确是用心于圣人之学，这本不谬，但强以自己的体证为合于朱子晚岁之论，却犯了严重的错误。此所以阳明的初心是泯除门户之见，结果却造成了更大的争论，这是一个悲剧！而悲剧之根源恰正在阳明对朱子之推尊。阳明答罗整庵少宰书有云：

> 其为《朱子晚年定论》，盖亦不得已而然。中间年岁早晚，诚有所未考，虽不必尽出于晚年，固多出于晚年者矣。然大意在委曲调停，以明此学为重。平生于朱子之说，如神明蓍龟，一旦与之背驰，心诚有所未忍，故不得已而为此。知我者谓我心忧，不知我者谓我何求。盖不忍抵牾朱子者，其本心也。不得已而与之抵牾者，道固如是，不直则道不见也。执事所谓决与朱子异者，

---
① 钱穆：《朱子新学案》，第三册，423页。
② 参见拙著：《朱子哲学思想的发展与完成》，427~479页。

仆敢自欺其心哉？夫道，天下之公道也；学，天下之公学也，非朱子可得而私也，非孔子可得而私也，天下之公也，公言之而已矣。故言之而是，虽异于己，乃益于己也，言之而非，虽同于己，适损于己也。益于己者己必喜之，损于己者己必恶之。然则某今日之论，虽或于朱子异，未必非其所喜也。君子之过，如日月之食，其更也，人皆仰之；而小人之过也必文。某虽不肖，固不敢以小人之心事朱子也。①

阳明此函承认其有所未考，但仍相信其所征引朱子书函固多出于晚年者。可惜的是，信念并经不起事实的考验。但阳明定朱学早晚的标准根本不是考据，他明言所以委曲调停，乃在以明此学为重，明显地是以义理为标准。他也知道自己所说与朱子异，但却相信对于朱子的本心来说，未必非其所喜，然此见解却不是人人可以同意，义理与考据虽分属两个不同的层次，我们固不可以因考据之不审而怀疑义理之不谛，但也不能因义理体证之深刻而遂忽视考据之精详。阳明在考据方面的弱点终造成其盛名之累，虽然他的用意在委曲调停，结果却如缘木求鱼，带来了反效果，真可说是意料不及的损失了。

现在我们要进一步来审查朱学与王学之间的关系。阳明的思想体证不似象山那样直截，所以不可能取象山的方式，其一生著述中极少征引象山，此其故也。就阳明所完成的思路看来，他的思想须由朱子转手而来，故朱子的思想竟是阳明之一重要渊源，这乃是一个极其有趣的吊诡。终阳明一生，

---

① 《传习录》中，参见《王阳明全书》（一），64 页。

对于《大学》的解悟和体证是他的一项最中心的关怀。他少年时格竹子，龙场的顿悟，刻《古本大学》，晚年授《大学问》，莫不与这篇文献有最密切的关联。由此可见，王学是受到朱子《大学解》的刺激，与之对反所产生的结果。盖中国人的思维方法，常常避免自我作古，总爱在古典之中，选出一些重要的文献做起点，加以再解释，用一种崭新的方法来表达出自己的解悟和体证。四书的观念虽不始于朱子，但却是朱子作集注才使得四书的地位之重要性更超过五经。而阳明所说，朱子的一套莫不"童而习之"，在阳明的时代来说，这是实情。由此可见，朱子的思想的确是阳明哲学探索的起点；乃是通过与朱子思想的对反与消融，才完成了阳明哲学思想的成熟理路，光凭这一点，阳明就不能不给予朱子的贡献适当的推崇与肯定，故可说没有朱子，决没有阳明。然从另一角度来说，阳明却没有只停滞在朱子的体悟之上，而是继续向前探索，往上升进。下面我们再更深一层来检讨此间所牵涉的理论效果。

阳明少年时代格竹子，乃是由于误解朱子格物之说所引发的一件轶事。《朱子文集》卷三十九有答陈齐仲书曰：

> 格物之论，伊川意虽谓眼前无非是物，然其格之也，亦须有缓急先后之序，岂遽以为存心于一草木器用之间，而忽然悬悟也哉？且如今为此学而不穷天理、明人伦、讲圣言、通世故，乃兀然存心于一草一木一器用之间，此是何学问？如此而望有所得，是炊沙而欲其成饭也。

阳明少年时显然未能领悟这层道理，结果因格竹子而致病，朱子自不必对这样的误解负责任。其实朱子格物是说要以渐进的方式来体道，故《朱子语类》卷十五有曰：

> 问：格物之义固要就一事一物上穷格，然如吕氏、杨氏所发明大本处，学者亦须兼考。曰：识得即事事物物上便有大本，不知大本，是不曾穷得也。若只说大本，便是释老之学。

朱子既不许人"不知大本"，又不许人"只说大本"，此处当深思之。其实朱子为学最讲次第，《大学》之道虽从格物做起，但此前早已经过了小学涵养的工夫。朱子答林择之书曰：

> 疑古人直自小学中涵养成就，所以《大学》之道只从格物做起。今人从前无此工夫，但见《大学》以格物为先，便欲只以思虑知识求之，更不于操存处用力，纵使窥测得十分，亦无实地可据。大抵敬字是彻上彻下之意，格物致知乃其间节次进步处耳。（《朱子文集》卷四十三《答林择之三十三书》之第十九书）

总之，朱子所中心服膺并进一步发扬光大的是伊川的"涵养须用敬，进学则在致知"一语。此所以阳明到了后来思想成熟的阶段，便承认朱子所致力的也是圣人之学，道问学与尊德性互相配合，不必一定达致支离的效果。但阳明始终认为朱子还有一间之隔，故不免有时语有未莹，然决无意抹杀朱子在此学的贡献。被人漠视的象山，阳明尚为之鸣冤，何况对于世道人心发生重大影响的朱子，又焉有不推尊之理？为了公言的缘故，阳明不能不辩驳朱子，直言其君子之过，但若任何人要污蔑朱子，想阳明必首先挺身而出，为之辩护。而朱子之不透处，正好成了一种触媒，促使阳明作进一步的探索。少年时代的阳明决无法安于朱子《大学补传》的体悟，而朱著竟变成了他不断往前追寻的一个重要的原动力。而朱子之作《大学补传》，又正是因为根据他自己的体悟，感觉到《大学》原典必有阙文，故增补传文如下：

> 所谓致知在格物者，言欲致吾之知，在即物而穷其理也。盖人心之灵，莫不有知，而天下之物，莫不有理，惟于理有未穷，故其知有不尽也。是以《大学》始教，必使学者即凡天下之物，莫不因其已知之理而益穷之，以求至乎其极，至于用力之久，而一旦豁然贯通焉，则众物之表里精粗无不到，而吾心之全体大用无不明矣。此谓物格，此谓知之至也。

朱子既讲豁然贯通，这里面是牵涉到一种异质的跳跃，他所讲的不能是经验知识——所谓见闻之知——的积累，因为人不可能全知，否则即是背理，故仍必定是一贯之道的体悟。但他既未明白作德行之知、见闻之知的分殊，没有斩断外在经验知识的关联，无怪乎人可以作出一些不相干的联想。其实朱子真正的意思是，人必须就事上磨炼，久之而可以掌握到通贯之理，由人事而至于自然，通天下莫非此理的呈现。但朱子所谓即物穷理，在措辞上没有点破此中的关键，不料在后世引起了阳明的误解，穷索既不可得，于是顿触疑情，悬而不悟。一直要到阳明谪居龙场，居夷处困，动心忍性之余，豁然有所悟，始洞彻格物致知之旨。从此训格为正，知者良知，一直追问到孟子的根源，而后洞然无疑。主旨既立，教法虽有变化，其余事耳。

由朱子与阳明这两个例子，我们可以看到我国过去儒者所表现的独立思考的特殊形态。许多古典的文献乃是童而习之，但学者心智渐开，并不盲目接受他们的权威，乃至出入老佛数十年，最后乃返求诸六经而后得之。事实上，怀疑乃是进学的阶梯，虽疑，但并没有完全否定古典的价值与意义，待疑虑积累了相当时期之后，骤然顿悟，而成一家之言，虽异于古说，然又有其血脉贯通之处。理一而分殊，这是中国人特殊的创造方式。朱子既立一家言说，阳明不能安于朱子的权威，等到他创立另一体系，自不能不与朱子异。但学术是关涉公是公非之事，若前贤的确是错了，自不能曲为之讳；但前贤学术必有其真实立脚处，圣学之前提既不异，此间乃必可以觅得互相会通之处，则又为势所必然之事。阳明之于朱子正可以作如是观。但后儒之于先贤又必有远近亲疏、分析契合之选择，阳明中心悦服者厥惟孔、孟、周（濂溪）、程（明道）四子，这也可以说是阳明直接继承的道统。晦庵、象山二人学说及其异同，在阳明看来都不能谓之为无渗漏，视为一种偏执的表现。但朱陆都深有所造，阳明对于二位既有所继承，也有所批评。单排拒朱子，不谓之为阳明哲学的一个重要思想渊源则不可通。

  朱子的思想对于阳明哲学最大的影响，在于它对前人学说提出一种解悟与体证，却引起了阳明的疑惑与思索，从而悟出不同的看法，因此在同一问题上与朱子的思想形成对比。例如：由于他对朱子的即物穷理有所不满，日夕萦绕于心，三十七岁在龙场才突然有所顿悟：始知圣人之道，吾性自足，向之求理于事物者误也。阳明在答顾东桥书里，对此问题有详尽的分析：

    朱子所谓格物云者，在即物而穷其理也。即物穷理，是就事事物物上求其所谓定理者也,是以吾心自求理于事事物物之中,析心与理而为二矣。夫求理于事事物物者,如求孝之理于其亲之谓也。求孝之理于其亲,则孝之理其果在于吾之心邪?抑果在于亲之身邪?假而果在于亲之身,则亲没之后,吾心遂无孝之理欤?见孺子之入井,必有恻隐之理。是恻隐之理,果在于孺子之身欤?抑在于吾心之良知欤?其或不可以从之于井欤?其或可以手而援之欤?是皆所谓理也,是果在于孺子之身欤?抑果出于吾心之良知欤?以是例之,万事万物之理,莫不皆然,是可以知析心与理为二之非矣。夫析心与理而为二,此告子义外之说,孟子之所以深辟也。务外遗内,博而寡要,吾子既已知之矣,是果何谓而然哉!谓之玩物丧志,尚犹以为不可欤!若鄙人所谓致知格物者,致吾心之良知于事事物物也。吾心之良知,即所谓天理也。致吾心良知之天理于事事物物,则事事物物皆得其理矣。致吾心之良知者,致知也。事事物物皆得其理者,格物也,是合心与理而为一者也。合心与理而为一,则凡区区前之所云,与朱子晚年之论,皆可以不言而喻矣。①

《年谱》将此函系之于乙酉先生五十四岁时,距其卒年不过三载,可以说是他晚年成熟的见解。此时他仍坚信,朱子晚年之论与他自己有所契合,而深排朱子《集注》《补传》等在外流行极广的理论。

据《年谱》所载,阳明在戊寅年(四十七岁)刻《古本

---

① 《传习录》中,见《王阳明全书》(一),37页。在这一段话之中,可以注意的是,阳明竟以"告子义外之说"评朱子。昔年象山逝世,相传朱子曾谓:"可惜死了告子。"两下里比较,可谓相映成趣。

大学》。刻此书的目的是与流行的朱学见解挑战。但他在同年又刻《朱子晚年定论》，则明白地表示，他反对的不是朱子，而是朱子中年的未定之论，但由于他的考据未精，故除门弟子外，时人对于他所说的义理也不深信，罗钦顺（整庵）在庚辰（时阳明四十九岁）即对他有严厉的批评。阳明答罗整庵少宰书有复曰：

> 来教谓某《大学》古本之复，以人之为学，但当求之于内，而程朱格物之说，不免求之于外，遂去朱子之分章，而削其所补之传，非敢然也。学岂有内外乎？《大学》古本，乃孔门相传旧本耳。朱子疑其有所脱误而改正补缉之，在某则谓其本无脱误，悉从其旧而已矣，失在于过信孔子则有之，非故去朱子之分章而削其传也。夫学贵得之心。求之于心而非也，虽其言之出于孔子，不敢以为是也，而况其未及孔子者乎。求之于心而是也，虽其言之出于庸常，不敢以为非也，而况其出于孔子者乎。且旧本之传，数千载矣。今读其文词，既明白而可通，论其工夫，又易简而可入，亦何所按据而断其此段之必在于彼，彼段之必在于此，与此之如何而缺，彼之如何而误，而遂改正补缉之，无乃重于背朱，而轻于叛孔已乎？①

宗朱学者既图以朱子之权威来压服阳明，阳明乃诉之于孔子之权威来压服朱子。其实最终的权威毕竟在于人的本心。然即从义理的角度来看，整庵仍认为阳明的一套讲不通，阳明亦有复曰：

---

① 《传习录》中，见《王阳明全书》（一），62页。

来教谓如必以学不资于外求，但当反观内省以为务，则正心诚意四字，亦何不尽之有，何必于入门之际，便困以格物一段工夫也？诚然！诚然！若语其要，则修身二字亦足矣，何必又言正心？正心二字亦足矣，何必又言诚意？诚意二字亦足矣，何必又言致知，又言格物？惟其工夫之详密，而要之只是一事，此所以为精一之学，此正不可不思者也。①

整庵所问的事实上确是一既真实而又困难的问题。如果像阳明那样解格致，那么格致的内容与正诚无异，岂能符合《大学》原义？同时有内无外，也不称理。但阳明确有他自己的一条思路，依他之见，次第工夫，要之只是一事，焉能强分内外，故他认为整庵实未真了解他的意思。他说：

正者，正此也；诚者，诚此也；致者，致此也；格者，格此也：皆所谓穷理以尽性也。天下无性外之理，无性外之物。学之不明，皆由世之儒者认理为外，认物为外，而不知义外之说，孟子盖尝辟之，乃至袭陷其内而不觉，岂非亦有似是而难明者欤，不可以不察也。凡执事所以致疑于格物之说者，必谓其是内而非外也，必谓其专事于反观内省之为而遗弃其讲习讨论之功也，必谓其一意于纲领本原之约而脱略于支条节目之详也，必谓其沉溺于枯槁虚寂之偏而不尽于物理人事之变也。审如是，岂但获罪于圣门，获罪于朱子，是邪说诬民，叛道乱正，人得而诛之也，而况于执事之正直哉！审如是，世之稍明训诂，闻先哲之绪论者，皆知其非也，而况执

---

① 《传习录》中，见《王阳明全书》（一），62页。

事之高明哉！凡某之所谓格物，其于朱子九条之说，皆包罗统括于其中，但为之有要作用不同，正所谓毫厘之差耳，然毫厘之差，而千里之缪实起于此，不可不辨。①

阳明的意思是，他并非排斥朱子，事实上是包罗统括朱子之说；他的说法是朱子之说的升进，二者之间所差仅只毫厘，但差之毫厘、谬以千里，故此处不可以不辨。函末说明其为《朱子晚年定论》，盖亦不得已而然者，所辨已见前引，兹不言。②

阳明是借《大学》这篇古典来发挥他自己最中心的体验。丁亥五十六岁时征思田，将发，先授《大学问》，翌年即谢世。在这篇重要的文献中，阳明作了如下脍炙人口的至论：

大人者，以天地万物为一体者也，其视天下犹一家，中国犹一人焉。若夫间形骸而分尔我者，小人矣。大人之能以天地万物为一体也，非意之也，其心之仁本若是。其与天地万物而为一也，岂惟大人，虽小人之心亦莫不然，彼顾自小之耳。③

致知云者，非若后儒所谓充广其知识之谓也，致吾心之良知焉耳。良知者，孟子所谓是非之心，人皆有之者也。是非之心，不待虑而知，不待学而能，是故谓之良知。是乃天命之性，吾心之本体自然灵昭明觉者也。④

阳明的思想体验至此已臻化境，真是孟子、明道的真血脉。而与《大学》不可分割的是知行问题的考虑，以下再从

---

① 《传习录》中，见《王阳明全书》（一），63页。
② 参见上书，64页。
③ 同上书，119页。
④ 同上书，122页。

其他文献来比较朱王二人对知行等问题的看法。

朱子晚年对于涵养、致知、力行问题之定见①大致如下：

> 涵养、致知、力行三者便是以涵养做头，致知次之，力行次之。不涵养则无主宰，如做事须用人，才放下，或困睡，这事便无人做主，都由别人，不由自家。既涵养，又须致知。既致知，又须力行。若致知而不力行，与不知同。亦须一时并了。非谓今日涵养，明日致知，后日力行也。要当皆以敬为本。敬却不是将来做一个事。今人多先安一个敬字在这里，如何做得？敬只是提起这心，莫教放散，恁地则心便自明。这里便穷理格物，见得如此便是，不当如此便不是。既见了，便行将去。今且将《大学》来读，便见为学次第，初无许多屈曲。某于《大学》中所以力言小学者，以古人于小学中已自把捉成了，故于《大学》之道无所不可。今人既无小学之功，却当以敬为本。（《朱子语类》卷一一五，杨骧录）

阳明谓朱子非不重尊德性，此应无诤。朱子以涵养、致知、力行三方面不可分割，亦须一时并了，这是儒者的共法，应无疑义。宽泛来说，此中自也可说寓有知行合一的微意。但朱子所体悟的实义毕竟与阳明不同。

> 择之问：且涵养去，久之自明。曰：亦须穷理。涵养穷索二者不可废一，如车两轮，如鸟两翼。如温公只恁行将去，无致知一段。（《朱子语类》卷九，廖德明录）

朱子深觉光是涵养的不足，故提出须辅之以致知、力行，

---

① 参见拙著：《朱子哲学思想的发展与完成》，118～137 页。

始无渗漏。这种体悟确与阳明所体悟者有"差之毫厘"之别。阳明进而指出所谓致知实即致良知，他所体悟的知行合一确有不同的新义。他答顾东桥书有曰：

> 知之真切笃实处，即是行。行之明觉精察处，即是知。知行工夫本不可离，只为后世学者分作两截用功，失却知行本体，故有合一并进之说。真知即所以为行，不行不足谓之知。……专求本心，遂遗物理，此盖失其本心者也。夫物理不外于吾心，外吾心而求物理，无物理矣！遗物理而求吾心，吾心又何物邪？心之体，性也，性即理也。故有孝亲之心，即有孝之理，无孝亲之心，即无孝之理矣；有忠君之心，即有忠之理，无忠君之心，即无忠之理矣；理岂外于吾心邪？晦庵谓人之所以为学者，心与理而已！心虽主乎一身，而实管乎天下之理；理虽散乎万事，而实不外乎一人之心；是其一分一合之间，而未免已启学者心理为二之弊。此后世所以有专求本心，遂遗物理之患，正由不知心即理耳。失外心以求物理，是以有暗而不达之处。此告子义外之说，孟子所以谓之不知义也。心一而已，以其全体恻怛而言，谓之仁；以其得宜而言，谓之义；以其条理而言，谓之理。不可外心以求仁，不可外心以求义，独可以外心以求理乎？外心以求理，此知行之所以二也。求理于吾心，此圣门知行合一之教，吾子又何疑乎？①

阳明是有感于朱子体悟之不透及其说之流弊，从而开出一新形态之思路，其高明处确有胜于朱子。但朱子留心低卑

---

① 《传习录》中，见《王阳明全书》（一），35页。

的现实情况，诚恐学者犯上觅心蹈虚的毛病，我们如今看到王学末流之狂肆，其弊害还更大于朱门后学之拘执，则朱子的顾虑又决不为无理。总之，朱子、阳明各成就圣人之学的一种形态，分别有其光辉，有其限制。就教法而论，则朱子与阳明都曾一度要学生静坐，后来又惧其滞寂而放弃这种教法，这又是二人在弘扬圣学的过程中所遭逢的类似的问题与经验。

有关《大学》格致问题的处理，是讨论朱学与王学同异的一个中心焦点所在，这一点学者都体认得到。但对于《中庸》中和观念的领悟，朱子与阳明也有不同的解释，这一方面却未受到学者充分的注意。其实此处所见到的异同，与朱子、阳明处理《大学》格致问题之异同所牵涉的理论效果，恰正是彼此平行、互相呼应的，这里不妨再就此作进一步的检讨。

我们知道，朱子对于中和问题的参悟，是决定他一生的思想形态的一个极重要的关键。① 关于朱子对于中和的定见，我们不妨引述朱子与湖南诸公论中和第一书，以见其大旨：

> 《中庸》未发已发之义，前此认得此心流行之体，又因程子"凡言心者皆指已发而言"，遂目心为已发，性为未发。然观程子之书，多所不合。因复思之，乃知前日之说，非惟心性之名，命之不当，而日用工夫全无本领，盖所失者不但文义之间而已。

> 按《文集》《遗书》诸说，似皆以思虑未萌，事物未

---

① 参见拙著：《朱子哲学思想的发展与完成》，第三章"朱子参悟中和问题所经历的曲折"。

至之时,为喜怒哀乐之未发。当此之时,却是此心寂然不动之体,而天命之性当体具焉,以其无过不及,不偏不倚,故谓之中。及其感而遂通天下之故,则喜怒哀乐之情发焉,而心之用可见。以其无不中节,无所乖戾,故谓之和。此则人心之正,而性情之德然也。

然未发之前不可寻觅,已发之心不容安排。但平日庄敬涵养之功至,而无人欲之私以乱之,则其未发也,镜明水止,而其发也,无不中节矣。此是日用本领工夫。至于随事省察,即物推明,亦必此是为本。而"于已发之际观之",则其具于未发之前者,固可默识。故程子之答苏季明,反复论辩,极于详密,而卒之不过以敬为言。又曰"敬而无失,即所以中"。又曰"入道莫如敬,未有致知而不在敬者"。又曰"涵养须用敬,进学则在致知"。盖为此也。向来讲论思索,直以心为已发,而日用工夫亦止以察识端倪为最初下手处,以故阙却平日涵养一段工夫,使人胸中扰扰,无深潜纯一之味,而其发之言语事为之间,亦常急迫浮露,无复雍容深厚之风。盖所见之差,其害乃至于此,不可以不审也。

程子所谓"凡言心者皆指已发而言",此乃指赤子之心而言。而谓"凡言心者",则其为说之误,故又自以为"未当",而复正之。固不可徒执已改之言,而尽疑诸说之误,又不可遂以为"未当",而不究其所指之殊也。不审诸君子以为如何?(《朱子文集》卷六十四)

此函所言即所谓朱子之中和新说的内容。朱子至是始悟到此心之所以周流贯彻,通贯于已发未发,不再把两面打成两橛,而静养动察,敬贯动静。他的思想规模显然乃由伊川发展而出，此时所悟之理，以后一直贯注到他对《大学》的解释。对于朱子来说，性是理，情是气，"心者气之精爽"（《朱子语类》卷五），"所以具众理而应万事者也"（朱子《孟子〈尽心〉注》），这样完成了一个心性情三分之思想架构。①

阳明的体悟自大有不同，他对于中和、未发、已发等问题的解答莫善于答陆原静书。他说：

> 良知者，心之本体，即前所谓恒照者也。心之本体，无起无不起，虽妄念之发，而良知未尝不在，但人不知存，则有时而或放耳；虽昏塞之极，而良知未尝不明，但人不知察，则有时而或蔽耳。虽有时而或放，其体实未尝不在也，存之而已耳；虽有时而或蔽，其体实未尝不明也，察之而已耳。若谓良知亦有起处，则是有时而不在也，非其本体之谓耳。
>
> 精一之精，以理言；精神之精，以气言。理者，气之条理；气者，理之运用。无条理，则不能运用，无运用，则亦无以见其所谓条理者矣。……
>
> 夫良知一也。以其妙用而言，谓之神；以其流行而言，谓之气；以其凝聚而言，谓之精；安可以形象方所求哉！②

这是阳明解答此一问题之思想背景。他又接着说：

> 良知即是未发之中，即是廓然大公、寂然不动之本体，人人之所同具者也。但不能不昏蔽于物欲，故须学

---

① 参见拙著：《朱子哲学思想的发展与完成》，第五章"朱子思想之心性情三分架局"。

② 《传习录》中，见《王阳明全书》（一），51页。

以去其昏蔽,然于良知之本体,初不能有加损于毫末也。……

　　未发之中,即良知也,无前后内外,而浑然一体者也。有事无事,可以言动静,而良知无分于有事无事也。寂然感通,可以言动静,而良知无分于寂然感通也。动静者所遇之时,心之本体固无分于动静也。理无动者也,动即为欲。循理,则虽酬酢万变,而未尝动也。从欲,则虽槁心一念,而未尝静也。动中有静,静中有动,又何疑乎!有事而感通,固可以言动,然而寂然者未尝有增也。无事而寂然,固可以言静,然而感通者未尝有减也。动而无动,静而无静,又何疑乎!无前后内外,而浑然一体,则至诚有息之疑,不待解矣!未发在已发之中,而已发之中,未尝别有未发者在。已发在未发之中,而未发之中未尝别有已发者存。是未尝无动静,而不可以动静分者也。①

此函成于甲申阳明五十三岁时,其中持论是他极为成熟的思想。由其语脉看来,真是濂溪《通书》、明道《识仁篇》《定性书》的血脉,而将明道的一本论发挥得更为痛快。函末门人还记载阳明警诫诸生,良知非知解事,要真实在良知上用功,不可在知解上转。反观朱子,则于明道始终不契。如此朱子、阳明在圣学的规模下,终成就两种十分不同的形态,互相对比,昭昭其明矣!

然而这种对比,适因其文献根据之相同,问题之相类,而于本体、工夫之体证义有差之毫厘、谬以千里之分别,所

---

① 《传习录》中,见《王阳明全书》(一),52~53页。

以才更有意味,值得我们细细咀嚼。

钱德洪在《刻文录叙说》谓:

> 格致之辩,莫详于答顾华玉一书,而拔本塞源之论,写出千古同体万物之旨与末世俗习相沿之弊,百世以俟,读之当为一快。①

由此可见,答顾东桥书中"拔本塞源"之论在王门文献之中占有多么重要的地位!但学者似未注意到,更未了然"拔本塞源"一词,也很有可能是阳明取之于朱子者。朱子答吕子约书有云:

> 来书亦于智力二字必竟看不破、放不下,殊不知,此正是智力中之仁义、宾中之主、铁中之金。若苦向这里觅道理,便落在五伯假之以下规模里出身不得。孟子、董子所以"拔本塞源"、斩钉截铁,便是正怕后人似此拖泥带水也。熹尝语此间朋友,孟子一生忍穷受饥,费尽心力,只破得枉尺直寻四字。今日诸贤苦心劳力,费尽言语,只成就枉尺直寻四字,不知淆讹在甚么处?此话无告诉处,只得仰屋浩叹也。(《朱子文集》卷四十七《答吕子约二十八书》之第二十五书)

朱子这一段话是站在道学之立场辨浙学,想必为阳明所首肯。阳明编纂《朱子晚年定论》,取朱子答吕子约书凡六通,数量上不可谓不重。其中二函乃引自《朱子文集》卷四十七之第二十六、二十七函,紧接上引之函,另四函则引自卷四十八之第三、四、七、九函。各函隶属之卷数如此接近,

---

① 《传习录》中,见《王阳明全书》(一),11页。

若谓阳明未见上引之函，只怕说不通。如此则阳明有意或无意由朱子取用"拔本塞源"一词，实大有可能。此为另一证据，说明朱子思想为阳明哲学发展之一重要渊源与触媒。①

总括来说，阳明哲学精神虽与象山相通，但他在意识上则始终把朱陆平看，不愿偏向一方。《传习录》中载门人周道通来书云：

> 今之为朱陆之辨者尚未已。每对朋友言，正学不明已久，且不须枉费心力为朱陆争是非，只依先生立志二字点化人，若其人果能辨得此志，来决意要知此学，已是大段明白了。朱陆虽不辨，彼自能觉得。又尝见朋友中见有人议先生之言者，辄为动气。昔在朱陆二先生所以遗后世纷纷之议者，亦见二先生工夫有未纯熟分明，亦有动气之病。若明道，则无此矣。观其与吴涉礼论介甫之学云，为我尽达诸介甫，不有益于他，必有益于我也，气象何等从容。尝见先生与人书中亦引此言，愿朋友皆如此如何？②

阳明答书乃曰：

> 此节议论得极是极是，愿道通遍以告于同志。各自且论自己是非，莫论朱陆是非也。以言语谤人，其谤浅。若自己不能身体实践，而徒入耳出口，呶呶度日，是以身谤也，其谤深矣。凡今天下之议论我者，苟能取以为善，皆是砥砺切磋我也，则在我无非警惕修省进德之地

---

① 承柳存仁教授告以，"拔本塞源"成语见于《左传》昭公九年王使詹桓伯辞于晋所说的一段话内。

② 《王阳明全书》（一），49~50页。

矣。昔人谓攻吾之短者是吾师，师又可恶乎？①

阳明答语的重点固然是以身行道，心灵开放，不拒绝批评，而避免卷入门户之争；但由体道的客观标准来看，则阳明是同意道通的评断：把朱陆一齐置于明道之下。事实上朱陆的修养工夫都不能达到登峰造极的地步。陆子因蒙不白之冤而被诬为禅，遂被摈放废斥，阳明始不得不挺身而起，为之鸣冤。反过来，朱子对于圣学之推展有那样大的贡献，阳明又岂有不承认之理？朱陆二位，各有短长；阳明明鉴，对于二位，都有所批评，有所继承；如只说陆子是阳明的重要思想渊源，而不谓朱子也是阳明的重要思想渊源，这样的态度可以说是公平合理的吗？

但是朱子之为阳明之重要思想渊源，显然与孔、孟、周（濂溪）程（明道）之为阳明之重要思想渊源不同，我们必须进一步确定，在哪一意义之下朱子是阳明的思想渊源。

第一，朱子之学，阳明童而习之，很自然是他思想的一个重要渊源。

第二，朱学的中心是圣人之学，阳明也特别有志于此。他跟随朱子的指引而未达，但他所用的文献如《大学》，提出的问题如"格致"，莫不是由朱学转手而来，在这一背景下，不能不说朱子的思想为阳明哲学发展之一重要思想渊源。

第三，阳明发展完成的思想，恰与当时流行的朱学的格局互相对反，其意义必须通过这样的对反而益显。阳明自谓此间之差不过毫厘，他的思想是由对治朱学的流弊所发展完成的一个新的圣学的形态，没有朱学的渊源与对反，必不会

---

① 《王阳明全书》（一），50页。

有王学，事至显然。

第四，在阳明主观的感受上，流行的朱学见解虽多与他自己发展完成的思想互相抵牾，但他深信朱子晚年思想成熟之后，所得与他自己的体证完全契合。他格竹子是对于朱子的误解，讲心即理是对于流行朱学的对反，谈及致良知时，他深信与朱子晚年定论相合，这一点虽不符事实，但在他一生思想发展的过程之中，处处有朱学的背景与痕迹，则是无可怀疑的。

第五，阳明对于朱子之失从未加以隐讳，三番四次作出批评，不为之曲护；另外，阳明对于朱子的尊崇，也确发于内心之至诚，不能当作门面话来看待。阳明自更不会因为朱学之势大而想尽方法去攀附——事实上他为象山鸣冤，批评朱子的权威，提倡新说，已经冒了天下之大不韪，尤其不可能故意去窜乱朱子书函的时日，来伪造《朱子晚年定论》，曲解以从己。

如果阳明对于朱子的尊崇的确出于内心，他的学问的规模又多由朱子承转而来，因对反而益显，他自己并深信与朱子晚年定论互相契合，那么朱子思想为阳明哲学发展之一重要渊源，应晓然无疑矣！

原载《香港中文大学中国文化研究所学报》，第15卷，1984

附录五

朱子的《仁说》、太极观念与道统问题的再省察
——参加国际朱子会议归来记感

一、引语

今年（1982 年）2 月，台湾学生书局终于把我的《朱子哲学思想的发展与完成》一书印出来了。7 月应邀去檀香山参加国际朱子会议，真可谓群贤毕至、少长咸集。参加的有来自世界各地的三十多位专家学者、三十多位青年学者、十多位观察员，加上夏威夷大学、东西中心的学者以及工作人员，总数共达百人。这样的盛会集中讨论一位哲学家的思想和影响，只怕是空前的。最值得注意的是，这次学术讨论交流的目的，可谓完全突破了政治的藩篱。台湾方面参加这次会议的有七位：罗光、高明、蔡仁厚、韦政通、赵玲玲、曾春海、黄俊杰，大陆方面也有七位：冯友兰（陪同者：冯钟璞，作家，冯友兰先生之女）、邱汉生、任继愈、邓艾民、冒怀辛、李泽厚、张立文。来自世界各地的华裔学者不能尽举，美国

方面最多,有陈荣捷、黄秀玑、余英时、成中英、傅伟勋、杜维明等,另外还有秦家懿来自加拿大,柳存仁、姜允明来自澳洲,李弘祺和我则来自中国香港。遗憾的是,牟宗三先生因不耐长途旅行之苦,不肯与会,劳思光先生则因其《中国哲学史》第三卷出版较迟,大会未克及时邀请劳先生来发抒他个人独特的见解。此外,老一辈的学人梁漱溟、钱穆两位先生虽不克亲来,都有论文到会宣读。徐复观先生则因癌症去世,宣读其论文前曾默祷一分钟志哀。其他国际知名的学者,日本方面来了冈田武彦、佐藤仁、岛田虔次、友枝龙太郎、山井涌、山崎道夫等,韩国来了尹丝淳,欧洲来了葛瑞汉(A. C. Graham,英国)、余蓓荷(Monika Ubelhör,德国),美加地区来的人又是最多,包括狄百瑞(William Theodore de Bary)、史华慈(Benjamin Schwartz)等长一辈的学者,以及还在研究院读书的新秀学人。这次开会,陈荣捷先生厥功最伟,由筹款、联络、主持会务,到照顾同人,事必躬亲,八十一岁的高龄还能够表现出这样的热心和精力实在是一个奇迹。十天的会议,好几十篇论文,夜以继日的讨论,与会同人莫不受到强大的冲击,我自己也不例外。最可惜的是,我的书没能及时寄到会场分赠学者,引起进一步的讨论。大体我自己的根本思想虽没有大的改变,但考虑问题时又更精细了一层,也照顾到了更广阔的层面。本来开会以后,我并没有打算立刻写文章,要好好沉潜思考一段时间再说。但《史学评论》马上要出"朱子专号",一定要我勉为其难,凑上一篇,以襄盛举。我对朱子哲学思想的研究已有若干时日,近来又出了专书,内心乃有一种义不容辞的感觉,乃就出席国际朱子会议所受到的冲击有一些初步的回应,随手写出来,尚盼海内外的方家不吝赐教。

二、环绕着朱子《仁说》的一些问题的再省察

朱子《仁说》是一篇重要的文献，但环绕着它却有着许多疑难问题，不易作成定论。清王懋竑撰《朱子年谱》，在考证方面最称精审，然而在正文之中，竟无一字提及《仁说》，仅在考异（卷一）中指出，朱子三十八岁往潭州晤张南轩时并不只专讨论中和问题，亦兼论仁的问题。这大体是实情。同时朱子与湖湘学者展开有关仁的论辩在时间上在有关中和的论辩之后，历来学者并无异辞。但《仁说》既数易其稿，究竟成说在哪一年，就变成一个悬而未决的问题。我在论朱子一书中利用王谱做指引，断定现行《仁说》改定于癸巳朱子四十四岁时（1173年）。当时我未及见陈荣捷先生所撰《论朱子之仁说》一文，这篇文章引用的材料最为完备，思虑也极周密。陈先生提及日本学者友枝龙太郎在《朱子の思想形成》一书中以《仁说》成于朱子四十四岁前后，可谓与我的意见不谋而合。陈先生本人则怀疑此文之成，"今恐在前，不在后也"。承陈先生在开会之前把这篇文章寄给我，我当时即有一函向陈先生求教，陈先生复函谓此中涉及问题复杂，可以慢慢商量，老辈学人这种谦恭的态度是我们这些后辈所应该师法的。但会期之内讨论的焦点不在此处，而议程紧凑，乃未能就这一问题继续向陈先生请益，只有现在利用文字方式来作更进一步的探索。陈先生说《仁说》初稿在《克斋记》（壬辰，1172年）之前是没有问题的，但他推测此文后来"或

竟不改"则是有问题的。友枝龙太郎以《仁说》成于1173年前后所持理据是什么,我不知道,我和他又没法对谈,所以一时无法印证彼此的见解,这是很可惜的。而我的书陈先生迄今还未看到,所以要他现在表示意见也是没有可能的。但我至少可以在此处对陈先生的文章先有一回应,然后再看陈先生有怎样的进一步的反省,似乎比较允当。陈先生文曾提及朱子致南轩所谓:"熹向所呈似《仁说》,其间不免尚有此意,方欲改之而未暇。来教以为不如克斋之云是也,然于此却有所未察。"(《朱子文集》卷三十二《与张钦夫(四)论仁说》)由此可见朱子一直有意修改《仁说》初稿,问题在他有没有实际做修改的工作呢?我认为他是修改过的。证据在《朱子文集》卷三十三《答吕伯恭四十九书》之第二十四书中,朱子说:"《仁说》近再改定,比旧稍分明详密,已复录呈矣。"陈先生文也曾引录此书,故问题在是否有方法能够确定,写这封书信的时间究竟是在何时?在我论朱子一书中,我曾利用王谱做指引,发现有很强的间接证据指明这封信在癸巳朱子四十四岁时,故我的意见比友枝龙太郎所下的推断还要更为确定,即直截了当把《仁说》定稿一事系于癸巳。如果关于《仁说》的大段论辩如大多数学者所同意的是在壬辰年朱子四十三岁时(1172年),又如我所推测的,这场辩论一直延伸到癸巳年并即结束在这一年,那么《仁说》的定稿也在这一年应该是极为合理的推测。至于说朱子五十六岁时(1185年)还在与吕子约讨论《仁说》(《朱子文集》卷四十七《致吕子约二十八书》之第二十五书),也还有可能再加更改,这种可能虽不是完全没有,但成数并不很高,因该函语气全系回叙口吻,没有再提到修改《仁说》事,不似临终前之修改《大学·诚意章》之有明文记载也。我觉得陈先生文对《仁说》成书的年代是取一存疑的态度，所以指出了好几种存在的可能性，语气前后并不十分条贯。我则相信《仁说》定稿在1173年，除非有很强的相反证据驳斥这一说法，我将继续坚持我在朱子一书的论断，而以《仁说》定稿为朱子在四十四岁时的作品。

但环绕着《仁说》所引出的疑难问题还远不止此。现行四部备要本《仁说》之下有注曰：

> 浙本误以南轩先生《仁说》为先生《仁说》，而以先生《仁说》为序。《仁说》又注此篇"疑是先生《仁说》序姑附此"十字，今悉删正之。（《朱子文集》卷六十七）

现在多数学者以现行《仁说》即朱子本人之《仁说》，这一点大概不成问题。但现行南轩《仁说》是否即南轩本人的《仁说》呢？则不能没有疑问。陈先生文指出："南轩《仁说》存《南轩文集》卷十八，全文只四百七十七字，另注三十三字，不及朱子《仁说》之半。"并节录该文之大意云：

> 人之性，仁义礼智四德具焉。其爱之理则仁也，宜之理则义也，让之理则礼也，知之礼则智也。……性之中只有是四者，万善皆管乎是焉。而所谓爱之理者，是乃天地生物之心，而其所由生者也。故仁为四德之长而又可以兼包焉。惟性……发见于情……亦未尝不贯通焉。此性情之所以为体用，而心之道则主乎性情者也。人惟己私蔽之，以失其性之理而为不仁。……为仁其要乎克己。……爱之理无所蔽，则与天地万物血脉贯通，而其用亦无不周矣。故指爱以名仁则迷其体，而爱之理则仁

也。指公以为仁则失其真,而公者人之所以能仁也。……惟仁者为能推之而得其宜,是义之所存者也。……然则学者其可不以求仁为要,而为仁其可不以克己为道乎!

陈先生惊诧其文与朱子《仁说》相同之甚。然此文只说克己、与天地万物血脉贯通,似着重点与朱子略有不同,而遗漏"心之德"的公式则为异之大者。我们现在至少有一点是完全可以确定的,即南轩《仁说》初稿与这篇《仁说》在内容上是有很大的差异的。陈先生即曾引朱子《答钦夫仁说》云:

《仁说》明白简当,非浅陋所及。但言性而不及情,又不言心贯性情之意,似只以性对心,即下文所引孟子仁人心也,与上文许多说话似若相戾。更乞详之。(《文集》卷三十二《答张敬夫十八书》之第十七书)

盖南轩为胡五峰弟子,朱子批评五峰即只将心性对举而不及情,可见南轩的出发点与朱子确实不同。诚如牟宗三先生在《心体与性体》一书之中指出,南轩常随朱子脚跟转,守不住湖湘之学的阵脚。但南轩也并不是意见完全与朱子相同,所同者也不过是从他自己的观点同其所同罢了。譬如像有关中和问题的辩论,湖南诸公只有南轩一人对朱子有所同情,而朱子写信给林择之还说:"近得南轩书,诸说皆相然诺。但先察识后涵养之论执之犹坚。未发已发,条理亦未甚明。盖乍易旧说,犹待就所安耳。"(《文集》卷四十三)

中和说的情形如此,《仁说》的情形谅必也是如此。南轩《仁说》原稿就朱子前函所引有一段如下:

> 己私既克,则廓然大公,与天地万物血脉贯通,爱之理得于内,而其用形于外,天地之间无一物之非吾仁矣。此亦其理之本具于吾性者,而非强为之也。盖己私既克,则廓然大公,皇皇四达而仁之体无所蔽矣。夫理无蔽,则天地万物血脉贯通,而仁之用无不周矣!(《文集》卷三十二《答钦夫仁说》)

朱子当时的批评一则有关于对理的了解。朱子的理无造作、无计度,只在而不有,南轩此处理解之理,所谓"爱之理得于内"还是一种存在体证之理,故朱子与之不契。又,朱子素不喜明道一系讲万物一体的浑沦话头,故必以仁之量来解万物一体,他认为在谈这个问题之前,必先以分解的方式把握仁的名义始得,故把重点转移到"心之德、爱之理"的公式之上。现行《南轩文集》所收《仁说》却把这一段改为:

> 爱之理无所蔽,则与天地万物血脉贯通,而其用亦无不周矣。故指爱以名仁则迷其体,而爱之理则仁也。

这样一改,表面上与原文不过改易数字而已,但在精神上则与朱子的说法完全一致,而与明道《识仁篇》以降(龟山、上蔡、五峰)的传统完全不类。我十分怀疑南轩的思想会有这样急遽彻底的改变,更坦白地说,我简直有点怀疑这篇《仁说》其实并不是南轩本人的作品。但是当时我自己手头并没有直接支持我这种看法的论据。哪知这次国际朱子会议有日本学者佐藤仁一文论朱子《仁说》就接触到了这一问题。他指出朱子门人陈淳曾说,朱子写了两篇《仁说》,一篇误编入《南轩文集》之中。(参见《北溪全集》卷十四《致陈伯澡》之第五书）又说朱子另一门人熊节著《性理群书句解》，根本就把这篇《仁说》当作师说。佐藤先生只是预设这篇《仁说》是南轩作品，故谓《仁说》在朱子及门弟子之内就已引起误解、混淆，而没有解释何以会产生这样的混淆。当时我提出问题，指出《南轩文集》全部由朱子编次。朱子把《南轩文集》中凡不合于他自己思路的书信文章当作南轩少年时代不成熟的东西看待全部加以删削，是否有可能南轩撰《仁说》初稿受到朱子批评之后一直未定稿，他死后朱子乃把自己与南轩共同商订以后另写的一篇《仁说》编在《南轩文集》之中当作南轩的作品而刻出，所以有的门人如陈淳、熊节还把这篇《仁说》认定为朱子的作品。就我的了解来说，要不是这样的情形，在朱子及门弟子中就产生了这样的混淆根本是不可以想象的事。当然佐藤先生大概由于语言表达能力的限制，根本没有对我提出的问题给予任何答复。陈先生代为答复乃谓陈淳当时不在朱子跟前，熊节的理解甚差，所以才会产生了这样的混淆。但这样的答复对我来说是不能满足的。陈淳为朱子最得意的晚年弟子，"卫师甚力"（全祖望语），他既然斩钉截铁地说朱子著有两篇《仁说》，应有所据。大概朱子写了另一篇《仁说》，接受了南轩的批评，把克己的观念写入文章之中，又采用了南轩的"天地万物血脉贯通"一类的话头，为了纪念亡友，就把这篇东西当作南轩的定见编入《南轩文集》之内，这种情形决不是不可以想象的。宋时人注重的是传道，并不特别看重谁是文章作者的问题，朱子与南轩论道采用了不少南轩的名词概念乃至观点，他自己既有一篇《仁说》，另一篇《仁说》就归到南轩名下。这种推测绝不能说是完全不合理的。加以四部备要本

《仁说》注云：

> 浙本误以南轩先生《仁说》为先生《仁说》，而以先生《仁说》为序。

是否有可能"误"的是把朱子本人的《仁说》当作序，而所谓"误以南轩先生《仁说》为先生《仁说》"其实并不误？陈淳、熊节是亲炙弟子，其证词的权威性应远大于后人的推测，问题只在，为何这篇文章被编在南轩集内，现在我提出了这样一种可能的解释，不知能不能够得到学者的支持？

还有其他旁证是，佐藤先生文曾指出南轩向来最不喜朱子的"天地以生物为心"一语，后来的解释亦复不同，这篇《仁说》则有"天地生物之心"之语。而该文不及"心之德"一片语，陈先生以为较之朱子《仁说》大有逊色。其实就是独缺这一片语的事实已经可以构成令人产生怀疑的条件。朱子在五十六岁时致函吕子约回忆当时论辩情形说：

> 中间钦夫盖亦不能无疑。后来辨析分明，方始无说。然其所以自为之说者，终未免有未亲切处。须知所谓纯粹至善者，便指生物之心而言，方有著实处也。今欲改性之德、爱之本六字为心之德、善之本，而天地万物皆吾体也。但心之德可以通用其他，则尤不著题，更须细意玩索，庶几可见耳。（《文集》卷四十七）

纯粹至善凸显超越形上本体正是湖湘一派一脉相承旨要，朱子则要落实到宇宙论来讲，才一定要讲生物之心，可见南轩始终不真契于这种说法。实则南轩所最不契者为"爱之理"之静摄义。"心之德"在他的思想之中自可有一安排，反而朱子本人对此一观念有所微词。子约之函显系顺着湖湘一系义理发挥，朱子加以驳斥，比对此函与编《南轩文集》中之《仁说》，两方面之尖锐对比，可以思过半矣！

最后，朱子曾有一函致吕伯恭曰：

> 钦夫近得书，别寄言仁录来，修改得稍胜前本。《仁说》亦用中间反复之意改定矣。（《文集》卷三十三《答吕伯恭四十九书》之二十七书）

王懋竑将此函系之于癸巳朱子四十四岁时。由这封信的语脉看，很自然地会读作，南轩的《仁说》"亦用中间反复之意改定矣"。但细想一下，又不尽然。中国人行文向来省略主词，有时转换主词根本不加声明，只要读信人能理会到就罢了。是否有可能此处所说是朱子本人的《仁说》呢？如此则朱子《仁说》确定稿于癸巳，南轩《仁说》则始终未必定稿。事实上我们决不能断定说没有这样的可能性。

我在会上发言向佐藤先生问问题时，坐在我后排的柳存仁先生就觉得我这样的想法很有道理，他答应尽量搜集材料，来解明这些疑难问题。我生平不擅考据，对于哲学思想一贯性的把握则略有一点心得。此处暂姑且一说以待来贤校正。

三、太极观念在朱子思想中地位的再省察

这次大会安排我评论山井涌教授的论文《朱子哲学中的太极与天的观念》。开会时讨论朱子的哲学差不多天天在辩理气、太极无极、阴阳那些观念，人人都可说出一套，却又个个不同，争端既不易解决，辩久了不免令人心倦神疲。山井

涌教授是我在去年（1981年）杭州开会时初次结识的，当时就很感觉到他对宋明理学研究的诚敬的态度。这次他的文章虽是讨论太极，却完全不落俗套，倒让我这个担任评论的人得了一些便宜，免除了好些八股式的陈词滥调。山井先生提出了一个颇为震骇人心的论旨，照他的说法，太极根本不是朱子思想之中的一个最中心或者最重要的观念。讨论了几天太极，忽然异军突起，提出一种几乎是与共认的流行看法全然不同的见解，不觉令人心神为之一震。山井先生的学力相当扎实，观察也相当敏锐。他先胪列了中西学者的一般说法，认为太极是根本之理。他指出太极与理是在同一层次，不能说比理的观念更为根本，这种说法是可以为人接受的。但他接着运用统计方法就抽引出一个非常极端的结论。依他的观察，朱子的太极观念在他的哲学之中远没有理的观念之有用。除了少数例外，朱子谈太极多与他谈《太极图说》《太极图说解》或《易经·系辞传》有关，而他在最重要的《四书集注》之中，这个名词简直未曾一见。在《四书或问》之中，也只《孟子或问》（告子上）提到周子首倡太极、阴阳、五行之说，独独太极的观念未尝加以发挥，所以他断定朱子的思想未把太极这一观念融摄好，所以在他的哲学中并不是一个最中心或最重要的观念，把它取消了，对于朱子的哲学思想不会产生严重的影响。

山井先生这种观察的确接触到了一实质的问题。如果他只说朱子思想没有把周子的太极这个观念融摄好，那我毫无困难可以接受他的论旨。牟宗三先生在《心体与性体》一书中就曾指出，朱子的思想解析《太极图说》的第一句"无极而太极"并无困难，象山在此大做文章攻击朱子，根本是一种无谓的缠绕。但朱子解释第二句"太极动而生阳",就会遭遇到不可克服的困难。太极只是理,无造作、无计度,如何可以动而生阳。故依牟先生之说,他已脱离了周子纵贯式的思想而不自知,走上了一条把理当作"只存有而不活动"的横摄系统的思路。朱子只能说:在理(太极)的规定下才有"动静无端,阴阳无始"那样的不断气化过程的活动。但融摄不好这一观念是一回事,这一观念在朱子思想中是否可以占一不可取消的地位又是另一回事,山井先生的推论显然是逾越了范围,以至推论太过而不能证成他的结论。我从方法论上指出两点:首先,中国人绝少原创著作,往往借用注释古典来表达自己的思想。朱子既然花了那么多力气卫护周子的《太极图说》,著《太极图说解》,与陆氏兄弟大打笔战,就表示这一文献中的基本观念对他是有很大的重要性的观念。其次,中国人的文字往往一字多义,却又互相呼应,并不互相矛盾、冲突,例如苍苍者天,天又可以解为自然运行的天道,道德秩序的主宰,意义一层深似一层,却又几个层次同时得到肯定,不必抛弃其中的任何一个层次。同样,一个观念需要不同的语词来加以表达,好像天、道、体、理、太极各各表示同一实在的一个特定的面相,太极是表示朱子宇宙论思想的一个重要环节,取消了它,朱子有些思想就不能得到充分的表达。在这个意义下,太极在朱子思想中也是一个不可取消的观念。它的意思有些时候可以用理代替,有些时候就不能用理代替,故此我不能同意山井先生所抽引的结论。至于山井先生认为最有决定性的论据,即"太极"一词不见之于《四书集注》的事实,其实这个现象通过另一种解释就产生不出山井先生认定有的那样的决定性的影响。盖太极是朱子宇宙论思想的中心观念，四书既不以宇宙论为中心，则缺少"太极"一词的使用，岂不是一个很自然的现象？朱子的宇宙论不传自孔孟，乃承自为阴阳家所杂的汉儒的思想。我最不喜欢朱子宇宙论的思想，既穿凿而歧出。但朱子思想格局大，有一个宇宙论的层面。他吸纳了由汉以来的宇宙论思想而加以系统化。对当时思想的情况来说，也确可以有这一层面的要求，朱子在这方面有所回应可谓无可厚非，我们实不可以今日的观点来厚责古人。研究思想史的目的是回复当时思想的真相，朱子思想有宇宙论这个层面，太极观念有它一定的作用与限制。山井先生提出了一个有趣的论点，但毕竟不能证成，但经过解析之后，却可以帮助我们进一步把握到真正问题症结之所在：出毛病的不是在太极观念本身，而是在理（太极）只存有而不活动的思想，以至在理论上造成了难以克服的困难。

四、有关道统、学统问题的再省察

我在这次大会宣读的论文是《朱子思想中的道统问题》，由哈佛大学的史华慈教授担任评论。史华慈所提出的一些问题颇有发人深省之效。他指出，凡立一个道统，后来必仰仗于解释学的技巧对这一道统的中心意旨有所解释以传达于后世。这样的问题不只是儒家有，对于犹太教、基督教、马克思主义而言也一样构成严重的问题。但原来的信息既幽渺难明，后世也就难觅定准。他评我有过重陆王乃至程朱之嫌，对于儒家其他的流派的重视似嫌不够。我在答复中指出，我的文章的主要意旨并非要为谁争正统的地位。孔子死后即有儒分为八的说法，先秦的荀子，清代的颜元都可以另辟蹊径，自成一派，如果他们也要建立道统的话，显然必定与宋明儒所走上的道路大异其趣。但是那些思路与我这次提出的论文根本全不相干。我所要做的，只是指明宋明儒的道统是以"内圣之学"为规模。如此由孔孟而程朱陆王，自成一个统系，此中所涉问题，根本与考据、史实的问题分属两个不同的层次，彼此并无直接的关联。故朱子《中庸章句序》讲"危微精一"之旨，即使在文献上证明十六字心传之说出于伪《古文尚书·大禹谟》，并不能因此推翻道统的理据。而宋明儒解经采取极为自由的态度，如谓"子在川上，此论道体也"，纯就历史考据或章句解释的观点来看，不一定还能够得出坚强的根据。我们要了解这一现象，乃必须借助于当代基督教神学家蒂利希对于"基督学"与"耶稣学"之间所作的严格的区分。研究耶稣这个人的生平，属于历史考据研究的范围，其论断至多只有或然性的效果。但对于基督上十字架的信息，"现实生命的终结是另一更伟大的精神生命的开始"，却是绝对的信仰的托付，根本不属于知识所行境。故蒂利希提出"神学之环"（the theological circle）的观念，必进入基督信仰的圆圈之内，基督的象征符号才有其实存的意义。相似地，宋明儒的安身立命，把枢纽的关键放在内在仁心的体证之上，这不是自然科学、社会科学乃至人文科学所能为力的范围，因为它所牵涉的乃在人的终极关怀的抉择。由此可见，戴震的父亲不能答复戴震的追问，何以朱夫子生在圣人之后千余年还能传圣人的绝学，就是因为他不了解这一问题的本质。宋明儒深信千载之后，圣贤之心在本质上并无根本的差别。朱子既深信言为心声,"去圣经中求义",也就不因时代的隔离而有所影响。象山则更直截地点破,此心即内在吾人之心,当下即是,如此则其兄子寿咏诗"古圣相传只此心",还不免要"微有未安",一定要直下体现到"斯人千古不磨心",方达究竟。我的文章所要指出的是,宋明儒的"内圣(为己)之学"对于拒绝进入其"信仰圈"(Circle of Faith)的人固如痴人说梦,但对"局中人"而言,则其担负却有十足的实存的意义,绝非漫无定准者。故我提出生生之天道与内在之仁心的体验作为判准,以朱子为渐教,故居于牟宗三先生所谓"别子为宗"的地位。他预设本心而不许面对本心,确有一间之隔的苦处。但他对实际作修养工夫的艰难则煞有体验,不似象山之粗略,对于象山末流之狂肆也确有一种针砭的功用,竟可说是他早已预见了王学末流漫荡而无所归的病害。故陆王虽为正统,还要做"致曲"的工夫,才能够真成其大。而朱子的思想本质虽为旁枝,但其业绩大,反而居于正统的地位,则又决不是一偶然的现象,吾人在此地有所会心,则可以思过半矣。

在檀香山开会时,有一晚在余英时兄处畅聊几乎通宵达旦。他慢慢了解到牟宗三先生和我从内圣之学的观点来看道统问题的用心所在,而我也慢慢了解到他的意思,由历史文化乃至经学的观点对道统问题的了解乃可能有全然不同的视野。我们两个人的出发点可谓迥然有异,一个是学历史的(但注重思想问题),一个是学哲学的(但注重还原出思想史的真相),各走了一个圆圈,结果发现彼此有许多类似的体验和意见,距离并不像想象中那样远。这样的切磋的确对彼此都有相当的益处。我现在更深一层地体察到,纯粹由哲学内圣之学的观点去探讨道统成立的理据当然是可以的，但是它与通过历史现实的条件来了解道统的视野完全不同。譬如朱子在现实上之被奉为正统，事实上必须借助于现实的政治力量。如果他不被封从祀孔庙，得以配享冷猪肉的祭祀，光凌空在哲学的思想上谈道统又有什么作用呢？但一落实下来为现实政权支持的道统，就已不那么纯粹与超越了。其实我自己并不是不同意史华慈教授评论背后的微意。到20世纪今日处身于民主、多元的社会之内，再倡言道统是没大意义的事了。每个人内心的终极托付，这是亘古常存的大问题，此处不容轻忽过去。但历史现实上的道统早已随着皇权的终止而斩断了。这一点意思我在回到香港以后和牟先生印证，也得到他的印可，牟先生思想的高度自由性和许多人对他的外表的印象是完全不相称的，这是很多不太赞成他的思想路数的人所看不到的一个面相，人的先入为主之见可以怎样支配人的思想委实令人吃惊！最有趣的是，日本学者山崎道夫在大会宣读论文，追溯道统的线索，由朱子——薛敬轩——李退溪（朝鲜人）——山崎暗斋，到如今此派还代有传人，而暗斋因杂于神道还不免为后世讥评。中国早就没有这样的门户的统绪了。这和我们今日在中国找不到唐代式的建筑，反而要到日本去找这样的建筑，或者是理有相通罢？我发现谈道统问题很多人有一种误解，以为道统既要弘扬于众人，乃应为一种显豁易解的传统，这是根本误解了道统的本旨。朱子立道统，首先就标举出"危微精一"之旨，故此历来道统之失其传实在是理有固然。《中庸》第十二章曰："君子之道费而隐。夫妇之愚，可以与知焉；及其至也，虽圣人亦有所不知焉。夫妇之不肖，可以能行焉；及其至也，虽圣人亦有所不能焉。"此语可谓最能得其旨要。宋儒所谓"体用一源,显微无间",中国式的思想都要由两端来看,孟子早就指出,不仅"执一"不行,即"执中无权,犹执一也",还是不行。对于道统的了解也应作如是观,才能得到一些相应的了解。

中国历史现实上的道统到今日已无以为继,但时局转移,势所必然,不必效腐儒之喟叹世风日下、人心不古。但中国人把握到人生内在本具的价值,这是我国民族千古相传的瑰宝,不能听其失坠,让民族走向一条危殆的道路。但我国传统客观的学统开发得不足,此所以朱夫子虽兼重考据,许多事情仍然以理逆推,把握不到思想发展与文献本义的真相,王阳明《朱子晚年定论》之作更成为他的盛名之累。这次海内外学者,好多位是第一次出国,参加这样的国际学术会议,在这样的会议之中,不能戴帽子,全凭学术公义,互相坦承攻错,绝无保留遮拦,这是西方人早就建立的把学问完全客观化的大传统。尤其在这一次会议之中,经过了几天的摸索适应的过程之后,来自世界各国的学者终于能够超越了语言、文化、政治的藩篱,各抒所见,自由地交换学术的心得,这是一种稀有的成就。相信这一次国际朱子会议的冲击一定会产生深远的影响,嘉惠到我们下一代学术的培育与成长。

原载《史学评论》,第 5 期,1983 年 7 月

附录六

由朱熹易说检讨其思想之特质、影响与局限

朱子哲学思想宗主伊川,学者似无异词。然而朱子不只是思想家,同时是学问家。他集注四书,条条考究,众端参观,必须文义道理讲得通贯而后安,并不盲从权威。对于伊川,大原则处虽无间然,细节之处,一样批评,不稍假借。朱子意见与伊川分歧最大处,厥在对于《易经》之了解。① 伊川追随王弼所开出的道路,尽扫象数;以儒家义理解《易》醇则醇矣,但未必能够还出《易》的本来面目。故朱子著《周易本义》,明白指出《易》原来乃是卜筮之书,而兼采康节象数之学,推尊濂溪《太极图说》,建立道统,对于后世思想之影响至深至巨。吾人不能不对此一公案作一检讨,始克深一层地了解其思想之特质、影响与局限。

据王懋竑《年谱》,朱子八岁时,"尝从群儿戏沙上,独端坐以指画沙,视之,八卦也"。可见从小他对《易》就有兴

---

① 我著《朱子哲学思想的发展与完成》(台北,学生书局,1984年增订再版)一书,未列专节讨论朱子易说,不免有所遗憾,故草此文,以为补漏之用。

趣。少时"禀学于刘屏山（子翚）、刘草堂（勉之）、胡籍溪（宪）三先生之门"。《宋元学案》卷三十九有刘胡诸儒学案，全祖望谓白水（勉之）、籍溪同师谯天授，学过《易》，屏山师承不知，然少时喜佛，"归而读《易》，涣然有得"，则也深于《易》者，朱子不免受到他们的影响。朱子本人研《易》，兼取胡瑗、石介、欧阳修、王安石、邵雍、程颐、张载、吕大临、杨时诸家①，乃至旁及《参同契》《火珠林》一类的东西。他的弟子蔡元定（季通）尤精于象数，可谓青出于蓝。朱子《易》学自成一套规模，企图融通义理、象数两大派《易》学，不能不由我们注意。

关于朱子的易学著作②：他曾著《易传》，已佚；现存《周易本义》与《易学启蒙》二书。据王懋竑《年谱》，《本义》成于淳熙四年朱子四十八岁时，但朱子对之并不满意。③《本义》所依据的《易》书是吕祖谦所定的古《易》本，经与传是分开的。现行的本子已把彖、象、文言附随经文之后，这是经过后人更改的结果。依《四库全书总目提要》"周易本义"条，知宋代董楷已将《本义》割裂，附程传之后，如此而流传至明代永乐年间，修《大全》即沿用这样的办法。《易学启蒙》，依《年谱》系成于淳熙十三年朱子五十七岁时。朱子的目的是校正程传之偏失，补卜筮一节，同时清理象数之

---

① 参见《朱文公文集》（以下简称《文集》）卷六十九《学校贡举私议》。
② 参见曾春海：《晦庵易学探微》，27～36页，台北，辅仁大学出版社，1983。
③ 王懋竑录《文集》卷六十《朱子答刘君房书》云："本义未能成书，而为人窃出，再行模印，有误观览。启蒙……自今视之，如论河图洛书，亦未免有剩语。"此书系于乙卯（朱子六十六岁）后，为朱子晚年书信。可见坊间所行本义，并非朱子定稿，而朱子对于《易》不断探研，一直有新的进境。然由所刊行之本义已可看到一个一定的方向。故朱子《答孙季和书》云："其说虽未定，然大概可见。循此求之，应不为凿空强说也。"此出在《别集》卷三，王懋竑系之于辛亥朱子六十二岁时。

说，以免其支离琐碎。除此两书外，淳熙十五年朱子五十九岁始出《太极图谱》《西铭解义》，以授学者，是年冬，与象山乃有关于《太极图说》之辩论，这场辩论一直延伸到翌年才结束。《文集》《语类》之内，还有其他重要的资料，朱子嫡长孙朱鉴编《朱文公易说》二十三卷，也有参考的价值。

二程对于象数是采取一种否定的态度。伊川曾经写信答复友人有关邵康节的询问说：

> 某与尧夫同里巷居三十年余，世间事无所不论，惟未尝一字及数耳。①

理由何在呢？《语录》之中也有答案：

> 尧夫《易》数甚精，自来推长历者至久必差，惟尧夫不然，指一二近事当面可验。明道云："待要传与某兄弟，某兄弟那得工夫，要学须要二十年工夫。"明道闻说甚熟，一日因监试无事，以其说推算之皆合，出谓尧夫曰："尧夫之数只是加一倍法，以此知《太玄》都不济事。"尧夫惊抚其背曰："大哥您恁聪明。"伊川谓尧夫："知易数为知天？知易理为知天？"尧夫云："须还知易理为知天。"因说："今年雷起甚处？"伊川云："尧夫怎知某便知？"又问："甚处起？"伊川云："起处起。"尧夫愕然。他日伊川问明道曰："加倍之数如何？"曰："都忘之矣。"因叹其心无偏系如此。②

由此可见，二程所重在易理，易数在他们看来只是小道，不值得花时间去学。伊川与尧夫的对话，还有一处说得更为详细：

---

① 《二程全书》，《外书》十二，四部备要本，18页下。
② 同上书，6页上。

邵尧夫谓程子曰："子虽聪明，然天下之事亦众矣，子能尽知邪？"子曰："天下之事某所不知者固多，然尧夫所谓不知者何事？"是时适雷起。尧夫曰："子知雷起处乎？"子曰："某知之，尧夫不知也。"尧夫愕然曰："何谓也？"子曰："既知之，安用数推也。以其不知，故待推而知。"尧夫曰："子以为起于何处？"子曰："起于起处。"尧夫瞿然称善。①

尧夫所讲的层面在形而下的事，故需数推；伊川所讲的层面在形而上的理，故不需数推。其实两方面层次不同，并不互相排斥。只伊川气盛，且所讲的层面似更为根本，故依程门弟子所记，是伊川占了上风。大抵二程对于宇宙论的问题缺乏兴趣，需直透身心性命之源，乃讲得甚为斩截。这样的辩法就"为己之学"来说，自有其殊胜处，但对宇宙论或科学层面的探究，则有加以压抑或忽视之嫌，不是现代人可以接受的观点。

朱子从来就有宇宙论的兴趣，他对康节的象数之论与二程子有不同的评价，应是意料中事。现行《本义》共有九图冠于篇首：河图、洛书、伏羲八卦次序图、伏羲八卦方位图、伏羲六十四卦次序图、伏羲六十四卦方位图、文王八卦次序图、文王八卦方位图、卦变图，据云几乎全都传自邵子。②

---

① 《二程全书》，《遗书》二十一上，2页下—3页上。
② 王懋竑：《朱子年谱考异》卷二有《周易本义九图论》一文谓："《易本义》九图非朱子之作，后之人以《启蒙》依放为之，又杂以己意，而尽失其本指者也。"清儒擅长考据，故白田必为朱子开脱，以其并未将四图进归之于伏羲。但何以朱子门下都接受这些图呢？原因在宋人不重考据，其理似可溯归之于羲皇，乃即以为羲皇所作，则朱子本人或者未作此断定，但他确说了一些话，引致门下将先后天图归之于伏羲、文王。朱子既承认伏羲画卦，文王、周公作卦、爻辞，孔子作《十翼》，又接受邵子的《先天图》，那么门下加以进一步的引申，这显然是属于道统信仰的范围，有这样的发展与铺排，也就好像并不那么难于理解了。

伏羲六十四卦方位图附有解说曰：

> 伏羲四图，其说皆出邵氏。盖邵氏得之李之才挺之。挺之得之穆修伯长，伯长得之华山希夷先生陈抟图南者，所谓先天之学也。

文王八卦方位图则引邵子曰：

> 此文王八卦，乃人用之位，后天之学也。

依此说法，邵子完全没有企图隐瞒事实，他明白承认图的来源是来自华山道士陈抟，其实先后天之说法也自他始。从历史考据的观点看，宋以前讲象数，并无图书，邵子可以说是图书派的开祖。他的说法为朱子所接受，然后才广布于天下，为士林所宗，影响不可以谓不大。朱子为什么会接受邵子的说法呢？《启蒙》首列河图、洛书二图，其根据在《易大传》云："河出图，洛出书，圣人则之。"朱子答袁机仲（枢）曰：

> 以河图、洛书为不足信，自欧阳公以来已有此说，然终无奈。《顾命》《系辞》《论语》皆有是言，而诸儒所传二图之数，虽有交互而无乖戾，顺数逆推，纵横曲直，皆有明法，不可得而破除也。至如河图，与《易》之天一至地十者合，而载天地五十有五之数，则固《易》之所自出也。洛书与《洪范》之初一至次九者合，而具九畴之数，则固《洪范》之所自也。《系辞》虽不言伏羲受河图以作《易》，然所谓仰观俯察，远求近取，安知河图非其中之一事耶？大抵圣人制作所由，初非一端，然其法象之规模，必有最亲切处。如鸿荒之世，天地之间，

阴阳之气，虽各有象，然初未尝有数也。至于河图之出，然后五十有五之数，奇耦生成，粲然可见。此其所以深发圣人之独智，又非泛然气象之所可得而拟也。是以仰观俯察，远求近取，至此而后两仪、四象、八卦之阴阳奇耦，可得而言。虽《系辞》所论圣人作《易》之由者非一，而不害其得此而后决也。（《文集》卷三十八）

由此可见，朱子并不是不知道，由考据的观点看，二图并不是不可怀疑。然而正面积极的证据虽不足，反面否定的证据也同样缺乏决定性。朱子深信，河洛之数，有一定的法度，为易数与《洪范》九畴之数产生的先决条件。故他通过一种合理的推想，认为伏羲时已有河图，为圣人作《易》的一个重要的根由。

蔡元定更进一步发挥这样的见解，他说：

古今传记，自孔安国、刘向父子、班固皆以为河图授羲，洛书锡禹。关子明、邵康节皆以十为河图，九为洛书。盖《大传》既陈天地五十有五之数，《洪范》又明言天乃锡禹洪范九畴，而九宫之数："戴九履一，左三右七，二四为肩，六八为足"，正龟背之象也。惟刘牧臆见，以九为河图，十为洛书，托言出于希夷，既与诸儒旧说不合，又引《大传》，以为二者皆出于伏羲之世，其易置图书，并无明验，但谓伏羲兼取图书，则《易》《范》之数，诚相表里，为可疑耳。其实天地之理，一而已矣。虽时有古今先后之不同，而其理则不容于有二也。故伏羲但据河图以作《易》，则不必豫见洛书，而已逆与之合矣。大禹但据洛书以作《范》，则亦不必追考河图，而已暗与之符矣。其所以然者何哉？诚以此理之外，无复他理故也。然不特此尔，律吕有五声十二律，而其相乘之数，究于六十；日名有十干十二支，而其相乘之数，亦究于六十；二者皆出于《易》之后，其起数又各不同，然与《易》之阴阳策数多少，自相配合，皆为六十者，无不合若符契也。下至运气、参同、太乙之属，虽不足道，然亦无不相通，盖自然之理也。假令今世复有图书者出，其数亦必相符，可谓伏羲有取于今日而作《易》乎？《大传》所谓"河出图，洛出书，圣人则之"者，亦泛言圣人作《易》作《范》，其原皆出于天之意。如言"以卜筮者尚其占"与"莫大乎蓍龟"之类，《易》之书岂有龟与卜之法乎？亦言其理无二而已矣。①

元定这样的见解想必为朱子所首肯，这番议论中所提出的最重要的观念即所谓"天地之理"或"自然之理"，图书各有来源，而不得不接受的原因，是因为它们之合乎天地、自然之理。朱子与其追随者相信"天下之物，莫不有理"（《大学补传》），着重"穷理"，重点虽在人理，然也不能不推究物理，故吸纳后儒阴阳、五行之说，建构了一个庞大的宇宙论的系统。由这样的观点出发，则图书即使来源有问题也不足为患。朱子说：

《易》说云数者策之所宗，而策为已定之数，熹窃谓数是自然之数，策即蓍之茎数也。……熹窃以《大传》之文详之，河图、洛书，盖皆圣人所取以为八卦者而九

---

① 转引自康熙命李光地御制之《周易折中》，有集说注《启蒙》，见朱熹：《易学启蒙本义图说》，89~91页，台北，皇极出版社，1980。

畴亦并出焉……则河图、九畴之象，洛书、五行之数有不可诬者，恐不得以其出于纬书而略之。(《文集》卷三十七《与郭冲晦书》)

黑白点子的图书到宋代出来，近人杭辛斋的评论曰：

> 朱子所谓本儒家故物，散佚而落于方外，得邵子而原璧归赵，非无见而云然也。邵子之书，未确指何者为图，何者为书，朱子以蔡元定之考订，以五十五者为河图，四十五者为洛书，冠于《大易》之首，遂开是非之门。①

朱子采取他的立场是有他的理由的，而清儒由考据的立场力证图书之伪，也是有他们的理由的。我们知道两方面立足点的差异，则考据还考据，义理还义理，自可以平章两方面的得失，而不必卷入无谓的争论之中了。

由以上所论，可见朱子一派是由理之内在于万物的观点来吸纳象数之学的精华的。而人对理的掌握和了解并不能一蹴而至，那是需要经历一些阶段的，关于这一点，曾春海有很扼要的描述：

> 朱子认为《易》书系基于三古四圣的阶段性而成书的，换言之，伏羲因感于自然的象数而画卦，未立文字，用于卜筮。文王以下方立文字，文王系卦辞，周公系爻辞，就吉凶之占以设教。及孔子(西元前551～479)则作《十翼》，以义理来引申开发经文的奥理，这是符印班固(公元32～92)在《汉书·艺文志》"易道深矣，人更

---

① 杭辛斋：《学易笔谈》上册，334页，台北，文海出版社，1967。

三圣,世历三古"之说法。①

所谓"三古""三圣"者,乃以伏羲为上古,文王为中古,孔子为下古。盖文王与周公为父子关系,古代父统子业,故不必言四圣,只说三圣便已足够。由这样全面的发展的观点来看问题,伊川那种解《易》的方法显然是不妥切的。《周易折中·纲领二》引朱子曰:

> 卦爻之辞,本为卜筮者断吉凶,而因以训戒。至象、彖、文言之作,始因其吉凶训戒之意,而推说其义理以明之。后人但见孔子所说义理而不复推本文王、周公之本意,因鄙卜筮为不足言。而其所以言《易》者,遂远于日用之实,类皆牵合委曲、偏主一事而言,无复包含该贯、曲畅旁通之妙。若但如此,则圣人当时自可别作一书,明言义理,以诏后世,何用假托卦象,为此艰深隐晦之辞乎!②

朱子更明白批评程传曰:

> 《易传》义理精,字数足,无一毫欠缺。他人着工夫补缀,亦安得如此自然?只是于本义不相合。《易》本是卜筮之书,卦辞爻辞无所不包,看人如何用,程先生只说得一理。(《朱子语类》卷六七《易》三,纲领下)

此评可谓恰中伊川解《易》优劣之紧要。朱子把他自己的意思说得十分清楚明白:

> 圣人作《易》之初,盖是仰观俯察,见得盈乎天地

---

① 曾春海:《晦庵易学探微》,32~33 页。
② 朱熹:《易学启蒙本义图说》,38~39 页。

之间，无非一阴一阳之理。有是理，则有是象，有是象，则其数便自在这里。非特河图洛书为然，而图书为特巧而著耳。于是圣人因之而画卦。卦画既立，便有吉凶在里。盖是阴阳往来交错于其间，其时则有消长之不同，长者便为主，消者便为客；事则有当否之或异，当者便为善，否者便为恶；即其主客善恶之辨，而吉凶见矣。故曰八卦定吉凶。吉凶既决定而不差，则以之立事，而大业自此生矣。此圣人作《易》，教民占筮，而以开天下之愚，以定天下之志，以成天下之事者如此。自伏羲而下，但有此六画，而未有文字可传，到得文王、周公，乃系之以辞。故曰圣人设卦观象系辞焉而明吉凶。大率天下之道，只是善恶而已，但所居之位不同，所处之时既异，而其几甚微，只为天下之人不能晓会，所以圣人因占筮之法以晓人。使人居则观象玩辞，动则观变玩占，不迷于是非得失之途。所以是书夏、商、周皆用之，其所言虽不同，其辞虽不可尽见，然皆太卜之官掌之，以为占筮之用。自伏羲而文王、周公，虽自略而详，所谓占筮之用则一。盖即占筮之中，而所以处置是事之理便在里了。故其法若粗浅，而随人贤愚皆得其用。虽是有定象、有定辞，皆是虚说此个地头。合是如此处置，初不黏着物上。故一卦一爻，足以包无穷一事，此所以见《易》之为用，无所不该，无所不遍，但看人如何用之耳。《易》如镜相似，看甚物来，都能照得。如所谓潜龙，只是有个潜龙之象，自天子至于庶人，看甚人来都使得。孔子作龙德而隐，便是就事上指杀说来。然会看底，虽孔子说此话，也无不通。不会看底，虽文王、周公说底也死了。须知得他是假托说，是包含说。假托，谓不惹着那事；包含，是说个影像在这里，无所不包。①

朱子此处谓"虚说"，谓"假托"，谓"包含"，最有意趣，他好像是建立了一些解释学的原则，不可落实来看，否则《周易》六十四卦，才三百八十四爻，一爻只说一事，焉能尽得天下事的道理。故朱子说：

> 看《易》，须是看他卦爻未画以前，是怎模样，却就这上见得他许多卦爻象数，是自然如此，不是杜撰。且《诗》则因风俗世变而作，《书》则因帝王政事而作。《易》初未有物，只是悬空说出。当其未有卦画，则浑然一太极，在人则是喜怒哀乐之中；一旦发出，则阴阳吉凶，事事都有在里面。人须是就至虚静中见得这道理周遮通珑方好。若先靠定一事说，则滞泥不通了。此所谓"洁静精微，《易》之数也"。（《朱子语类》卷六七，《易》三，纲领下）

由此可见，朱子虽肯定象数，而不泥于象数，这和他的中和说、格物穷理之说，都是通贯的，正如《大学补传》所谓："至于用力之久，而一旦豁然贯通焉，则众物之表里精粗无不到，而吾心之全体大用无不明矣。此谓物格，此谓知之至也。"这里说的是对道的体悟，决不是通过经验推概所成立的科学知识。由分殊以见理一，这是朱子思想的特质，这由他的易说又可得到一清楚确定之明证。

朱子取发展的观点以言《易》，这个方向是不错的。但他

---

① 转引自《周易折中·纲领二》，又见朱熹：《易学启蒙本义图说》，30～33页。

过信《系辞》理想化以后的说法，由理性/自然符示的层面讲《易》之源，还未能还原到神秘符示的层面，显然有它的局限性。① 同时他的考据未精，由道统信仰的观点接受了"人更三圣，世历三古"的说法，不免受到后世疑古思想的批评。但我们不能不说，朱子在当时确采取了一比较全面而合理的说法，涵盖了卜筮、象数（该图书）、义理等各个层面，所以才能将异说压盖下去，成为宋明讲《易》的一个主流学派。

有了以上这样的讨论做背景，再来检讨有关《太极图说》的问题，也就不难得其正解了。众所周知，宋明儒道统之说真正建立起来是靠朱熹。濂溪本无籍籍名，二程少时虽从之游，但未尊他为师，朱子才以濂溪为开祖，又推崇他的《太极图说》，在当时与陆氏兄弟展开了激烈的争辩。② 象山与兄梭山疑此文"非周子所作，不然则或是其学未成时所作"。但象山提出来的理由并没有足够的说服力：一则曰《太极图说》与《通书》不类；二则曰太极图系出于陈希夷；三则曰无极是道家的观念，不是儒家的说法。事实上《太极图说》的义理与《通书》所说，并没有根本互相抵触的地方。其次，朱子并无意否认濂溪太极图系出自陈希夷，正好像康节先天图也同样出自陈希夷，问题在图说的义理是否讲得通，并不在乎图的来源是否传自道家。再者，孔子虽未言无极，但朱子取发展的观点看问题，伏羲、文王、孔子既各有创新，后儒自也不必一定要拘限在先儒的故域之内。象山解极为中，故

---

① 参见拙著：《由发展的观点看周易思想的神秘符示层面》，新加坡东亚哲学研究所单行出版，1987。另外两个比较后起的是宇宙符示与道德/形上符示两个层面。

② 有关朱陆《太极图说》的争辩，请参见拙著：《朱子哲学思想的发展与完成》，451～458页。

谓无极的观念不通,朱子解"无极而太极"为"无形而有理"。孤立起来看,"极"字自不得训为"形"字,但从整句话来了解,"易有太极",太极"即两义、四象、八卦之理,具于三者之先而蕴于三者之内者也"。而人每每容易把"理"想成一件物事,故说无极,"以其无方所、无形状,以为在无物之前而未尝不立于有物之后,以为在阴阳之外而未尝不行乎阴阳之中,以为通贯全体无乎不在,则又初无声臭影响之可言也"(《文集》卷三十六《答陆子静》)。朱子认为,必用"无形而有理"的方式来说,才不至于滑落一边,看不到道理的全面。象山攻击朱子直以阴阳为形器而不得为道的说法为错误,坚持易之为道,不外一阴一阳而已。但朱子则以阴阳(气)为形而下者,所以阴阳(理)为形而上者,这并未违背程子形而上下互相分别而又互相通贯的说法。① 实则朱子解《太极图说》的困难,并不在"无极而太极"一句,而是在"太极动而生阳"一句。理若如他所谓"无情意、无计度、无造作",如何可以"动"而生阳,故朱子必曲为之解,谓太极蕴涵气之所以动静之理,真正流行者只是气,天理之流行仅仅只是虚说而已。这种说法与周子的思想实有距离,学者不可以不察。②

但周子《太极图说》一文,言简意赅,由形而上的道理,讲到宇宙论的生成变化,以至人伦日用,有许多可以作进一

---

① 曾春海著《晦庵易学探微》一书,下了相当工夫,成绩很不错。但偶有判断失误处,他批评朱子将阴阳置于形而下为不妥,未为允当,参见其书,160 页。如何对朱子太极阴阳思想有相应之了解,参见拙著:《朱子哲学思想的发展与完成》,283～306 页。

② 参见拙著:《朱子哲学思想的发展与完成》,298～300 页。又参见牟宗三:《心体与性体》,第一册,360～380 页。

步发挥的余地。其纲维适与朱子相合，故朱子对此一文之推尊，决不是一件偶然的事。日本学者山井涌1982年在檀岛开的国际朱熹会议上忽发奇论，谓"太极"不是朱子哲学中的一个极重要的观念。① 他说太极观念没有真正整合到他哲学思想的体系之中，《四书集注》与《四书或问》几乎完全不见"太极"一词的踪影。我担任他文章的评论人，指出他在方法论上的缺失。中国的基本哲学观念决不可以拘执来看，譬如"天"在不同的地方有不同的含义。《四书集注》与《四书或问》既不是以宇宙论为中心，当然可以不及于太极的观念，但谈宇宙论的问题，怎么可以不关联着《易》《太极图说》一类的文献来讨论。理气是朱子形上学思想中最基本的范畴，这不在话下。太极不能穷尽理字的含义，这也不在话下。但理在宇宙论上的含义就非要用太极的观念才能说得明白，山井涌的说法是没有足够的说服力的。

朱子通过周子的《太极图说》吸纳了汉儒阴阳五行的说法，建构了一个庞大的宇宙论的体系，这样的做法是有得有失的。完全由"为己之学"的角度来看，一旦建立了形而上的根本终极关怀，就该直接贯注到人伦日用之上，那么二程之有意忽视宇宙论，并拒谈象数问题，决不是没有理由的。象山更直斥朱子的进路为支离，兴趣铺散出去，身心性命的修养工夫有时就用不上力来。但由两汉以至宋朝，一千多年的时间，有许多宇宙论与科学上的建树，焉可以完全加以抹杀，一概不闻不问？这里面当然不免包含有许多芜杂的东西

---

① 参见 Yu Yamanoi, "The Great Ultimate and Heaven in Chu His's Philosophy", in Wing-tsit Chan ed., *Chu-Hsi and Neo-Confucianism* (Honolulu: University of Hawaii Press, 1986), pp. 79-92。

在内，然而象数之学也蕴涵至理，可以提炼出来。朱子乃由一个更宽广的立场，通过他对于《易》的再解释，把这些东西一网打尽，都吸收进他的系统来，当然也有它的吸引力。这两种思想之间的紧张摩擦正反映在"朱陆异同"的大辩论上，由两方面的比观，就可以清楚地看出朱子思想的特质来。

很明显，朱陆的争论是宋明儒学内部的争论，二者的起点都是要由个体的修身做起，而终极的目标则在于圣道的践履。关于两家的差别，朱子有答项平父书云：

> 大抵子思以来，教人之法惟以尊德性、道问学两事为用力之要。今子静所说专是尊德性事，而熹平日所论，却是道问学上多了。所以为彼学者多持守可观，而看得义理全不仔细，又别说一种杜撰道理遮盖，不肯放下。而熹自觉虽于义理上不敢乱说，却于紧要为己为人上，多不得力。今当反身用力，去短集长，庶几不堕一边耳。（《文集》卷五十四）

用《中庸》尊德性、道问学的概念来指陈两家的差别，是有相当道理的。只朱子说象山之学"杜撰"，则是不很妥当的。象山"先立其大"，分明是孟子学，怎说杜撰？朱子对于象山之学显然缺乏相应的理解。而象山也拒绝朱子的调停。《象山年谱》载朱子是书，他的反应乃是：

> 朱元晦欲去两短，合两长，然吾以为不可。既不知尊德性，焉有所谓道问学。（《象山全集》卷三十六）

纯粹由"为己之学"的角度看，象山这样的批评不为无理。事实上朱子对于德性的基础的了解，也确不如象山直截，尚有一间之隔。然而象山斩断一切枝蔓，门庭不免过于狭窄，乃有不能曲畅旁通的弊害。朱子则是渐教形态,中心不如象山把持得那么牢固,但强调在具体的事上磨炼,"今日格一物,明日格一物",卑之无甚高论,对于中人以下,就教育程序说,反而能够收到实效。象山本人不免果于自信,朱子对于陆学流弊之批评,亦不能谓之无见。此间所涉及的理论效果十分复杂,自不能在此深论。

但由"朱陆异同",却可以清楚地看出朱子思想形态之特质。朱子哲学的中心虽仍是成己成德之学,但他不似象山那样直承孟子而来。在《论》《孟》之外,他也宗《易》《庸》,把人放在一个宇宙论的间架之下来考虑。周子的《太极图说》言简意赅,恰好把这一条思路作了一个扼要的撮述,朱子之推尊此文,便是很自然的了。通过朱子的倡导,周子的《太极图说》与张子的《西铭》变成了宋明儒学以内最有影响力的两篇文章。朱子又作《伊洛渊源录》,肯定了周、张、程、朱或者濂、洛、关、闽(此说乃由闻道先后的次序倒转了张、程的位置)的道统。人是个小宇宙,恰正是大宇宙的反映。正如朱子在《仁说》中所说的:

> 天地以生物为心者也,而人物之生又各得夫天地之心以为心者也。故语心之德,虽其总摄贯通,无所不备,然一言以蔽之,则曰仁而已矣!请试详之。盖天地之心,其德有四,曰元亨利贞,而元无不统。其运行焉,则为春夏秋冬之序,而春生之气无所不通。故人之为心,其德亦有四,曰仁义礼智,而仁无不包。其发用焉,则为爱恭宜别之情,而恻隐之心无所不贯。故论天地之心者,则曰乾元坤元,则四德之体用不待悉数而足。论人心之妙者,则曰仁人心也,则四德之体用亦不待遍举而该。

> 盖仁之为道，乃天地生物之心即物而在。情之未发而此体已具，情之既发而其用不穷。诚能体而存之，则众善之源，百行之本，莫不在是。此孔门之教所以必使学者汲汲于求仁也。(《文集》卷六十七)

《仁说》是大家所熟悉的文章，但放在这个角度下来观察，就可以看出许多重要的意思来。① 朱子显然认为，自然与人事之间并不是隔截的——这是一个有法有则的宇宙，每一件事物都蕴涵着理。故我们可以就近做起，不断去格物穷理。朱子这样的进路自不排斥科学的研究乃至宇宙论的玄想，但他的本旨并不是要建立一个科学的传统。他是要人渐渐去体证到天地间流行的生道，落实到人生所完成的基本上仍是一个道德的生命。此所以朱子讲"豁然贯通"，所贯通的既是宇宙论的道理，也同时是人事论的道理。与象山对比，象山讲天道，即是心性的根源，讲人道，乃是先立其大的践履，此外更无余事。但朱子则要绕一个大圈子，讲天道必须兼顾形上学（理气之根源）与宇宙论（生成变化的秩序）两个方面，讲人道也要兼顾涵养与穷理两套工夫，故为象山斥为支离，但其规模宏大，可以兼容并收先秦、两汉儒学乃至二氏的成就，以及当代经验科学研究的结果。由以上这个角度来检讨，乃可以清楚地看出朱子思想的特质是一种综合的形态。只不过可惜的是，朱子的综合工作并没有真正做得好。他要吸纳《易》的创生的宇宙论的方向本身并没有错，但他追随伊川，接受了"性即理"的思想，把理了解成为只存有不活动的但理，活动的只是气，而建构了一套理气二元不离不杂的形上

---

① 参见拙著：《朱子哲学思想的发展与完成》，150～151页。

学,以及心性情的三分架局。心(气之精爽者)与理一,不是本质的一,而是后天的认识的横摄的一,所成就的恰正如牟宗三先生所指出的,是一种横摄的实在论的形态①,如此乃由宋明儒学的本统直贯的创出的思路——此包括周子在内——脱略了开去,在儒学史的发展上造成了一个巨大的吊诡。

朱陆之争论在当时是一件大事,但后世的选择却完全不成问题,没有一点困难。朱子之学虽一度被诬为伪学,但到元代已被崇为官学,成为科举考试的基础,影响之大为孔子之后一人。而象山之学,则正如阳明所指出的:

> 仆尝以为晦庵之与象山,虽其所为学者若有不同,而要皆不失为圣人之徒。今晦庵之学,天下之人,童而习之,既已入人之深,有不容于论辩者。而独惟象山之学,则以其尝与晦庵之有言,而遂藩篱之……于今且四百年,莫有为之一洗者。②

象山之学之误被当作禅学而受到排斥,的确是有受到冤屈的地方,故阳明为之作出不平之鸣。但历史在朱子与象山之学之间作出这样的选择,则是有其充分的理由的。象山之学在生时虽曾盛极一时,但过分斩截,故其学派仅历杨慈湖之一代即趋于衰微。相反,朱子的门庭广大,教育程序上比较合理;一生勤学,广注四书,成为学者进学之不二法门,而内容丰富,几乎无所不包。于是造成了牟宗三先生所谓"别子为宗"的奇特现象。③

---

① 参见牟宗三:《心体与性体》,第一册,75~87页。
② 《致徐成之函》,见《王阳明全书》(二),75~76页。
③ 牟宗三:《心体与性体》,第一册,42~60页。

朱子的影响不只广被中国，而且远播韩、日。韩国因为缺乏王学之折曲，犹为朱学之大本营；而日本德川幕府乃至明治维新，都可以看到朱学的影响的痕迹。此处固不及备论，文中我只打算略为检讨朱子对于中华民族思想的影响。

　　朱子在中国的地位，可比拟亚里士多德在西方的地位，他们两位的思想既博大而精深，织成天罗地网，令人难以逾越。但西方文化是多元的，亚氏本人即容许形式与内容的分离，而发展了形式逻辑的大系统。同时亚氏虽贬抑德谟克里特的原子论，到了文艺复兴以后，这一条思路却脱颖而出，近代西方科学发展背后所预设的一套科学唯物论，即脱胎于希腊原子论的规模。但朱子建立道统，其说在身后得到政治势力的支持，那种笼罩性的权威，却是现在人所难以想象的。诚然西方进入到现代阶段，也有一些运气的成分，但其历史文化毕竟累积了许多因素，促成这一突破的实现。在中国却缺少了这样的因素，既没有纯粹数理的探研，又没有出现过机械唯物论的思想，更缺少实验的重视，故基本上我认为，如果不是西风东渐，中国是难以打破传统的窠臼而没法跨进现代的门槛的。在今日要讲现代化，与传统某方面的解构（Deconstruction）是有其必要，而且是不可避免的。

　　我们由今日的观点看朱熹的思想，自不难找到其局限性。或者可以说，朱子的综合是一种各方面都缺乏充量发展的过分早熟的综合。譬如朱子虽然不偏废考据，但他的考据并不是真正的考据，往往只是以理逆之，想当然耳。他并不了解阴阳五行是邹衍以及汉儒发展出来的结果，与孔孟的原始儒家并没有很大的关系。王弼与程颐之尽扫象数，已经对这一套东西作了初步的解构的工作，但朱子以他综合性的大心灵，又重新把这一套东西吸纳了进来，赋予了新的权威。汉代的董仲舒把儒学定于一尊，以及朱熹的建立道统，背后预设了一套天人相应的宇宙论的思想，对于中国人的思维方式，可谓产生了不可估计的深刻的影响。① 我们今天要现代化，就必须彻底破除由汉代遗留下来的那一套宇宙观，而要像当代基督教神学家布尔特曼（Rudolf Bultmann）那样，要做"解消神话"(Demythologization，一译"非神话化"）的工作，把基督的信息与中世纪那套过时的宇宙观解纽②，对于《周易》，我们也一样要把孔门后学所发展出来的生生的形而上学的睿识，与汉儒穿凿支离的象数系统分解开来。李约瑟早就指出，《周易》的象数只是提供了一个庞大的档案系统，并不能刺激对于自然的研究，而有碍于科学的发展，他怀疑这套东西与中国的官僚制度有一定的关联性。③ 无论李约瑟的说法是否正确，中国思想之缺乏对于纯理论的探究以及大自然本身的兴趣，这是不争的事实，而这造成了中华民族思想的巨大的局限性。

当然李约瑟又在另一方面盛赞中国传统的有机自然哲学④，但我们必须指出，这种思想之优胜是在其拒绝形式与内容互相分离之睿识。然而在科学发展的过程中，似必须经历一个形式与内容分离的阶段，否则近代西方科学根本就无从产生出来。很可能要科学作更进一步的发展，又必须要超越

---

① 参见金春峰：《〈月令〉图式与中国古代思维方式的特点及其对科学、哲学的影响》，见《中国文化与中国哲学》，126～159页，北京，东方出版社，1986。

② 对于这一观念简单的介绍，参见 John B. Cobb Jr., *Living Options in Protestant Theology* (Philadelphia: The Westminster Press), pp. 231-256。

③ 参见 Joseph Needham, *Science and Civilization in China* (Cambridge: Cambridge University Press), Vol. II, 304, 336-337。

④ 参见上书，339～340页。

这一个阶段，但如何把哲学的睿识应用到科学的探究之上，这又是另一个层次的问题，还有待于未来科学家的努力，光回到中国过去的传统是没有用的。而我说这一段话的用意是为了指出，要与现代西方的科学接头，重新提倡朱子格致的观念是行不通的。不只朱子格致的终极目的并不是科学研究，而且他背后所预设的有机自然观根本就造成了阻力，不容许近代西方式的科学发展出来。这种情况或者可以部分地解释了为何中国古代有那么高的科技成就，而在近代却远远地落后于西方的事实。

一个有趣的现象是，明末对于西学的吸收表现了高度的兴趣，大多是王学者，而不是朱学者，理由可能是王学者的心智比较自由，不愿接受既有成规的束缚的缘故。① 故此要王学来担负起中国科学在近代不发达的罪名，是不符合历史发展的事实的。阳明分别开德性之知与见闻之知的两个层次。所谓"良知不由见闻而有，而见闻莫非良知之用，故良知不滞于见闻，而亦不离于见闻"（《传习录》中《答欧阳崇一书》）。这样乃可以接上中国直贯的道德形而上学的传统，其重点固不在见闻，但他明白承认见闻是另一个层次的东西。他说："圣人无所不知，只是知个天理，无所不能，只是能个天理。……不是本体明后，却于天下事物都便知得，便做得来也。"（《传习录》下）这样则天理的体认并不能够代替经验知识的积累，乃反倒为后者预留地步，保留了一个发展的契机。朱子则自然与人事混在一起，在二者之间从来没有作出明白的区分，结果是道德形而上学、经验科学知识两方面都

---

① 参见朱维铮：《十八世纪中国的数学与西学》，宣读于1987年3月在香港举行的"十六至十八世纪之中国与欧洲"国际学术讨论会。

得不到充量的发展。由这个观点看，他的综合不免是一种过分早熟，并不成功的综合，有它严重的局限性在。

但我们批评古人的目的，并不是透过古人，为我们自己推卸责任，寻觅替罪的羔羊。我们是要如实地了解历史的真相，同时自培慧识，知所取舍，为未来指点一个正确的方向。朱子的综合，就他的时代来说，不能不说是一个最合理的综合，故他的思想能够支配中国人的心灵七八百年之久，决不是偶然的。然而历史的吊诡是，最合理的东西，到了过分合理的地步，就会转出不合理的结果。在西方，黑格尔是一个明显的例证，在中国，则是朱子。朱子把一切弄得停停当当，在他的综合下，就难产生出极富有原创性的思想家。到了明代，阳明算是一个叛逆，但是阳明对朱子的批评虽然严厉，仍旧是宋明儒学内部的一种批评，只能算是对于朱学的一种转进，一种修正而已！而且明亡，王学受到沉重的打击，顾亭林辈直斥之以为空谈误国，清初乃复尊朱，康熙更是朱学的大力拥护者。康熙与罗马教廷的争执，责任固不完全在康熙，但却造成了中国闭关的契机。清代盛时，康雍乾三代，不知不觉形成了一种天朝的模型观，自认为物产丰富，思想卓越，这才感觉到根本不需要由外邦输入任何东西，朱子的思想体系不能不说是这种做法后面的一个背景。一直到清末民初，西方的船坚炮利粉碎了国人的幻觉，于是对于传统——包括朱学在内——在情绪上产生了一种强烈的反感，于今尤炽。在这样的情形下，自不很容易对问题产生一种客观公正的理解。

奇怪的是，理讲得太多了，结果不免激起反理的浪潮，而惹起强烈的反感。这在西方也一样，自黑格尔以后，兴起了一些强烈的非理性的潮流。只不过人类舍弃了理性，还有什么可以凭借的更好的标准呢？为今之计，我们不是要完全否定过去的传统，而必须把朱熹的形构之理改造成为超越的理想的规约原则，赋予"理一分殊"以一种全新的解释，乃可以与开放多元的现代相结合，而不至于完全迷失自己。这是我们通过易说检讨朱熹思想所吸取到的一点重要的教训。

原载《周易研究》，总第 5 期，1990 年，第 1 期

附录七

朱熹的思想究竟是一元论或是二元论

一、引言

朱熹的思想究竟是一元论或是二元论？学者聚讼不息，似无定论。各种说法固然言之成理，持之有故，但我觉得，如果能够把观点层次分开，许多矛盾冲突或者可以化除大半。我的意思是，由形上构成的角度看，朱熹是二元论，由功能实践的角度看，朱熹是一元论；两方面融为一体，才能够把握到朱熹思想的全貌。我著《朱子哲学思想的发展与完成》一书，曾经指出，朱熹所以主张二元论，目的是要保住理的超越性。① 但中国哲学以后的发展由王阳明以降都倾向于一元

---

① 参见刘述先：《朱子哲学思想的发展与完成》，第三章"朱子参悟中和问题所经历的曲折"，71～138页。

论的思想：理不外乎乃是气之理。这样的思想自有其优胜性，但也有一项流弊，就是容易陷落在"内在"之中，而造成"超越"意义之减煞。① 朱熹晚年攻击陆九渊的弟子误把气的夹杂也当作自然天理看待，这确涵着一种先见：他的批评恰好可以针对王门后学的荡越。从工夫论的观点看，朱熹的思想仍然是一个重要的参照系，不可轻忽过去。以下即根据这里所提出的线索检讨里面所蕴涵的理论效果。

二、形上构成的二元论

由形上构成的角度看，朱熹的思想是主张一种理气二元不离不杂的形上学，我曾经把他的思路作一概括性的综述如下：

> 依朱子的思想，理是形而上的，理只"在"而不有，也就是说，理不是现实具体的存有，它乃是现实存有的所以然之超越的形上的根据。以此，理只是个净洁空间的世界，无情意、无计度、无造作、无作用。只有这样的理是纯善。但理要具体实现，就不能不凭借气。气恰与理相对，乃是形而下者。气本身并不坏，它是一必要的实现原理。但有了气，就不能不有驳杂与坏灭，故也可以说气是恶之根源，虽则恶并无它本身积极独立之意义。理是包含该载在气，正如性是包含该载在心，而心

---

① 参见刘述先：《黄宗羲心学的定位》，25～29、72～90、118～119、162～175页，台北，允晨文化实业股份有限公司，1986。

则有情意、有计度、有造作、有作用。故理之敷施发用在气，又正如性之敷施发用在心。由此可见，理气二元，不杂不离，互赖互依。从时间的观点看，同时并在，不可以勉强分先后。但由存有论的观点看，则必言理先气后，因为有此理始有此物（气），而无此理必无此物，故决不可以颠倒过来说。然而由现实的观点看，则又因为本身无作用，气才有作用，故又可以说气强而理弱。理气二者之间既有如此错综复杂的关系，自难一言而尽，必须多方说明，始能得其繁要。①

朱熹这种见解肯定理、气之间有十分紧密的关系，故不离；然而理自理，气自气，二者不可以互相化约，故不杂。我曾经大量征引文献来说明朱熹这种理气二元不离不杂的形上学。② 这样看来，由形上构成的角度看，朱熹是二元论，似乎应该是没有问题的。然而也有学者持不同的意见，譬如张立文说：

> 一句话，"理"是第一性的，"气"是第二性的。物质性的"气"是由精神性的"理"决定的。如果认为朱熹是这样来解决思维对存在、精神对自然界的关系问题的话，那么，他便不是唯物论、二元论，也不是多元论，而是道地的理一元论的唯心论。③

撇开唯心、唯物的问题不谈，朱熹是不是理一元论呢？表面上看来这样的说法也不无道理，因为朱熹的确说过："有

---

① 刘述先：《朱子哲学思想的发展与完成》，270 页。
② 参见上书，269～354 页。
③ 张立文：《朱熹思想研究》，234 页，北京，中国社会科学出版社，1981。

是理后生是气。"(《朱子语类》卷一)明明理是本有的,气是派生的,那么朱熹当然是理一元论了。然而这种说法有一个致命的弱点,即忽视了"生"字的歧义,以至作出了错误的推论。生究竟是怎么个生法呢?是像女人生孩子那样地生吗?如果是这样的话,怎么可以说理是无造作、无作用呢?岂不是令朱熹的思想陷于自相矛盾的境地吗?若说理生气,就生这一遭,以后就得靠气来化生万物,与理没有关系,这样的解释合乎情理吗?事实上也找不到文献根据来支持这种解释。在中国过去的思想家之中,朱熹的思想最有条贯,是深思熟虑的结果,下笔极有分寸,那么怎么会弄得这样似乎模棱两可,给后人增添了如许麻烦呢?一个主要的原因是,古人发挥自己的观点,往往要借资于古典,而朱熹宇宙论的思想是由周敦颐的《太极图说》发展出来的。他用了许多表面上像周子的修辞,而实义不同,这才造成了麻烦的根源。牟宗三先生首先清澈地窥破了此间的秘密。① 周子《太极图说》是假借太极图来阐发他自己的创生的宇宙论的思想,兹将此文最前面的部分引在下面:

> 无极而太极。太极动而生阳。动极而静,静而生阴。静极复动。一动一静,互为其根。分阴分阳,两仪立焉。阳变阴合,而生水火木金土。五气顺布,四时行焉。五行一阴阳也,阴阳一太极也,太极本无极也。

牟先生依周子《通书》解《太极图说》,断定在义理上本无问题。如以诚体之神解太极,则"无极而太极,太极动而

---

① 参见牟宗三:《心体与性体》,第一册,关于《太极图说》有极透辟的解析,见357~415页。

生阳"两语实即《通书》"静无而动有"一语之引申。"静无"即无极而太极,"动有"即太极动而生阳。诚体之"动而无动"非实是不动也,只是不显动相而已。自迹而观之,则动是动,静是静,是阴阳气边事。诚体神用在其具体妙用中,即在其顺物之感应中,随迹上之该动而显动相,随迹上之该静而显静相。即神用即存有。如此解析则可符合孔孟《中庸》《易传》之立体直贯型的道德创生之实义,也更能符合于"维天之命,於穆不已"这一根源的智慧。①

如果这样的解释不失周子原意的话,那么象山兄弟对于《太极图说》的怀疑是无据的,因为他们根本不了解周子这一系的思路。但奇怪的是,极力宣扬《太极图说》的朱子,照牟先生的解析,也并不真的了解周子的思路。牟先生指出:

> 朱子分解中之问题,不在理气之分与理先气后,乃在其对于太极之理不依据《通书》之诚体之神与寂感真几而理解之。朱子之理解是依据伊川对于"一阴一阳之谓道"之分解表示而进行。伊川云:"一阴一阳之谓道。道非阴阳也,所以一阴一阳道也。"又云:"离了阴阳更无道。所以阴阳者是道也,阴阳气也。气是形而下者,道是形而上者。形而上者则是密也。"此"阴阳气,所以阴阳是道"之分解表象严格地为朱子所遵守。此思路很清楚很逻辑。……朱子……把超越的所以然之形式陈述所显示的形上之理只看成是作为诚体内容之一的那个理,

---

① 参见牟宗三:《心体与性体》,第一册,关于《太极图说》有极透辟的解析,见360~368页。

而心神俱抽掉而视为气,如是超越的所以然所显示之形上之理遂成为抽象的"只是理"(但理),而道与太极遂不可为诚体,而只成了"只是理",而"维天之命,於穆不已"之智慧亦脱落而不可见。①

朱子这样的思路解"无极而太极"没有问题,故与象山辩论时头头是道,但解"太极动而生阳"问题就很大,这是因为朱子解太极为但理,而依牟先生的理解:

> 此静态的所以然之形上之理只摆在那里,只摆在气后面而规律之以为其超越的所以然,而实际在生者化者变者动者俱是气。而超越的所以然之形上之理却并无创生妙运之神用。此是朱子之思路也。②

牟先生引朱子《太极图解》原文并详加解析以证成他的想法,我们在此只需略引朱子的图解两段即可知其梗概:

> 此所谓无极而太极也。所以动而阳静而阴之本体也。(原注:太极理也,阴阳气也。气之所以能动静者,理为之宰也。)然非有以离乎阴阳也(原注:道不离气),即阴阳而指其本体(原注:器中之道),不杂乎阴阳而为言耳。(原注:道是道,器是器。以上三句要离合看之,方得分明。)③

> 盖太极者,本然之妙也。动静者,所乘之机也。太极,形而上之道也。阴阳,形而下之器也。是以自其著者而观之,则动静不同时,阴阳不同位,而太极无不在

---

① 牟宗三:《心体与性体》,第一册,关于《太极图说》有极透辟的解析,见369页。

②③ 同上书,370页。

焉。自其微者而观之，则冲穆无朕，而动静阴阳之理已悉具于其中矣。虽然，推之于前，而不见其始之合，引之于后，而不见其终之离也。故程子曰：动静无端，阴阳无始。非知道者，孰能识之。①

由以上两段引文就可以看出牟先生眼光之锐利，朱子是以自己那一套理气二元不离不杂的思想来解《太极图说》。朱子平时很少说"理生气"一类的话，往往都是套在周子的宇宙论的格局之下才作这样的表述。然而"理生气"在他的思想框架之内只能理解为，在超越的（生）理的规定之下，必定有气，才有具体实现之可能。故"理生气"只是虚生，"气生物"才是实生，两个"生"字断不可混为一谈。此所以朱子必强调："天下未有无理之气，亦未有无气之理。"（《语类》卷一）

我曾经加以阐释曰：

> 理和气同时并存，无分先后，故由宇宙论的观点言孰先孰后乃一无意义的问题，是由形上学的观点看始可以说理先气后。②

> 朱子的意思是说理是一切具体存有的超越的形而上的根据。有了这样的根据才能有气的具体存在，然而脱离了气却又无法谈它的超越的形而上的根据。理气是两层，故决不可混杂，二者之间是微妙的不离不杂的关系。③

---

① 牟宗三：《心体与性体》，第一册，关于《太极图说》有极透辟的解析，见374页。
② 刘述先：《朱子哲学思想的发展与完成》，274页。
③ 同上书，275页。

具体的存在物有成有毁，但形上的理却无生灭。且必有此理，始有此物。山河大地陷了，还是有此理；天地未判时，亦已有此理。若根本无此理，自也不可能有是气。有是气，是因为有此理；不是因为有是气而后才有此理。在这一意义之下，我们乃必须说理先气后。①

纯由现象观察很难断定理气之先后，但考虑到形而上的根据问题，似乎不能不说是气依傍理而行。实际的生灭靠气，而所以有实际的生灭却靠理。理无作为，只气才有实际作为。但因为有此理方有是气，在这一特殊的意义之下，乃也可以说理生气。②

有理便有气流行……在这一意义之下，朱子的理是一生理。但理并不直接发育万物，是此气在流行发育。没有理，固然没有万物，但没有气，一样没有万物。只不过有了理，就必有此气流行。理气之间的不离不杂关系清晰可见。③

为了节省篇幅，我把文献的征引减免了，读者要有兴趣，可以去查阅我的书。老实说，如果真正了解朱子的思路，说他的思想是一元论或二元论都无关紧要，因为这些都是由西方哲学借来的词语。但一元论的说法比较容易引起误解，把理当作本有的，气当作派生的，很容易把"理生气"的"生"字解为实生，那就犯下了致命的错误。而朱子以太极为理，属形而上者，阴阳为气，属形而下者。天壤间自来便有理这样的形构原理，气这样的实现原理，在超越的理的规定之下，

---

① 刘述先：《朱子哲学思想的发展与完成》，275 页。
② 同上书，276~277 页。
③ 同上书，278 页。

气在实际上絪缊交感、化生万物，二者之间的关系是既"不相离"也"不相杂"，这是朱子本人用的词语。(《文集》卷三十七《答程可久十书》之第四书) 而朱子坚持：

> 所谓理与气，此决定二物。但在物上看，则二物浑沦不可分开各在一处。然不害二物之各为一物也。(《文集》卷四十六《答刘叔文二书》之第一书)

由这样看，理气虽在实际上不可分，但理自理，气自气，二者决不可以互相化约，这是朱子一贯的思想。故由形上构成的角度看，朱子主张理气二元不离不杂的思想是不容辩者，有关这个问题的讨论就到这里为止。

三、功能实践的一元论

如果我们光由形上构成的角度讲朱子的二元论，显然不足以尽朱子思想的全貌，而且过分强调这一方面，也一样可以引起严重的误解。由上面的讨论已经可以看出，在朱子的思想之中，理气二者虽是二元，彼此之间却有一种非常密切的互相依赖、互相补足的关系。这种理气二元不离不杂的思想与我们一般熟知的西方的二元论的思想，理论效果完全不同。举例来说，柏拉图的二元论严分理型与事物，于是产生彼此分离的问题，无论用参与说、呈现说、模仿说都难以解决理论的困难。这是因为柏拉图由静态的共相与殊相的角度来看问题，一与多、同与异、静与动，对立而统一不起来，乃找不到解决问题的出路。朱子的思想却采取理一而分殊的方式，故人人一太极，物物一太极；理气之间自然融一，互补互依；道器相即，形上穿透在形下之中；两方面既没有加以人工的割裂，在功能上互相融贯，根本就不产生彼此分离的问题。李约瑟极赞朱子的有机思想。通过这种有机的方式，无论是理与气、心与性、道与器，都依循伊川所谓"体用一源，显微无间"的原则，融为一体。由功能实践的角度看，也不妨可以说是一种一元论的思想。这种思路与古希腊哲学完全拉不上关系，而近人却要用柏拉图的共相来解释朱熹的理，妄生穿凿，要把中国式境界形态的思想化为西方式实有形态的思想，实未见其是。而希腊的思想外延的广包与内容的丰富适成反比，形式的推演终无与于实存的体证，这样焉能继承中国传统的睿识！

再有笛卡儿的心物二元论。笛卡儿认为心物是两个不同的实体，心的属性是思想，物的属性是广延，二者之间没有一点相似之处。故此心物之间的交感乃成为问题，最后不能不诉之于上帝才能解释心物交感的现象。由于心物都是上帝创造的，那么只有上帝是本有的，心物都是派生的，我们是否也只能说笛卡儿的思想是一元论呢？事实上只要心物各有不同属性，彼此不能化约，就可以说他是二元论的思想。这样看来，显然没有充分的理由不许我们称朱子是二元论的思想。但在功能实践的层次上，笛卡儿仍然坚持二元论的立场，以至心物的交感成为问题。这种二元论是中国传统之中所缺乏的东西。中国思想从来没有在心与身、知与行、理论与实践之间划下一道鸿沟。朱子也一样要讲一贯之道，故由功能实践的角度看，也不妨可以说他是一元论。钱穆先生的立论应该由这一个角度去理解。他说：

朱子论宇宙万物本体，必兼言理气。气指其实质部分，理则约略相当于寄寓在此实质内之性，或可说是实质之内一切之条理与规范。朱子虽理气分言，但认为只是一体浑成，而非两体对立。此层最当深体，乃可无失朱子立言宗旨。①

又说：

把理气拆开说，把太极与阴阳拆开说，乃为要求得对此一体分明之一种方便法门。不得因拆开说了，乃认为有理与气，太极与阴阳为两体而对立。

理与气既非两体对立，则自无先后可言。但若人坚要问个先后，则朱子必言理先而气后。……但朱子亦并不是说今日有此理，明日有此气。虽说有先后，还是一体浑成，并无时间相隔。唯若有人硬要如此问，则只有如此答。但亦只是理推，非是实论。……

必要言天地本始，朱子似无此兴趣，故不复作进一步的研寻。太极即在阴阳之内，犹之言理即在气内。一气又分阴阳，但阴阳亦不是两体对立，仍只是一气浑成。若定要说阴先阳后，或阳先阴后，朱子亦并不赞许。

但既如此，为何定不说气先理后，理不离气，有了气自见理，太极即在阴阳里，有了阴阳也自见太极。因若如此说，则气为主而理为附，阴阳为主而太极为副，如此则成了唯气论，亦即是唯物论。宇宙唯物的主张，朱子极所反对，通观朱子思想大体自知。

但既曰理为本，又曰理先气后，则此宇宙是否乃是

---

① 钱穆：《朱子新学案》，第一册，36页。

> 一唯理的，此层朱子亦表反对。……
>
> 朱子之学，重在内外本末精粗两面具尽，唯理论容易落虚，抹杀实事，朱子亦不之许。……
>
> 以上见朱子之宇宙论，既不主唯气，亦不主唯理，亦不主理气对立，而认为理事只是一体。唯有时不如此说，常把理气分开。……所以理气当合看，但有时亦当分离来看。分离开来看，有些处会看得更清楚。①

钱先生总结说：

> 朱子理气论，实是一番创论，为其前周张二程所未到。但由朱子说来，却觉其与周张二程所言处处吻合。只见其因袭，不见其创造。此乃朱子思想之最伟大处，然亦因此使人骤然难于窥到朱子思想之真际与深处。②

钱先生是史家，重点不是放在概念的清晰性上面，但他拒绝把西方哲学的范畴强加在朱子的思想之上，而强调理气之一体浑然，显然是由功能实践的角度立论。但钱先生既承认理寄寓于气，就不能不承认在形上构成的角度看朱子是二元论的思想。然而这不是他的重点所在。由功能实践的角度看，他否定朱子是唯气论、唯理论、理气对立论，那就只能是理气一体浑成的一元论思想。而朱子这种功能实践的一元论并不矛盾于他的形上构成的二元论，事实上只有两方面合看，才能得到朱子思想的全貌。

然而有趣的是，钱先生对朱子佩服得五体投地，乃说他

---

① 钱穆：《朱子新学案》，第一册，37~40页。
② 同上书，41页。

表面上是因袭，其实是创新，对他毫无保留，颂扬备至。牟先生却说他表面上是因袭，其实已由周、张、明道的线索脱略了开去，只是继承伊川，发展了自己的一条思路，结果造成了"别子为宗"的奇特现象。① 二位先生对于朱子的评价完全不同，但对于他在宋明理学与中国思想史上的地位，则不能不加以肯定。在儒家思想发展的过程中，朱子是孔孟以后一人，这恐怕是任何人都不能否认的公论。

朱子功能实践的一元论的意蕴又不限制在宇宙论的范围以内，它在心性论上也发生了重大的影响。依朱子，性是理，心是气之精爽者，心与性的关系是，心包具众理，用朱子自己的话来说，"性是理，心是包含该载敷施发用底"（《语类》卷五）。很明显地，由形上构成的角度看，心性是二元，但由功能实践的角度看，却又是一元。朱子说：

> 心之全体，湛然虚明，万理具足，无一毫私欲之间。其流行该遍，贯乎动静，而妙用又无不在焉。故以其未发而全体者言之，则性也。以其已发而妙用者言之，则情也。然心统性情，只就浑沦一物之中，指其已发未发而为言尔，非是性是一个地头，心是一个地头，情又是一个地头，如此悬隔也。（《语类》卷五）

朱子认为，理气在正常的情况下彼此融为一体，但理纯善，气机鼓荡却可以为恶，心性之间也要作如是观。故他也可以道性善，因义理之性纯善，但气质之性以及人的情欲，若不加以统御，却可以为恶。因此心在朱子的思想之中实占一枢纽性的地位，心以理御情，乃可以令喜怒哀乐之情发而

---

① 参见牟宗三：《心体与性体》，第一册，42～60、415页。

皆中节。由此可见，朱子所言之心为一经验实然之心，它与理的关系是当具，不是本具，必须通过后天的修养工夫才可以使心与理一。心而不宰即可以为恶。《文集》卷三十九答许顺之有云：

> 心一也。操而存则义理明而谓之道心，舍而亡则物欲肆而谓之人心。（原注：亡不是无，只是走出逐物去了。）自人心而收回便是道心，自道心而放出便是人心。顷刻之间，恍惚万状，所谓出入无时，莫知其向。（《文集》卷三十九《答许顺之二十七书》之第十九书）

朱子正是由制心，继承了《古文尚书》十六字心传所谓"人心惟危，道心惟微，惟精惟一，允执厥中"，而建立了道统的。① 他又把存心和穷理关联在一起。《孟子·尽心》注曰：

> 心者人之神明，所以具众理而应万事者也。性则心之所具之理，而天又理之所从以出者也。人有是心，莫非全体。然不穷理，则有所蔽，而无以尽乎此心之量。故能极其心之全体而无不尽者，必其能穷夫理而无不知者也。既知其理，则其所从出亦不外是矣。以《大学》之序言之，知性则物格之谓，尽心则知至之谓也。

这个注是朱子晚年成熟的见解，不只用《大学》的架局来释《孟子》，而且倒转了尽心知性的次序，明言尽心由于知性。朱子这样的说法和他在《大学章句·格物补传》所表达的意思是完全一致的，他说：

---

① 参见拙著有关"朱子建立道统的理据"之分析，见《朱子哲学思想的发展与完成》，413~427 页。

> 必使学者即凡天下之物，莫不因其已知之理而益穷之，以求至乎其极，至于用力之久，而一旦豁然贯通焉，则众物之表里精粗无不到，而吾心之全体大用无不明矣。

朱子这种说法不能将之直解为人可以像上帝那样的全知，他所说的正是一种心理合一的境界。而这是朱子功能实践的一元论的一个重要意涵。

四、渐教的修养工夫论

我一向认为，朱子的思想是因为在修养上遇到困难，感到气机鼓荡难以收摄，这才在参悟中和的过程之中，逼出了超越的理的观念①，以后才发展完成他心性情的三分架局以及理气二元不离不杂的形上学。朱子在修养上下了不少工夫，体会极深。他讲治心，谓：

> 心只是一个心，非是以一个心治一个心，所谓存，所谓收，只是唤醒。（《语类》卷十五）

他驳佛者的《观心说》曰：

> 夫心者，人之所以主乎身者也。一而不二者也。为主而不为客者也。命物而不命于物者也。故以心观物，则物之理得。今复有物以反观乎心，则是此心之外复有一心，而能管乎此心也。然则所谓心者为一耶？为二耶？为主耶？为客耶？为命物者耶？为命于物者耶？此亦不

---

① 参见刘述先：《朱子哲学思想的发展与完成》，71～111 页。

待教而审其言之谬矣。……若尽心云者，则格物穷理廓然贯通而有以极夫心之所具之理也。……是岂以心尽心，以心存心，如两物之相持而不相舍哉。……

大抵圣人之学，本心以穷理，而顺理以应物，如身使臂，如臂使指，其道夷而通，其居广而安，其理实而行自然。释氏之学，以心求心，以心使心，如口龁口，如目视目，其机危而迫，其途险而塞，其理虚而其势逆。盖其言虽有若相似者，而其实之不同，盖如此也。然非夫审思明辨之君子，其亦孰能无惑于斯耶。（《文集》卷六十七）

朱子又有答门人廖子晦一长书，亦斥当时学者做工夫之不当，并辟所谓洞见全体之说。（《文集》卷四十五《答廖子晦十八书》之第十八书）因文长不录，只引《语类》卷一一三数条以指点此间问题症结之所在：

安卿问：前日先生与廖子晦书云：道不是有一个物事闪闪烁烁在那里。固是如此。但所谓操则存，舍则亡，毕竟也须有个物事。曰：操存只是教你收敛，教那心莫胡思乱量，几曾捉定有一个物事在里。又问：顾諟天之明命，毕竟是个什么？曰：只是说见得道理在面前，不被物事遮障了，立则见其参于前，在舆则见其倚于衡，皆是见得理如此。不成是有一块物事光晖晖地在那里。

廖子晦得书来云：有本原，有学问。某初不晓得，后来看得他们都是把本原处是别有一块物来模样。圣人教人，只是致知格物，不成真个是有一个物事，如一块水银样，走来走去。那里这便是禅家说，赤肉团上，自有一个无位真人模样。

> 以前看得心只是虚荡荡地,而今看得来湛然虚明,万物便在里面。向前看得便似一张白纸,今看得便见纸上都是字。廖子晦们便只见得是一张纸。

朱子晚年工夫做得深了,才能讲得出这样的话。朱子所成就的是一个实在论的形态,心必须捕捉到实理。他所建立的是一套"致知格物穷理"渐教的修养工夫论。由教育程序的观点来看,从小学的洒扫应对进退开始,涵养(敬)做头,继之以致知、力行,这是一条十分稳妥的道路。① 但这样的进路并不是完全没有问题,由"朱陆异同"的一重公案乃可以看得明白。②

由本质程序的观点看,真正要自觉做道德修养工夫,当然首先要立本心。如果问题在教人做自觉的道德修养工夫,那么做小学的洒扫应对进退的涵养工夫,读书、致知穷理至多不过是助缘而已,不足以立本心。鹅湖之会二陆举诗,完全是孟子学的精神。象山所谓"易简工夫终久大,支离事业竟浮沉",并不是无的放矢,的确有他的坚实的根据。朱子对他们"尽废讲学,专务践履"的偏向有所忧虑是不错的,但以之"将流于异学而不自知"而联想到禅,则是无谓的。③ 其实朱子也自知自己的进路是有不足之处的,他说:

> 大抵子思以来,教人之法唯以尊德性、道问学两事为用力之要。今子静所说专是尊德性事,而熹平日所论,却是道问学上多了。所以为彼学者多持守可观,而看得

---

① 参见刘述先:《朱子哲学思想的发展与完成》,115~137 页。
② 参见上书,427~470 页。
③ 参见上书,434~435 页。

义理全不仔细，又别说一种杜撰遮盖，不肯放下。而熹自觉虽于义理上不敢乱说，却于紧要为己为人上，多不得力。今当反身用力，去短集长，庶几不堕一边耳。（《文集》卷五十四《答项平父八书》之第二书）

朱子此函等于承认了自己的进路确有支离之病，后来给象山函更坦承了这一点，而谓：

所幸迩来日用工夫颇觉有力，无复向来支离之病。甚恨未得从容面论，未知异时相见尚复有异同否耳？（《文集》卷三十六《答陆子静六书》之第二书）

朱子的态度要去短集长是不错的，但他对于象山的批评则不称理。象山先立其大，乃由孟子而来，何来杜撰？而象山乃明白拒绝朱子的调停，他说：

朱元晦欲去两短，合两长。然吾以为不可，既不知尊德性，焉有所谓道问学。（《象山全集》卷三十六）

从圣学的立场看，象山是不错的，朱子的进路确可以一辈子都只是依仿假借。先天之学也可以立工夫论：先立其大，乃不会为小者所夺。朱子并不是完全不明白这一层道理，故曰：

近来自觉向时工夫，止是讲论文义，以为积集义理，久当自有得力处，却于日用工夫全少点检。诸朋友亦只如此做工夫，所以多不得力。今方深省而痛惩之，亦愿与诸同志勉焉。（《文集》卷四十四《答吴茂实二书》之第一书）

但象山的偏向也是有毛病的。若教人是指一般的教育程序而言，劈头就讲本心，那么人根本摸不到头脑，只有随事指正为是。事实上，明道这样的大儒，也要出入佛老几十年，才能够悟到吾道自足。而且立本心德性之知，也并不是要人尽废见闻，象山当时立言乃不免太过。连阳明与陈九川谈论陆子之学也要说"只还粗些"（《传习录》下）。他直指本心，乃完全不能以分解的方式讲义理，也完全忽略了后天做工夫遭逢到的种种艰难。以后陆学的流弊显发出来，朱子乃鸣鼓而攻。《语类》中材料多抨击象山，口说之间，更无保留，此处只录一条，即可见其梗概。

> 禅学炽则佛氏之说大坏。缘他本来是大段著工夫收拾这心性，今禅说只恁地容易做去。佛法固是本不见大底道理，只就他本法中是大段细密，今禅说只一向粗暴。陆子静之学，看他千般万般病，只在不知有气禀之杂，把许多粗恶底气，都把做心之妙理，合当恁地自然做将去。向在铅山，得他书云，看见佛之与儒异者，此是他底全是利，吾儒止是全在义。某答他云：公亦只见得第二著。看他意只说吾儒绝断得许多利欲，便是千了百当，一向任意做出，都不妨。不知初自受得这气禀不好，今才任意发出许多不好底，也只都做好商量了，只道这是胸中流出自然天理，不知气有不好底夹杂在里一齐滚将去，道害事不害事！看子静书，只见他许多粗暴底意思，可畏。其徒都是这样，才说得几句，便无大无小，无父无兄，只我胸中流出底是天理，全不著得些工夫。看来这错处只在不知有气禀之性。（《语类》卷一二四）

然而陆学从未居主导地位，故其流弊并未蔓延泛滥。到明末王学末流，乃有以人欲为天理，驯至满街皆圣人，正坐朱子所斥责的弊病。由此可见，朱子渐教的修养工夫论之不可以废，它仍然是一个重要的参照系，不可以轻忽过去。当然朱子本人的思想也有其偏向，他因少年习佛，从来对禅形成一种忌讳，竟把所有直贯型的思想都当作禅，这是没有根据的说法。事实上王学的兴起正因针对朱学支离的流弊而起。阳明反对朱子二元的思想，倡心即理、知行合一之说。中国哲学以后的发展由阳明以降都倾向于一元论的思想：理不外乎乃是气之理。这样的思想自有其优胜性，也较接近孟子思想。但也有一项流弊，就是容易陷落在"内在"之中，而造成"超越"意义之减煞。① 其实在阳明本人，超越的体证尚未失坠，他对于修养工夫论也有比较持平的看法，此见之于"天泉证道"之一公案，阳明的弟子王龙溪（汝中）主顿悟，钱绪山（德洪）主渐修，阳明为他们开解，说：

> 二君之见正好相资为用，不可各执一边。我这里接人，原有此二种。利根之人直从本源上悟入。人心本体原是明莹无滞的，原是个未发之中。利根之人一悟本体，即是功夫，人己内外一齐俱透了。其次不免有习心在，本体受蔽，故且教在意念上实落为善去恶功夫，熟后渣滓去得尽时，本体亦明尽了。汝中之见是我这里接利根人的，德洪之见是我这里为其次立法的。二君相取为用，具中人上下皆可引入于道。若各执一边，眼前便有失人，便于道体各有未尽。（《传习录》下）

---

① 对于这个问题，在拙著《黄宗羲心学的定位》之中有较详细的讨论，见 25～29、72～79、118～119、162～175 页。

然后又说：

> 以后与朋友讲学，切不可失了我的宗旨。无善无恶是心之体，有善有恶是意之动，知善知恶是良知，为善去恶是格物。只依我这话头，随人指点，自没病痛。此原是彻上彻下功夫。利根之人，世亦难遇，本体功夫一悟尽透，此颜子、明道所不敢承当，岂可轻易望人。人有习心，不教他在良知上实用为善去恶功夫，只去悬空想个本体，一切事为俱不著实，不过养成一个虚寂，此个病痛，不是小小，不可不早说破。（《传习录》下）

由此可见，阳明想把象山、朱子的顿、渐教都吸纳在他的思想之中，分别有其定位。① 要挑剔一点说，阳明仍然语有未莹，因为即在个人，两种工夫也是相资为用，并不是互相排斥的。事实上在修养工夫上，儒家既需要象山的先天工夫先立本心，又需要朱子的后天工夫格物穷理，才能兼顾理想主义与现实主义的两个层面。可惜的是，这样的规约原则常常做不到，往往滑落一边，造成了偏向的结果。故必须常惺惺，保持不断批判的精神，才能使超越的规约原则在现实上发挥其应有的作用。

原载《中国文哲研究集刊》创刊号，1991年3月

---

① 参见拙作《论阳明哲学之朱子思想渊源》，见《朱子哲学思想的发展与完成》，566~598页。

图书在版编目（CIP）数据

朱子哲学思想的发展与完成 / 刘述先著. --北京：中国人民大学出版社，2022.10
（当代中国人文大系）
ISBN 978-7-300-31108-1

Ⅰ. ①朱… Ⅱ. ①刘… Ⅲ. ①朱熹（1130—1200）-哲学思想-研究 Ⅳ. ①B244.75

中国版本图书馆 CIP 数据核字（2022）第 192209 号

当代中国人文大系
朱子哲学思想的发展与完成
刘述先　著
Zhuzi Zhexue Sixiang De Fazhan Yu Wancheng

出版发行	中国人民大学出版社	
社　　址	北京中关村大街 31 号	邮政编码　100080
电　　话	010-62511242（总编室）	010-62511770（质管部）
	010-82501766（邮购部）	010-62514148（门市部）
	010-62515195（发行公司）	010-62515275（盗版举报）
网　　址	http://www.crup.com.cn	
经　　销	新华书店	
印　　刷	北京联兴盛业印刷股份有限公司	
规　　格	155 mm×235 mm　16 开本	版　次　2022 年 10 月第 1 版
印　　张	41 插页 3	印　次　2022 年 10 月第 1 次印刷
字　　数	439 000	定　价　129.00 元

版权所有　　侵权必究　　印装差错　　负责调换